Marken und Start-ups

Christoph Kochhan · Thomas Könecke ·
Holger Schunk
(Hrsg.)

Marken und Start-ups

Markenmanagement und Kommunikation
bei Unternehmensgründungen

Hrsg.
Christoph Kochhan
Design Informatik Medien
Hochschule RheinMain
Wiesbaden, Deutschland

Thomas Könecke
Katholische Universität Leuven
Leuven, Belgien

Holger Schunk
Design Informatik Medien
Hochschule RheinMain
Wiesbaden, Deutschland

ISBN 978-3-658-24585-6   ISBN 978-3-658-24586-3   (eBook)
https://doi.org/10.1007/978-3-658-24586-3

Die Deutsche Nationalbibliothek verzeichnet diese Publikation in der Deutschen Nationalbibliografie; detaillierte bibliografische Daten sind im Internet über http://dnb.d-nb.de abrufbar.

Springer Gabler
© Springer Fachmedien Wiesbaden GmbH, ein Teil von Springer Nature 2019

Lektorat: Barbara Roscher

Springer Gabler ist ein Imprint der eingetragenen Gesellschaft Springer Fachmedien Wiesbaden GmbH und ist ein Teil von Springer Nature
Die Anschrift der Gesellschaft ist: Abraham-Lincoln-Str. 46, 65189 Wiesbaden, Germany

Vorwort

Wir danken allen Autorinnen und Autoren für ihre Beiträge und Springer Gabler für die Unterstützung unseres Publikationsprojekts. Außerdem danken wir vielen Kolleginnen und Kollegen, die durch fachlichen Rat und vielfältige andere Unterstützung zum Gelingen dieses Werkes beigetragen haben. Insbesondere möchten wir Prof. Dr. Dr. Alexander Moutchnik danken, der für vorliegenden Herausgeberband die Inspiration rund um das Thema Start-ups gegeben sowie einzelne Beiträge mit inhaltlichen Anregungen bereichert hat. Des Weiteren gilt unser besonderer Dank unseren Familien und Freunden, die – wieder einmal und in vielerlei Hinsicht – ebenfalls einen nicht zu unterschätzenden Anteil am Gelingen dieses Buches haben.

Abschließend wünschen wir eine interessante Lektüre und viel Freude und Erfolg bei der Nutzung der gewonnenen Erkenntnisse.

Christoph Kochhan
Thomas Könecke
Holger Schunk

Inhaltsverzeichnis

Einleitung

Christoph Kochhan, Thomas Könecke und Holger Schunk

Zusammenfassung

Die Markenführung ist für Start-ups ein erfolgskritischer Faktor bei ihrem Versuch, Märkte zu erschließen. Ein Ziel dieses Buches ist es daher, Unternehmensgründer dabei zu unterstützen, für sie bedeutende Markenführungs- und Kommunikationsprozesse erfolgreich zu gestalten. Außerdem soll ein Beitrag zur bisher noch nicht im wünschenswerten Maße entwickelte wissenschaftlichen Auseinandersetzung mit Start-up-Marken und der Markenführung von Start-ups geleistet werden. In den beiden einleitenden Kapiteln werden dazu grundlegende Studien zur Markenführung bei Start-ups vorgestellt. Die folgenden Kapitel offerieren unterschiedliche Einblicke in erfolgversprechende Markenführungsstrategien und -techniken für Start-ups, die teilweise auch für etablierte Unternehmen von Interesse sind. Die beiden Abschlusskapitel stellen einschlägige Fallstudien vor.

C. Kochhan (✉) · H. Schunk
Design Informatik Medien, Hochschule RheinMain, Wiesbaden, Deutschland
E-Mail: christoph.kochhan@hs-rm.de

H. Schunk
E-Mail: holger.schunk@hs-rm.de

T. Könecke
Kathol. Universität Leuven, Leuven, Belgien
E-Mail: thomas.koenecke@kuleuven.be

© Springer Fachmedien Wiesbaden GmbH, ein Teil von Springer Nature 2019
C. Kochhan et al. (Hrsg.), *Marken und Start-ups,*
https://doi.org/10.1007/978-3-658-24586-3_1

Marken stellen meist den wertvollsten immateriellen Vermögensgegenstand eines Unternehmens dar und die Markenwerte mancher international agierenden Großunternehmen erreichen den dreistelligen Milliardenbereich. Eine erfolgreiche Markenführung bildet also offenbar ein zentrales Element, um in einer Zeit von Informationsüberlastung und gesättigten Märkten erfolgreich zu agieren. Dies gilt nicht nur für bereits lange etablierte Unternehmen, sondern auch und gerade für Start-ups, die ihre Märkte erschließen und Kunden erobern müssen. Wie die Studien im ersten Abschnitt dieses Bandes zeigen, ist den Unternehmensgründern meist die Bedeutung der Marke für den Erfolg ihres Start-ups bewusst, allerdings kann die Markenführung aufgrund geringer zeitlicher und finanzieller Ressourcen nicht so professionell ausgestaltet werden, wie es bei markengetrieben Großunternehmen der Fall ist. Auch die wissenschaftliche Auseinandersetzung mit Start-up-Marken und der Markenführung von Start-ups entwickelt sich erst.

Das vorliegende Herausgeberwerk setzt hier an und soll sowohl konzeptionelle Ansätze als auch wissenschaftliche Erkenntnisse zur strategischen und operativen Markenführung anbieten. Dabei richtet sich diese Publikation an ein breites Publikum von Unternehmensgründern über Marken- und Kommunikationsberatungen, Venture-Capital-Unternehmen bis hin zu Lehrenden und Studierenden aus den Bereichen Markenmanagement und Marketing.

In den beiden einleitenden Kapiteln werden grundlegende Studien zur Markenführung bei Start-ups vorgestellt. In ihrem Beitrag „Marke und Kommunikation in Start-ups: Ergebnisse einer Interviewstudie" gehen Yannick Amend, Natalija Berdi, Johanna Kern, Regina Rundau, Miriam Schmelz sowie die Professoren Dr. Christoph Kochhan und Dr. Holger Schunk (Hochschule RheinMain, Wiesbaden) folgender übergeordneten Frage nach: Welchen Stellenwert nehmen Marke und Kommunikation in Start-ups ein und wie werden diese umgesetzt? Hierzu wurden Experteninterviews mit neun Start-up-Unternehmen im Rhein-Main-Gebiet geführt, die zeigen, dass Start-up-Unternehmer der Marke eine hohe Bedeutung zuschreiben. Knappe Ressourcen limitieren allerdings die Ausgestaltung der Markenführung.

Zum gleichen Ergebnis kommen Hannah Mechenbier (Hochschule RheinMain), Simon Neumann (Rheinische Friedrich-Wilhelms-Universität Bonn) und Prof. Dr. Thomas Könecke (KU Leuven, Belgien und Johannes Gutenberg-Universität Mainz) in ihrem Beitrag „Markenführung bei Start-ups – eine Studie bei Fintechs". Ihre quantitative Auswertung einer Online-Befragung von Start-ups aus der Finanzbranche gibt außerdem Einblicke in Verantwortlichkeiten für die Markenführung sowie wahrgenommene Problemfelder und bevorzugte Kommunikationsmittel und -wege.

Die folgenden Kapitel offerieren unterschiedliche Einblicke in erfolgversprechende Markenführungsstrategien und -techniken für Start-ups, die teilweise auch für etablierte Unternehmen von Interesse sind. Als erstes setzt sich Prof. Dr. Karsten Kilian (Hochschule für angewandte Wissenschaften Würzburg-Schweinfurt und Markenlexikon.com) in seinem Beitrag „Der BEST of Branding-Ansatz der Markenführung" damit auseinander, dass es sich bei Markenführung um mehr handelt als um Design und Werbung. Ausgehend vom Würzburger Marken-Management-Modell erläutert er den vierstufigen BEST of Branding-Ansatz der Markenführung, der sicherstellen soll, dass Start-ups bezogen auf ihre Marke optimal aufgestellt sind, um sich am Markt etablieren zu können.

Ausgangspunkt für einen erfolgreichen Markteintritt ist – so Prof. Dr. Susanne Epple und Prof. Dr. Claudia Späth (Hochschule Fresenius, Idstein) in ihrem Beitrag „Markenpositionierung von Start-ups – von der Bestimmung zur Umsetzung" – eine klare Positionierung der Marke von Start-ups. Grundlage hierfür ist eine Bestimmung der Markenidentität, damit hierauf aufbauend die Markenstrategie ausgewählt werden kann. Hinsichtlich der Marktführer-, Nischen- und Qualitätspositionierung erscheint die Nischenstrategie verbunden mit einer Positionierung als Qualitätsanbieter für Start-ups oftmals für dem Markteinstieg besonders vielversprechend zu sein.

Dr. Arne Meyer-Ramien (Hochschule Fresenius, Idstein) erforscht in seinem Beitrag „Intrapreneurship, eine Strategie zur Markenneupositionierung am Beispiel des Yourfone-Launch im deutschen Mobilfunkmarkt" den Versuch, im Wettbewerb um neue Ideen und innovative Ansätze die kreative Start-up-Kultur auch innerhalb größerer, etablierter Unternehmen gewinnbringend einzusetzen. Mit einem solchen disruptiven Ansatz hat die E-Plus-Gruppe mit Yourfone als eigenständigem „Start-up" eine neue Marke etabliert. Dieser Prozess und die verwendeten Markenführungsinstrumente und -strategien werden in diesem Beitrag wissenschaftlich betrachtet.

Prof. Dr. Gabriele Mielke, Sarah Lobenstein und Prof. Dr. Peter Mantel (Hochschule für Wirtschaft, Technik und Kultur, Berlin) weisen in ihrem Beitrag „Erfolgsfaktor Unternehmenskultur für die Markenwahrnehmung von Unternehmen: Merkmale, Bedeutung und Gestaltungsmöglichkeiten" auf die Unternehmenskultur als eine für viele Unternehmen wichtige erfolgsbeeinflussende Variable hin, die allerdings von Start-up-Unternehmen häufig vernachlässigt wird. Ihr Beitrag beschäftigt sich insbesondere mit der Frage, ob eine unterschiedliche Gestaltung der Unternehmenskultur und deren strategischer Einsatz in der Markenführung einen Erfolgsunterschied für die Markenwahrnehmung von Start-ups ausmachen kann.

Prof. Dr. Katrin Allmendinger (Hochschule für Technik Stuttgart), Anna Frommknecht (Adecco) und Miriam Kraus (Hochschule für Technik Stuttgart) fokussieren in ihrem Beitrag die interne Kommunikation bei Start-ups. Die von ihnen durchgeführte Interviewstudie mit insgesamt elf unterschiedlicher Branchen und Mitarbeiteranzahl zeigt, wie die Mitarbeitenden untereinander in Kontakt treten und sich in ihrer Arbeit vernetzen. Wesentliche Kennzeichen der Vernetzung sind ein veränderter Medieneinsatz und eine essenzielle Bedeutung der horizontalen Kommunikation. Es werden die Merkmale der Agilität herausgearbeitet, die in der internen Kommunikation der Start-up-Unternehmen verankert sind, um Empfehlungen abzuleiten, die auch für Großunternehmen von Interesse sind.

Im Rahmen der Kommunikationspolitik eines Start-ups spielt auch seine Presse- und Medienarbeit eine wichtige Rolle, wie Beate Semmler (Fachverlag pVS, Schwäbisch-Hall) in ihrem Beitrag „Presse- und Medienarbeit für Start-ups – Handlungsempfehlungen für die Praxis" ausführt. Möchten Start-ups in der Masse der neu gegründeten Unternehmen nicht untergehen, bietet sie eine gute Möglichkeit Sichtbarkeit zu erzeugen. Wie dies auch für Start-up-Unternehmen mit überschaubarem Aufwand gelingen kann, wird in diesem Beitrag aufgezeigt.

Prof. Dr. Sven-Ove Horsts (Erasmus University Rotterdam, Niederlande) Beitrag trägt den Titel „Strategisches Handeln von Start-ups im Kontext der Mediatisierung: Eine empirische Analyse der kommunikativen Praktiken der Markenführung". Der Aufsatz stellt eine qualitative Analyse empirischer Daten aus dem Kontext des Start-up-Incuba-tors *neudeli* der Bauhaus-Universität Weimar vor. Es zeigt sich, dass die Mediatisierung grundlegend in die strategische Entwicklung der Marke von und Start-ups eingreift und drei idealtypische Praktiken zu deren Markenführung und strategischen Entwicklung beitragen.

Die beiden Abschlusskapitel stellen einschlägige Fallstudien vor. Den Anfang macht Frank Heemsoth (Geschäftsführender Gesellschafter der Honiggelb GmbH und der Elegant Elephant Studios GmbH) mit der „Fallstudie Corporate Identity und Kommu-nikation von Start-ups". Anhand der Beantwortung verschiedener Leitfragen zeigt er auf, dass die Entwicklung einer Corporate Identity bei Start-up-Unternehmen Aussehen (Corporate Design), Verhalten (Corporate Behaviour) und Kommunikation (Corpo-rate Communications) vereint und zu einem der wichtigsten Elemente im Aufbau einer Marke zählt. Es wird deutlich, dass die Bildung einer identitätsbasierten Corporate Iden-tity und deren nachhaltige Implementierung die Erfolgschancen am Markt steigern und auf einer soliden (visuellen und kommunikativen) Basis aufbauen müssen.

Mit der „Start-up mit Markenkraft – Durch die richtige Kommunikationsstrategie und ein passendes Corporate Design zum Erfolg" von Tom Moog (Inhaber der Kommunikationsagentur TOM MOOG – Marken-Beratung) schließt dieser Herausgeber-band. In dem Beitrag wird deutlich, dass auch Markenkraft durch Training verbessert bzw. gestärkt wird. Des Weiteren wird gezeigt, dass drei Bereiche beim Aufbau der Marke helfen: Grundkenntnisse über Marketing, die richtige Kommunikationsstrategie sowie das passende visuelle Erscheinungsbild (oder Corporate Design) des Start-up-Unternehmens als erste und wichtigste Kommunikationsmaßnahme.

Prof. Dr. Christoph Kochhan ist Professor für Medienmarketing und leitet den Bachelorstudien-gang „Media Management (B.Sc.)" an der Hochschule RheinMain, Wiesbaden. Er war als Gast-professor am International College OF NIDA (ICO NIDA), Bangkok, tätig und hält Vorträge zu Themen wie (Marketing) Kommunikation, Brand Management oder Consumer Behavior.

Prof. Dr. habil. Thomas Könecke ist Professor für Sportmanagement an der KU Leuven (Belgien). Er ist Autor und Herausgeber einer Vielzahl wissenschaftlicher Arbeiten und forscht und lehrt u. a. zu den Themen Marke und Kommunikation. Nach seinem Studium der Wirtschafts- und Sportwissen-schaften promovierte und habilitierte er an der Johannes Gutenberg-Universität Mainz. Neben seiner wissenschaftlichen Tätigkeit berät er junge und etablierte Unternehmen sowie andere Organisationen.

Prof. Dr. Holger Schunk ist Professor für Medienwirtschaft mit dem Schwerpunkt Marketing an der Hochschule RheinMain in Wiesbaden. Seine Forschungsinteressen liegen vor allem im Bereich der monetären Markenbewertung, der wertbasierten Markenführung, des strategischen Marketings und der Marktforschung. Neben seiner wissenschaftlichen Tätigkeit berät er seit über 20 Jahren KMU und Großunternehmen zu diesen Themen.

Marke und Kommunikation in Start-ups: Ergebnisse einer Interviewstudie

Yannick Nicolai Amend, Natalija Berdi, Johanna Kern, Regina Rundau, Miriam Schmelz, Christoph Kochhan und Holger Schunk

Zusammenfassung

Sowohl in der Wissenschaft als auch in der Praxis besteht weitgehend Konsens darüber, dass die Marke einen wesentlichen Erfolgsfaktor für Unternehmen darstellt. Start-ups sehen sich in der Gründungsphase mit einer Vielzahl von Herausforderungen konfrontiert, so zum Beispiel die Etablierung des Unternehmens

Y. N. Amend (✉)
Ketsch, Deutschland
E-Mail: amend.yannick@googlemail.com

N. Berdi
Offenbach, Deutschland
E-Mail: n.be3012@gmail.com

J. Kern
Mannheim, Deutschland
E-Mail: kern.johanna@web.de

R. Rundau
Frankfurt, Deutschland
E-Mail: regina.rundau@web.de

M. Schmelz
Mainz, Deutschland
E-Mail: miriamschmelz@gmx.de

C. Kochhan · H. Schunk
Design Informatik Medien, Hochschule RheinMain, Wiesbaden, Deutschland
E-Mail: christoph.kochhan@hs-rm.de

H. Schunk
E-Mail: holger.schunk@hs-rm.de

© Springer Fachmedien Wiesbaden GmbH, ein Teil von Springer Nature 2019
C. Kochhan et al. (Hrsg.), *Marken und Start-ups*,
https://doi.org/10.1007/978-3-658-24586-3_2

am Markt oder die Sicherstellung der Finanzierung respektive Liquidität. Es kann daher vermutet werden, dass das Thema Marke nicht primär im Fokus von Start-ups steht. In diesem Zusammenhang stellt sich die folgende Frage: Welchen Stellenwert nehmen Marke und Kommunikation in Start-ups ein und wie erfolgt die Umsetzung? Erste Antworten auf diese Fragestellung wurden durch eine qualitative Interviewstudie ermittelt. Hierzu wurden Experteninterviews mit 9 Start-up-Unternehmen im Rhein-Main-Gebiet durchgeführt, die mittels einer qualitativen Inhaltsanalyse nach Mayring ausgewertet wurden. Die Ergebnisse zeigen, dass sich auch Start-ups der Bedeutung von Marken durchaus bewusst sind, die Markenführung der Start-ups allerdings aufgrund zeitlich, personell und finanziell knapper Ressourcen nur bedingt professionell im Sinne einer umfassenden Markenkonzeption ausgeprägt ist. Die Markenkommunikation wird von Start-ups konsequent auf die festgelegten Zielgruppen ausgerichtet. Als Kommunikationsmittel wird hier insbesondere auf persönliche Kommunikation sowie Soziale Medien zurückgegriffen.

1   Einführung in die Thematik

1.1   Problemstellung und Zielsetzung

Unternehmensgründungen – seit Ende der Neunzigerjahre auch als Start-ups bezeichnet[1] – stellen zentrale Einflussgrößen im Hinblick auf die wirtschaftliche Entwicklung eines Landes dar[2]: Innovative Ideen ebenso wie durchschnittlich 17,6 Arbeitsplätze, die ein Start-up-Unternehmen bereits nach zwei Jahren am Markt bietet, können in diesem Zusammenhang beispielhaft erwähnt werden[3].

Start-ups (die Bezeichnung findet meist bis zu einer Zeitspanne von zehn Jahren ab Unternehmensgründung im Sprachgebrauch Anwendung) werden i. d. R. als junge Unternehmen charakterisiert, die von einem oder mehreren Gründern neu aufgestellt wurden.[4] Die Gründer deutscher Start-ups sind – dem Deutschen Start-up-Monitor zufolge – etwa 35 Jahre alt und vorwiegend männlich: Der Anteil männlicher Jungunternehmer beläuft sich auf 87 %, die weiblichen Gründer sind mit einer Quote von 13 % vertreten[5].

---

[1]Vgl. Warmer und Weber (2014), Vorwort.

[2]Solche Neugründungen werden nach Schefczyk/Panktosch aufgrund der Beschäftigtenanzahl und des Jahresumsatzes in der Regel kleineren und mittleren Unternehmen (KMU), also Unternehmen mit weniger als 250 Beschäftigten und höchstens 50 Mio. EUR Jahresumsatz, zugeordnet (vgl. Schefczyk und Panktosch 2002, in: Hommel und Knecht 2002, S. 23; Statistisches Bundesamt 2008, S. 1).

[3]Vgl. Deutscher Start-up-Monitor (2015, S. 5).

[4]Vgl. Deutscher Start-up-Monitor (2015, S. 1).

[5]Vgl. Deutscher Start-up-Monitor (2015, S. 23).

Unabdingbare Voraussetzung jeglicher Unternehmensgründung stellt eine ausbaufähige Geschäftsidee dar, die sich durch eine starke Innovationskraft auszeichnet und letztlich die Option bietet, brachliegende Marktpotenziale zu nutzen. Aus dieser Situation heraus ergibt sich für Gründer die Chance auf ein rasches Unternehmenswachstum, das etwa in Form von erhöhten Umsätzen oder einer steigenden Mitarbeiterzahl auftreten und mithilfe von skalierbaren Geschäftsmodellen abgebildet werden kann.[6]

Im Vergleich zu bereits etablierten Unternehmen unterliegen Start-ups, aufgrund ihres nur kurz zurückliegenden Markteintritts besonderen Rahmenbedingungen. Zu erwähnen sind in diesem Kontext insbesondere die i. d. R. beschränkten personellen und finanziellen Ressourcen.[7] Auch vor diesem Hintergrund ist eine tragfähige Geschäftsidee, die sich in den Köpfen der Rezipienten mittels Kommunikation als eine eindeutige, klar definierte Marke etablieren muss, von Bedeutung, um letztlich Wachstum und damit langfristige Erfolge am Markt zu sichern.

Entsprechend ist die Vermittlung der Idee an den Konsumenten mithilfe einer strategisch angelegten Markenführung bedeutsam, um deren Wahlverhalten dauerhaft zu beeinflussen. Aus dem skizzierten Spannungsfeld von einerseits geringer Ressourcen und andererseits notwendiger (Marken-) Kommunikation resultierte das Ziel vorliegender Studie: Sie will erste Erkenntnisse bezüglich der Bedeutung der Marke bzw. des Markenaufbaus sowie des Umfangs tatsächlich eingesetzter (Marken-) Kommunikationsmaßnahmen im Tagesgeschäft von Jungunternehmen liefern und fragt – übergeordnet – nach dem Stellenwert, den Marke und Kommunikation in Start-ups einnehmen und wie diese Themen umgesetzt werden.

In Bezug auf das Themenfeld „Marke" soll erkannt werden, welche Bedeutung ihr von Gründern als Erfolgsfaktor zugesprochen wird. Die zu gewinnenden Ergebnisse beinhalten zum einen die Intensität, mit der die Marke von der Belegschaft gelebt wird und zum anderen die Betrachtung des Aufwands für die externe Präsentation des Unternehmens. Darüber hinaus wird die Entwicklung der Start-ups in Bezug auf die Idee und die Maßnahmen zur Umsetzung von Markengestaltung und Kommunikation herausgearbeitet um zu verdeutlichen in welcher Phase sich das junge Unternehmen hinsichtlich der unternehmerischen Verwirklichung befindet.

Im Hinblick auf das Thema „Kommunikation" wird erfragt, welche Aktivitäten Start-ups zur externen Kommunikation durchführen und mit welcher Begründung die verwendeten Maßnahmen zum Einsatz kommen. Hierbei wird herausgearbeitet, ob sich eine Tendenz zu klassischen oder neuen Kommunikationskanälen zeigt. In diesem Kontext ist darüber hinaus festzustellen, ob unterschiedliche Kommunikations-Ansätze zwar als relevant eingeschätzt werden, aber aufgrund der jungen Marktpräsenz nicht realisiert werden (können).

---

[6]Vgl. Deutscher Start-up-Monitor (2015, S. 43).
[7]Vgl. Olschewski (2015, S. 14).

1.2   Anlage der Untersuchung

Die übergeordnete Forschungsfrage: „Welchen Stellenwert nehmen Marke und Kommunikation in Start-ups ein und wie werden diese umgesetzt?" wurde im Rahmen der Untersuchung zur strukturierten Beantwortung in zwei forschungsleitende Fragen gegliedert, die ihrerseits die Basis der leitfadengestützten Interviews bilden. Zunächst wurde der Stellenwert und der Umgang mit dem Thema Marke bei Gründern fokussiert: *„Welchen Stellenwert nimmt das Thema „Marke" im Tagesgeschäft von Start-ups ein und wie wird sie „gelebt"?* Die zweite grundlegende Frage befasste sich darauf aufbauend mit der externen Markenkommunikation in Start-ups: *Welche externen Kommunikationsmaßnahmen werden umgesetzt und durch welche Bedingungen werden sie beeinflusst?"*

Im Rahmen der Forschungsstudie wurden neun Gründer von Start-ups im Rhein-Main-Gebiet befragt, die im Bereich E-Business tätig sind. Voraussetzungen für die Teilnahme an der Studie waren, dass die Start-ups nicht älter als fünf Jahre sind und das Interview mit dem Gründer stattfinden konnte.

Die Auswertung der gewonnenen Daten – die Interviews umfassten i. d. R. je eine Zeitspanne von 45 bis 60 min – wurde mithilfe der qualitativen Inhaltsanalyse nach Mayring realisiert.[8] Nach Durchführung und Transkription der Interviews bestand der erste Schritt in der Analyse des Ausgangsmaterials, um das zu interpretierende Material herauszufiltern und forschungsrelevante Passagen unmittelbar zu markieren. Eine strukturierte Inhaltsanalyse zielt darauf ab, Aspekte aus dem Material herauszukristallisieren, einen Querschnitt zu bilden und darauf aufbauend bestimmte Kriterien einzuschätzen.[9] Basierend auf dieser Analysetechnik wurden die Aussagen der Interviewpartner den drei forschungsleitenden Fragen als Grundlage der weiteren Kategorisierung zugeordnet. Darauf aufbauend folgte eine detaillierte Einteilung der Interviewergebnisse zu den untergeordneten Fragen. Um aus dem Material Kategorien zu bilden, wurden inhaltlich ähnliche Antworten einander zugeordnet. Die Zusammenfassung der jeweiligen Kategorien ergab die inhaltlichen Ergebnisse der Umfrage. Diese wurden anhand von einschlägigen Zitaten der Interviewteilnehmer belegt. Nachdem die Ergebnisse formuliert wurden, folgte eine Interpretation der Aussagen vor dem Hintergrund der theoretischen Analyse. Aufgrund der literaturbasierten und der qualitativen Erkenntnisse durch die Umfrage wurden entsprechende Handlungsempfehlungen formuliert.

---

[8]Vgl. Mayring (2010).
[9]Vgl. Mayring (2015, S. 67).

1.3 Theoretischer Bezugsrahmen

Es ist unbestritten, dass Marken in der heutigen Zeit zu dem Wert und damit auch zu dem Erfolg des Unternehmens beitragen.[10] Für über 90 % der Entscheider ist die Marke sogar ein wesentlicher Faktor für den Unternehmenserfolg.[11]

Marken werden nicht nur durch ein Markenzeichen charakterisiert, sondern weisen auch einen „zeitlich relativ stabilen und prägnanten Eigenschaftskatalog"[12] auf. Aus diesem resultiert eine klare Markenvorstellung, die die Zielgruppe zum Kauf anregen soll.[13] Ziel ist es dabei, die Marke für den Kunden in einem überschüssigen Angebot einzigartig zu präsentieren. Hierzu wird beispielsweise die optische Abhebung eines Produktes genutzt, um sich in gesättigten Märkten von der Masse der Anbieter in positivem Sinne abzuheben.[14] Voraussetzung hierfür ist eine klare Markenidentität, die nicht nur den funktionalen und psychosozialen Mehrwert, sondern auch die Markentonalität und ein eindeutiges Markenbild voraussetzt und einen Markenkern besitzt.[15]

Die Markenidentität versteht sich als das Selbstbild der Marke und hat unternehmensinternen Ursprung. Sie legt fest, wofür die Marke stehen soll und definiert ihre essenziellen Merkmale.[16] Gewährleistet wird dies, wenn alle markenbezogenen Aktivitäten auf dem Kern der Marke basieren.[17] Es gilt, die Markenidentität im gesamten Unternehmen bei allen Mitarbeitern zu verankern – durch das interne Ausleben einer Marke kann diese ein höheres Potenzial entwickeln.[18]

Die Markenidentität ihrerseits bildet die Voraussetzung für den Aufbau eines Markenimages bei den jeweiligen Anspruchsgruppen. Das unternehmensexterne Markenimage beschreibt als Fremdbild den Charakter einer Marke aus Sicht des Konsumenten.[19] Es ist das Ergebnis einer individuellen und subjektiv geprägten Wahrnehmung und die Interpretation der Signale, die eine Marke aussendet.[20] Anhand des gesamten Markenauftritts entwickelt die externe Zielgruppe eine eigene Wahrnehmung der Markenwirkung.[21] Es gilt durch die Existenz von Identität und Image einer Marke eine Übereinstimmung beider Perspektiven zu erzielen. Dadurch wird ein ganzheitlich konsistent wirkender

---

[10]Vgl. Schunk et al. (2016), in: Regier et al. (2016, S. 21).

[11]Vgl. Deutscher Markenmonitor (2015).

[12]Vgl. Weinberg & Diehl zitiert nach Huber (1988), in: Köhler et al. (2001, S. 25).

[13]Vgl. Esch (2012, S. 20).

[14]Vgl. Meffert et al. (2012, S. 357).

[15]Vgl. Esch (2005, S. 105 f.).

[16]Vgl. Esch (2012, S. 81).

[17]Vgl. Aaker und Joachimsthaler (2009), in: Esch (2012, S. 80).

[18]Vgl. Esch (2012, S. 124 f.).

[19]Vgl. Regenthal (2009, S. 32).

[20]Vgl. Burmann et al. (2015, S. 56).

[21]Vgl. Meffert et al. (2012, S. 357).

Markenauftritt im Rahmen der Markenführung realisiert.[22] „Die Markenführung umfasst die Planung, Durchführung und Kontrolle sämtlicher markenbezogener Entscheidungen zum Aufbau und zur Pflege markierter Produkte und/oder Dienstleistungen."[23] Hierbei kann mithilfe einer erfolgreichen Markenführung der Wert einer Marke gesteigert werden.[24] Durch eine abgestimmte Kommunikation mit den internen, als auch den externen Zielgruppen, wird eine strategische Umsetzung ermöglicht.[25] Die Kommunikation eines Unternehmens ist dafür verantwortlich, sowohl die Markenidentität zu vermitteln, als auch mögliche Differenzen zwischen Markenimage und Markenidentität kommunikativ zu bearbeiten. Die Konsistenz der Maßnahmen resultiert in einem einheitlichen, wiedererkennbaren Unternehmensauftritt, welcher zu Vorteilen im Wettbewerb führen kann.[26]

Die interne Kommunikation[27] sowie die Marktkommunikation zählen zu den bedeutendsten Bereichen der Unternehmenskommunikation, da sie die nach außen und innen gerichtete Perspektive umfassen.[28] Die Marktkommunikation – in vorliegender Studie fokussiert – ist Bestandteil der externen Kommunikation und beschäftigt sich mit Kommunikationspartnern, die nicht Teil des Unternehmens sind. Sie ergibt sich aus allen kommunikativen Handlungen gegenüber potenziellen und aktuellen Transaktions- und Wettbewerbspartnern.[29] Für Unternehmer ist die Marktkommunikation ein essenzieller Bestandteil zur Anbahnung, Durchführung und zum Abschluss von Verträgen. Das Ziel der Ansprache besteht darin, eine maximale Anzahl an Adressaten in deren Handlungen zu beeinflussen, um die Unternehmensziele zu erreichen.[30] Aufgrund der gewählten Positionierung stellen sich die Fragen nach den geeigneten Inhalten für die im Voraus definierte Zielgruppe und der darauf angepassten Auswahl der Kommunikationskanäle.[31] Durch die optimale Abstimmung der Zielgruppeninteressen mit den Kommunikationsaktivitäten, wird ein Mehrwert generiert. Dieser soll das Image des Unternehmens im Markt positiv beeinflussen, Kunden binden und neue mobilisieren.[32]

Dies wird ermöglicht, indem die Wahrnehmung der Kommunikationspartner beeinflusst wird. Das Ziel ist es, eine bevorzugte Wahl des eigenen Angebots gegenüber den Mitbewerbern sicherzustellen.[33] Kommunikationsinstrumente und -kanäle sind

---

[22]Vgl. Regenthal (2009, S. 29).

[23]Ringle (2006, S. 46), zt. n. Hermanns et al. (2004, S. 484).

[24]Vgl. Kastens und Lux (2013, S. 1).

[25]Vgl. Schmid und Lyczek (2006, S. 25).

[26]Vgl. Schmid und Lyczek (2006, S. 25).

[27]Vgl. hierzu im Detail z. B. Herbst (2000, S. 43); Mast (2013, S. 224); Heger (2005, S. 58).

[28]Vgl. Zerfaß und Piwinger (2014, S. 21).

[29]Vgl. Zerfaß und Piwinger (2014, S. 21).

[30]Vgl. Zerfaß und Piwinger (2014, S. 49).

[31]Vgl. Zerfaß und Piwinger (2014, S. 69).

[32]Vgl. Becker (2014, S. 7).

[33]Vgl. Esch (2012, S. 157).

beispielsweise Unternehmenswebsites, Bannerwerbungen, E-Mail-Newsletter, SEO (Search Engine Optimization), SEA (Search Engine Advertising) und auch Social Media Kanäle.[34] Unterteilt werden die sozialen Medien in Weblogs, Wikis, Online-Communities, Foto- und Video-Communities, Microbloggingdienste und Social Networks. Zu den am häufigsten genutzten sozialen Medien gehören Wikipedia, Google+, Twitter, YouTube und Facebook.[35] Eine Nutzung dieser Instrumente empfiehlt sich besonders, wenn die Zielgruppe online affin und untereinander vernetzt ist.[36] Die Selektion und Kombination der Instrumente erfolgt aufgrund von Effizienz und Effektivität und legt den zeitlichen Einsatz anhand der formulierten Kommunikationsziele fest. Daher ergibt sich eine individuelle Konstellation der eingesetzten Netzwerke, die als Optimum für die eigenen Unternehmensziele gilt. Hierbei steigt die Komplexität mit zunehmender Anzahl verwendeter Instrumente und deren zahlreichen Ausprägungen.[37] Weitere Möglichkeiten, die eigene Zielgruppe zu erreichen, bieten die klassischen Medien – gemeint sind Werbeplatzierungen im Fernsehen, Rundfunk, Zeitung, Publikumszeitschriften und auf Plakaten.[38] Ein Mix aus mehreren Instrumenten erfordert nicht nur eine Optimierung der einzelnen Maßnahmen, sondern auch deren Abstimmung und Konvergenz über einen längeren Zeitraum. Ebenso ist letztlich die Übereinstimmung von interner und externer Kommunikation ein zentraler Faktor für eine erfolgreiche Kommunikation und ist somit auch ein wesentlicher Treiber der Marke.[39]

2 Marke – und ihre Bedeutung

2.1 Relevanz im Unternehmen

Marken sind für Starts-ups wichtig. In der Regel. betrachten die befragten Gründer ihre Marke als einen wichtigen Erfolgsfaktor für ihr Unternehmen und erkennen sie hier insbesondere als eine Möglichkeit, sich von den Wettbewerbern zu differenzieren:

> Die Marke an sich ist sehr sehr wichtig. Das haben wir gemerkt, alleine dadurch, dass wir jetzt endlich eine Marke haben (Anton GmbH).

> […] wenn wir, als Start-up Erfolg haben wollen, dann ist Grundvoraussetzung, dass wir ein sau gutes Produkt haben, aber Erfolgsvoraussetzung, dass wir eine sau gute Marke haben (Anton GmbH).

---

[34]Vgl. Meffert et al. (2012, S. 50 f.).

[35]Vgl. Bernecker und Beilharz (2012, S. 25 f.).

[36]Vgl. Bernecker und Beilharz (2012, S. 28).

[37]Vgl. Fuchs und Unger (2007, S. 153).

[38]Vgl. Meffert et al. (2012, S. 624 ff.).

[39]Vgl. Fuchs und Unger (2007, S. 49).

Super wichtig. Das ist was, was viele Leute im Medienbereich sehr vernachlässigen. Manche treten da ihre sehr guten Marken wirklich mit Füßen [...]. Also ich halte das Thema Marke für super wichtig. Weil man ganz viele Sachen gerade, wenn es um Medien geht, wo es nichts wirklich Greifbares ist (Cäsar GmbH).

Der Supermarkt ist ein rein funktionaler Konsumtempel. Da geht vieles über Marke, wenn du es dir leisten kannst und Preis. Und Preis können wir uns nicht leisten. Also wir sind nicht günstig genug, um einen Preiskampf zu machen. Das heißt, wir können uns nur im Bereich Marke differenzieren und deswegen hat es einen hohen Stellenwert (Ida GmbH).

Ich meine, wir sind ein Fashion-Label, da ist eine Marke einfach alles (Gustav GmbH).

Zusätzlich weißt Berta GmbH darauf hin, dass eine erfolgreiche Marke aus Kundenperspektive eine Form der Garantie bzw. Sicherheit darstellen kann.

Ich finde es relativ wichtig, weil sie ist einfach merkbar und der Kunde hat irgendwie so eine Art Garantie oder Sicherheit. Ich habe das vorhin schon mal versucht zu sagen. Wenn er zu uns kommt, kriegt er so ein bisschen die Garantie mit, aha, da sind Leute, die beschäftigen sich ernsthaft mit der Sache und da kommt etwas Gutes dabei raus. Das ist nicht so „Marke XY"-mäßig, es ist nicht beliebig und die Marke unterstreicht eigentlich, glaube ich, das/Du hast einen gewissen Ersteindruck, wenn du auf die Seite kommst. Wir sind jetzt technisch nicht mehr ganz aktuell, aber/Diese Erwartungshaltung, die wird dann einfach bestätigt. Subjektiv finde ich es eigentlich relativ wichtig (Berta GmbH).

Entsprechend der Bedeutung, die Gründer dem Thema Marke zumessen, wird auch deren Beitrag zum unternehmerischen Gesamterfolg betrachtet. Anton GmbH schätzt, dass die Marke 50 % zum Gesamterfolg eines Start-ups beiträgt.

Also von dem Gesamterfolg, würde ich sagen, ist die Marke 50 % (Anton GmbH).

Trotz der allgemein erkannten Relevanz, eine starke Marke in den Augen der Zielgruppen aufbauen zu müssen, geben Start-ups vereinzelt an, dass sie die Marke zu Beginn als nicht entscheidend ansehen bzw. ansehen konnten. Im Fokus standen für sie vielmehr grundlegendere Herausforderungen, z. B. zeitlicher oder finanzieller Art:

Bei uns ist es auch erst mal so gewesen, wir hatten am Anfang nicht die Zeit gehabt, die Marke in den Vordergrund zu positionieren (Berta GmbH).

Das wird auch noch mehr werden, aber gerade ist eben der Fokus Nummer eins einen Investor zu bekommen und dann eben Produktion starten und dann kommt eben die Marke. Und die wird dann in einem ganz hohen Maße kommen, weil das ist mir unheimlich wichtig (Gustav GmbH).

Hinzu kommt, dass die Unternehmen die Bedeutung des Themas Marke zum Teil auch unter branchenspezifischen Gesichtspunkten bewerten und deren Stellenwert differenziert betrachten. Dora GmbH beispielsweise stuft den Markenaufbau und die Markenpflege im vorliegend betrachteten Geschäftsbereich des E-Business als weniger wichtig ein.

Nicht so hoch wie bei anderen Unternehmen, die komplett markenfixiert und markenbezogen sind. Also bei uns ist es schon sehr, wie soll ich sagen, wertbezogen funktional. Also unsere Nutzer profitieren eher von unseren Features, den Informationen, die wir bieten, die Hilfestellung, als jetzt rein von der Marke, dass das Unternehmen von der Marke getragen wird. Also eher weniger im Marktvergleich, würde ich sagen (Dora GmbH).

2.2 Aufbau und „Leben" der Markenidentität

Start-ups achten bereits bei der grundlegenden Konzeption ihrer Marke darauf, dass sie ihre Unternehmenswerte widerspiegelt. Transportiert werden diese durch alle Kommunikationsaktivitäten des Unternehmens.

Wir haben das eigentlich bei allem, was wir machen auf dem Radar. Also wenn wir kommunizieren, wir machen ja auch viel Social Media-Marketing, ja. Oder überhaupt auch Aktionen, beispielsweise, wenn du „Marke D" hier auf „Twitter" Postings machst, oder auf Dialoge eingehst, oder auf Tweets eingehst, da hat man immer im Kopf, dass man auf jeden Fall seriös bleiben müssen und diskret. Aber dass wir auch in unserer Sprache nicht zu altbacken und konservativ wirken wollen. Und genauso ist es auch in der Website-Gestaltung. Also alle Features, die wir neu bauen, oder Seiten, die wir neu bauen, muss/Also da versuchen wir immer darauf zu achten, dass beides rüberkommt (Dora GmbH).

Am Anfang ist es wie gesagt so, dass man noch gar keine Marke hat, die muss man erst mal aufbauen. Ich glaube aber, dass es für jedes Unternehmen das Ziel ist, die Marke aufzubauen und darin wiederum die Werte, die man hat, widerspiegelt und transportiert. Ich glaube auch, dass unser Thema eins ist, was von Vertrauen lebt. Also Thema Geldanlage, selbst wenn das Geld irgendwie bei einer regulierten Partnerbank usw. liegt, ist es eine Vertrauenssache, dass man überhaupt zu uns kommt. Und das muss dann die Marke auch transportieren und wenn man größer wird, muss sie genau dafür stehen. Man muss verstehen, da kann man vertrauen, dass man da sein Geld anlegt, dass wir das vernünftig machen, dass da was Gutes bei rumkommt. Und dass ich auch gerne dort einen größeren Teil meines Geldes anlege (Heinrich GmbH).

Alle Befragten können ihre Marke durch mindestens drei Merkmale charakterisieren. Dabei unterscheiden sich die Attribute je nach Branche, Zielgruppe und Produkt. Startups, die im Dienstleistungsbereich tätig sind, beschreiben ihre Marke mit den folgenden Eigenschaften:

[…] interaktiv und erleben (Cäsar GmbH).
[…] Seriosität und diskret (Dora GmbH).
[…] einfach und übersichtlich (Emil GmbH).
[…] unkompliziert und locker (Friedrich GmbH).
[…] unabhängig und als ehrlich (Heinrich GmbH).

Dahingegen assoziieren im Online-Handel ansässige Unternehmen ihre Marke und ihre Produkte mit modernen Attributen:

> [...] hochqualitativ, zuverlässig und schnell (Berta GmbH).
> [...] zeitlos, elegant und international (Gustav GmbH).
> [...] urban, lebensbejahend, kreativ, sympathisch und überraschend (Ida GmbH).

Generell liegt in den befragten Start-ups eine Identifikation mit der jeweiligen Marke vor.

> Ja, weil wenn man einen Namen hat oder eine Marke hat, hat man eine Identität. Und das geht auch nach Innen [...] (Anton GmbH).

> Da leben wir auch diesen Markenkern (Friedrich GmbH).

> Natürlich ist die Marke schon was, womit sich das Team identifiziert, [...] es ist schon unser Identifikationsmerkmal (Heinrich GmbH).

> Ja klar. Wir sind das [...] die Marke sind natürlich wir. Und es könnte natürlich auch sein, wenn „Marke I" irgendwann erfolgreich wird, ist es erfolgreich geworden, weil wir so cool sind (lachen) [...] aber die Sachen, die wir halt so anschieben, weil wir etwas machen wollen, was uns selbst verwirklicht, das sind wir (Ida GmbH).

Die Einschätzung, wie viel letztlich die Bearbeitung der Marke beansprucht, wird vom täglichen Arbeitspensum und vorhandenen Zeitressourcen beeinflusst und fällt unterschiedlich aus:

> Das ist einfach strategisch. Wir haben vor saisonalen Punkten [...] dann wirklich Aktionen im Sinne von „Wir bewegen uns." [...] Wir haben beispielsweise vor dem letzten Weihnachtsgeschäft/Hat meine Freundin bestimmt 50 % eines Tages, also Teilzeit, daran gearbeitet, mit Bloggern gewisse Produkte nach vorne zu bringen und so weiter. [...] Das Thema ist noch relativ jung bei uns, dass wir tatsächlich versuchen, eine Marke nach vorne zu bringen (Berta GmbH).

> Es ist zeitlich schwer festzuhalten, aber bestimmt eine Stunde. Also ich denke mal so 10 bis 20 % wird das garantiert sein. Weil wir einfach gerade den Markenaufbau haben (Gustav GmbH).

> Ich arbeite nicht täglich an unserer Marke. Da bin ich auch glaube ich noch nicht professionell, noch nicht stringent genug (Ida GmbH).

Trotz möglicher Ressourcenengpässen versuchen die Start-ups im Rahmen der Markenkonzeption bzw. -führung strukturiert vorzugehen. In diesem Zusammenhang wird oft die Ausarbeitung eines Corporate Designs erwähnt, welches zum Teil aufwendig von Designern konzipiert und realisiert wird. Dabei werden Farben, Schriften und Symbole festgelegt:

Und dann kamen wir irgendwie auf „Marke A" durch die professionelle Hilfe durch seine Frau und dann machte der C. unser Designer als er „Marke A" gemacht hat […] (Anton GmbH).

[…] waren wenig, sagen wir mal, Profis mit am Spiel, also Externe. Wir hatten halt Designer, die sich um das ganze CI gekümmert haben, die Farben, die man verwendet, die Schriften auch die ganze Formensprache. Da waren schon eins, zwei, drei Designer waren da mit im Boot. Aber sagen wir mal jetzt ein umfassendes Markenkonzept war jetzt keine externe Agentur oder sowas (Dora GmbH).

Allerdings bleibt nicht in allen Fällen genügend Raum für eine strategische Markenplanung:

[…] bei uns ist die Marke immer mitgewachsen […]. Ich habe mir tatsächlich relativ wenig Gedanken gemacht. Ich habe es immer vom Ende her gedacht und ich denke die Marke ist ein sehr wichtiges Element, um das zu transportieren, aber wie gesagt, ich weiß nur, was ich transportieren soll, wenn ich das auch tatsächlich habe. Und jetzt wächst das so mit und ich versuch mir natürlich schon Gedanken zu machen, aber vielleicht ist es an manchen Stellen noch nicht wirklich zu Ende gedacht (Cäsar GmbH).

Zur Präsentation und Vermittlung der Markenidentität bzw. der genannten Attribute entwickeln die Unternehmen in der Regel eine optische Ausgestaltung ihrer Marke. Zunächst lässt sich feststellen, dass bei allen befragten Start-ups bereits ein Logo existiert. Die Komplexität der Logos und deren Bedeutung fallen jedoch unterschiedlich aus. Mehrheitlich sind sie eher schlicht gehalten und konnotieren mit ihrer Form und Ausgestaltung bestimmte Attribute; teilweise ist die Bedeutung eher komplex:

[…] das Logo […], dass es halt einen Wiedererkennungswert hat und dass es in die gesamte Corporate Identity auf der Webseite passt (Heinrich GmbH).

Wir haben dieses Grüne, das ist natürlich das Natürliche […] das ist natürlich dann einfach authentisch. Das ist im grün. Gut, die Modernität ist, glaube ich, durch die Formgebung, weil es ja ein relativ plaines Design, also es ist ja kein verspieltes Design […] fällt mir dazu noch was ein, was ich mir dabei gedacht habe?/Genau, aber Farbe für Authentizität und Natürlichkeit und Formgebung für Modernität (Ida GmbH).

Ein Aspekt, der Start-ups im Kontext ihrer Logogestaltung bekannt und wichtig ist, stellt die Berücksichtigung ihrer Zielgruppe dar. Das Bewusstsein zeigt sich beispielhaft in der Aussage von Dora GmbH, dass das Ziel verfolgt, mithilfe seines Logos zwei sehr unterschiedliche Zielgruppen gleichermaßen anzusprechen:

Wir haben bewusst damals, sagen wir mal eher milde, weniger schrille Farben gewählt und weniger aggressive. Also die Schrift ist eher sachlich gehalten und in einem Grauton, weil das eben diskret und seriös sein soll. Das Logo selbst ist ja blau, verschiedene Blautöne mit dieser „Marke D" im Mittelpunkt. Und das ist auch diese Mischung. Das Blau ist eher dieses junge, bunte und das Graue ist die Diskretion (Dora GmbH).

Neben dem Logo existiert mehrheitlich eine Festlegung von zu verwendenden Schriftarten und Symbolen, die ihrerseits letztlich eine konsequente Anwendung in der Kommunikation finden:

> Also wir haben eine Pressemappe. Die Pressemappe hat nur zwei Schriftarten. Eine davon ist eben wirklich unsere Markenschriftart. Das heißt, wir versuchen dann nicht unsere E-Mail in „Arial" zu schicken, unsere Lesepapiere in, weiß ich nicht, in Impact und dann unseren Schriftzug in „Myriad" oder so. Das würde einfach nicht passen (Gustav GmbH).

> Wir haben das Symbol, also wir haben/Wie nennt sich das denn? So eine Grundlage eines CI's. Die Farben sind definiert, die Schriften sind definiert, Überschriften sind definiert, Fließtextschriften sind definiert (Ida GmbH).

Letztlich wird das Ziel verfolgt, mit der Marke und ihrer jeweiligen Ausgestaltung in den Design-Elementen Emotionen an die jeweilige Zielgruppe zu transportieren und dort im Bewusstsein verankert zu werden:

> Ganz, ganz, ganz wichtig, glaube ich, habe ich von meinem ersten Tag an gesagt - Emotionalität. Das war es. Und das unterscheidet uns auch von allen anderen Wettbewerbern, ist es, dass wir emotional die Leute ansprechen. Die Marke ist immer noch dynamisch. Die ist nicht fest. Die ist nicht in Stein gemeißelt. Das Grün kann etwas dunkler werden, das Rot auch. Aber diese Emotionalität, die wir im Team gefunden haben und die wir nach außen tragen, die wird bleiben. Und die wird immer verkörpert werden. Und dafür steht die Marke. Dass wir also nicht ein trockenes Produkt aufs Handy bringen, sondern etwas, wodurch du dich wohl fühlst (Anton GmbH).

> […] Wohlfühlen und Vertrauen (Anton GmbH).

> Und dieser Erinnerungs-/Irgendwas den Leuten in den Kopf zu setzen, das ist mit „Marke B" relativ einfach, als Name. Und wenn eine dann noch so eine gewisse Gestaltung dahintersteht (Berta GmbH).

> Weil man ganz viele Sachen gerade, wenn es um Medien geht, wo es nichts wirklich Greifbares ist. Man handelt mit Informationen, man bereitet Informationen auf. Da spielt Glaubwürdigkeit und positive Gefühle eine extrem wichtige Rolle. Deswegen ist es sehr, sehr wichtig (Cäsar GmbH).

> Also die Marke an sich ist, glaub ich, auch wieder der Fall, dass die Marke eigentlich positiv konnotiert ist in der Stadt und bekannt (Friedrich GmbH).

> […], dass es eben von der Tonalität […] zu unserer Präsentation passt (Gustav GmbH).

> Also insofern ist es halt so eine positive Marke. Es soll halt ein positives Lebensgefühl vermitteln (Ida GmbH).

Um diese Emotionen an die Zielgruppe zu transportieren, ist eine strategisch schlüssige externe Kommunikation der unterschiedlichen Markenattribute relevant.

3 Marke – und ihre externe Kommunikation

3.1 Rahmenbedingungen

Das Ausmaß der (Marken-)Kommunikation wird bei Start-ups aufgrund verschiedener Rahmenbedingungen limitiert. Hierbei erfolgt die Begrenzung nach den Aussagen der Gründer hauptsächlich aufgrund finanzieller Engpässe:

> […] ganz klar Budget. Wenn einen was wirklich begrenzt, dann ist das auf Deutsch gesagt wirklich die Kohle (Dora GmbH).

> […] unsere Budgets sind echt klein oder nicht vorhanden (Friedrich GmbH).

> […] wenn man keine Kohle hat, ist man […] echt richtig verloren und man stößt halt ganz einfach dann immer ziemlich schnell an die Grenzen und muss dann kreativ werden (Gustav GmbH).

> Also wenn wir mehr Geld für Marketing-Ausgaben hätten, würden wir wahrscheinlich auch ein bisschen mehr ausgeben, wobei man sagen muss, man kann in dem Bereich auch sehr viel Geld verbrennen (Heinrich GmbH).

Darüber hinaus werden die befragten Start-ups durch ihre personellen Ressourcen in ihren Kommunikationsaktivitäten begrenzt:

> Und personell natürlich auch (Friedrich GmbH).

> Also wir sind personell natürlich extrem limitiert. Also ich muss zum Beispiel am Freitag nach Frankfurt fahren, das kostet mich einen halben Tag (Ida GmbH).

Wenn Geld keine Rolle spielen würde, erachten die Gründer jeweils ein unterschiedliches Portfolio an Kommunikationsmaßnahmen als für sie relevant:

> Ich würde richtig fett in die Influencer auf „YouTube" oder anderen Kanälen investieren (Anton GmbH).

> Also wenn wir in der nächsten Phase sind, natürlich auf „ProSieben" so ein paar Werbeplätze, da hätte ich nichts dagegen (Anton GmbH).

> Einfach erst mal alle testen. Wenn Geld keine Rolle spielen würde, würde ich alle Kanäle, für jeden Kanal von diesen 19 Stück eine unternehmenszugeschnittene Variante machen, in jeden Kanal 100 EUR reinstecken und das Outcome messen (Emil GmbH).

> Und zwar würde ich Plakatwerbung in der Stadt testen. Ganz großflächig. Und dann würde ich noch Radiowerbung machen. Das wären die beiden (Friedrich GmbH).

> Also ich denke, wenn wir mehr Budget hätten, würden wir wahrscheinlich auch zusätzlich andere Sachen machen. Aber wir würden es immer auch sehr, sehr weise einsetzen und immer auch sehr, sehr genau schauen was die Wirkung ist (Heinrich GmbH).

Man kann aber natürlich auch Presse machen, indem man sich nochmal zusätzlich Anzeigen schaltet. Da hat man vielleicht ein Interview auf der einen Seite, was vielleicht wirklich unabhängig ist, aber man schaltet nochmal bewusst zwei Seiten weiter, oder sogar auf der Seite daneben nochmal eine Anzeige. […] aber wenn wir in Zukunft mehr Möglichkeiten haben, nehmen wir auch sicherlich mal sowas mit dazu (Heinrich GmbH).

Als wichtig wird in diesem Zusammenhang immer der Blick auf die jeweiligen Zielgruppen erachtet.

3.2   Zielgruppe

Zur Planung der externen Kommunikationsmaßnahmen bestimmen auch Start-ups zunächst – klassischerweise – ihre Zielgruppen. Einige Start-ups weisen beispielsweise explizit darauf hin, dass die Identifikation der relevanten Zielgruppe zur wesentlichen Planung der externen Kommunikationsmaßnahmen gehört, mit dem Vorhaben, die Nutzergewinnung voranzutreiben.

An sich dient das Ganze erst mal der Nutzergewinnung und der Identifizierung der richtigen Zielgruppe. Meine Behauptung war: Studenten 16 bis 25. Das probiere ich über meine „Facebook"-Seite zu agieren. Meine Behauptung: Unternehmen, versuche ich über „XING" und „LinkedIn" anzugehen. Das sind so die Social Media's. Dann noch ein bisschen „Twitter", „Instagram" und „GooglePlus", habe ich mal eine Zeit lang probiert, aber da kommt nichts. Das ist für mich keine Plattform, die ich aktuell nutzen würde. Waren das alle? Ja, ich glaube, das waren alle (Emil GmbH).

Dies wird durch einen weiteren Interviewpartner als permanente Intention bestätigt.

Wir zum Beispiel, wenn wir jetzt bei „Facebook" Werbung schalten, die Zielgruppe der etwas Älteren, wobei wir das eher selten machen, weil wir die über die Flyer erreichen. Wir haben Leute, die viel berufstätig sind und viel arbeiten und wenig Zeit zum Einkaufen haben, aber gerne gute Sachen essen. Leckere Sachen essen. Also die sich eher ärgern, dass sie um 21 Uhr nur noch in den „Rewe" gehen können. Und die deswegen das „Marke F" nutzen, weil sie da ihre Sachen irgendwie nachhause geliefert bekommen, weil sie meistens keine Zeit haben jeden Tag durch fünf Läden zu laufen. So Bäcker, Metzger, Bioladen. Und wer das nicht schafft, kann dann also das „Marke F" nutzen. Und das können wir auch ganz gut identifizieren bei „Facebook", darüber was die Leute für Seiten geliked haben. Also Leute, die Seiten unserer Partner geliked haben. Wo hier wieder schade ist, dass die in Wiesbaden das nicht so intensiv nutzen, dann erreichen wir die auch mit dem „Marke F" (Friedrich GmbH).

Ein anderer Befragter sieht die Neukundengewinnung hingegen als zweitrangig an.

Letztendlich alles von den Genannten, aber jeder einzelne Kanal hat unterschiedliche Zwecke. Wir wissen, dass PR, gerade Print, nicht der primäre Grund ist Kunden zu gewinnen. Also der primäre Grund ist eigentlich die Brand aufzubauen und Vertrauen zu schaffen. Dass wir damit noch Kunden gewinnen ist im Prinzip Nice-to-have. Und unser ultimatives Ziel ist ja auch Kunden zu gewinnen, aber wir wissen halt, es gibt Kanäle, die sind, da kann man mehr tracken, dass man dadurch mehr Kunden gewinnt, dass es sich dadurch gelohnt hat. Bei anderen sind es diese anderen weicheren Faktoren, die noch mit reinspielen, die man auch mit rein zählen muss. Ansonsten würde man damit nicht glücklich werden. Selbst super gute Presseartikel resultieren nicht zwangsläufig darauf, dass dann hunderte Kunden aufspringen und sagen, das hat sich jetzt total gelohnt. Sondern das muss man immer im Gesamt/Das muss man zum einen in langer Frist sehen und das muss man im Gesamt-Marketing-Mix sehen. Und dann ist es häufig die Vertrauen schaffende Maßnahme, die dann wiederum dazu führt/Das ist z. B. auch in dem Logo der Webseite, dass man sagt, hey, das ist bekannt aus Spiegel Online. Dass es da nämlich wiederum dazu führt, dass es andere Leute, die auf die Webseite kommen, dann wiederum besser konvertieren (Heinrich GmbH).

Primär streben die befragten Start-ups im Kontext des Markenaufbaus an, Vertrauen bei ihren Ziel- bzw. Anspruchsgruppen zu schaffen.

Letztendlich alles von den Genannten, aber jeder einzelne Kanal hat unterschiedliche Zwecke. Wir wissen, dass PR, gerade Print, nicht der primäre Grund ist Kunden zu gewinnen. Also der primäre Grund ist eigentlich, die Brand aufzubauen und Vertrauen zu schaffen. Dass wir damit noch Kunden gewinnen ist im Prinzip Nice-to-have. Und unser ultimatives Ziel ist ja auch Kunden zu gewinnen, aber wir wissen halt, es gibt Kanäle, die sind, da kann man mehr tracken, dass man dadurch mehr Kunden gewinnt, dass es sich dadurch gelohnt hat. Bei anderen sind es diese anderen weicheren Faktoren, die noch mit reinspielen, die man auch mit rein zählen muss. Ansonsten würde man damit nicht glücklich werden. Selbst super gute Presseartikel resultieren nicht zwangsläufig darauf, dass dann hunderte Kunden aufspringen und sagen, das hat sich jetzt total gelohnt. Sondern das muss man immer im Gesamt/Das muss man zum einen in langer Frist sehen und das muss man im Gesamt-Marketing-Mix sehen. Und dann ist es häufig die Vertrauen schaffende Maßnahme, die dann wiederum dazu führt (Heinrich GmbH).

3.3 Kommunikationsplanung

Die Planung der jeweiligen Kommunikationsmaßnahmen wird in den Start-ups unterschiedlich gehandhabt. Ein Interviewpartner gibt an, dass die gesamte Kommunikation, die nicht zentral den Endkunden fokussiert, von einer PR-Agentur geplant wird. Den B2B-Kommunikationsbereich hingegen übernimmt der Gründer selbst:

Wir haben eine PR-Agentur, die kümmern sich um die Kommunikation mit den Journalisten, mit Bloggern, Social Media, Influencern. Wir/Ich selber mache natürlich die komplette Kommunikation B2B-Kunden, sogar auch mit Endkunden teilweise (Gustav GmbH).

Teilweise wird eine längere und aufwendigere Planung benötigt, um sich rechtzeitig medienwirksam zu positionieren:

Es gibt Sachen, die wir sicherlich ein bisschen länger planen. Ja also jetzt sowas wie J.P. Morgan-Lauf oder so, das muss man ja irgendwie ordentlich planen. Da muss man ja irgendwie Sachen wie T-Shirts oder sowas bestellen und sich vorher schon überlegen was wir (unv.) machen. Wir wollen uns davor medial auch schon positionieren (Heinrich GmbH).

Ein Gründer berichtet davon, ohne längerfristige Planung in der externen Kommunikation zu agieren.

> Ich plane die meistens abends und morgens, um fünf stehe ich auf, mache einen Facebook-Post, den terminiere ich dann für Donnerstag und dann gehe ich arbeiten (lachen). Die werden noch nicht so richtig geplant. Ich muss das jetzt mal irgendwie machen, dass man sich halt überlegt, dass man zu Weihnachten irgendwas macht. Wollen die Leute halt haben, muss man ihnen halt auch einfach geben, weil ich mich ungern dazu zwinge, mir da was auszudenken. Wenn mir nichts einfällt, mache ich lieber nichts als dass es mir dann nicht gefällt, dann ärgere ich mich noch mehr, muss ich sowas dann planen, das ist so die Idee und dann rolle ich das dann sozusagen aus. Also insofern habe ich da schon eine gewisse Planung, aber die ist eher so intentional. Ich habe jetzt noch keine Jahresübersicht, wann was passiert und wann ich eigentlich was machen wollen könnte. Insofern zur Werbung. Was wir mittlerweile machen ist, wir planen halt Festivals, was ja auch immer ein Teil Werbung mit ist. Da ist der Organisationsaufwand höher, der mit einhergeht (Ida GmbH).

Ergänzend dazu spricht ein Teil der Befragten davon, dass Entscheidungen „aus dem Bauch heraus" getroffen werden.

> Also meinst du jetzt eine langfristige strategische Planung? Nein, also das ist bei uns eher so aus dem Bauch raus. Wir wissen, wie wir mit Unternehmen umgehen. Wir haben uns geeinigt, sagen wir mal, auf einen Sprachstil. Ebenfalls in der Forschung, da ist das etwas lockerer. Ich komm selbst von einer Universität, ich weiß, wie man da unter Dozenten und Professoren spricht. Das ist alles ein bisschen freundlicher noch, nicht ganz so verkrampft, ja nenn ich es mal. Und dann mit Studierenden, die reden wir auch mit per „Du" an. Dann versuchen wir auch da, auch auf einem Level zu sein. Ich mein, wir haben ja selbst viele „Studis" bei uns im Team (Dora GmbH).

Diese Vorgehensweise hat ihren Ursprung in kurzfristigen Kooperationen, da die Ausgestaltungen der Kommunikationsmaßnahmen aufgrund unmittelbarer Ereignisse kurzfristig erstellt werden:

> Ja und die Inhalte der Kommunikation ergeben sich dann eigentlich aus dem, was im Tagesgeschäft passiert (Friedrich GmbH).

Vereinzelt existiert ein Rahmen, der unter anderem die Ausführung regelmäßiger Online-Veröffentlichungen bestimmt. Dennoch wird die Ausgestaltung der Richtlinien flexibel gehalten, um zeitnah Änderungen einzubinden und die Ausrichtung der Kommunikation auf aktuelle Geschehnisse anpassen zu können.

> Es gibt Sachen, die wir sicherlich ein bisschen länger planen. Ja also jetzt sowas wie J.P. Morgan-Lauf oder so, das muss man ja irgendwie ordentlich planen. Da muss man ja irgendwie Sachen wie T-Shirts oder sowas bestellen und sich vorher schon überlegen was wir (unv.) machen. Wir wollen uns davor medial auch schon positionieren. Und dann gibt es Sachen, die auch halt spontan passieren. Alles, was man auf ein gewisses Datum legen kann, ist natürlich ein bisschen länger, ja. Aber auch/Aber eigentlich selbst so Sachen wie jetzt die Geburtstagsaktion war eigentlich relativ kurzfristig. Also da reden wir über eine Woche, ne (lacht). Eine Woche vorher haben wir uns überlegt, so was machen wir jetzt und dann hat

das Marketing ein paar Sachen vorgelegt und dann haben wir es gemacht. Also es ist jetzt nicht so, dass man da monatelang vorher/Also wir haben uns auch einen Redaktionsplan etc. für Online-Veröffentlichungen etc. für Blogartikel und für alles Weitere. Aber das heißt nicht, dass sich nicht kurzfristig noch Sachen ändern (Heinrich GmbH).

Die Mehrheit stellt eine vorläufige Planung für die zu kommunizierenden Inhalte und die Distributionswege auf und erachtet diese als sinnvoll.

Noch nicht wirklich, aber in den letzten Jahren haben wir uns da sehr dransetzen müssen. Man braucht im Grunde eine Marketingplanung oder man braucht eine Planung, über welche Inhalte man mit dem Kunden kommuniziert. Weil bevor du kommunizierst, wie du das machst, brauchst du erst mal, über was willst du mit dem Kunden überhaupt reden, über was willst du Newsletter schicken. Und da braucht man schon eine Planung. Da haben wir jetzt keine feste Planung. Aber wenn ein Thema reinkommt, sei es „Produkt B"-Gut „Schiess-mich-tot" gewinnt „Grand Prix in Hong Kong" oder sowas, dann bekommen wir diese Informationen und sind relativ schnell in der Lage, da was zu machen. „Ey, das war der „Produkt B" und schau mal wieder vorbei". Einfaches Thema; Interview 7: „Nein". (Lachen) Ne, natürlich. Kommunikationsmaßnahmen/Wir haben eine PR-Agentur, die kümmern sich um die Kommunikation mit den Journalisten, mit Bloggern, Social Media, Influencern. Wir/Ich selber mache natürlich die komplette Kommunikation B2B-Kunden, sogar auch mit Endkunden teilweise. Und der Tobi, der kümmert sich eben dann vor allem um die Kommunikation mit den Endkunden. Also, dass er wirklich sagt, hey, wie kommunizieren wir mit unseren Plakaten, Flyern und aber auch mit unserer Webseite, natürlich. Content-Marketing. Wie sieht da die Kommunikation aus. Ist ganz, ganz wichtig für uns, weil wir wollen am Ende eine hundertprozentige Online-Marke werden und dementsprechend wird das unser Augenmerk sein. Dann wird auch das ganze Budget hinfließen wahrscheinlich. Ja, dann halt Social-Media-Kanäle von uns selber/von unserer Marke (Gustav GmbH).

Zu einer strukturierten Planung und Messung des Kommunikationserfolgs finden in einigen der Jungunternehmen wöchentliche Meetings statt. Daraus erfolgt eine Einschätzung, welche durchgeführten Kommunikationsmaßnahmen als positiv gewertet werden können, um Erfahrungswerte zu generieren, die das weitere Vorgehen bezüglich der Kommunikation mit Zielgruppen bestimmen:

Wir haben wöchentliche Meetings, wo wir dann besprechen, was es bei uns Neues gibt und was gut angekommen ist. Die Fahrer bringen uns Feedback von den Kunden. Die Kollegin, die in Kontakt mit den Händlern steht, bringt uns Feedback. Und dann besteht die Kommunikation im großen Teil daraus, Sachen, die beliebt waren halt weiter zu kommunizieren und weiterzuempfehlen (Friedrich GmbH).

3.4 Kommunikationsinstrumente

Um die Ziele der externen Kommunikation zu erreichen, nutzen Start-ups vielfältige Kommunikationswege, welche sie an ihre jeweiligen Möglichkeiten und Zielgruppen anpassen. Jede Plattform, die genutzt wird, hat nach Aussage eines Interviewpartners ihren eigenen Zweck.

Ja alle, aber jeder Einzelne hat seinen eigenen Zweck. Also für uns ist „Twitter" ehrlicher-
weise eher das Netzwerk wo Redakteurin zu Leuten in der Industrie/Also wenn man sich
das mal anschaut wer auch uns folgt usw., dann sind das viele Redakteure und die schreiben
uns, wenn wir dann auf „Twitter" regelmäßig was veröffentlichen, dann sehen die das halt
und sagen dann: „Hey, dann lass uns doch nochmal genauer sprechen oder so". Das ist für
uns eher ein B2B-Netzwerk, als ein Kundennetzwerk. Das ist jetzt nicht so, dass wir jetzt
tausende Kunden-Followers dort haben, sondern das ist eher B2B (unv.) (Heinrich GmbH).

In einem der befragten Unternehmen spielt Pressearbeit eine zentrale Rolle, mit dem Ziel
in den „klassischen" Medien für die öffentliche Wahrnehmung präsent zu sein.

Wir machen klassische Pressearbeit. Wir senden ab und zu Pressemitteilungen oder nutzen
unser Netzwerk, um Veröffentlichungen in den Medien zu bekommen. Das hat auch ganz
gut schon geklappt (Friedrich GmbH).

Klar. Also unser Marketingleiter, der Tobias, ist letztendlich für alles rund um das Thema
verantwortlich. Das heißt natürlich, dass wir regelmäßig schauen, wie kommunizieren wir
das, für was steht das und wie positionieren wir es auch. Also wenn es z. B. darum geht, wir
machen viel mit Presse, wir haben jetzt schon über 100 Presseberichte in allen möglichen
Zeitungen, Radio, TV usw (Heinrich GmbH).

Im Rahmen der werblichen Kommunikation nutzen Start-ups z. T. Printmedien, um ihre
Zielgruppe anzusprechen:

Also insofern sind die klassischen Medien für uns etwas wo man auch eine gewisse Aufmerksamkeit bekommt […] (Anton GmbH).

Wir haben ja Printwerbung, also wir treten bei den Händlern vor Ort in Erscheinung mit
Aufklebern, Postern und Flyern, die wir auch verteilen. Wir verteilen auch auf dem Markt
Flyer am Wochenende. Am intensivsten ist eigentlich die Flyer-Werbung […] (Friedrich
GmbH).

Gleichwohl gibt es zu Printmedien auch zurückhaltende Meinungen seitens der Gründer:

Ich mache nichts im Print. Ich habe das mal gehabt. Wir haben mal einen kleinen Katalog
gehabt und wir haben auch mal Flyer gedruckt und verteilt und so, aber alles Bullshit (Berta
GmbH).

Offline bringt nichts und Offline ist sehr, sehr schwer messbar. […] Print ist auch sehr teuer
für uns […]. Für eine Printanzeige, wo ich nicht messen kann, was es ist (Berta GmbH).

Ja, das Einzige, was wir nicht machen, also Print, wir machen weniger Zeitungen, weil das
ist einfach vom Preis-Leistungs-Verhältnis nicht so super […] (Cäsar GmbH).

Also Zeitungswerbung werden wir nicht schalten. Auch in Zukunft nicht. Also das ist halt
einfach nicht das, wo wir hinwollen (Gustav GmbH).

Ein Start-up weist im Zusammenhang mit gedruckten Medien hingegen auf eine hohe
Wahrnehmungsrate hin:

[…] eine Plakatkampagne, die jeder in der Stadt sieht und die man im Bus sieht. Die nimmt jeder sofort wahr (Cäsar GmbH).

Zu den Möglichkeiten, die Radio- und TV-Werbung für Start-ups bieten kann, gibt es differenzierte Meinungen unter den Befragten:

Im Radio nimmt man wahr. Das haben wir gemacht (Cäsar GmbH).

Also, es gab Beiträge bei „Sat.1", im „Kurier", in der „Hessenschau" waren wir letztens drin. Also Fernsehen hat schon ganz gut funktioniert (Friedrich GmbH).

Die Zeiten sind vorbei. Werden auch keine TV-Werbung machen oder so, weil ich halte es für einfach zu ineffektiv. Ich glaube da gibt es in der heutigen Welt andere Sachen, wo man besser vermarkten kann (Gustav GmbH).

Eine eher einheitliche Meinung liegt bzgl. sozialer Medien als Werbeträger vor. Diesen wird im Kontext von Kommunikation eine hohe Bedeutung zugesprochen.

Bis jetzt war Social Media, was für mich immer noch das Synonym „Facebook" ist, weil was anderes spielt eigentlich eher keine Rolle (Berta GmbH).

Der wichtigste Kanal ist „Facebook" […] (Cäsar GmbH).

Also gerade wenn man die Leute fragt, woher sie uns kennen. Die meisten sagen: „Ja ihr seid doch bei „Facebook"". Darauf haben mich auch mehrere angesprochen, aber das ist glaub ich was, was viel mehr unterbewusst gewirkt hat. Was aber auch viel, viel teurer war. Also von der Effizienz her ist „Facebook" für uns der beste Kanal und „Google" ist zum Beispiel nicht so interessant. „Twitter" auch nicht (Cäsar GmbH).

Meine Behauptung: Unternehmen, versuche ich über „XING" und „LinkedIn" anzugehen. Das sind so die Social Medias (Emil GmbH).

Also Social Media ist schon wichtig, wobei man dazusagen muss, dass wir halt mehr und mehr in die Netzwerke wie „Xing" und „LinkedIn" gehen, weil halt auch unsere Zielgruppe (Heinrich GmbH).

Online-Aktivitäten bzw. Sozialen Medien wird i. d. R. aufgrund von Finanz- und Kontrollaspekten der Vorzug im Vergleich zu Werbeträger wie Print, TV oder Fernsehen gegeben:

Deshalb machen wir auch „Facebook"-Werbung und „Google"-Werbung, die aber den Bekanntheitsgrad steigern sollen […] (Anton GmbH).

Bei Online sehe ich immer ganz genau, woher kommt das und deshalb kann ich da auch viel besser optimieren. Das heißt, ich kann Sachen wieder rausnehmen, die sich als Blödsinn erwiesen haben (Berta GmbH).

Also „Facebook" ist das Aktivste. Weil auch einfach vom Preis-Leistungs-Verhältnis (Cäsar GmbH).

Aber der Punkt ist einfach/Also online ist wesentlich günstiger, ja und auch viel gezielter. Wir können ja sehr gezielt kommunizieren und ja. Also das Verhältnis von, sagen wir mal, gezielter Kommunikation auf den Preis halt online ist halt wesentlich interessanter (Dora GmbH).

Ja, sie [die sozialen Medien] sind erstmal kostenlos, komplett (Emil GmbH).

[…] Social Media, weil es eben den Vorteil mit sich bringt, dass die Leute sofort dort sind, wo sie bestellen können und in dem Moment meistens handeln können, wo sie es sehen, in dem sie einfach drauf klicken. Warum man sich jetzt für „Facebook" entscheidet, liegt auf der Hand. Es ist nahezu jeder bei „Facebook" unterwegs. Man kann auch ganz gut bei gesponserten Beiträgen die Zielgruppe auswählen und bei den Leuten erscheinen, die sich für die Sachen interessieren (Friedrich GmbH).

Aber die Konvertierungsrate das sehen wir schon, ist bei online besser als bei offline (Heinrich GmbH).

Eine weitere Möglichkeit, die Gründern im Rahmen ihrer externen Kommunikation wichtig ist, ist der persönliche Kontakt zur Zielgruppe. Erwähnt werden in diesem Zusammenhang beispielsweise Guerilla-Marketingmaßnahmen oder Events:

[…] und dann bauen wir Offline-Communities auf, die wir direkt ansprechen und dann auf die Multiplikationen warten […] (Anton GmbH).

Wir haben eine Guerilla-Aktion gemacht. Es war viel Arbeit! Der Effekt war jetzt so/naja […] (Cäsar GmbH).

Und, was jetzt auch vielen noch eine Rolle spielt, ist Vorträge vor solchen Start-up-Gruppen analoger Basis wie jetzt Heimathafen, wo wir uns jetzt auch kennengelernt haben. Da haben wir auch viele Likes herbekommen (Emil GmbH).

Für Konsumenten haben wir Festival, Events […] (Ida GmbH).

Die Wahl von geeigneten Kommunikationsmaßnahmen ist hierbei von der zu erreichenden Zielgruppe abhängig. Die Mehrheit der befragten Start-ups ist sich ihrer Zielgruppe bewusst und sind in der Lage diese zu definieren:

Wir sind jetzt halt an dem Punkt, wo wir eine ganz spitze Zielgruppe haben und da sehen wir aber auch die Erfolge (Anton GmbH).

Studenten zwischen 16 bis 25 Jahren. Das ist Zielgruppe eins, die sich an den Alltag richtet. Und Zielgruppe zwei sind Unternehmen auf Management-Ebene […] (Emil GmbH).

Vor allem junge Business-Leute. Also die ganzen jungen McKinsey-Schnösel (Lachen). Ne, also wirklich tatsächlich einfach junge Leute, die Wert auf Mode legen, die Mode verrückt/ Vielleicht sogar auch für sich neu entdecken. Das wäre dann wieder/geht in die Richtung ältere Leute. Weil wir haben einfach jetzt auch einen Trend gesehen, dass einfach immer mehr Jungs vor allem versuchen sich bewusster anzuziehen und wirklich mal darauf zu achten (Gustav GmbH).

Naja gut, wir sprechen halt dynamische Leute an. Diese Sinus-Gruppen kann man da nehmen. Wir sprechen Hedonisten an, wir sprechen glaube ich ökologische Leute an […] (Ida
GmbH).

Trotz einer klaren Zielgruppendefinition, wird vereinzelt betont, dass sich die
Zusammensetzung und Ausprägung der Anspruchsgruppen dynamisch gestaltet und
somit nicht als endgültig angesehen werden kann:

Es gibt eine Zielgruppe für den Markteintritt, die man sich erarbeiten muss, herausfinden
muss, die muss man möglichst genau bestimmen. Das ist aber ein dynamischer Prozess und
das kann man am Anfang oft nicht wissen (Anton GmbH).

Also eigentlich ist sie faktisch schon stark definiert. Wir sind jetzt aber nicht so ran-
gegangen, dass wir gesagt haben, das ist unsere Zielgruppe. Weil vielleicht kennt ihr auch
„Marke X" zum Beispiel, das ist auch ein ganz lieber, den ich auch kenne, die haben halt
vorab schon gesagt: „Unsere Zielgruppe ist „Young Ager", oder so wie die heißen." Also
30, 40 Jahre alt und that's it. Ja, das haben die halt vorab gesagt. Dann sind die in den Wettbewerb rein gesprungen und haben die Zielgruppe getroffen, aber bei uns war das so, wir
mussten jetzt auch erst mal verkaufen. Wir konnten uns um sowas keine Gedanken machen
(Berta GmbH).

Also meine Zielgruppe wächst […] Und das versuchen wir zu befriedigen und da werden
wir uns mit der Zeit dann anpassen und mit der Zeit gehen […] unsere Zielgruppe wird eher
wachsen und wir sind dazu in der Lage uns darauf einzustellen (Cäsar GmbH).

Also tatsächlich eigentlich nie. Unsere Zielgruppe waren immer die Leute, die sich für „Produkt C" interessieren. Und es gab da auch einen sehr strukturierten Weg. Alle, die auf der
Seite sind, das sind die, die sich für „Produkt C" interessieren in Mainz. Würde ich jetzt mal
schätzen, gibt es in Mainz und Umgebung so ca. 150.000 Menschen. Und das ist mal prin-
zipiell unsere Zielgruppe. So jetzt kann man die natürlich weiter Clustern (Cäsar GmbH).

Mittlerweile ist es eine Plattform zum einen nicht nur für Doktoranden, sondern für alle,
die eine Abschlussarbeit schreiben, also auch Bachelor, Master […] Das hat sich verbreitet
(Dora GmbH).

Insgesamt wird eine Zielgruppe angesprochen mittlerweile, die etwas älter ist als wir es
ursprünglich geplant hatten. Wir hatten eigentlich am Anfang gedacht, dass die Leute eher
ganz, ganz jung sind […] (Heinrich GmbH).

Die Befragten würden mehrheitlich ihre aktuellen Kommunikationsmaßnahmen ausweiten und intensivieren. Teilweise besteht das Interesse kostenintensive Alternativen
zu testen, um zu sehen, welche Auswirkungen diese hätten. Die Entscheidung für eine
bestimmte Kommunikationsmaßnahme steht mehrheitlich im Zusammenhang mit
zukünftigen Zielen.

4   Fazit

Die vorliegende Interviewstudie gibt Antwort auf die Frage welchen Stellenwert die Marke und die Kommunikation in Start-ups einnehmen und wie die Markenführung und Kommunikation von Start-ups ausgestaltet sind.

Die Bedeutung von Marken für den Unternehmenserfolg wird von den befragten Start-ups als wichtig eingeschätzt, da Marken eine höhere Preisakzeptanz induzieren und zudem in den Augen ihrer Zielgruppen als Garant für Qualität angesehen werden und Sicherheit vermitteln. Auch Start-ups verfolgen daher das Ziel, sich von Konkurrenzangeboten durch eine eigene Marke abzuheben. Im unternehmerischen Handeln steht die Marke allerdings (noch) nicht allzu stark im Fokus, da die Finanzierung des Unternehmens und das Tagesgeschäft in der Gründungsphase im Mittelpunkt stehen. Dennoch wird bei der Markenführung der Start-ups darauf geachtet, dass die Marke die Werte des eigenen Unternehmens widerspiegelt. Alle Befragten konnten die eigene Marke mindestens mittels dreier Merkmale charakterisieren. Diese unterscheiden sich hinsichtlich der Branche respektive den Produkten. Markenattribute, die von Start-ups der Dienstleistungsbranche häufig genannt wurden, waren interaktiv, seriös, unkompliziert und ehrlich. Markenattribute von Start-ups im Onlinehandel sind eher moderner geprägt. Diese Marken wurde beispielsweise als schnell, international, urban, kreativ und überraschend beschrieben. Bei allen befragten Start-ups ist eine hohe Identifikation mit der eigenen Marke zu konstatieren.

Hinsichtlich der Implementierung der Marke konzentrieren sich Start-ups insbesondere auf die Festlegung der Corporate Identity und die Gestaltung des Corporate Designs. Eine professionelle Markenführung im Sinne eines umfassenden Markenkonzepts ist jedoch vorwiegend nicht vorhanden. Die Implementierung der Marke durch Kommunikationsmaßnahmen ist bei allen Start-ups eindeutig zielgruppenorientiert. Die befragten Unternehmen haben eine klare Zielgruppendefinition, auch wenn vereinzelt betont wird, dass sich die Zusammensetzung der Zielgruppe aufgrund des sich rasch ändernden Umfeldes mitunter dynamisch gestaltet. Die Möglichkeiten der Kommunikation sind allerdings aufgrund knapper finanzieller und personeller Ressourcen limitiert. So ist es zu erklären, dass die meisten der befragten Start-ups Print-, TV- und Radio-Werbung als ein für sie ungeeignetes Kommunikationsmittel betrachten, wohingegen Soziale Medien, insbesondere Facebook, als nutzbar angesehen werden. Der persönliche Kontakt wird im Rahmen der externen Kommunikation ebenso als ein sehr wichtiges Instrument beschrieben. Mit einem höheren verfügbaren Budget, würden die Start-ups vorwiegend in Influencer-Marketing, TV- Werbung, Radio-Werbung und Plakat-Werbung investieren. Die Planung der externen Kommunikationsmaßnahmen fällt dabei unterschiedlich aus. Bei einigen Start-ups gibt es längerfristige Planungen, andere agieren teilweise sehr kurzfristig und treffen die Entscheidungen eher aus dem Bauch heraus.

Summa summarum bleibt festzuhalten, dass Start-ups die Bedeutung von Marken deutlich bewusst ist, tendenziell aber eher weniger Zeit für den Markenaufbau und die Markenpflege aufgewendet wird, da sie dem aktuellen Tagesgeschäft nachgeordnet ist. Start-ups versuchen, Marken eher semi-professionell aufzubauen, indem Sie eine Corporate Identity und ein Corporate Design festlegen. Eine professionelle Markenführung im Sinne einer identitätsorientierten Markenführung ist überwiegend nicht vorzufinden. Aufgrund eines beschränkten Kommunikationsbudgets setzen Start-ups in ihren Augen effiziente Kommunikationsmaßnahmen wie Soziale Medien oder die persönliche Kommunikation ein, um die Marke ihres Unternehmens möglichst effizient aufzubauen.

Literatur

AakerStart, D. A., & Joachimsthaler, E. (2009). Markenidentität als Ausgangspunkt. In F.-R. Esch (Hrsg.), *Strategie und Technik der Markenführung* (7. vollst. überarb. u. erw. Aufl.). München: Vahlen.

Becker, T. (2014). *Medienmanagement und öffentliche Kommunikation. Der Einsatz von Medien in Unternehmensführung und Marketing.* Wiesbaden: Springer VS.

Bernecker, M., & Beilharz, F. (2012). *Social media marketing. Strategien, Tipps und Tricks für die Praxis* (3. aktualisierte Aufl.). Köln: Johanna.

Burmann, C., Halaszovich, T., Schade, M., & Hemmann, F. (2015). *Identitätsbasierte Markenführung. Grundlagen – Strategie – Umsetzung – Controlling* (2. vollst. überarb. u. erw. Aufl.). Wiesbaden: Springer Gabler.

Deutscher Markenmonitor. (2015). Studie. Management-Summary. http://www.deutscher-markenmonitor.de/studie-gmk-markenberatung-rat-fuer-formgebung/. Zugegriffen: 31. Mai. 2016.

Deutscher Start-up-Monitor. (2015). http://deutscherstartup-monitor.de/fileadmin/dsm/dsm-15/studie_dsm_2015.pdf. Zugegriffen: 1. Juni. 2016.

Esch, F.-R. (2005). *Strategie und Technik der Markenführung* (3. überarb. u. erw. Aufl.). München: Vahlen.

Esch, F.-R. (2012). *Strategie und Technik der Markenführung* (7. vollst. überarb. u. erw. Aufl.). München: Vahlen.

Fuchs, W., & Unger, F. (Hrsg.). (2007). *Management der Marketing-Kommunikation* (4. aktualisierte u. verbesserte Aufl.). Berlin: Springer.

Heger, W. (2005). *Wertorientierte interne Unternehmenskommunikation in internationalen Unternehmungen. Gesamtkonzeption zur Planung, Umsetzung und Kontrolle – mit Fallstudie bei der DaimlerChrysler AG.* Münster: LIT.

Herbst, D. (2000). *Das professionelle 1×1. Erfolgsfaktor Wissensmanagement.* Berlin: Cornelsen.

Hermanns, A., Ringle, T., & Van Overloop, P. C. (2004). *Handbuch Markenkommunikation.* München: Vahlen.

Hommel, U., & Knecht, C. T. (2002). *Wertorientiertes start-up management.* München: Vahlen.

Huber, F. (1988). In R. Köhler, W. Majer, & H. Wiezorek (Hrsg.), *Erfolgsfaktor Marke. Neue Strategien des Markenmanagements.* München: Vahlen.

Kastens, I. E., & Lux, P. (2013). *Das Aushandlungs-Paradigma der Marke. Den Bedeutungsreichtum der Marke nutzen.* Wiesbaden: Springer Gabler.

Köhler, R., Majer, W., & Wiezorek, H. (Hrsg.). (2001). *Erfolgsfaktor Marke. Neue Strategien des Markenmanagements.* München: Vahlen.

Mast, C. (2013). *Unternehmenskommunikation – Ein Leitfaden* (5. überarb. Aufl.). Konstanz: UVK.

Mayring, P. (2010). *Qualitative Inhaltsanalyse. Grundlagen und Techniken* (11. aktualisierte u. überarb. Aufl.). Weinheim: Beltz.

Mayring, P. (2015). *Qualitative Inhaltsanalyse. Grundlagen und Techniken* (12. überarb. Aufl.). Weinheim: Beltz.

Meffert, H., Burmann, M., & Kirchgeorg, M. (2012). *Marketing, Grundlagen marktorientierter Unternehmensführung* (11. überarb. u. erw. Aufl.). Wiesbaden: Gabler.

Olschewski, S. (2015). *Gründen in Deutschland. Von Existenz-, Unternehmens- und Startup-Gründern und Gründerinnen.* Berlin: Konrad-Adenauer-Stiftung e. V.

Regenthal, G. (2009). *Ganzheitliche Corporate Identity. Profilierung von Identität und Image* (2. Aufl.). Wiesbaden: GWV Fachverlage GmbH.

Regier, S., Schunk, H., & Könecke, T. (Hrsg.). (2016). *Marken und Medien. Führung von Medienmarken und Markenführung mit neuen und klassischen Medien.* Wiesbaden: Springer Fachmedien Wiesbaden GmbH.

Ringle, T. (2006). *Strategische identitätsbasierte Markenführung* (1. Aufl.). Wiesbaden: GWV Fachverlage GmbH.

Schefczyk, M., & Panktosch, F. (2002). Start-ups eine kleine und mittlere Unternehmen (KMU). In U. Hommel & C. T. Knecht, (Hrsg.), *Wertorientiertes start-up management.* München: Vahlen.

Schmid, F., & Lyczek, B. (2006). *Unternehmenskommunikation. Kommunikationsmanagement aus Sicht der Unternehmensführung.* Wiesbaden: Betriebswirtschaftlicher Verlag Dr. Th. Gabler & GWV Fachverlage GmbH.

Schunk, H., Könecke, T., & Regier, S. (2016). Grundlagen zur Marke und einigen relevanten Trends der Markenführung. In S. Regier, H. Schunk, & T. Könecke (Hrsg.), *Marken und Medien. Führung von Medienmarken und Markenführung mit neuen und klassischen Medien.* Wiesbaden: Springer Fachmedien Wiesbaden GmbH.

Statistisches Bundesamt. (2008). Kleine und mittlere Unternehmen in Deutschland. https://www.destatis.de/DE/Publikationen/STATmagazin/UnternehmenGewerbeInsolvenzen/2008_08/PDF2008_8.pdf?__blob=publicationFile. Zugegriffen: 22. Juli. 2016.

Warmer, C., & Weber, S. (2014). *Mission Start-up. Gründer in Deutschland schildern ihren Weg von der Idee zum Unternehmen.* Wiesbaden: Springer Gabler.

Zerfaß, A., & Piwinger, M. (2014). *Handbuch Unternehmenskommunikation. Strategie-Management-Wertschöpfung.* Wiesbaden: Springer Gabler.

Yannick Nicolai Amend absolvierte den Studiengang Media Management B.A. in Wiesbaden mit der Bachelorarbeit „Implementation of a Business Performance Model for the Media Supply Industry". Zudem arbeitete er unter anderem bereits im Produktmarketing bei SAP und als Unternehmensberater für Business Excellence. Aktuell vertieft er seine Studien mit dem Doppelmasterprogramm CEMS Master in Management an der Wirtschaftsuniversität Wien und der Università Bocconi Milano.

Natalija Berdi Abschluss 2017 als B.A. Media Management an der Hochschule RheinMain in Wiesbaden mit der Bachelor-Thesis „Der Einfluss von Kultur auf die Nutzung von Onlineshopping durch Endkunden – Eine strukturierte Literaturanalyse". Während des Studiums Absolvierung eines Praktikums im Marketing bei der Cision Germany GmbH. Derzeit als Assistant Store Managerin und Vertreterin des IPAD Managements für den regionalen Bereich in einer Modeboutique tätig.

Johanna Kern Abschluss 2017 als B.A. Media Management an der Hochschule RheinMain in Wiesbaden mit der Bachelor-Thesis „Einflussfaktoren auf den durch Endkunden wahrgenommenen Vorteil von Onlineshopping gegenüber stationärem Handel – Eine quantitative Untersuchung". Innerhalb des Studiums mehrere Praktika in Start-ups der Social-Media-Branche. Seit Oktober 2018 Marketing Managerin bei der Verlocke GmbH, wo die gesamte Marketingaktivität, der Markenaufbau, Produktentwicklung und Social-Media-Aktivitäten zu den Hauptaufgaben gehören.

Regina Rundau Abschluss 2017 als B.A. Media Management an der Hochschule RheinMain in Wiesbaden mit der Bachelor-Thesis „Testimonials als Werbebotschafter – Eine qualitative Studie zur Akzeptanz und Glaubwürdigkeit innerhalb der Generationen X und Y". Innerhalb des Studiums Absolvierung eines Praktikums im PR-Bereich von Tetra Pak GmbH und Co. KG. Seit Juni 2017 als Digital Trainee bei der Mindshare GmbH tätig, wo die Organisation und Koordination digitaler Werbekampagnen für diverse Kunden aus dem Entertainment-Bereich zu den täglichen Aufgaben gehören.

Miriam Schmelz Abschluss 2017 als B.A. Media Management an der Hochschule RheinMain in Wiesbaden mit der Bachelor-Thesis „Marketing-Mix für ‚Superfood'-Produkte in Deutschland". Während des Studiums auf PR und Kommunikation spezialisiert, unter anderem durch Praktika bei DJM Communication und bei der Edeka Zentrale AG & Co. KG in der Mitarbeiter- und Medienkommunikation mit dem Schwerpunkt Pressearbeit. Seit Oktober 2017 Masterstudentin für Kommunikation an der Johannes Gutenberg-Universität Mainz und nebenbei tätig für die PR-Arbeit von Scholz & Volkmer.

Prof. Dr. Christoph Kochhan ist Professor für Medienmarketing und leitet den Bachelorstudiengang „Media Management (B.Sc.)" an der Hochschule RheinMain, Wiesbaden. Er war als Gastprofessor am International College OF NIDA (ICO NIDA), Bangkok, tätig und hält Vorträge zu Themen wie (Marketing)Kommunikation, Brand Management oder Consumer Behavior.

Holger Schunk ist Professor für Medienwirtschaft mit dem Schwerpunkt Marketing an der Hochschule RheinMain in Wiesbaden. Seine Forschungsinteressen liegen vor allem im Bereich der monetären Markenbewertung, der wertbasierten Markenführung, des strategischen Marketings und der Marktforschung. Neben seiner wissenschaftlichen Tätigkeit berät er seit über 20 Jahren KMU und Großunternehmen zu diesen Themen.

Markenführung von Start-ups – eine Studie bei Fintechs

Hannah Mechenbier, Simon Neumann und Thomas Könecke

Zusammenfassung

Das relativ junge Phänomen der Start-ups, die sich durch explizite Indikatoren von herkömmlichen Unternehmen abgrenzen, wurde bereits hinsichtlich vieler Parameter unter die Lupe genommen. Die Markenführung stellt in diesem Kontext allerdings noch ein relativ unbestelltes Forschungsfeld dar, was deren Bedeutung gerade auch für junge Unternehmen nicht gerecht wird. Diese Studie betrachtet daher verschiedene Aspekte der Markenführung von Start-ups. Hier wurden Fintechs befragt, also Start-ups aus der Finanzbranche, einer Branche, die nahezu ausschließlich aus Start-ups besteht.

1 Einleitung

„Die Marke ist das Megathema schlechthin – zu Recht!" (Esch und Wicke 2001, S. 5). Mit diesem Zitat leiten Markenforscher Esch & Wicke eines ihrer Werke zur Bedeutung der Markenführung ein. Dieser Satz gilt heute noch immer – oder mehr denn je, denn

H. Mechenbier (✉)
Hochschule RheinMain, Wiesbaden, Deutschland
E-Mail: hannah.mechenbier@hs-rm.de

S. Neumann
Köln, Deutschland
E-Mail: simon.neumann@posteo.de

T. Könecke
Kathol. Universität, Leuven, Belgien
E-Mail: thomas.koenecke@kuleuven.be

© Springer Fachmedien Wiesbaden GmbH, ein Teil von Springer Nature 2019
C. Kochhan et al. (Hrsg.), *Marken und Start-ups*,
https://doi.org/10.1007/978-3-658-24586-3_3

sogar Strom, virtuelle Marktplätze und Politikerinnen wie Angela Merkel werden als Marke wahrgenommen (vgl. Gaiser und Linxweiler 2017, S. 100).[1] Gleichzeitig drängen immer mehr Start-ups auf den Markt, die die Produkt- und Leistungspalette mit spannenden Innovationen erweitern. Wie alle anderen Mitbewerber um Aufmerksamkeit müssen sich auch diese Neugründungen mit dem Aufbau und der Führung einer Marke beschäftigen. Gegenüber dem Kunden will man ein besonders prägnantes Image erzeugen und sich dabei klar von Mitbewerbern abgrenzen. Dabei unterliegen Start-ups zwar weitestgehend denselben Ansprüchen wie ihre etablierten Konkurrenten, haben jedoch aufgrund der Besonderheiten der Gründungsphase eine Fülle zusätzlicher Herausforderungen zu bewältigen. Dazu gehören beispielsweise strukturelle Fragen des Unternehmensaufbaus, Finanzierungsaspekte und der Feinschliff am Produkt selbst.

Das relativ junge Phänomen der Start-ups, die sich durch explizite Indikatoren von herkömmlichen Unternehmen abgrenzen (vgl. Kollmann et al. 2017, S. 16), wurde bereits hinsichtlich vieler Parameter unter die Lupe genommen. Darunter finden sich Studien über Motive, Finanzierung, Prozesse, Produkte, Politik sowie Wettbewerb und Management.[2] Die Markenführung stellt in diesem Kontext allerdings noch ein relativ unbestelltes Forschungsfeld dar. Die hohe Bedeutung dieses Aspektes für den Erfolg junger Unternehmen macht aber eine wissenschaftliche Auseinandersetzung mit dem Thema sehr lohnenswert, weshalb das zentrale Forschungsinteresse dieser Studie der *Markenführung von Start-ups* gewidmet ist. Untersucht wird dabei erstens, ob die Relevanz der Marke sowie der Markenführung überhaupt erkannt wird und zweitens, welche strategischen und operativen Maßnahmen der Markenführung von Start-ups verwendet werden.

Zur Bearbeitung des Forschungsinteresses wurden im Rahmen einer Online-Umfrage Primärdaten erhoben, die ein erstes Meinungsbild zu dieser Thematik ermöglichen. Um Störgrößen von Drittvariablen zu vermeiden, bietet es sich an, den Blick auf eine spezifische Branche zu richten, deren Gründungsunternehmen alle durch ähnliche Einflüsse determiniert werden. Als besonders geeignet wurden hierfür Start-ups aus dem Sektor der Finanztechnologie identifiziert, einer Branche, die infolge der Finanzkrise 2008 erstmals auf der Bildfläche erschienen ist und somit nahezu ausschließlich aus Start-ups besteht.

Im Folgenden werden zunächst einige Besonderheiten der Markenführung bei Start-ups erläutert, ehe die empirische Studie vorgestellt wird. Anschließend werden deren Ergebnisse kurz diskutiert. Der Aufsatz schließt mit einem kurzen Fazit.

---

[1]Vgl. hierzu ausführlicher: Schmidt (2015: 2 f.), Gaiser und Linxweiler (2017, S. 100).
[2]Vgl. hierzu ausführlicher: pwc (2017), Kollmann et al. (2017), Esch et al. (2015), Burmann et al. (2015b).

2 Betrachtung der Markenführung im Kontext von Start-up-Unternehmen

Der Begriff „Start-up" hat seit dem Millenniumswechsel einen rasanten Aufstieg erlebt. Er ist Politikum, Modewort und Fachbegriff zugleich. Die Definitionen sind entsprechend vielfältig, stimmen aber im Wesentlichen in drei zentralen Punkten überein. Es handelt sich bei einem Start-up erstens um ein junges Unternehmen, welches nach Maßgabe des Deutschen Start-up Monitor 2017 maximal auf eine zehnjährige Firmengeschichte zurückblickt (vgl. Kollmann et al. 2017, S. 16). Zweitens bildet eine neuartige Innovation den Kern des Geschäftsmodells (vgl. Ebenda und Kühnapfel 2015, S. 1 f.), welches drittens auf ein signifikantes Mitarbeiter- und/oder Umsatzwachstum gerichtet ist (vgl. Kollmann et al. 2017, S. 16). Die idealtypische Entwicklung von Start-ups kennzeichnet sich durch das Durchlaufen von vier Phasen: die Start-up-Phase, die Wachstumsphase, die Reifephase und die Rückgangsphase. Diese werden bei Liesebach näher beschrieben (vgl. ebd. 2017, S. 17). Dabei ist anfangs typischerweise eine gewisse Unsicherheit über den zu erwartenden Erfolg und das eigene Bestehen vorhanden (vgl. Vetter 2011, S. 63). Häufig stehen nur beschränkte finanzielle Ressourcen zur Verfügung, die in vielen Fällen durch externe Geldgeber bereitgestellt werden, wodurch Abhängigkeiten entstehen (vgl. Kollmann et al. 2017, S. 16). Hinzu kommt meist ein Mangel an personellen Ressourcen (vgl. Vetter 2011, S. 64), der sich in der Professionalität der Markenführung niederschlagen kann.

Da bereits die Ausgangssituation von Start-ups eine andere ist als jene von etablierten Unternehmen, unterliegen auch Aufbau und Führung der neu geschaffenen Marke anderen Einflussgrößen. Die klassische Markenführung zeichnet sich zunächst durch eine fundierte Analyse der Ausgangssituation aus (vgl. Burmann et al. 2015a, S. 96), die aufgrund beschränkter Ressourcen für Start-ups häufig eine schwierige Aufgabe darstellt (vgl. Burmann et al. 2015b, S. 484). Ebenfalls analytisch wird bei etablierten Firmen die Bildung einer Markenidentität[3] verfolgt (vgl. Schmidt 2015, S. 44 f.), wohingegen bei Gründungsunternehmen die Identität häufig aus den Kompetenzen, Persönlichkeiten und Biografien der Gründer selbst hervorgeht (vgl. Burmann et al. 2015b, S. 486). Diese leben die entstandenen und entstehenden Werte in der täglichen Zusammenarbeit mit den Mitarbeitern vor. Entsprechend ist es besonders für Start-ups von Bedeutung, auch bei der Rekrutierung von Mitarbeitern darauf zu achten, dass deren persönliche und fachliche Kompetenzen mit der Identität der Marke übereinstimmen (vgl. Burmann et al. 2015b, S. 489). Auf Basis der sich so herausbildenden Markenidentität soll schließlich die Positionierung auf dem Markt erfolgen (vgl. Esch et al. 2015, S. 334), welcher vorrangig drei Ziele zugrunde liegen: Erstens die Herausbildung eines klar identifizierbaren

---

[3]In der identitätsbasierten Markenführung wird die Markenidentität definiert als Überbringer „wesensprägender Merkmale einer Marke, für welche die Marke zunächst nach innen und später auch nach außen stehen soll" (Meffert et al. 2015, S. 329).

Markenimages bei den Kunden durch eine konsistente Kommunikation der Markeneigenschaften, zweitens die Abgrenzung von der Konkurrenz (vgl. Meffert et al. 2008,
S. 372 f.)[4] und drittens die Steigerung der Markenbekanntheit, welche eng an die Etablierung des Markenimages gekoppelt ist (vgl. Burmann et al. 2015b, S. 485).

Wesentlich ist es, langfristig Markenidentität und Markenimage in Übereinstimmung
zu bringen (vgl. Schmidt und Vest 2010, S. 69). Entscheidende Stellschrauben sind hierbei der Markenname und die Gestaltung eines Logos oder sonstigen Kennzeichens, die
idealerweise dazu dienen, „ein Produkt aus der Masse gleichnamiger Produkte heraus-
zuheben und […] eine eindeutige Zuordnung von Produkten zu einer bestimmten Marke
ermöglichen" (Esch 2013, S. 577). Start-ups setzen dabei häufig auf bedeutungshaltige
Markennamen, um ihr innovatives Leistungsangebot möglichst einfach an die Zielgruppe
zu vermitteln (vgl. Kohli et al. 2005, S. 1507). Im Idealfall wird ein dazu passendes Bildlogo erstellt, welches jedoch aufgrund des Mangels an finanziellen Ressourcen oftmals
nicht professionell angefertigt werden kann (vgl. Burmann et al. 2015b, S. 488 f.). Zur
externen Kommunikation dieses Images setzen Start-ups typischerweise nicht auf klassische Kommunikationsmaßnahmen (wie z. B. Plakat-, Print-, TV- oder Radiowerbung),
sondern nutzen vorwiegend nicht-klassische Instrumente wie die eigene Homepage, Newsletter oder soziale Medien (vgl. Burmann et al. 2015b, S. 492). Auch diese
Besonderheit ist maßgeblich auf die beschränkten personellen und finanziellen Ressourcen zurückzuführen. Während klassische Kommunikationsinstrumente die Informationen
breit streuen somit auch einen hohen finanziellen Einsatz bei vergleichsweise geringem
Ertrag in Kauf nehmen, müssen Start-ups sparsamer haushalten, um ihre oft sehr spezifische Zielgruppe zu erreichen (vgl. Burmann et al. 2015b, S. 491 f.).

Darüber hinaus ist im Rahmen einer klassischen Form der Markenführung auch die
Markenbudgetierung von Bedeutung, um Strategien und Pläne für das operationale
Geschäft zu optimieren (vgl. Burmann et al. 2012, S. 157 ff.). Die Wirksamkeit dieser
Budgetierung sowie des Markenmanagements generell sollte mittels bewährter Instrumente der Erfolgsmessung bereits früh in den Fokus rücken, um strategische und
operative Markenführungsprozesse zu perfektionieren und die limitierten Ressourcen
bestmöglich einzusetzen (vgl. Burmann et al. 2015b, S. 492).

3   Vorstellung der empirischen Studie

Im Zentrum dieser Untersuchung steht die Markenführung bei Start-up-Unternehmen.
Ziel ist es, mittels einer quantitativen Studie die Besonderheiten bei Start-ups zu analysieren und daraus Handlungsempfehlungen abzuleiten. Um den Einfluss möglicher

---

[4]Dabei wird aus Kundensicht zwischen dem Grund- und dem Zusatznutzen unterschieden. Während ersterer die grundlegenden Anforderungen des Kunden an das Produkt enthält, ist zweiterer
durch zusätzliche, nicht zwingend zu befriedigende Bedürfnisse gekennzeichnet (vgl. Homburg
2017, S. 509 f.).

branchenbedingter Drittvariablen zu vermeiden, konzentriert sich diese Analyse ausschließlich auf eine einzelne, sorgfältig ausgewählte Branche: Die Finanztechnologie. Kernaspekt dieser Branche ist die Bereitstellung von IT-basierten Finanzdienstleistungen (vgl. Tiberius und Rasche 2017, S. 2). Die in diesem Sektor tätigen Firmen, sogenannte Fintechs, sind nahezu ausschließlich infolge der Finanzkrise 2008 entstanden und somit maximal zehn Jahre alt, womit sie das nach Deutschem Start-up Monitor 2017 definitionsgemäße Höchstalter nicht überschreiten. Wie sich die zuvor aufgeführten Elemente der Markenführung bei Fintech-Start-ups darstellen, wird nachfolgend näher betrachtet.

3.1 Konzeption und Durchführung der Untersuchung

Zum Zwecke der Datenerhebung wurde zunächst der Horizont des Forschungsinteresses theorie- und literaturbasiert hergeleitet. Ausgehend vom derzeitigen Kenntnisstand über die Markenführung und zentrale Charakteristika von Start-ups erfolgte die Auswahl der folgenden Elemente, auf die im Rahmen der Studie der Fokus gelegt wurde: der Aufbau einer Markenidentität, die Generierung eines Markenimages, die Positionierung der Marke, das Erschaffen eines Markenbrandings, die Kontrolle der Marke und kommunikative Maßnahmen zur Verbreitung und Steigerung der Markenbekanntheit. Anhand dieses Horizontes wurde schließlich ein Online-Fragebogen konzipiert. Um den unmittelbaren Vergleich der Antworten der Befragten zu ermöglichen, wurden Fragen und Antworten stark standardisiert (vgl. Homburg 2017, S. 269). Die Fragetypen variieren je nach Kontext und Erkenntnisinteresse. Es wurden Fragen mit Einfach- und Mehrfachauswahl formuliert. Alle fungierten dabei als Pflichtfragen.

Die Auswahl der Start-ups aus der Fintech-Branche erfolgte über einen Kontakt zu einem B2B-Unternehmen, das eine große Vielzahl an Unternehmen in diesem Sektor betreut. Die zur Verfügung gestellte Liste umfasste ca. 400 Fintech-Start-ups, die mit einer E-Mail kontaktiert wurden, in der ein Hyperlink zur Umfrage enthalten war. 40 der angeschriebenen Unternehmen beendeten die Umfrage vollständig. Dies entspricht einer verwertbaren Rücklaufquote von zehn Prozent. 53 weitere Teilnehmer haben den Fragebogen nur teilweise ausgefüllt. Da dieser Aufsatz einen ersten deskriptiven Überblick über die Markenführung bei Start-ups zum Ziel hat, werden für die nachfolgenden Ausführungen lediglich die Antworten derjenigen Befragungsteilnehmer betrachtet, die den Fragebogen vollständig ausgefüllt haben.

3.2 Darstellung der Ergebnisse

1. **Frage: Wann wurde Ihr Unternehmen gegründet?**
   Die Gründungsjahre der befragten 40 Start-ups sind in Abb. 1 zusammengefasst. Zwei der teilnehmenden Start-ups wurden im Jahr 2017 gegründet, im Jahr 2016 waren es insgesamt fünf. Das Jahr 2015 nannten zwölf Teilnehmer als

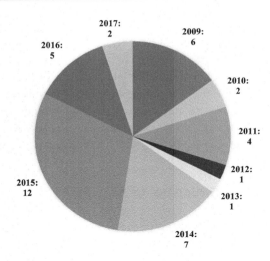

Abb. 1 Gründungsjahre der Unternehmen. (Quelle: eigene Darstellung)

Gründungsjahr, während sieben Unternehmen angaben, im Jahr 2014 gegründet zu sein. 2013 und 2012 wurde je einmal als Gründungsjahr angegeben. Weitere vier Unternehmen wurden 2011 aus der Taufe gehoben. Zwei starteten im Jahr 2010 und sechs 2009.

2. **Frage: Nennen Sie die drei wichtigsten Merkmale, die Ihrer Meinung nach eine starke Marke ausmachen.**

   Abb. 2 stellt die drei wichtigsten Merkmale einer Marke für die befragten Unternehmen dar. Die *Differenzierung gegenüber anderen Marken* wurde dabei mit 58 % am häufigsten von den Teilnehmern der Umfrage gewählt. Darauf folgt der *klare Wiedererkennungswert* mit 50 % sowie eine *hohe Qualität* mit 48 %. Die Aspekte *hohe Kundenbindung* mit (38 %), *Generierung eines Zusatznutzens* (33 %) und eine *Identifikation mit der Marke* (30 %), die sich primär an dem Kunden orientieren, befinden sich prozentual im mittleren Feld der Bewertungen. Als am wenigsten bedeutend wurden ein *prägnantes und stilvolles Logo* (18 %), ein *prägnanter Markenclaim* (13 %) und die *Generierung eines Grundnutzens* (8 %) bewertet. Ebenfalls 8 % sehen einen nicht gelisteten Aspekt als eines der wichtigsten drei Merkmale einer Marke an.

3. **Wie sehr wirkt die Marke unterstützend bei der Mitarbeiterrekrutierung?**

   Bei der Mitarbeiterrekrutierung sehen mehr als zwei Drittel der Befragten eine *sehr starke* (17,5 %) oder *starke* (52,5 %) Unterstützungswirkung durch die Marke. Nur wenige Unternehmen sind der Ansicht, die Marke unterstütze die Rekrutierung nur

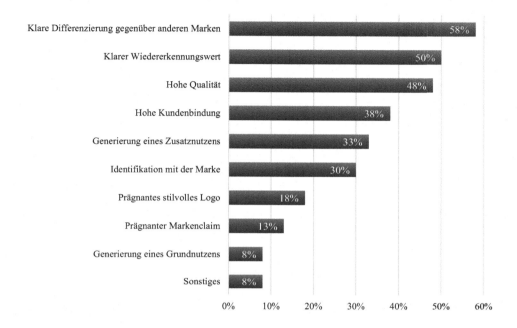

Abb. 2 Angabe der drei wichtigsten Merkmale einer starken Marke. (Quelle: eigene Darstellung)

gering (10 %) oder *sehr gering* (2,5 %). 17,5 % geben eine *mittlere* Unterstützung an (Abb. 3).

4. **Wie sehr wirkt die Marke bei der Suche nach Investoren?**

   In Abb. 4 ist zu erkennen, dass etwas mehr als ein Viertel der Unternehmen (27,5 %) die Marke als einen *sehr starken* Einflussfaktor bei der Investorensuche ansieht. Ähnlich wie bei der vorherigen Frage bewerteten die meisten Teilnehmer die Markenwirkung mit *stark* (42,5 %). Während 7,5 % der befragten Start-ups ihrer Marke einen *geringen* Einfluss bei der Investorensuche bescheinigen, stufen 10 % diesen sogar als *sehr gering* ein. 12,5 % erkannten indes eine *mittlere* Wirkung.

5. **Wie hoch ist der Einfluss der Marke auf die Kaufentscheidung der Kunden?**

   Eine deutliche Tendenz in Richtung einer starken Markenwirkung lässt sich bei der Frage nach dem Einfluss der Marke auf die Kaufentscheidung erkennen (Abb. 5). So schätzen drei Viertel (insgesamt 75 %) der Befragten die Beeinflussung der Marke beim Kauf als *sehr hoch* (27,5 %) und *hoch* (47,5 %) ein. 15 % geben einen *mittleren* Einfluss an. Lediglich 10 % der Teilnehmer bewerteten die Wirksamkeit der Marke als *gering* (2,5 %) und *sehr gering* (7,5 %).

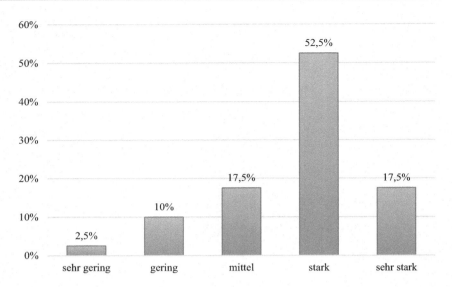

Abb. 3 Angabe über die Unterstützung der Marke bei der Mitarbeiterrekrutierung. (Quelle: eigene Darstellung)

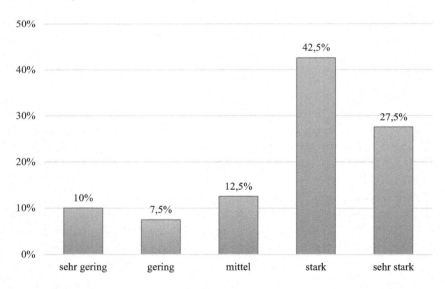

Abb. 4 Angabe der Wirkung der Marke bei der Suche nach Investoren. (Quelle: eigene Darstellung)

6. **Wie hoch ist der Einfluss der Marke auf Ihren Unternehmenserfolg?**

   Aus Abb. 6 geht hervor, dass fast die Hälfte (47,5 %) der Unternehmen der Marke einen *hohen* Einfluss auf den Unternehmenserfolg zuschreiben. Allerdings bewerten nur 10 % der Teilnehmer diesen Einfluss als *sehr hoch*. 27,5 % beantworten diese Frage mit *mittel*. Insgesamt 15 % der Unternehmen finden, dass die Marke den Unternehmenserfolg nur *gering* (12,5 %) bis *sehr gering* (2,5 %) beeinflusst.

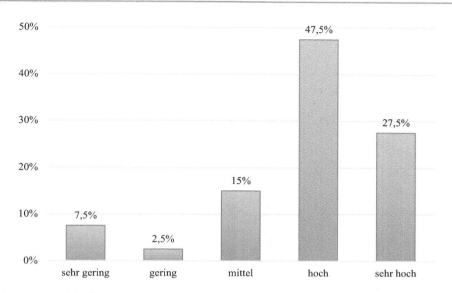

Abb. 5 Angabe des Einflusses der Marke auf die Kaufentscheidung der Kunden. (Quelle: eigene Darstellung)

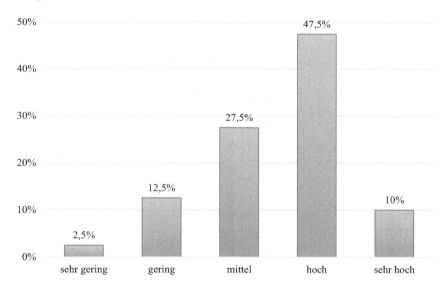

Abb. 6 Angabe des Einflusses der Marke auf den Unternehmenserfolg. (Quelle: eigene Darstellung)

7. **Unsere Markenidentität ist allen Mitarbeitern bekannt.**

37 % der Teilnehmer finden die Aussage *zutreffend,* dass in ihrem Unternehmen die Identität der Marke allen Mitarbeitern bekannt ist (Abb. 7). Unwesentlich mehr (40,7 %) bewerten diese Aussage als *eher zutreffend.* 3,7 % geben indes an, dass diese Aussage für ihr Unternehmen *nicht zutreffend* sei, 7,4 % bewerten sie als *eher nicht zutreffend.* Weitere 11,2 % antworten auf diese Frage mit *teils-teils.*

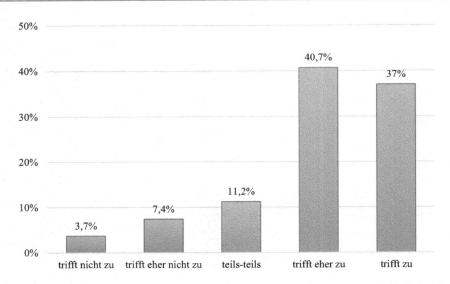

Abb. 7 Angabe der Bekanntheit der Markenidentität bei den Mitarbeitern. (Quelle: eigene Darstellung)

8. **Hat Ihr Unternehmen klar definierte Markeneigenschaften (Markenidentität)?**
   Auf die Frage nach dem Vorhandensein klar definierter Markeneigenschaften der
   Unternehmen antworteten 67,5 % der Befragten mit *ja* und 32,5 % mit *nein*.
9. **Unser Unternehmen hat eine klar formulierte Markenpositionierung.**
   Die Aussage nach einer klar formulierten Markenpositionierung des Unternehmens
   beantworteten 65 % mit *ja* und 35 % mit *nein*.
10. **Unser Markenimage entspricht unserer angestrebten Markenpositionierung.**
    Auf die Frage, ob das Markenimage des Unternehmens der angestrebten Positionie-
    rung entspricht, geben 27,5 % der Befragten *trifft zu* und 42,5 % *trifft eher zu* an.
    17,5 % wählen *teils-teils* und insgesamt 12,5 % bewerten die Aussage als *eher nicht
    zutreffend* (5 %) und *nicht zutreffend* (7,5 %) (Abb. 8).
11. **Die Marke ist unser wichtigster immaterieller Vermögensgegenstand.**
    Die Aussage „Die Marke ist unser wichtigster immaterieller Vermögensgegenstand"
    bewerten die meisten Start-ups als *teilweise zutreffend* (27,5 %). Weitere 20 % geben
    trifft eher nicht zu an und insgesamt 22,5 % sind nicht der Meinung, dass die Marke
    den bedeutendsten immateriellen Vermögensgegenstand ihres Start-ups ausmacht.
    Jeweils 15 % meinen, dass die Aussage *eher zutrifft* bzw. *zutrifft* (Abb. 9).

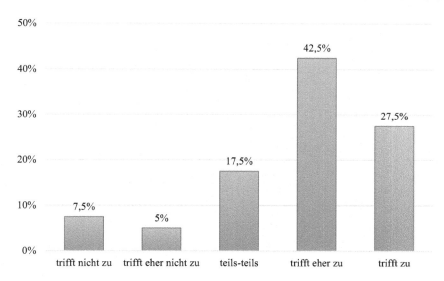

Abb. 8 Angabe der Übereinstimmung des Markenimages mit der Markenpositionierung. (Quelle: eigene Darstellung)

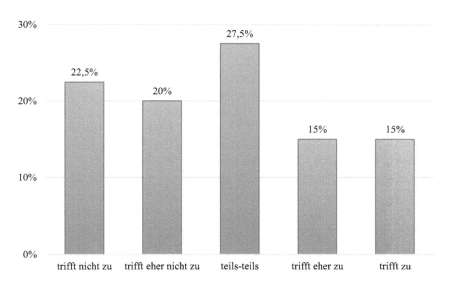

Abb. 9 Angabe über die Marke als wichtigster Vermögensgegenstand. (Quelle: eigene Darstellung)

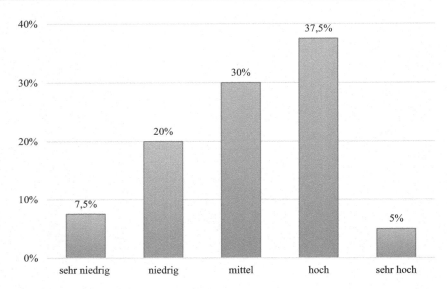

Abb. 10 Angabe über die Einschätzung der Höhe des Markenwerts. (Quelle: eigene Darstellung)

12. **Wie hoch schätzen Sie Ihren Markenwert ein?**
    Abb. 10 ist zu entnehmen, dass 5 % der Start-ups der Meinung sind, über einen *sehr hohen* Markenwert zu verfügen. 37,5 % beurteilen ihren Markenwert als *hoch* und 30 % als *mittel*. Dahingegen schätzen 20 % der Befragten ihren Markenwert als *niedrig* und 7,5 % als *sehr niedrig* ein.

13. **Welche Kommunikationsmaßnahmen nutzen Sie?**
    Die am häufigsten genutzten Kommunikationsmaßnahmen der befragten Start-up-Unternehmen sind mit 80 % das Social Media Marketing, mit 70 % die Online Werbung und knapp dahinter mit 68 % die Direktkommunikation. Den persönlichen Verkauf nutzen 50 % der Studienteilnehmer. Nicht weit auseinander liegen die Public Relations (43 %) und das Eventmarketing (40 %). 30 % entfallen jeweils auf Anzeigen in Printmedien sowie auf das Sponsoring und 13 % auf die Verkaufsförderung. Am seltensten genannt werden mit 10 % das Product Placement, mit 8 % TV-, Kino-, und Radiospots und mit 5 % die Werbung durch Plakate. 25 % der Befragten nutzen weitere in dieser Umfrage nicht aufgeführte Kommunikationsmaßnahmen (Abb. 11).

14. **Welche Social-Media-Kanäle nutzt Ihr Unternehmen?**
    Der meist genutzte Social-Media-Kanal bei den Studienteilnehmern ist mit 83 % das soziale Netzwerk Facebook. Danach folgen mit 70 % Twitter und mit 50 % Youtube. 35 % der Befragten geben an, sonstige soziale Medien zu ihren Zwecken zu nutzen. Weitere 25 % verwenden Instagram und lediglich 5 % das soziale Netzwerk Pinterest. Keines der befragten Start-ups nutzt die Applikation Snapchat (Abb. 12).

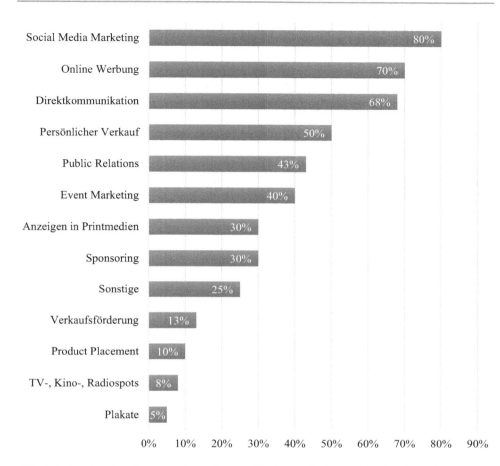

Abb. 11 Angabe über die verwendeten Kommunikationsmaßnahmen. (Quelle: eigene Darstellung)

15. **Für wie wichtig erachten Sie das Bespielen von Social-Media-Kanälen?**
    Etwas mehr als ein Drittel 15 % der Teilnehmer bewertet das Bespielen von sozialen Medien für ihre Außendarstellung als *wichtig* (Abb. 13). 27,5 % empfinden dies als *eher wichtig*. Weitere 22,5 % wählen *teils-teils*. Insgesamt 15 % empfinden die Nutzung von sozialen Medien für ihre Darstellung als *eher unwichtig* (12,5 %) und *nicht wichtig* (2,5 %).
16. **Wer ist für die Umsetzung Ihrer Marketingstrategien verantwortlich?**
    Bei der Frage danach, wer für die Umsetzung der Marketingstrategien verantwortlich ist, geben 53 % der Start-up-Unternehmen an, dass dies der CEO ist. 50 % sehen die Verantwortung für diesen Arbeitsbereich beim Marketing Manager. 38 % der Teilnehmer finden, dass die Umsetzung des Marketings Aufgabe des Managements ist. Jeweils 10 % stimmten für Brand Manager und Sonstige. Die Antwortoptionen Projekt Manager und Event Manager wurden nicht gewählt (Abb. 14).

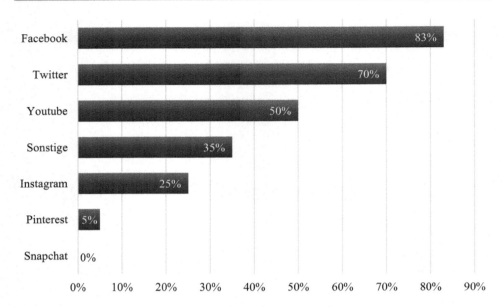

Abb. 12 Angabe der genutzten Social-Media-Kanäle. (Quelle: eigene Darstellung)

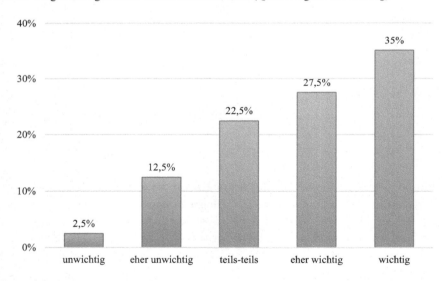

Abb. 13 Angabe über die Wichtigkeit des Bespielens von Social-Media-Kanälen für die Außendarstellung. (Quelle: eigene Darstellung)

17. **Wir werden unsere Aktivitäten in Zusammenhang mit einer Markenstrategie in den nächsten Jahren deutlich verstärken.**
    Über zwei Drittel der befragten Unternehmen geben an, dass sie ihre Aktivitäten in Zusammenhang mit einer Markenstrategie in den nächsten Jahren verstärken möchten (Abb. 15). 22,5 % der Teilnehmer finden die entsprechende Aussage zutreffend,

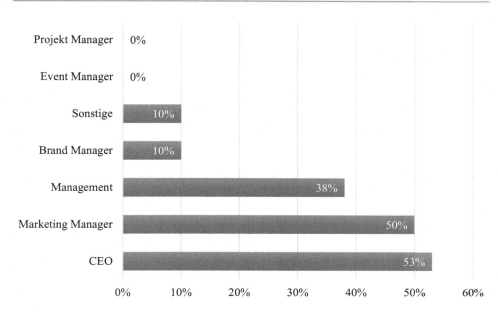

Abb. 14 Angabe des Verantwortlichen für die Umsetzung der Marketingstrategien. (Quelle: eigene Darstellung)

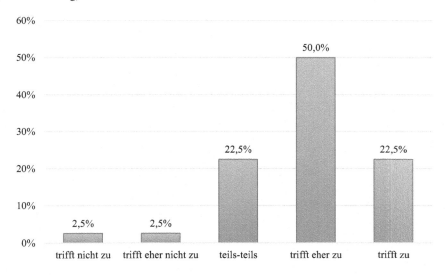

Abb. 15 Angabe über die zukünftige Verstärkung der Aktivitäten in Zusammenhang mit einer Markenstrategien. (Quelle: eigene Darstellung)

50 % eher zutreffend. 22,5 % wählen *teils-teils*. Jeweils 2,5 % finden die Aussage für ihr Unternehmen *nicht zutreffend* oder *eher nicht zutreffend*.

18. **Was ist aus Ihrer Sicht die größte Herausforderung der Markenführung?**
Die größte Herausforderung sehen 71 % der Start-ups (42,1 % *sehr große*, 28,9 % *große*) darin, das Markenimage nach außen zu den Konsumenten zu transportieren (Abb. 16). Als zweitgrößte Herausforderung wurde die Abgrenzung und

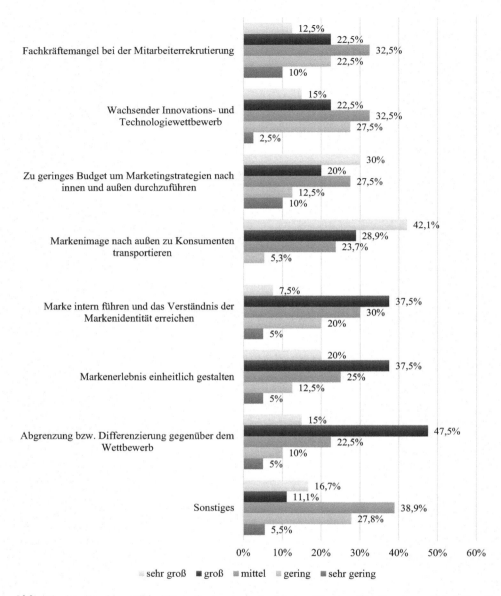

Abb. 16 Angabe der größten Herausforderungen der Markenführung. (Quelle: eigene Darstellung)

Differenzierung gegenüber dem Wettbewerb mit 15 % als *sehr groß* und mit 47,5 % als *groß* bewertet. Darauf folgt die Gestaltung eines einheitlichen Markenerlebnisses als *große* (37,5 %) und *sehr große* (20 %) Aufgabe. 50 % (30 % *sehr groß* und 20 % *groß*) gaben an, dass ein zu geringes Budget bei der Durchführung von Marketingstrategien nach innen und außen für sie eine der größten Herausforderungen darstellt. Die Marke intern zu führen und das Verständnis der Markenidentität zu erreichen wurde von 37,5 % der Befragten als *große* und von 7,5 % als *sehr große* Herausforderung bewertet. 37,5 % (15 % *sehr groß* und 22,5 % *groß*) der Start-ups empfinden den wachsenden Technologie- und Innovationswettbewerb als besonders herausfordernd. Lediglich 35 % (12,5 % *sehr groß* und 22,5 % *groß*) der Stimmen entfielen auf die Herausforderung des Fachkräftemangels bei der Mitarbeiterrekrutierung. 27,8 % wählten sonstige Schwierigkeiten, die nicht im Fragebogen angegeben wurden.

4   Diskussion der Ergebnisse

Vor dem Hintergrund der Befragungsergebnisse kann grundsätzlich interpretiert werden, dass die tatsächliche Relevanz der Marke für den Unternehmenserfolg stellenweise unterschätzt wird. So gaben die meisten der befragten Start-ups an, die Marke als starken Erfolgsfaktor wahrzunehmen, sofern es sich dabei um personenbezogene Aspekte handelt. So wird die Marke als besonders relevant bei der Rekrutierung von Mitarbeitern, bei der Suche nach Investoren sowie bei der Kaufentscheidung des Kunden verstanden. Jedoch sprechen einige Start-ups der Marke nur einen geringen Einfluss auf den Unternehmenserfolg zu. 42,5 % der Befragten sehen zudem die Marke (eher) nicht als den wichtigsten immateriellen Vermögensgegenstand an. Es stellt sich somit die Frage, welche weiteren immateriellen Vermögensgegenstände für die befragten Unternehmen von Bedeutung sind.

Dass die Marke nicht den ihr gebührenden Stellenwert einnimmt, wird auch bei anderen Ergebnissen der Studie deutlich. So gab fast ein Drittel der Unternehmen an, nicht über eine klar formulierte Markenidentität zu verfügen. Auf diese sollten aber alle Markenführungsmaßnahmen wie beispielsweise die Markenpositionierung aufbauen. Es kann daher angenommen werden, dass aufgrund der mangelnden Definition der Markeneigenschaften ungefähr ein Drittel der befragten Fintech-Start-ups keine klar formulierte Markenpositionierung aufweisen kann. Diese Ergebnisse legen die Vermutung nahe, dass die geringe Einschätzung des Markenwerts durch die Befragten auf den geschilderten Defiziten beruhen könnte.

Das Markenimage nach außen zu den Konsumenten zu transportieren gilt als die größte Herausforderung. Sind die Markeneigenschaften jedoch nicht klar definiert, kann kein erfolgreiches Markenimage entstehen. Vermutlich gibt es daher einen Zusammenhang zwischen dem Nichtvorhandensein einer klar definierten Markenidentität und der Vermittlungsproblematik des Markenimages. Dies könnte Gegenstand weiterer Untersuchungen sein.

Die zweitgrößte Herausforderung für die Fintech-Start-ups ist die Abgrenzung beziehungsweise Differenzierung gegenüber dem Wettbewerb. Um diese Herausforderung zu meistern, muss eine klare Markenpositionierung gegeben sein. Eine solche setzt allerdings zwingend eine klar formulierte Markenidentität voraus, die zwei Drittel bei ihrem Start-up als gegeben ansehen. Dass eine ebenso große Zahl bei ihrem Unternehmen eine Markenpositionierung verwirklicht sieht, überrascht daher nicht und bestätigt die angestellten Vorannahmen. Im Umkehrschluss ist auch ersichtlich, dass das

Fehlen einer klaren Markenidentität zur Folge hat, dass sich das Unternehmen nicht oder nur unzureichend auf dem Markt positioniert.

Ein geringes Budget scheint darüber hinaus auch die Durchführung von Marketingstrategien zu einer schwierigen Aufgabe zu machen. Vor dieser Problematik stehen die meisten Unternehmen bei ihrer Gründung, da Kapitalgeber gefunden und überzeugt werden müssen, was sich meist als kein einfaches Unterfangen herausstellt.

Außerdem sticht heraus, dass Fintech-Start-ups scheinbar keine große Herausforderung in der Rekrutierung von Fachkräften sehen, was in Zeiten des ansteigenden Fachkräftemangels verwunderlich, womöglich aber mit spezifischen Eigenschaften der Branche zu begründen ist.

Als Kommunikationsmaßnahme wird bei Start-ups aus der Fintech-Branche am häufigsten das Social-Media-Marketing angewandt (insgesamt 80 %). Dies verwundert nicht, da die Verwendung kostengünstig ist und oft eine zielgruppenspezifische Ansprache ermöglichen dürfte. Die am häufigsten genutzten Social-Media-Kanäle sind Facebook und Twitter. Die starke Nutzung von Facebook liegt vermutlich darin begründet, dass Facebook mit rund 2,1 Mrd. Nutzern weltweit (vgl. Statista 2018) und rund 31 Mio. monatlich aktiven Nutzern in Deutschland (vgl. Facebook 2017) das größte soziale Netzwerk darstellt (vgl. Homburg 2017, S. 813; Fischer 2015, S. 28). Bei Twitter ist die Nutzerzahl in Deutschland vergleichsweise gering. Dennoch wird der Kanal von überraschend vielen der befragten Start-ups genutzt. Dies führt zu der Frage, ob die Twitter-Nutzung durch spezifische für Fintech-Start-ups attraktive Eigenschaften dieser Plattform zu erklären ist oder auch Indikator für eine internationale Ausrichtung der jungen Unternehmen sein könnte. Darüber hinaus fällt auf, dass Facebook und Twitter ähnlich häufig von den Start-ups bespielt werden, obwohl die Nutzer-Zahlen bei Facebook um ein Vielfaches höher liegen als bei Twitter – sowohl international als auch national (vgl. Twitter 2017; Zeit Online 2016).

An dieser Stelle sollte außerdem erwähnt werden, dass viele weitere Marketinginstrumente verwendet werden, die im Rahmen dieser Umfrage nicht abgefragt wurden. Immerhin 25 % der Unternehmen gaben an, weitere Kommunikationsmaßnahmen zu verwenden. Bemerkenswert ist allerdings, dass insgesamt nur knapp zwei Drittel der Befragten das Bespielen der sozialen Medien für die Außendarstellung als wichtig (35 %) (beziehungsweise 27,5 % eher wichtig) empfinden. Dennoch sind 80 % in sozialen Medien präsent. Daher stellt sich die Frage, ob die Facebook-Seite oder das Twitter-Profil im übertragenen Sinne inzwischen eher wie ein Eintrag in das Telefonbuch angesehen werden, da die Profile in den Kanälen stets auf die Homepage verweisen, wodurch die Unternehmen ihren Kunden eine schnelle Kontaktaufnahme ermöglichen.

Eine weitere Hypothese lässt sich anhand der Untersuchungsergebnisse anstellen. Viele Gründer verfolgen mit dem Aufbau eines Start-ups das Ziel, das auf dem Markt positionierte Unternehmen schnellstmöglich und für den höchstmöglichen Preis zu verkaufen (vgl. pwc 2017, S. 17). Es ist daher denkbar, dass aufgrund dieses eher mittelfristigen Planungshorizontes und der sehr speziellen Zielsetzung einige Elemente vernachlässigt werden, die eine nachhaltige Markenführung kennzeichnen.

Letztlich werden in Zukunft mehr als zwei Drittel der befragten Fintechs ihre Aktivitäten im Zusammenhang mit einer Markenstrategie deutlich verstärken. Dieses Ergebnis ist bezeichnend für Start-up-Unternehmen, da sie am Anfang ihrer Unternehmensentwicklung stehen und nach einem erfolgreichen Start meist eine Feinjustierung vorgenommen wird. Zu einem ähnlichen Ergebnis kam auch eine pwc-Studie aus dem Jahr 2017. Hier gab rund die Hälfte der Start-ups an, in den darauffolgenden 12 Monaten ihre Investitionen in die Bereiche Marketing und Werbung verstärken zu wollen (vgl. pwc 2017, S. 17).

Eine weitere Auffälligkeit zeigt sich bei der Verantwortlichkeit für die Umsetzung der Marketingstrategie, die bei Fintech-Start-ups gemäß dieser Studie mehrheitlich bei den Chief-Executive-Officers (CEO) liegt. Eine mögliche Erklärung hierfür könnte sein, dass die Markenidentität sowie die Außendarstellung der Marke bei Start-ups oft in den Händen der Gründer liegt, welche oft als CEO fungieren, und sich an ihren Charakteristika und Werten orientiert. Angesichts der vielfältigen Aufgaben, die ein CEO vor allem in den ersten Jahren nach der Gründung zu bewältigen hat, verwundert es dennoch, dass bei 53 % der Befragten trotzdem gerade dieser für die Marketingstrategie verantwortlich ist und diese Aufgabe nicht delegiert.

5   Fazit

Die vorliegende Untersuchung hat einige bemerkenswerte Ergebnisse erzielt, wenngleich zu beachten ist, dass lediglich die Antworten von 40 Unternehmen aus einem sehr abgegrenzten Wirtschaftsbereich für die Auswertung herangezogen wurden. Die vorgestellten Ergebnisse sollten daher als erster Überblick über die betrachteten Zusammenhänge angesehen werden.

In der vorgestellten Studie zeigte sich, dass Fintech-Start-ups den Einfluss der Marke auf personenbezogene Aspekte des Erfolges – Investorensuche, Mitarbeiterrekrutierung und die Kaufentscheidung des Kunden – durchaus als hoch einschätzen. Etwas überraschend war hingegen, dass vergleichsweise wenige der befragten Start-ups die Bedeutung der Marke für den generellen Unternehmenserfolg als hoch oder sehr hoch einschätzen und auch ihren immateriellen Vermögenswert scheinbar verkennen.

Die befragten Start-up-Unternehmen sehen in puncto Markenführung drei wesentliche Aspekte als große Herausforderungen an: Die Kommunikation des Markenimages nach außen, die Differenzierung gegenüber dem Wettbewerb und das Schaffen eines einheitlichen Markenerlebnisses. Diese und weitere Herausforderungen könnten beispielsweise mittels Kooperationen mit Hochschulen oder der Beschäftigung von Werksstudenten vergleichsweise kostengünstig und dennoch oftmals professionell angegangen werden. Derart könnten im besten Fall die CEOs entlastet werden, denen in den befragten Unternehmen überwiegend die Markenführung obliegt.

Mit der Studie konnte aufgezeigt werden, dass in der Branche der Fintechs ein Drittel der Start-ups nicht über ein stringentes Markenkonzept, das unter anderem eine klare Markenidentität und Markenpositionierung umfasst, verfügen. Um den gerade genannten

Herausforderungen zu begegnen und die Chancen einer starken Marke nutzen zu können, sollte hier möglichst Abhilfe geschaffen werden. So kann allen wesentlichen Stakeholdern die Markenidentität vermittelt und es können darauf aufbauende Maßnahmen eingeleitet werden. Bei der Markenpositionierung ist es zudem wichtig, eine klare Formulierung zu wählen. Hierbei sollen Grund- und Zusatznutzen aufgezeigt und ein einzigartiges Markenbild sowohl intern als auch extern erschaffen werden, um sich gegenüber der Konkurrenz abzugrenzen.

Schließlich sollte das Markencontrolling als begleitender Prozess verstanden werden, was bedeutet, dass der Erfolg der Marke regelmäßig überprüft werden muss, um eventuelle Fehler in der Markenführung zu erkennen, auf diese reagieren zu können und sie in Zukunft zu umgehen. Die Nutzung von Markencontrollinginstrumenten hilft dabei, ein fundiertes Ergebnis zu erhalten. Da der Wert einer Marke meist sehr wesentlich zum Unternehmenswert beiträgt, sollte er aktiv gestaltet und kontrolliert werden.

Literatur

Burmann, C., Halaszovich, T., Schade, M., & Hemmann, F. (2012). *Identitätsbasierte Markenführung: Grundlagen – Strategie – Umsetzung – Controlling*. Wiesbaden: Springer Gabler.

Burmann, C., Halaszovich, T., Schade, M., & Hemmann, F. (2015a). *Identitätsbasierte Markenführung: Grundlagen – Strategie – Umsetzung – Controlling* (2, vollständig überarbeitete und erweiterte Aufl.). Wiesbaden: Springer Gabler.

Burmann, C., Piehler, R., Schade, M., & Beckmann, C. S. (2015b). Identität und Marke im Entrepreneurial Marketing. In J. Freiling & T. Kollmann (Hrsg.) *Entrepreneurial Marketing. Besonderheiten, Aufgaben und Lösungsansätze für Gründungsunternehmen* (2., vollständig überarbeitete und erweiterte Aufl.). Wiesbaden: Springer Gabler.

Esch, F.-R. (Hrsg.) (2013). *Moderne Markenführung. Grundlagen, innovative Ansätze, praktische Umsetzungen* (Bd. 1, 4. Aufl.). Wiesbaden: Gabler.

Esch, F.-R., & Wicke, A. (2001). Herausforderungen und Aufgaben des Markenmanagements. In F.-R. Esch (Hrsg.), *Moderne Markenführung. Grundlagen – Innovative Ansätze – Praktische Umsetzungen* (3., erweiterte und aktualisierte Aufl.). Wiesbaden: Spring Gabler.

Esch, F.-R., Fischer, A., & Michel, M. (2015). Die Ideenumsetzung im Rahmen der Marktpositionierung. In J. Freiling & T. Kollmann (Hrsg.), *Entrepreneurial Marketing. Besonderheiten, Aufgaben und Lösungsansätze für Gründungsunternehmen* (2., vollständig überarbeitete und erweiterte Aufl.). Wiesbaden: Springer Gabler.

Facebook. (2017). *Facebook auf der dmexco 2017*. Facebook Business Artikel vom 11. September 2017. https://www.facebook.com/business/news/facebook-auf-der-dmexco-2017-discover-growth-wenn-produkte-menschen-finden-finden-unternehmen-wachstum. Zugegriffen: 27. Jan. 2018.

Fischer, D. (2015). *Social Media Marketing und Strategien. Facebook, Twitter, Xing & Co. erfolgreich nutzen*. Berlin: Schmidt.

Gaiser, B., & Linxweiler, R. (2017). *Aufgabenbereiche und aktuelle Problemfelder der Markenführung*. In E. Theobald (Hrsg.), *Brand Evolution. Moderne Markenführung im digitalen Zeitalter* (2., vollständig überarbeitete Aufl.). Wiesbaden: Springer Gabler.

Homburg, C. (2017). *Marketingmanagement. Strategie – Instrumente – Umsetzung – Unternehmensführung* (6. Aufl.). Wiesbaden: Springer Gabler.

Kohli, C. S., Harich, K. R., & Leuthesser, L. (2005). Creating brand identity: A study of new brand names. *Journal of Business Research, 58*(11), 1506–1515.

Kollmann, T., Stückmann, C., Hensellek, S., & Kensbrock, J. (2017). *Deutscher Start-up Monitor 2017. Mut und Macher.* KPMG AG Wirtschaftsprüfungsgesellschaft Deutschland (Hrsg.). Berlin: KPMG AG.

Kühnapfel, B. J. (2015). *Prognosen für Start-up-Unternehmen.* Wiesbaden: Springer Gabler.

Liesebach, J. N. (2017). *Innovationsmanagement in Unternehmenskooperationen Erfolgsfaktoren für ressourcenintensive Start-Ups in Kooperationen mit Großunternehmen.* Wuppertal: Universitätsbibliothek Wuppertal.

Meffert, H., Burmann, C., & Kirchgeorg, M. (2008). *Marketing. Grundlagen marktorientierter Unternehmensführung. Konzept – Instrumente – Praxisbeispiele* (10., vollständig überarbeitete und erweiterete Aufl.). Wiesbaden: Springer Gabler.

Meffert, H., Burmann, C., & Kirchgeorg, M. (2015). *Marketing. Grundlagen marktorientierter Unternehmensführung. Konzept – Instrumente – Praxisbeispiele* (12., überarbeitete und aktualisierte Aufl.). Wiesbaden: Springer Gabler.

pwc (2017): *Start-up-Unternehmen in Deutschland.* Düsseldorf: pwc.

Schmidt, H. (2015). *Markenführung.* Wiesbaden: Springer Gabler.

Schmidt, D., & Vest, P. (2010). *Die Energie der Marke.* Wiesbaden: Gabler.

Statista. (2018). Most famous social network sites worldwide as of September 2017, ranked by number of active users (in millions). https://www.statista.com/statistics/272014/global-social-networks-ranked-by-number-of-users/. Zugegriffen: 27. Jan. 2018.

Tiberius, V., & Rasche, C. (2017). *Disruptive Geschäftsmodelle von FinTechs: Grundlagen, Trends und Strategieüberlegungen.* In V. Tiberius & C. Rasche (Hrsg.), *FinTechs. Disruptive Geschäftsmodelle im Finanzsektor.* Wiesbaden: Springer Gabler.

Twitter. (2017). Q3 2017. Letter to shareholders. http://files.shareholder.com/downloads/AMDA-2F526X/3842626250x0x961121/3D6E4631-9478-453F-A813-8DAB496307A1/Q3_17_Shareholder_Letter.pdf. Zugegriffen: 27. Jan. 2018.

Vetter, M. (2011). *Praktiken des Prototyping im Innovationsprozess von Start-up-Unternehmen.* Wiesbaden: Springer Gabler.

Zeit Online. (2016). Twitter nennt erstmals Nutzerzahlen für Deutschland. http://www.zeit.de/digital/2016-03/soziale-medien-twitter-nutzerzahlen-deutschland. Zugegriffen: 27. Jan. 2018.

Hannah Mechenbier erlangte ihren Bachelor in Media Management und arbeitet seitdem als Mitarbeiterin und Lehrkraft für die Hochschule RheinMain in Wiesbaden. Mit ihrer Forschungsarbeit „Markenführung bei Start-ups" verbindet sie zwei Schwerpunkte ihrer Expertise und wagt sich auf ein weitestgehend unbestelltes Feld. Die vielfältige Ausbildung in den Bereichen Wirtschaft, Technik und Design ermöglichten ihr in diesem Themenfeld die Fokussierung auf die Branche der Finanztechnologie.

Simon Neumann bringt in diese Arbeit seine umfassende Berufserfahrung aus fünf Jahren Social Media Management ein, unter anderem für verschiedene ZDF-Formate und das Greenpeace Magazin. Der Politologe mit Rechtskenntnissen ist Mitarbeiter an der Uni Bonn und ergänzt das Kernthema Markenführung um die Sphären Governance, Öffentliche Kommunikation und Strategieentwicklung.

Prof. Dr. habil. Thomas Könecke ist Professor an der KU Leuven (Belgien). Er ist Autor und Herausgeber einer Vielzahl wissenschaftlicher Arbeiten und forscht und lehrt u. a. zu den Themen Marke und Kommunikation. Nach seinem Studium der Wirtschafts- und Sportwissenschaften promovierte und habilitierte er an der Johannes Gutenberg-Universität Mainz. Neben seiner wissenschaftlichen Tätigkeit berät er junge und etablierte Unternehmen sowie andere Organisationen.

BEST of Branding für Start-ups

Karsten Kilian

Zusammenfassung

Markenführung ist mehr als Design und Werbung. Ausgehend vom Würzburger Marken-Management-Modell erläutert der Beitrag den vierstufigen BEST of Branding-Ansatz der Markenführung. Als Basis dient eine klar umrissene, trennscharfe Botschaft (Identität) der Marke, die anhand der KURS-Kriterien ermittelt und in ein Markenprofil überführt wird. Anschließend gilt es dazu passende primäre und sekundäre Markenelemente auszuwählen und zu entwickeln. Von besonderer Bedeutung ist dabei der Markenname, der mithilfe des ZEBRAS-Prozesses systematisch ermittelt werden kann. Die verschiedenen Markenelemente lassen sich anschließend zu vier Arten von Markensignalen kombinieren: Produkte, Umfelder, Medien und Personen (PUMP). Abschließend gilt es die Markenbekanntheit und das in den Köpfen der Kunden verankerte Markenimage zu erfassen. Dazu werden zentrale Ansatzpunkte der Taxierung von Marken vorgestellt und erläutert. Im Ergebnis stellt der vierstufige BEST of Branding-Ansatz sicher, dass Start-ups markentechnisch optimal aufgestellt sind und sich am Markt mit ihrem guten Namen etablieren können.

1   Marke ist mehr als Design und Werbung

Während es in größeren Unternehmen, insbesondere im Konsumgüterbereich, schon seit Jahrzehnten selbstverständlich ist, die eigene Marke professionell zu managen, beschäftigen sich viele Unternehmensgründer zunächst meist nur operativ mit dem Aufbau der eigenen Marke.

K. Kilian (✉)
Lauda-Königshofen, Deutschland
E-Mail: kilian@markenlexikon.com

© Springer Fachmedien Wiesbaden GmbH, ein Teil von Springer Nature 2019   55
C. Kochhan et al. (Hrsg.), *Marken und Start-ups,*
https://doi.org/10.1007/978-3-658-24586-3_4

Häufig setzen Start-ups „Marke" gleich mit Design und Werbung sowie dem rechtlichen Schutz von Namen und Logos. Meist wird die Corporate Design (CD) konforme Gestaltung von Geschäftsausstattung, Broschüren, Webauftritten und Messeständen und deren Dokumentation in umfangreichen CD-Manuals als ausreichend erachtet (Kilian 2016a, S. 17). Dabei handelt es sich jedoch primär um operative Aspekte der Markenführung. Die strategische Sichtweise, insbesondere wofür die eigene Marke steht, was ihre Identität ausmacht, bleibt demgegenüber häufig unbeachtet und damit unklar. Unter Markenidentität und dem hier synonym verwendeten Begriff der Markenbotschaft wird ein einzigartiges Set an Markenassoziationen verstanden, das es zu etablieren und zu verteidigen gilt. Es bietet dem Unternehmen und seinen Mitarbeitern „direction, purpose and meaning for a brand" (Aaker 1996, S. 68). Bei vielen Start-ups wird die eigene Markenidentität jedoch gar nicht oder nur unzureichend festgelegt. Grundsätzlich kann bei der Markenidentität, die häufig als Markenprofil dargestellt wird, zwischen einem Markenkernwert und zwei bis vier Markenwerten unterschieden werden. Während der Kernwert die zeitlose Essenz der Marke auf einen Begriff oder in wenige Worte reduziert, vervollständigen die Markenwerte den Kernwert und geben ihm Struktur und Tiefe (Aaker 1996, S. 87 f.; Kilian 2010, S. 40).

Design Manuals geben der Marke demgegenüber eine gestalterische Kontur, ohne jedoch die darunter liegenden Werte explizit zu benennen und nachvollziehbar zu begründen. Design ist notwendig und wichtig, aber ohne eine klare verbale Identität meist nicht präzise genug. Schön anzusehen reicht nicht aus. Starke Marken brauchen mehr. Sie brauchen Klarheit darüber, was ihre Gestalt zum Ausdruck bringen soll: Das Wertesystem der Marke, die Verdichtung auf wenige zentrale Aspekte, die vom Wettbewerb differenzieren und den Kunden elektrisieren. Im Ergebnis erleichtert und verbessert eine differenzierende Markenidentität die Auswahl geeigneter Design- und Gestaltungselemente (Markenelemente) maßgeblich.

In vielen vermeintlichen Corporate Identity Manuals werden jedoch keine klaren Aussagen zur Markenidentität gemacht. Sie tragen „Identität" im Titel, sind aber faktisch oft „nur" Design Manuals. Bis heute liegt der Fokus dabei meist auf visuellen Gestaltungsparametern, allen voran Form, Farbe und Layout, aber auch Bildsprache, Symbolik und Schrift.

2   Das Würzburger Marken-Management-Modell

Gerade für Start-ups ist es wichtig zu verstehen, dass ein griffiges Wertesystem immer bedeutsamer wird. Die Marke wird zum Orientierungspunkt für Mitarbeiter und Kunden gleichermaßen. Denn eines ist klar: Je fragmentierter und komplexer Märkte werden, desto wichtiger ist es, sich und den Kunden einen verlässlichen Kompass zu geben: Die eigene Marke. Dementsprechend wandelt sich die Marke als reine Kommunikationsoberfläche, die in Corporate Design Manuals haarfein definiert ist, zu einem auf tiefgründigen Wurzeln basierenden Wertegerüst, das Auskunft über Dasein und Daseinsberechtigung des Unternehmens gibt. Die Marke gibt Orientierung. Sie macht deutlich, womit das Unternehmen gestartet ist und wohin es strebt.

Wie aktuelle Studienergebnisse des Deutschen Markenmonitor 2017/2018 zeigen, wird die Bedeutung der Marke für den Unternehmenserfolg von 95 % der befragten Manager als wichtig bis sehr wichtig für den Unternehmenserfolg erachtet (Kupetz und Meier-Kortwig 2017, S. 17 f.). Darüber hinaus zeigen Auswertungen von Biesalski & Company, dass der monetäre Markenwert bis zu 83 % des Unternehmenswertes ausmachen kann (Biesalski und Kilian 2016, S. 69). Es wird deutlich, dass die Marke nicht nur definiert und dokumentiert werden muss. Vielmehr muss sie die Mitarbeiter im Arbeitsalltag auch anleiten. Dabei gilt: Der Gründer führt, die Marke leitet! Um Gründern und Marketingverantwortlichen das Markenmanagement zu erleichtern, wurde vom Autor das Würzburger Marken-Management-Modell entwickelt. Es vereint das Wissen unzähliger Fachbücher, Fachartikel und Fachkonferenzen in einem vielschichtigen Modellansatz (vgl. Abb. 1).

Als Basis jeder starken Marke dient, gründungshistorisch betrachtet, eine neuartige Geschäftsidee, die relativ schnell in ein tragfähiges Geschäftsmodell überführt und schrittweise weiterentwickelt werden muss. Paradebeispiele im B2C-Bereich sind das einst patentierte Backpulver von Dr. Oetker, die lang wirkende Creme von Nivea und der den Geist belebende Energy Drink Red Bull. Im B2B-Bereich zählen dazu die Hochdruckreiniger von Kärcher, die Magnetzünder von Bosch und die Lasermaschinen von Trumpf. Bei Dienstleistungen lassen sich exemplarisch die Selbstbedienungsrestaurants von McDonald's, der Immobilienmakler Engel & Völkers und der Direktvertrieb von C-Teilen durch Würth anführen.

Aus dem Geschäftsmodell geht die Unternehmensstrategie hervor, die im Zeitverlauf durch das Vorantreiben bzw. Aufgreifen von Veränderungen im Umfeld weiter verfeinert und angepasst werden sollte. Zu den zentralen Umfeldfaktoren zählen politische, rechtliche, oekonomische, sozio-kulturelle und technologische Veränderungen, die sogenannten PROST-Einflussfaktoren. Sie bilden die Ausgangsbasis für die Entwicklung der Markenstrategie, insbesondere der Profilierung und Positionierung der Marke. Das hierbei entstehende Wertegerüst dient als wichtiger Rahmen für die Weiterentwicklung der Unternehmensstrategie und des Geschäftsmodells. Es verringert die Gefahr, dass ein Unternehmen strategische Fehlentscheidungen trifft, gibt es doch einen festen Handlungsrahmen vor, innerhalb dessen sich das Unternehmen agil weiterentwickeln kann und sollte.

Anschließend gilt es die Markenwerte in Markenelemente zu übersetzen bzw. bei bestehenden Marken diese regelmäßig auf Stimmigkeit untereinander und in Bezug auf die Markenwerte zu überprüfen und fallweise durch weitere Markenelemente zu ergänzen. Häufig ist auch von Design- oder Gestaltungselementen die Rede. Zu den zentralen Markenelementen zählen Schlüsselbilder und Charaktere genauso wie Farben und Formen, Klänge und Materialien, die allesamt zum Ausdruck bringen sollten, wofür die eigene Marke steht. Von besonderer Bedeutung sind der Markenname und das Markenlogo, da sie langfristig geschützt werden können. Gemeinsam werden sie zum

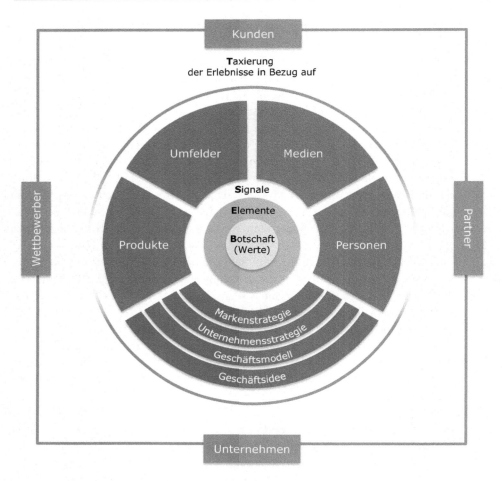

Abb. 1 Das Würzburger Marken-Management-Modell. (Quelle: Vgl. Kilian 2016c, S. 56)

Wissensspeicher, der alle Erfahrungen mit der Marke in sich vereint. Im Internet wird ein Markenname zudem, als Domainadresse, Facebook-Fanpage und Twitter-Hashtag zum zentralen Suchkriterium für Mitarbeiter und Kunden.

Fast immer werden mehrere Markenelemente gleichzeitig verwendet und zu komplexen multisensualen Markensignalen kombiniert. Dabei lassen sich mit Produkten, Umfeldern, Medien und Personen (PUMP) vier Arten von Markensignalen unterscheiden. Gemeinsam prägen sie die Kundenerlebnisse an den Berührungspunkten (Touchpoints) mit der Marke. Die Kundenerlebnisse gilt es mit einer geeigneten Taxierung zu erfassen, insbesondere im Hinblick auf den Status quo und die Veränderungen im Wettbewerbs- und im Zeitvergleich.

All das geschieht innerhalb der Rahmenbedingungen des eigenen Unternehmens, der Partner am Markt und der Wettbewerber. Während mit Partnern häufig kooperiert wird,

Abb. 2 Grundstruktur des BEST of Branding-Ansatzes

zum Beispiel im Rahmen von Co-Branding oder Ingredient Branding-Strategien (Kilian und Pickenpack 2018), gilt es die Wettbewerber durch innovative Lösungen auf Distanz zu halten und die eigene Leistung über die Leuchtkraft der eigenen Marke beim Kunden sichtbar und merkfähig zu machen.

Nur wer seine Kunden dauerhaft für die eigenen Produkte und Dienstleistungen einnimmt, kann langfristig am Markt bestehen. Die genannten Ansatzpunkte sind im Würzburger Marken-Management-Modell zusammengefasst. Es zeigt auf, wie die Marke als Kompass in unsteten Zeiten das eigene Start-up auf Kurs hält und bei den Mitarbeitern und Kunden einen bleibenden Eindruck hinterlässt – und profilstark passable Profite erwirtschaftet.

Als zentraler Handlungsrahmen kann hierfür der BEST of Branding-Ansatz des Autors dienen (vgl. Abb. 2), der sich, wie bereits kurz erläutert wurde, in Botschaft, Elemente, Signale und Taxierung unterteilen lässt und im Folgenden näher erläutert wird.

3   Die Markenbotschaft als Basis

Ausgangspunkt für den Aufbau einer Marke bildet die Markenidentität, die bildhafter als Markenbotschaft bezeichnet werden kann. Es gilt zunächst eine gehaltvolle Botschaft für die Marke zu definieren und anschließend zu kommunizieren. In Abb. 3 sind die zentralen Bestandteile sowie die später näher erläuterten KURS-Kriterien zur Auswahl geeigneter Werte wiedergegeben.

Abb. 3 BEST of Branding-Botschaft

3.1 Vermeidung austauschbarer Markenwerte

Nicht Qualität, Innovation und Kundenorientierung führen zum Ziel, da generisch und austauschbar, sondern einzigartige Markenwerte, die „auf Kurs sind". Das bedeutet nicht, dass Qualität, Innovation und Kundenorientierung nicht bedeutsam für die Identität einer Marke sind. Sie sind es! Nur helfen die abstrakten „Überbegriffe" selbst nicht weiter, da sie für viele erfolgreiche Unternehmen Gültigkeit besitzen, und damit nicht zur Differenzierung beitragen, wie die Ergebnisse von vier Studien in Tab. 1 deutlich machen.

Qualität wird im Mittel über alle vier Studien von 36 % aller Unternehmen als Markenwert verwendet, Innovation von 30 %, weshalb beide als generische Markenwerte angesehen werden können. Sie sind meist nicht geeignet, die Marke vom Wettbewerb abzugrenzen und Präferenzen zu erzeugen. Das Gleiche gilt für Kundenorientierung bzw. Kundenzufriedenheit, was per se als Markenwert ungeeignet erscheint,

Tab. 1 Beliebte und damit beliebige Markenwerte

Kleiner und Bold (2011)		Kilian (2012b)		Ecco (2013)		Kilian und Keysser (2017)	
Deutsche Mittelstands-U.		Deutsche Hightech-U.		Internationale Unternehmen		Deutsche Börsen-U.	
Qualität	40	Qualität	39	Innovation	34	Integrität	44
Zuverlässigkeit	29	Innovation	30	Qualität	30	Qualität	36
Innovation	27	Deutsche Wertarbeit	23	Kundenzufriedenheit	28	Innovation	28
Kundenorientierung	20	Tradition	18	Integrität	20	Verantwortung	27
Nachhaltigkeit	11	Präzision	18	Umwelt	17	Vertrauen	19
Technologieführer	9	Zuverlässigkeit	18	Know-how	16	Respekt	19
Umweltbewusstsein	9	Kundenorientierung	7	Verantwortung	14	Kunden-orientierung	18
Kompetenz	7	Know-how	7	Teamgeist	12	Offenheit	16
Vertrauen	7	Hochwertigkeit	7	Respekt	12	Unternehmerisch	15
Respekt	7	Technologie-führer	7	Ehrgeiz	11	Zuverlässigkeit	15
Angaben in Prozent							

Quelle: Kleiner und Bold (2011, S. 15), Kilian (2012b, S. 65), Ecco (2013, S. 4), Kleiner und Bold befragte branchenübergreifend deutsche Mittelständler (n = 55), Kilian befragte Manager aus der deutschen Hightech-Industrie (n = 44), Ecco analysierte Unternehmen aus 11 europäischen Ländern, Australien und den USA (n = 4348) und Kilian und Keysser (Kilian 2018a, S. 37) untersuchten 110 börsennotierte Unternehmen in Deutschland (DAX, M-DAX und TEC-DAX), wobei in 25 Fällen keine Daten verfügbar waren (n = 85)

da es als grundsätzliche Unternehmensaufgabe gilt, die Kunden in den Mittelpunkt der eigenen Arbeit zu stellen. Kundennähe ist demgegenüber als Markenwert denkbar, da die Nähe zu den Kunden nicht selbstverständlich ist – und differenzierend wirken kann.

Neben der häufigen Verwendung inhaltlich austauschbarer Markenwerte lassen sich drei sprachliche Ursachen schwacher Markenidentitäten benennen: Markenwerte sind häufig

- vieldeutig,
- unrealistisch und/oder
- abstrakt und damit inhaltsleer.

Ein deutsches Unternehmen beispielsweise hatte als Markenkernwert „Performance" gewählt. Neben der sich ergebenden sprachlichen Hürde für einen überwiegend deutschen Mitarbeiterstamm zeigte sich, dass Performance ein weites Spektrum mit über 30 Bedeutungen abdeckt, das von Arbeitsleistung über Leistungscharakteristik bis zu einer Theateraufführung reicht. Einer der führenden europäischen Telekommunikationsanbieter wiederum kündigte vor einigen Jahren an, sich auf die Markenwerte Innovation, Kompetenz und Einfachheit zu konzentrieren. Wie ein Unternehmen mit mehreren hunderttausend Mitarbeitern und einem großen Spektrum moderner IT- und TK-Dienstleistungen Einfachheit realisieren möchte, bleibt unklar. Was den Markenwert Innovation betrifft, so ist dieser zunächst abstrakt und inhaltsleer. Er erfordert zusätzlich ein komplexes formales System, das den Markenwert für verschiedene Bereiche und Abteilungen konkretisiert. Fallweise kommen hierfür Markenscorecards (Linxweiler 2004, S. 339 ff.; Meyer 2007, S. 26 ff.) zum Einsatz. Dieser Ansatz ist grundsätzlich möglich, jedoch mit hohem administrativen Aufwand verbunden, der viel Zeit und Geld kostet.

3.2 Verwendung von KURS-Markenwerten

Es empfiehlt sich deshalb, inhaltsstarke Markenwerte zu definieren, die „für sich sprechen" und von den Mitarbeitern und Kunden schnell und leicht verstanden und verinnerlicht werden können. Erreicht werden kann dies, indem Teilaspekte der genannten generischen Werte markentechnisch besetzt und glaubwürdig vermittelt werden. Qualität beispielsweise kann hochwertig, langlebig, robust, wertstabil, zuverlässig oder sicher bedeuten, im übertragenden Sinne auch wertvoll oder kompetent. Bei Lebensmitteln kommen Bedeutungen wie natürlich, nachhaltig, gesund, schmackhaft und genussvoll dazu. Es ist deshalb immer besser, auf einen Teilaspekt von Qualität als Markenwert zu setzen als auf „das große Ganze", da letzteres zu viel Interpretationsspielraum bietet und damit nicht für die notwendige Klarheit und Orientierung im Unternehmen sorgt, geschweige denn beim Kunden. Gute Markenwerte sind profilstarke Markenwerte, die aus sich heraus Sinn ergeben und von den Mitarbeitern und Kunden ohne viele erklärende Worte, Workshops oder Werbespots verstanden werden (Kilian 2017, S. 113).

Als Ansatzpunkt zur Ermittlung profilstarker Markenwerte bieten sich Kilians KURS-Kriterien an. Die Markenwerte und der Markenkernwert müssen demzufolge möglichst konkret, ursächlich, relevant und spezifisch sein (Kilian 2009b S. 42 f., 2012b, S. 65). Sie sind bedeutungsvoll und inspirierend, im Unternehmen begründet, für Kunden bedeutsam und im Vergleich zum Wettbewerb für die eigene Marke charakteristisch.

▶ **Markenwerte auf KURS**
- Konkret: bedeutungsvoll und inspirierend – Die Markenwerte sind bild-
               haft und griffig statt nebulös und abstrakt, das heißt sie bieten
               nur wenig Interpretationsspielraum.
- Ursächlich: im Unternehmen begründet – Die Markenwerte werden mit
               den eigenen Leistungen in Verbindung gebracht und lassen
               sich vom Unternehmen exemplarisch belegen.
- Relevant: für die Kunden – Die Markenwerte haben eine besondere
               Bedeutung für die Kunden und finden bei Kaufent-
               scheidungen Berücksichtigung.
- Spezifisch: im Vergleich zum Wettbewerb – Die Markenwerte können
               idealerweise nur, zumindest aber besonders glaubhaft und
               überzeugend vom Unternehmen für sich reklamiert werden.
  Quelle: Kilian (2012b, S. 65)

Die zuvor genannten Markenwerte Qualität, Innovation und Kundenorientierung sind alles andere als konkret. Auch sind sie nicht ursächlich für einen Markenwert, sondern lediglich Resultat dahinterliegender Markentreiber, wie Brandmeyer et al. (2008, S. 152 ff.) bereits vor vielen Jahren deutlich gemacht haben. Demgegenüber kann beispielsweise der Markenwert „präzise" im Unternehmen sowohl die Bedeutung millimetergenauer Verarbeitung betonen als auch eine klar verständliche Preispolitik sicherstellen. Alles, was Präzision zuwiderläuft, passt nicht zur Marke und wird deshalb nicht gemacht. Das verstehen alle: Die Geschäftsführer, die Mitarbeiter im Bereich Entwicklung und am Empfang. „Relevant" wiederum bezieht sich primär auf die Zielgruppe, die Kunden. Nur wenn Präzision für den Kunden relevant ist oder durch entsprechende Kommunikation Relevanz erlangen kann, macht es auch als Markenwert Sinn. Ist nun ein Unternehmen im Handeln und in seiner Leistungserstellung präzise, stellt sich als Resultat die Qualitätswahrnehmung von selbst ein. „Spezifisch" schließlich meint, dass ein Markenwert nur bzw. insbesondere für die eigene Marke Gültigkeit besitzt, zum Beispiel aufgrund der besonderen Unternehmenshistorie.

3.3   Festlegung der Markenpositionierung

Ausgehend von den auf KURS gebrachten Markenwerten gilt es, die eigene Marke am Markt optimal zu positionieren. Die Positionierung einer Marke ergibt sich aus dem Vergleich der eigenen Markenidentität mit der Identität relevanter Wettbewerber. Meist erfolgt die Darstellung relevanter Marken mithilfe zwei- oder dreidimensionaler Grafiken, die zeigen, wie die verschiedenen Marken anhand von zwei oder drei Kriterien bzw. Kriterienpaaren relativ zueinander positioniert sind.

Die Positionierung eines Unternehmens oder seiner Leistungen hat zum Ziel, gewünschte Vorstellungen über die angebotenen Produkte und Dienstleistungen in den Köpfen der Nichtkunden und Kunden zu verankern, zu verstärken oder zu verändern, denn „the only reality that counts is what's already in the prospect's mind." (Ries und Trout 2001, S. 5)

Es geht meist nicht darum, etwas Neues in den Köpfen der Kunden zu erschaffen, sondern bestehende Vorstellungen in gewünschter Weise zu beeinflussen und die eigene Marke in die vorhandenen Wissensstrukturen einzuflechten, z. B. in das Wissen, dass der Kauf beim Marktführer eine sichere Wahl darstellt.

Durch Selektion und Konzentration auf einen einzigen für die Kunden relevanten Vorteil des eigenen Angebots lassen sich eine Segmentierung des Marktes und eine optimale Positionierung des eigenen Leistungsangebots erreichen. Gründern und Markenverantwortlichen kommt hierbei zum einen die Aufgabe zu, bei der Festlegung der Positionierung mitzuwirken, zum anderen sind sie häufig für die Umsetzung (mit-) verantwortlich. Je geschickter dabei vorgegangen wird, desto höher wird die Zahlungsbereitschaft und desto ausgeprägter ist die Loyalität der Kunden. Dabei sind weniger die Tatsachen entscheidend als vielmehr das, was in den Köpfen der Kunden als zutreffend und zielführend empfunden wird. Grundsätzlich kommen acht Erfolg versprechende Positionierungsoptionen infrage.

▶ **Positionierungsoptionen**
- Marktführer (real bzw. wahrgenommen)
- Herausforderer (Nr. 2)
- Präferierte Leistung (aus Expertensicht)
- Original
- Kategorien(er)finder
- Spezialist
- Nächste Generation
- Eigenständige Markenelemente
Quelle: Brandtner (2005, S. 32 ff.); grundlegend Ries und Trout (2001, S. 43 ff).

Als erste Positionierungsoption bietet sich die Marktführerschaft an. Entscheidend ist hierbei weniger die Unternehmensgröße als vielmehr eine geschickte – und aus Kundensicht nachvollziehbare – Definition des relevanten Marktes. Red Bull beispielsweise war mit seinem „Energy Drink" mit Verkauf der ersten Dose Marktführer während es im Bereich Softgetränke bis heute „unter ferner liefen" einzuordnen wäre. Die italienische Nudelmarke Barilla wiederum hat ihre Marke in den USA als „Italy's pasta No. 1" eingeführt und DWS bewarb seine Fonds in Deutschland jahrelang mit „Geld gehört zur Nr. 1".

In ähnlicher Weise gibt es Beispiele, bei denen sich Herausforderer als Nr. 2 relativ zum führenden Wettbewerber positionieren, wie zum Beispiel Pepsi und Burger King. Allerdings führt hierbei das Kriterium „besser" nur selten zum Ziel (Ries und Trout 2001, S. 53 ff.). Eine Ausnahme stellt die – frühere – Positionierung von Avis dar. Der Autovermieter kommunizierte seine zweite Position jahrelang mit „We try harder." Der Trick dabei war, dass implizit angedeutet wurde, auf diese Weise mittelfristig den Marktführer Hertz überholen zu können.

Zu den bekannten von Experten empfohlenen Leistungen zählen die Zahnbürstenmarke Oral-B, die den Patienten von Zahnärzten am häufigsten empfohlen wird, und Finish, die Marke für Spülmaschinentabs, die von führenden Spülmaschinenherstellern empfohlen wird.

Bei den Marken Aspirin, Nutella und McDonald's wiederum handelt es sich um Originale. Das gleiche gilt für Geox, Thermomix und Viagra. Sie werden üblicherweise besser eingeschätzt als ihre Kopien. Meist, aber nicht immer, handelt es sich bei ihnen um die ersten Marken einer neuen Kategorie (ausführlich Aaker 2011).

Zum Kategorien(er)finder werden Marken, wenn sie aus Sicht der Kunden eine sinnvolle neue Kategorie definieren. Bekannte Beispiele sind Dr. Best (nachgebende Zahnbürste), Dell (PC-Direktvertrieb), Aronal und Elmex (tageszeitabhängige Zahnpastasorten), Wagner (Steinofenpizza) und die bereits genannten Marken Viagra (Potenzmittel), Thermomix (Multifunktionsküchengerät), Geox (atmungsaktive Schuhe) und Red Bull (Energy Drinks).

In Fällen, in denen keine sinnvolle neue Kategorie gefunden werden kann, bietet sich eine Positionierung als Spezialist oder Nischenanbieter an. Viele von uns gehen lieber zum Spezialisten als zum Generalisten, nicht nur, wenn es um Ärzte geht! Es reicht aus, sich aus Sicht der Kunden als Erster auf eine Nische zu spezialisieren, wie es BMW (Fahrfreude), Volvo (Sicherheit), KTM (Offroadmotorräder), und Mrs. Sporty (Fitnessstudio ausschließlich für Frauen) getan haben. Typische Spezialisierungsdimensionen sind Größe (klein/groß), Preis (hoch/niedrig) Geschlecht (Männer/Frauen), Alter (jung/alt), Tageszeit (Tag/Nacht), Distribution (selektiv/breit) und Nutzungsintensität (Hobby/Profi).

Wichtig dabei ist, dass man nicht versucht, es allen recht machen zu wollen, denn dann macht man es keinem recht. Wer nicht bis zu einem gewissen Grad polarisiert, ist meist nur schwach positioniert.

Auch der Positionierungsansatz nächste Generation funktioniert vielfach bestens, insbesondere in Branchen, in denen Fortschritt positiv bewertet wird. So werden Spülmaschinentabs mit vier statt drei Funktionen, Nassrasierklingen mit fünf statt vier Schneidelementen und Zahnpasten mit sechs- statt fünffacher Schutzfunktion klar präferiert. Auch bei Computerprozessoren und -programmen sowie Smartphones wird stets die nächste Generation propagiert, die alle bisherigen (Konkurrenz-)Produkte alt aussehen lässt.

Den meisten Ansätzen gemeinsam ist, dass mit der eigenen Positionierung zugleich die Marken der Wettbewerber (re-)positioniert werden: wenn Coca-Cola das Original ist, muss Pepsi demzufolge ein Nachahmerprodukt sein. Dr. Best war die erste nachgebende

Zahnbürste, womit alle anderen Zahnbürsten im selben Augenblick – unfreiwillig – als starre Zahnbürsten repositioniert wurden. Und Geox verkauft atmende Schuhe, was darauf schließen lässt, dass alle übrigen Hersteller atmungsinaktive Schuhe verkaufen.

Ausgangspunkt der Positionierung sind die beiden treibenden Marktkräfte Divergenz und Evolution (Ries und Ries 2005, S. 39 ff.). Die durch die menschliche Kreativität und Innovationskraft hervorgerufene Divergenz sorgt für mehr Vielfalt und neue Leistungskategorien durch einen Wettkampf zwischen alten und neuen Kategorien. Neue Marktsegmente entstehen. Zugleich sorgt die Auslese am Markt dafür, dass bestehende Leistungen und Leistungskategorien auch wieder (fast vollständig) vom Markt verschwinden können, etwa Sofortbildkameras und Schreibmaschinen. Evolution wiederum bewirkt, dass vorhandene Leistungen durch den Wettkampf innerhalb bestehender Kategorien im Zeitverlauf ständig verbessert und weiterentwickelt werden.

Grundsätzlich gilt, dass sich neue Märkte zunächst aufgrund von Divergenz bilden und so lange evolutionär weiterzuentwickeln, bis der bestehende Markt durch eine erneute Divergenz wieder revolutionär verändert wird. Ist eine tragfähige Positionierung gefunden, gilt es die eigene Markenbotschaft in Markenelemente zu übersetzen.

4 Die Markenelemente als Gestaltungsparameter

Markenelemente sind gestalterische Ausdrucksformen der Markenidentität, meist einfache konzeptionelle Einheiten, die gezielt ein oder zwei Sinneskanäle ansprechen (z. B. Farbe, Form, Ton, Bild). Sie tragen dazu bei, die mit einer Marke verbundenen Assoziationen zu optimieren sowie die Wiedererkennung zu maximieren, wobei zwischen primären und sekundären Markenelementen unterschieden werden kann (vgl. Abb. 4). Primäre Markenelemente gehören üblicherweise dem Unternehmen und bringen die Markenwerte zum Ausdruck während sekundäre Markenelemente meist Dritten zuzuordnen sind und die Marke anreichern (Kilian 2009a, S. 37).

| Botschaft | Elemente | Signale | Taxierung |
| (Identität) | (Branding) | (Signaling) | (Valuation) |

- Primäre Markenelemente als Ausdruck der Markenbotschaft, z.B. Name, Claim, Logo, Farben, Formen, Schrifttyp
- Sekundäre Markenelemente zur Markenanreicherung

Abb. 4 BEST of Branding-Elemente

4.1 Primäre Markenelemente

Zu den konstitutiven Markenelementen zählen insbesondere der Markenname, ein Logo, ausgewählte Schlüsselbilder und Designelemente, insbesondere Farben, Formen und Schriftbilder. Aber auch die Markensprache, der Markenklang und Produktgeräusche sowie Markenhaptik und der – produktabhängig realisierbare – typische Geschmack oder Duft einer Leistung sollten fallweise Berücksichtigung finden. Dies ist umso mehr der Fall, als klassische Elemente zunehmend ausgereizt sind. Deshalb gilt es vermehrt solche Markenelemente zur Differenzierung heranzuziehen, die bisher nur von wenigen Unternehmen genutzt wurden (Kilian 2009a, S. 37).

▶ **Primäre Markenelemente**
- Name (inkl. Domain)
- Claim (Slogan)
- Logo, Symbole und Schlüsselbilder
- Designelemente, insb. Farben, Formen und Schrifttyp
- Sprache, Klänge und Geräusche
- Haptik (insb. Oberflächen)
- Olfaktorik (Duft) und Gustatorik (Geschmack)

Die primären Markenelemente werden auch als Branding, Brandingelemente oder Markenstilistik bezeichnet (Baumgarth 2014, S. 261 ff.; Schmidt 2015, S. 68 ff.). Neben der später noch detailliert erläuterten Entwicklung von Markennamen zählen dazu insbesondere Markenlogos. Zu den zentralen Aufgaben von Logos gehört es, Aufmerksamkeit zu erregen, Gefallen zu erzeugen, positionierungsrelevante Assoziationen zu kommunizieren sowie leicht wahrnehmbar und erinnerbar zu sein. Bei Logos handelt es sich um mehr oder weniger stark ausgeprägte grafische Elemente in Schrift- oder Bildform. Bildlogos lassen sich – ausgehend von ihrer Zeichenbedeutung – noch weiter unterscheiden in ikonische, indexikalische und symbolische Logos.

Ikonische Logos weisen aufgrund ihrer konkreten Ausgestaltung eine hohe Ähnlichkeit mit dem bezeichneten Objekt auf. Typische Beispiele sind die Logos des Mineralölkonzerns Shell, der Zeitschrift Stern oder des Elektronikanbieters Apple. Demgegenüber sind indexikalische Logos dadurch gekennzeichnet, dass sie keinen direkten Bezug zum Objekt aufweisen, sondern mit ihm lediglich eine bestimmte Eigenschaft gemeinsam haben, wie z. B. die damit verbundenen Folgen bei der Bausparkasse Schwäbisch Hall, auf deren (Logo) Steine man bekanntlich bauen kann und die damit eine Folge der von der Marke erbrachten Leistung darstellen. Symbolische Logos wiederum entstehen durch Lernvorgänge und Vereinbarungen zwischen Menschen. In diese Kategorie fallen alle abstrakten Logos, z. B. die drei Streifen von Adidas, das Lacoste-Krokodil oder der Mercedes-Stern.

Neben Logos zählen auch Claims bzw. Slogans zu den zentralen primären Markenelementen. Während Claims meist Positionierungsaussagen zum Ausdruck bringen, lassen sich Slogans als kurze, prägnante Werbetexte definieren (Görg 2005, S. 15 f.). Im Folgenden werden beide Bezeichnungen synonym verwendet. Demgegenüber scheint eine Unterscheidung zwischen Markenclaim (Markenslogan) und Kampagnenclaim (Kampagnenslogan) hilfreich. Während der Markenclaim als fester Bestandteil der Markenbotschaft aufgefasst werden kann, da er langfristig zum Markenauftritt gehört, wird der Kampagnenclaim meist nur zeitlich und medial begrenzt eingesetzt, z. B. zur Einführung eines neuen Produkts. Am Beispiel der Volksbanken lässt sich der Unterschied veranschaulichen. Während der Markenclaim „Wir machen den Weg frei" seit 1988 Verwendung findet, wird der 2008 Kampagnenclaim „Jeder Mensch hat etwas, das ihn antreibt" nicht immer und überall verwendet, wobei er bereits deutlich länger verwendet wird als die meisten Kampagnenclaims. Meist steht der Markenclaim direkt beim Namen bzw. Logo, der Kampagnenclaim demgegenüber eher über bzw. in der Nähe der eigentlichen Leistung, z. B. als Headline einer Anzeige.

Ganz allgemein lassen sich Kampagnenclaims als kurze Phrasen beschreiben, die in der Kommunikation zur Vermittlung deskriptiver oder emotionaler Informationen eingesetzt werden. Zu den Aufgaben von Markenclaims gehört es demgegenüber, die Wiedererkennung einer Marke zu erhöhen, den Markennamen mit der Leistung zu verbinden und damit die aktive Markenbekanntheit sowie die Positionierung der Marke zu unterstützen. Sowohl Marken- als auch Kampagnenclaims lassen sich im Gegensatz zu Markennamen und -logos im Zeitverlauf relativ leicht anpassen und auf verschiedene Anwendungsgebiete oder Zielgruppen abstimmen.

In ähnlicher Weise kann auch durch Schlüsselbilder (Key Visuals) die Markenpositionierung vermittelt werden. Dabei lassen sich mit Markennamen, Logos und mit nutzenbezogenen bzw. bildlichen Erlebniswelten drei Formen optischer Schlüsselmotive unterscheiden. Die Verwendung eines Markennamens und Logos (z. B. das Michelin-Männchen „Bibendum") stellt die Identifikation der Marke sicher. Weitere typische Beispiele sind der Sarotti-Magier der Sinne und die bildliche Umsetzung der Marke Du darfst. Bei der nutzenbezogenen Bilderwelt (z. B. Meister Proper) wird der mit der Marke verbundene Nutzen illustriert. Neben der Identifikationsfunktion dient dieser Ansatz der Vermittlung von Informationen durch ein angereichertes Markenbild. Bestes Beispiel für eine nutzenbezogene Bilderwelt ist die Tomate der Zahnbürstenmarke Dr. Best, die das Nachgeben der Bürste bei zu hohem Druck und damit die schonende Zahnreinigung durch die Bürste bildhaft verdeutlicht. Eine bildliche Erlebniswelt (z. B. Davidoff Cool Water) hat neben der Identifikationsfunktion die Vermittlung von Emotionen zur Aufgabe. Klassische Beispiele sind die von Freiheit und Abenteuer geprägten Welten des Marlboro-Cowboys bzw. des Beck's Segelschiffes (Kilian 2009a, S. 39 f.).

Formen und Farben verleihen dem Schriftbild des Markennamens, der Gestaltung des Logos und weiteren visuellen Elementen Ausdruck. Physiologisch betrachtet werden zunächst Farben, dann Formen, und zuletzt Texte wahrgenommen. Primär aus

Farben und Formen bestehende Bilder werden nicht nur fast immer als Erstes fixiert, sondern auch deutlich länger und mit deutlich größerer Wahrscheinlichkeit betrachtet als geschriebene Texte (Kilian 2012a, S. 20 f.). Die Farbwahrnehmung durchläuft drei Stufen der Bewusstseinswerdung. Auf Farbeindrücke folgen Empfindungen, die wiederum eine entsprechende Wirkung hervorrufen. So wird zum Beispiel die Farbe Gelb häufig mit einem gellenden Dur-Ton assoziiert, als glatt und weich empfunden, mit Wärme in Verbindung gebracht und als leicht beurteilt. Neben den sinnesbezogenen Assoziationen lösen Farben auch allgemeine Assoziationen und Wirkungen aus (vgl. Tab. 2).

Am stärksten aktivierend wirkt der Farbton Rot. Er wird kulturübergreifend mit Blut und damit mit Angst in Verbindung gebracht, was auch erklärt, warum die meisten Warnschilder rot sind. Die von einem Farbton ausgehende Aktivierung ist eng mit der Wärme des Farbtons verbunden. Während warme Farben wie Rot, Orange und Gelb stark aktivieren, haben kalte Farbtöne wie Violett, Blau und Grün nur wenig Aktivierungskraft. Neben dem Farbton nehmen vor allem die Farbsättigung (Intensität und Reinheit) und die Farbhelligkeit (Hell-Dunkel-Empfindung) Einfluss auf die Markenwahrnehmung. Farben mit höherer Farbsättigung aktivieren stärker und gefallen meist besser. Gleiches gilt für hellere Farben. Die Farbhelligkeit ist häufig mit bestimmten Assoziationen verbunden. Während dunkle Farben eher mächtig und aktiv wirken, weshalb sie als stark, überlegen, lebhaft, hart und bewegt empfunden werden, wirken helle Farben eher schwach und passiv. Wir empfinden sie als weich, zart und ruhig, aber auch als gemächlich und ergeben (Kilian 2012a, S. 21).

Bei der das Design vieler Marken prägenden Formensprache kann wiederum zwischen der Dimension (Punkte, Linien, Flächen und Körper), der gestalterischen Umsetzung, der Begrenzung (Kontur), der Quantität (absolute bzw. relative Größe) und der Qualität unterschieden werden. Die Formqualität bezieht sich auf den Konturverlauf eines Objektes. Während spitzwinklige Formen, z. B. Dreiecke, meist aktiv und mächtig sowie wandelbar, spannungsvoll und konstruktiv wirken, werden rechtwinklige Formen, z. B. Quadrate, als mächtig und passiv empfunden – aber auch als männlich, hart, bestimmt und verstandesbetont. Demgegenüber wirken runde Formen, z. B. Kreise, eher passiv und schwach und zugleich weiblich, weich, bewegt, unbestimmt und gefühlsbetont (Kilian 2012a, S. 21).

Neben visuellen Eindrücken können Marken auch akustisch Eindruck hinterlassen. Das Spektrum akustischer Markenelemente ist groß. Es reicht von produkteigenem Klang, interaktiven Klängen, Sound Logos (Jingles) und Markenliedern über Hintergrundmusik, Unternehmenshymnen und Unternehmensstimmen (Corporate Voice) bis zu kooperativer Markenmusik, z. B. in Form von Musikmarketing und Musiksponsoring (ausführlich Kilian 2009a, S. 41 ff.). Von zentraler Bedeutung sind häufig Sound Logos, die früher meist als Jingles bezeichnet wurden. Bei Sound Logos handelt es sich um Kurz- oder Kernmotive, die an markanten Stellen als akustische Markenzeichen eingesetzt werden. Sie bestehen zumeist aus einer kurzen, markanten Tonfolge, manchmal auch aus einem bestimmten Geräusch, und tragen durch ihre leichte Einprägsamkeit zur Wiedererkennung der Marke bei. Bekannte Beispiele hierfür sind die Sound Logos von

Tab. 2 Assoziative und psychische Wirkungen von Farben

Farbe	Assoziationen	Wirkung
Blau ■	Stille, Harmonie; Raum, Ewigkeit; Himmel, Weite, Unendlichkeit; Sauberkeit	Still, beruhigend, harmonisch, sicher; sehnsüchtig; sympathisch, freundlich, spontan; pflichtbewusst, konzentriert; rational denkend
Rot ■	Ich; Feuer, Blut; Liebe, Sexualität, Exotik, Fantasie; Lebensfreude, Lebensenergie, Tatendrang	Dynamisch, aktiv, kraftvoll, herrlich; aggressiv, gefährlich; erregend, begehrend, herausfordernd; emotional fühlend
Grün ■	Jugend, Frühling, Natur; Hoffnung, Zuversicht; Ruhe, Entspannung; Toleranz; Sicherheit; Gesundheit	Natürlich, angenehm, beruhigend; lebendig, lebensfroh, erfrischend; naturverbunden; friedlich, gelassen; sensitiv empfindend
Gelb ▫	Fruchtbarkeit, Sommer, Segen, Überfluss; Gefahr, Bedrohung; Eifersucht, Neid, Geiz; Vorsicht	strahlend, fröhlich, sonnig, klar, frei; kommunikativ, verbindend, anregend, extrovertiert; intuitiv sinnlich
Braun ■	Gesundheit, Geborgenheit; Behäbigkeit, Faulheit; Unmäßigkeit: Spießigkeit, Biederkeit	Warm, erdverbunden, behaglich; statisch, gemütlich, unerotisch; zurückgezogen, erschlafft
Weiß ☐	Anfang, Unschuld, Reinheit, Frömmigkeit, Glaube, Ewigkeit, Wahrhaftigkeit, Genauigkeit	Vollkommen, ideal; einfach, funktional; klinisch, sauber, steril; heiter; illusionär, geistig, realitätsfern
Grau ▪	Nachdenklichkeit, Pünktlichkeit, Gefühllosigkeit, Gleichgültigkeit, Trübsal, Bescheidenheit	Modern, schlicht; alt; unbeteiligt, indifferent, ausgleichend, neutralisierend, angepasst; abgeschirmt, heimlich, verborgen
Schwarz ■	Ernsthaftigkeit; Finsternis, Trauer, Tod, Ende, Leere; Egoismus, Schuld, Bedrängnis; Magie, Macht	Erhaben, elegant; technisch, stark, mächtig; vergänglich, statisch, passiv; verschlossen, pessimistisch, zwanghaft, hoffnungslos

Quelle: Kilian (2012a, S. 20)

BMW, Intel und der Deutschen Telekom. Häufig verstärken Sound Logos durch Melodie, Rhythmus und Klang auch die Wirksamkeit von Markennamen (z. B. „Ei, Ei, Ei …
Verpoorten") oder Markenclaims (z. B. „Wenn's um Geld geht … Sparkasse").

4.2   ZEBRAS-Prozess der Markennamensfindung

Das wichtigste Markenelement ist und bleibt der Markenname. Dabei gilt: Neue Markennamen setzen Signale! Sie sorgen dafür, dass ein Unternehmen bzw. seine Leistung zum
Begriff wird und dass Erfahrungen damit im Gedächtnis optimal abgespeichert werden können. Insbesondere bei neuartigen Geschäftsideen und innovativen Lösungen
sind Markennamen von zentraler Bedeutung. Der für Entwicklung notwendige Aufwand
sollte allerdings nicht unterschätzt werden. Ein systematisches Vorgehen ist bei mehr als
25 Mio. registrierten Marken weltweit absolut ratsam. Die zunehmende internationale Verflechtung tut ein Übriges. Dabei gilt es z. B. zu bedenken, dass die sieben Hauptsprachen
der EU lediglich 1300 Wörter gemeinsam haben und von 20 in die engere Wahl gezogenen
Markennamen nach der juristischen Überprüfung meist nur zwei bis drei schutzfähig sind
(Kilian 2006, S. B4), da allein für Deutschland rund 2 Mio. Marken geschützt sind.

Ein gut gewählter Markenname kann die Markteinführung einer neuen Leistung deutlich erleichtern, wie Jochum betont: „Ein klug gewählter Name ist immer noch das beste
Startkapital" (2015, S. 18). Insbesondere für innovative Leistungen und für die Erschließung neuer Märkte mit eigener Sprachkultur bietet sich die Entwicklung neuer Markennamen an. Markennamen verleihen einer neuen, bis dato anonymen Leistung eine eigene
Persönlichkeit. Sie verbessern dadurch die Unterscheidungsfähigkeit von Wettbewerbsmarken der gleichen Leistungskategorie und erhöhen die Wahrscheinlichkeit, als eine
von 50.000 jährlich in Deutschland beworbenen Marken tatsächlich wahrgenommen zu
werden.

Neben der Namensfindung für eine neue Leistung können auch die Überprüfung eines
bestehenden Namens im Hinblick auf dessen gewünschte Wirkung und die Modifikation
oder das Ersetzen eines bestehenden Markennamens durch einen neuen das Durchlaufen
des Namensfindungsprozesses erforderlich machen. Grundsätzlich können vier Typen
von Markennamen unterschieden werden.

Zunächst lassen sich Markennamen mit direktem semantisch-phonetischen Leistungsbezug identifizieren, die mit möglichst hilfreichen Bedeutungen aufgeladen sind.
Daneben können Leistungen mit phonetischen Kunstnamen bezeichnet werden, deren
Klangbild eine gewünschte Wirkung herbeiführt: Bei Wick spürt man schon im Markennamen das Kratzen im Hals und Pulmoll lädt förmlich zum Lutschen der Bonbons ein.
Das Wort Tempur wiederum wirkt weich und rein und passt deshalb sehr gut zur gleichnamigen Marke für Matratzenschaum, auf den man sich gern bettet und der sich sanft
temperaturabhängig verformt.

Daneben sind auch Leistungen mit direktem, rein semantisch-deskriptivem Bezug denkbar. Hierzu zählen u. a. die Marken IBM (Akronym für International Business Machines) und Sparkasse. Während sich bei IBM der Bedeutungsgehalt in einer Abkürzung verbirgt, lässt sich bei der Sparkasse die Verbindung zur Leistung direkt aus dem Wort selbst herleiten.

Demgegenüber ist der Bezug bei assoziativen Markennamen, z. B. bei Obsession oder Landliebe, indirekter und symbolischer Natur. Die beiden genannten Marken sind genauso bedeutungsgeladen wie Du darfst oder Penny, wohingegen Evonik, Twingo und Nutella ohne erkennbaren Bedeutungsgehalt sind (vom Wortbestandteil Nut in Nutella einmal abgesehen).

Viertens können auch neutrale Namen ohne Bezug zur Leistung Verwendung finden. Zu Marken ohne sofort erkennbaren Bedeutungsgehalt gehören z. B. die Marken Xerox, Esso und Lego. Auch wenn Lego aus den dänischen Worten „Leg godt" (spiel gut) abgeleitet wurde, Esso die gesprochene Abkürzung von Standard Oil (S. O.) ist und Xerox dem griechischen Wort xeros (trocken) entlehnt wurde, sind diese Zusammenhänge heute nur noch den Wenigsten bekannt.

Unternehmen, die sich nicht wie August Horch (Audi) und Manfred Maus (Obi) auf eine Eingebung oder einen glücklichen Zufall verlassen möchten, empfiehlt sich das im Folgenden erläuterte sechsstufige Vorgehen bei der Namensfindung, der sogenannte ZEBRAS-Prozess (Kilian 2006, S. B4):

- Z ieldefinition
- E ntwicklung
- B eurteilung
- R anking
- A uswahl
- S chutz

Bei der Festlegung der Namensziele müssen psychologische, rechtliche und handhabungstechnische Ziele berücksichtigt werden. Zu den psychologischen Zielen zählen der Aktivierungsgrad, die Schnelligkeit der Wahrnehmung, der Grad der Lernbarkeit und die Herbeiführung positiver Assoziationen. Rechtliche Schutzfähigkeit betrifft die Möglichkeit der räumlichen, sachlichen und zeitlichen Absicherung des Markennamens. Die Handhabungsfähigkeit von Marken wiederum sorgt dafür, dass die grafische Umsetzbarkeit in Logos und Slogans, aber auch die Integrierbarkeit in das vorhandene Markenportfolio und die Unternehmensstrategie gewährleistet sind.

In der Entwicklungsphase werden häufig Kreativitätstechniken und Computerprogramme, z. B. zur Generierung von Buchstabenneukombinationen (Anagramme) eingesetzt. Auf diese Weise entstand beispielsweise die Marke Elida, abgeleitet vom Wort ideal. Mitarbeiter und Kunden können im Rahmen von Wettbewerben und Gewinnspielen in die Namensfindung eingebunden werden. Gleichzeitig empfiehlt es sich, professionelle Namensagenturen mit einzubeziehen, z. B. Endmark (Bernd Samland), Gotta Brands (Manfred Gotta), Innomark (Thomas Schiefer) oder Nomen (Sybille Kircher).

Für die Namensideen sind (vor der tatsächlichen Bewertung) Beurteilungskriterien festzulegen, die sich aus der Zieldefinition ableiten, und anschließend zu gewichten. Zu den allgemeinen Anforderungen gehören folgende fünf SUPER-Erfolgskriterien (Samland 2006, S. 90):

- einfach (s imple)
- einzigartig (u nique)
- eintragbar (p rotectable)
- eloquent (e loquent)
- erinnerbar (r ecallable)

Anschließend werden die Namen anhand von einer vorher festgelegten Checkliste oder mithilfe eines Scoring-Modells bewertet. Auch bietet es sich an, Assoziationen und Eindrücke relevanter Einflussgruppen, z. B. von Marktpartnern und Kunden, zu erfragen. Insbesondere bei einem für den internationalen Einsatz gedachten Markennamen sollten Namenstests in allen relevanten Sprach- und Kulturkreisen durchgeführt werden. Die Testergebnisse dienen zusammen mit dem Ranking als Basis für die endgültige Namenswahl.

Während die Schutzfähigkeit bereits zuvor geprüft wurde, erfolgt abschließend die tatsächliche Eintragung und Registrierung des ausgewählten Namens (und der dazugehörigen Domain).

Grundsätzlich muss bei der Entwicklung, Gestaltung und rechtlichen Absicherung einer Wort- oder Wortbildmarke mit folgenden Kosten gerechnet werden:

- Namensentwicklung: Eigener Zeitaufwand und evtl. Kosten für eine Namensagentur
- Recherche von Namensvorschlägen: Eigener Zeitaufwand für die Identitätsrecherche, eine rudimentäre Ähnlichkeitsrecherche sowie Kosten für eine fundierte Ähnlichkeitsrecherche durch Anwälte für Gewerblichen Rechtschutz in z. T. kostenpflichtigen Datenbanken
- Tests und Prüfungen: Akzeptanztests und – bei international einzusetzenden Namen – zusätzlich Sprachprüfungen durch Marktforschungsinstitute bzw. Namensagenturen
- Gestaltung: Lizenzierung eines Schrifttyps Dritter oder Design einer eigenen Schrift und, soweit erwünscht oder erforderlich, weiterer Gestaltungsparameter (insbesondere bei Wort-Bildmarken)
- Anmeldung und Eintragung: Nationale bzw. internationale Anmeldegebühren bei der zuständigen Behörde und – optional – Anwaltsgebühren für die Unterstützung bei der Anmeldung bzw. Übersetzungskosten für ausländische Registrierungen

Die Kosten dafür variieren erheblich, in Abhängigkeit von der Anzahl der Länder, Sprachen und Kulturkreise, in denen eine Marke verwendet werden soll, und von der Anzahl einzutragender Klassen. So kann eine nationale Restaurantmarke – bei umfassenden Eigenleistungen – lediglich Ausgaben in Höhe von 2000 bis 3000 EUR erforderlich

machen, wohingegen eine weltweit geschützte Marke für ein multinationales Großunternehmen Kosten von 400.000 bis 500.000 EUR verursachen kann (Samland 2006,
S. 166 f.).

Was auf den ersten Blick teuer erscheint, ist zwingend geboten, da die Einführung
einer Marke ohne umfassende Recherche und den notwendigen Rechtsschutz folgende
Gefahren mit sich bringt:

- Schadenersatz gegenüber einem eventuellen Markeninhaber
- Kosten durch den Rückruf und die Vernichtung von Produkten, Verpackungen, Bro-
  schüren etc.
- Kosten und Zeitbedarf für die Entwicklung und Einführung eines neuen Marken-
  namens
- Imageschaden durch den Rückruf und die Namensänderung bei Kunden und Partnern

Damit verbunden sind weitere Kosten, vor allem aber läuft das Unternehmen Gefahr,
Wettbewerbern Zeit zu geben, selbst mit einer vergleichbaren Leistung auf den Markt zu
kommen. Dies kann dazu führen, dass (potenzielle) Kunden an den Wettbewerb verloren
werden.

Für den Markenschutz ist zunächst die angestrebte geografische Reichweite des
Schutzes festzulegen, insbesondere ist zu klären, ob die Marke deutschland-, europa-
oder weltweit geschützt werden soll. Für Deutschland allein erfolgt die Anmeldung beim
Deutschen Patent- und Markenamt (DPMA) in München. Soll ein EU-weiter Schutz
erlangt werden, muss die Marke als Unionsmarke beim Amt der Europäischen Union für
Geistiges Eigentum (EUIPO) in Alicante (Spanien) angemeldet werden. Wird weltweiter
Markenschutz angestrebt, kann eine internationale Registrierung bei der World Intellec-
tual Property Organization (WIPO) in Genf (Schweiz) erfolgen.

Neben der geografischen Reichweite ist es wichtig zu überlegen, für welche
der insgesamt 45 Klassen (34 für Waren, 11 für Dienstleistungen) der sogenannten
Nizza-Klassifikation die Anmeldung erfolgen soll. Klasse 12 beispielsweise beinhaltet
„Fahrzeuge und Apparate zur Beförderung auf dem Lande, in der Luft oder auf dem
Wasser", Klasse 25 „Bekleidungsstücke, Schuhwaren und Kopfbedeckungen".

Grundsätzlich schutzfähig sind alle Marken, die „geeignet sind, Waren oder Dienstleistungen eines Unternehmens von denjenigen anderer Unternehmen zu unterscheiden."
(§ 3 Abs. 1 MarkenG) Typische Ausprägungen sind „alle Zeichen, insbesondere Wörter
einschließlich Personennamen, Abbildungen, Buchstaben, Zahlen, Hörzeichen, dreidimensionale Gestaltungen einschließlich der Form einer Ware oder ihrer Verpackung
sowie sonstige Aufmachungen einschließlich Farben und Farbzusammenstellungen" (§ 3
Abs. 1 MarkenG). Schutzfähig sind somit u. a. Wortmarken, Buchstaben, Zahlen, Logos,
Hörmarken und Tastmarken.

Einer Anmeldung stehen möglicherweise absolute Schutzhindernisse (§ 8 MarkenG) entgegen. Hierzu zählen beispielsweise Zeichen, die nicht über ein Mindest-
maß an gestalterischer Eigenständigkeit verfügen, oder Formen, die sich aus der Art

der Ware ergeben bzw. zur Erreichung einer technischen Wirkung zwingend erforderlich sind. Daneben gibt es eine Reihe relativer Schutzhindernisse (§ 9 MarkenG), die, wenn sie von einem anderen Markenrechtsinhaber mittels Widerspruchsverfahren oder Nichtigkeitsklage erfolgreich geltend gemacht werden, den Schutz der eigenen Marke verhindern. In den meisten Fällen sind dies fremde, prioritätsältere Schutzrechte, die grundsätzlich Schutz vor jüngeren Zeichen genießen. Neben identischen Marken können auch eine Verwechslungsgefahr oder die Ausnutzung bzw. Beeinträchtigung bekannter Marken ein relatives Schutzhindernis darstellen. Es empfiehlt sich deshalb neben einer selbst durchführbaren Identitätsrecherche von einem Anwalt für Gewerblichen Rechtschutz eine umfassende Ähnlichkeitsrecherche im Hinblick auf das Schriftbild (z. B. Nike vs. Mike), das Klangbild (Nike vs. Naiky) und die Bedeutung (z. B. Zwerg vs. Gnom) durchführen zu lassen.

Wurde eine Marke zur Eintragung angemeldet und erfolgte aufgrund fehlender absoluter Schutzhindernisse die Eintragung in das Markenregister, sollte man nach Veröffentlichung der Eintragung sicherheitshalber noch drei Monate verstreichen lassen, da innerhalb dieser Frist Widersprüche Dritter gegen die Eintragung geltend gemacht werden können. Gleichzeitig sollte darauf geachtet werden, die Marke innerhalb eines Zeitraums von fünf Jahren nach Eintragung auch tatsächlich zu nutzen, da sie ansonsten löschungsreif wird. Eine Verlängerung der Schutzfrist um weitere zehn Jahre ist nach Ablauf von jeweils zehn Jahren durch Zahlung einer entsprechenden Gebühr möglich.

Neben primären Markenelementen wie dem Markennamen, dem Logo und einem Schlüsselbild gibt es zahlreiche sekundäre Markenelemente, die zur weiteren Profilierung der Marke genutzt werden können.

4.3   Sekundäre Markenelemente

Sekundäre Markenelemente zeichnen sich dadurch aus, dass sie eine Marke anreichern. Durch die Verbindung mit anderen Objekten kann das Markenimage gestärkt oder verändert werden. Grundsätzlich bieten sich sechs Ansatzpunkte zur Markenanreicherung an:

- Herkunftsland oder Region
- Lizenzierungen (z. B. Fotos, Lieder)
- Sponsoring von Veranstaltungen
- Markenallianzen (insb. Co-Branding)
- Neutrale Institutionen (z. B. Gütesiegel, Testberichte)
- Distributionskanäle und -partner

Zu den typischen sekundären Markenelementen zählen das Herkunftsland (Country of Origin, kurz CoO) einer Marke, Lizenzierungen und das Sponsoring von Veranstaltungen sowie Markenallianzen. Letzteres erlaubt es den beteiligten Unternehmen, das eigene Markenimage und Markt-Know-how mit dem eines adäquaten Partners zusammenzuführen, um gemeinsam – unter Wahrung der jeweiligen Eigenständigkeit – erfolgreich am Markt zu agieren (ausführlich Kilian und Pickenpack 2018). Bekannte Co-Branding-Beispiele sind Schokolade von Ritter Sport und Smarties, Elektrorasierer mit integriertem Aftershave von Philishave und Nivea Men sowie eine Küchengerätedesignlinie von Philips und Alessi. Zu den zentralen Erfolgsfaktoren von Co-Branding-Partnerschaften zählen (Baumgarth 2014, S. 280 ff.):

- hoher Fit zwischen den beteiligten Marken (Markenfit)
- eigenständige, sich ergänzende Kompetenzen und zueinander passende Leistungen der Partner (Produktfit)
- weitreichende Zielgruppenüberschneidungen (Gemeinsamkeiten)
- positive Einschätzung des gemeinsamen Werbeauftritts (Werbegefallen)

Vorab ist zu überprüfen, ob sich die Marken und Leistungen optimal ergänzen, sowie, ob und inwieweit die Zielgruppen zueinander kompatibel sind. Der Aspekt des Werbegefallens hängt stark von der Umsetzung ab und ist deshalb vorab kaum prüfbar, wird aber zum Teil auch vom Marken- und Leistungfit sowie vom Umfang der gemeinsamen Zielgruppe beeeinflusst. Wenn bereits hier große Unstimmigkeiten auftauchen, wird auch der gemeinsame werbliche Auftritt meist schlecht eingeschätzt, da glaubwürdige Argumente für eine nachvollziehbare Verbindung der involvierten Marken fehlen.

Daneben zählen neutrale Institutionen, z. B. Stiftung Warentest und das Institut Fresenius, aber auch Nichtregierungsorganisationen (NGOs) wie der Marine Stewardship Council (MSC) und der World Wildlife Fund (WWF) zu den sekundären Markenelementen. Durch unabhängige Tests und eigene Gütesiegel können sie die Wahrnehmung von Marken positiv beeinflussen. Schließlich nehmen auch die gewählten Distributionskanäle und Vertriebspartner Einfluss auf die Markenwahrnehmung. Deshalb sollten die sekundären Markenelemente mit Bedacht gewählt bzw. deren Wirkung (wie beim Herkunftsland) bewusst zur Stärkung der eigenen Außenwirkung genutzt werden.

5   Die Markensignale als Ausdrucksmittel

Die betrachteten Markenelemente finden nie isoliert Verwendung, sondern werden auf vielfältige Art und Weise miteinander kombiniert, wobei mit Produkten, Umfeldern, Medien und Personen (PUMP) vier Arten von Markensignalen unterschieden werden können, wie Abb. 5 zeigt.

An erster Stelle steht das Produkt bzw. die Dienstleistung selbst. Dabei gilt es insbesondere die Funktionalität, Materialität und das Design markenkonform zu gestalten. Zweitens prägen insbesondere bei Dienstleistungen und im Handel Umfelder das Markenimage. Hierzu zählen z. B. Messestände, firmeneigene Ausstellungsflächen und, soweit vorhanden, eigene Shops und Verkaufsniederlassungen. Auch Internetunternehmen

Abb. 5 BEST of Branding-Signale

ergänzen ihren Onlineauftritt zunehmend mit physischen Verkaufs- und/oder Repräsentationsstätten, die als reale Umfelder intensive Markenerlebnisse ermöglichen. Drittens müssen alle bespielten Medien, insbesondere die eingesetzten Medienformate, im Einklang mit der Marke gestaltet werden, von der eigenen Website über Anzeigen in Fachzeitschriften bis hin zu Werbespots und Social Media Posts. Schließlich gilt es viertens Personen als wichtige Markensignale zu berücksichtigen. Hierzu zählen insbesondere die eigenen Vertriebs- und Servicemitarbeiter, aber auch alle übrigen Mitarbeiter des Unternehmens. Zufriedene Kunden, typische Verwender und bekannte Persönlichkeiten des öffentlichen Lebens sowie Influencer (Kilian 2016b) gelten ebenfalls häufig als bedeutsame Markensignale.

Gerade bei Start-ups ist es von zentraler Bedeutung, den Mitarbeitern die eigene Marke immer wieder klar und verständlich zu vermitteln, da sie das Markenimage maßgeblich prägen. Dabei gilt: Ein Kundenerlebnis mit einem Mitarbeiter prägt die Marke wesentlich stärker als 100 Seiten schwülstige Prosa in einer Hochglanzbroschüre. Zu den primären personenbezogenen Markensignalen zählen:

- Gründer, Geschäftsführer und Markenverantwortliche (z. B. in Werbung und PR)
- eigene (Vertriebs- und Service-) Mitarbeiter mit Kundenkontakt
- Charaktere (z. B. Avatare)

Insbesondere das Verhalten des Gründers, Geschäftsführers und der Markenverantwortlichen nimmt maßgeblich Einfluss auf die Markenwahrnehmung und den Markterfolg. Auf Pressekonferenzen und bei vielen öffentlichen Auftritten wird die Marke von den Vertretern des Unternehmens in ihrem Verhalten verkörpert. Das Gleiche gilt für die Mitarbeiter an den verschiedenen Touchpoints, insbesondere für die Mitarbeiter in den Bereichen Vertrieb und Service. Fallweise bietet sich auch der Einsatz eigener Charaktere oder Avatare an. Daneben nehmen auch Mitarbeiter von Partnern und mediale Promotoren als sekundäre Markensignale Einfluss auf die Markenwahrnehmung. Dazu zählen insbesondere:

- Mitarbeiter des (Fach-)Handels am Point of Sale (POS)
- Mitarbeiter von Outsourcingpartnern (z. B. im Service)
- Markenrepräsentanten in den Medien (z. B. Testimonials und Influencer)

Wenngleich Mitarbeiter von Vertriebs- und Servicepartnern per se keine Unternehmensmitarbeiter sind, so werden sie doch aus Kundensicht häufig dem Unternehmen zugeordnet. Damit ist ihr Verhalten auch markenprägend. Grundsätzlich kann zwischen extern entwickelten Avataren bzw. Charakteren sowie zwischen unbekannten Darstellern und prominenten Testimonials unterschieden werden, die als echte oder gespielte Experten und/oder Mitarbeiter bzw. Kunden für die Marke eintreten (Kilian 2011, S. 136). Bei prominenten Testimonials neu hinzu gekommen ist vor einigen Jahren der eigene Reichweitenaufbau in den sozialen Medien, der den Wert prominenter Testimonials zusätzlich erhöht hat. Neben Prominenten aus Sport, Musik und Film ist mit den sogenannten Social Media Stars eine neue Gruppe prominenter Markenfürsprecher entstanden, die meist als Influencer bezeichnet werden. Es handelt sich dabei meist um für Jüngere oder Gleichaltrige interessante junge Menschen, die durch eigene Texte, Bilder und/oder Videos in den sozialen Medien und darüber hinaus bekannt geworden sind und heute vielfach als Testimonials eingesetzt werden.

▶ **Wichtig Influencer Marketing** bezeichnet die gezielte Nutzung von Personen mit Ansehen, Einfluss und Reichweite für die eigene Markenkommunikation. Dabei kann zwischen „etablierten" und „neuen" prominenten Beeinflussern unterschieden werden:
Bei den „Etablierten" handelt es sich um traditionelle prominente Influencer, die durch Sport, Musik, Mode oder Film und Fernsehen weithin bekannt sind und über entsprechend hohe Fan-, Abonnenten- und/oder Followerzahlen in den sozialen Medien verfügen.
Die „Neuen" umfassen prominente Internet-Influencer, die aufgrund ihrer Aktivitäten in den sozialen Medien bekannt, beliebt und bewundert werden und Fans, Abonnenten und/oder Follower in Millionenhöhe haben.
Quelle: Kilian (2016c, S. 65, 2018b, S. 187 ff.).

Meist wird zwischen Mikro- (1000–49.999), Makro- (50.000–999.999) und Mega-Influencern (ab 1.000.000 Fans und Followern) unterschieden. Neben ihrer potenziellen Reichweite zählen ihre Relevanz (Stärke der Verbindung mit einem Thema oder einer Marke) und ihre Resonanz (Fähigkeit, bei der Zielgruppe das gewünschte Verhalten auszulösen) zu den zentralen Kriterien bei der Influencerauswahl (Kilian 2018b, S. 196 f.).

Wichtig dabei ist, dass die mit Markensignalen verbundenen Wirkungen regelmäßig qualitativ und/oder quantitativ erfasst werden. Gleiches gilt für die Wirkung der Botschaft (Identität) der Marke, die regelmäßig taxiert werden sollte.

6   Die Markentaxierung zur Erfolgskontrolle

Ziel der Taxierung einer Marke ist die qualitative Beurteilung und Bewertung der Markenstärke (Brand Strength) und fallweise ihre Quantifizierung in Form eines monetären Markenwerts (Brand Equity). Zentrale Ansatzpunkte der qualitativen Taxierung sind der Markenkauftrichter, die Erfassung der Markenwahrnehmung und die regelmäßige Ermittlung der Wertschätzung der Marke, z. B. in Form der Weiterempfehlungsbereitschaft (vgl. Abb. 6).

Zu den zwei zentralen Maßgrößen der Markentaxierung zählen die Bekanntheit und das Image der Marke in der relevanten Zielgruppe. Bei der Bekanntheit kann ganz allgemein zwischen Recall (Erinnerung) und Recognition (Wiedererkennung) unterschieden werden. Konkret kann erstens die ungestützte Bekanntheit ermittelt werden, wobei zwischen Erstnennung (Top-of-Mind) und Folgenennungen unterschieden wird. Der abgefragte Bereich kann dabei sehr breit oder sehr eng gefasst werden. Bei einer Marke wie Coca-Cola beispielsweise kann allgemein oder spezifisch gefragt werden, wie folgendes Beispiel deutlich macht:

Bitte nennen Sie mir alle …

- US-amerikanischen Marken
- Lebensmittelmarken
- Getränkemarken
- alkoholfreien Getränkemarken
- Cola-haltigen Getränkemarken

… die Ihnen einfallen.

In diesem Zusammenhang gilt grundsätzlich: Je allgemeiner der beschriebene Kontext, in dem eine Marke genannt wird, umso besser. In einem zweiten Schritt kann die gestützte Bekanntheit ermittelt werden, wobei Hinweise (Cues) gegeben werden, ohne jedoch den Markennamen selbst zu nennen. So kann z. B. eine bestimmte Situation (z. B. ein Kinobesuch) angeführt oder das Bildlogo bzw. eine aktuelle Kampagne

Abb. 6 BEST of Branding-Taxierung

(Werbespot oder Printanzeige) beschrieben werden. In einem dritten Schritt wird die Wiedererkennung erfasst, meist mit der Frage „Kennen Sie die Marke …?" oder indem gefragt wird, ob der Befragte die Marke in letzter Zeit gesehen hat (Kahn 2013, S. 63 f.).

Die gestützte Markenbekanntheit stellt die erste erfasste Stufe des Markenkauftrichters dar (vgl. Abb. 7). Für die zweite Stufe wird nach der Vertrautheit mit der Marke gefragt, in der dritten Stufe wird erfasst, ob die Marke in die engere Wahl gezogen wurde, anschließend, ob die Marke, z. B. eine Automarke, auch faktisch gekauft wurde. Bei schnelldrehenden Konsumgütern (FMCG) kann die Kaufstufe weiter differenziert werden in die Stufen einmal vs. häufiger gekauft (z. B. bei Getränken) oder in gelegentlich vs. regelmäßig gekauft (z. B. bei der Betrachtung unterschiedlicher Handelsketten) (Perrey und Meyer 2011, S. 200 ff.). In der fünften und letzten Stufe wird ermittelt, ob der Kunde die Marke erneut wählen würde. Pro Stufe kann so der Prozessstufenwert erfragt werden. Er gibt an, welcher Anteil der Zielgruppe die betrachtete Prozessstufe erreicht hat. Im vorliegenden Fall (vgl. Abb. 7) kennen z. B. 65 % der Befragten gestützt die untersuchte Marke. Neben der Erfassung der Prozessstufenwerte ist die prozentuale Veränderung zwischen zwei benachbarten Prozessstufenwerten, die sogenannte Transferrate, von Interesse. Die Transferrate macht deutlich, welcher Anteil der Zielgruppe die nächste Prozessstufe erreicht (Perrey und Meyer 2011, S. 194 ff.). Im dargestellten Fall beispielsweise ziehen nur 64 % der Befragten die ihnen vertraute Marke in die engere Wahl. Der im Vergleich zu den übrigen drei Transferraten z. T. deutlich niedrigere Wert macht deutlich, dass mehr als ein Drittel der Personen der befragten Zielgruppe die Marke nicht in die engere Wahl zieht, was weitere Nachforschungen nahelegt, z. B. Einzelinterviews oder Fokusgruppen.

Bei der Imageanalyse wiederum empfiehlt es sich, das Image (Fremdbild) in der relevanten Zielgruppe näher zu betrachten und mit der Identität (Selbstbild) der Marke zu

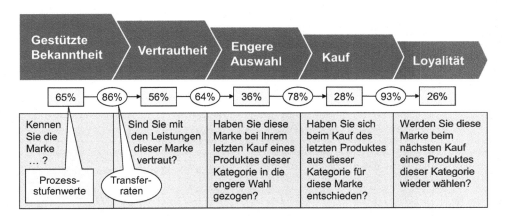

Abb. 7 Prozessstufen und Transferraten des Markenkauftrichters. (Quelle: Vgl. Perrey und Meyer 2011, S. 194 und S. 196)

vergleichen. Im Hinblick auf die Identität werden hierzu meist – soweit vorhanden – der Markenkernwert, die Markenwerte und der langfristig verwendete Markenclaim näher betrachtet. Ergänzend wird meist die Kernzielgruppe regelmäßig untersucht und überprüft, ob Mission, Vision und Strategie der Marke noch zeitgemäß sind. In Tab. 3 sind die markentechnisch zentralen Analyseparameter wiedergegeben.

Während die Identität und das Design leicht auf Basis vorhandener Unterlagen bzw. exemplarisch anhand ausgewählter Leistungen (z. B. Produkt, Broschüre oder Website) analysiert und miteinander verglichen werden können, sind für die Erfassung des Images meist Kundenbefragungen erforderlich, insbesondere im Hinblick auf die Markenpersönlichkeit. Demgegenüber sind die Leistungsattribute bekannt und über den Kundennutzen liegen meist aktuelle Studien vor, z. B. als Ergebnis regelmäßig durchgeführter Kundenzufriedenheits- oder TQM-Befragungen.

Zu den demografischen Aspekten der Markenpersönlichkeit zählen insbesondere die Herkunft, das „Alter", das „Geschlecht" und die Zuordnung zu einer „sozialen Klasse" aus Kundensicht. Während Mercedes-Benz als typische deutsche Marke angesehen wird, wird Swatch als Schweizer Marke wahrgenommen. Während Swatch als wenig funktionale, dafür aber als sehr symbolische Marke empfunden wird, wird Aspirin als kaum symbolisch, dafür aber sehr funktional eingestuft. Während Aspirin eine nahezu geschlechtsneutrale Marke darstellt, wird Persil als weiblich empfunden, wohingegen UPS als besonders männlich eingeschätzt wird. Bei einer Verortung in den Sinus-Milieus werden der Lufthansa primär traditionelle Werte zugesprochen. Zudem wird die Marke in der oberen Mittelschicht bzw. der Oberschicht verortet. Abweichend hiervon wird die Grundorientierung von Swatch dem Bereich „Modernisierung" zugeordnet und in sozialer Hinsicht primär die Mittelschicht genannt (Kilian 2011, S. 103 und 121 ff.). In Abb. 8 sind die prägenden Elemente des Markenimages wiedergegeben.

Neben der Markenpersönlichkeit, dem Kundennutzen und den Leistungsattributen ist es ratsam, die Markenwerte aus Kundensicht bewerten zu lassen. Ergänzend können Markenwerte von Wettbewerbern und potenziellen Kooperationspartnern sowie weitere relevante Aspekte herangezogen und als Imagedifferenziale dargestellt werden. Kann

Tab. 3 Zentrale Analyseparameter von Marken

Selbstbild	Gestaltung	Fremdbild
Identität	Design	Image
– Markenkernwert	– Visuell, insb.	– Leistungsattribute
– Markenwerte	– Farben	– Kundenutzen
– Markenclaim	– Formen	– Markenpersönlichkeit
Mission	– Schlüsselbilder	– demografisch
Vision	– Akustisch	– charakteristisch
Strategie	– Haptisch	Bekanntheit

Quelle: Kilian (2018a, S. 45)

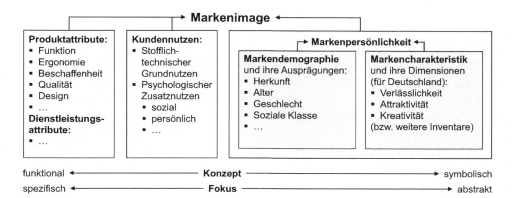

Abb. 8 Bestandteile des Markenimages. (Quelle: Vgl. Kilian 2011, S. 57, 2018a, S. 46)

zusätzlich der Branchendurchschnitt pro Merkmal ermittelt werden, sind Stärken-Schwächen-Profile mit dem Mittelwert pro Merkmal als Nullpunkt möglich. Den Kunden von Premium-Automarken könnten dann z. B., in Anlehnung an die Marke Mercedes-Benz, folgende Aussagen vorgelegt werden, die sie auf einer siebenstufigen Likert-Skala von 1 für „stimme überhaupt nicht zu" bis 7 für „stimme voll und ganz zu" für alle infrage kommenden Marken bewerten:
[Markenname] …

- ist sportlich.
- ist nachhaltig.
- bietet Komfort.
- bietet hohe Sicherheit.
- hat einen unverwechselbaren Stil.
- bietet eine gute Kundenbetreuung.

Ergänzend können markenunabhängige Aussagen überprüft werden, die für die gesamte Branche relevant sind:
[Markenname] …

- ist eine moderne Marke.
- ist besonders wertstabil.
- ist eine sympathische Marke.
- bietet umfassende Serviceleistungen.
- ist etwas für anspruchsvolle Menschen.
- ist eine international anerkannte Marke.

Daneben sind allgemeine Inventare, z. B. Polaritätenprofile und semiometrische Profile (Wertefelder) zur Erfassung des Images der eigenen Marke und von Wettbewerbsmarken denkbar (Kilian 2018a, S. 48 f.).

Schließlich erscheint es sinnvoll, eng mit dem Markenerfolg zusammenhängende Erfolgsparameter zu erfassen, z. B. die Kundenzufriedenheit oder das Weiterempfehlungsverhalten. Letzteres kann über umfangreiche Befragungen erfasst werden oder Reichheld (2003, S. 53) folgend, über eine einzige Schlüsselfrage:

„Wie wahrscheinlich ist es, dass Sie [Produkt oder Firma X] einem Freund oder Kollegen weiterempfehlen würden?"

Die Frage nach der Weiterempfehlungsbereitschaft (Word of Mouth) dient dabei als Schlüsselindikator für Loyalität und Wachstum. Sie wird mittlerweile von vielen Unternehmen (z. B. HRS, Pixum und Strato) eingesetzt, da eine einzige Frage die Antwortwahrscheinlichkeit erhöht, die Auswertung erleichtert und damit sofort das Ergebnis vorliegt (was im Gegensatz dazu bei umfangreichen Befragungen meist nicht der Fall ist).

Zur Erfassung der Antworten wird eine elfstufige Likert-Skala verwandt, wie Abb. 9 zeigt. Mit ihrer Hilfe wird der sogenannte Net Promoter Score (NPS) als Differenz des Anteils der Promotoren und Kritiker berechnet. Dabei gilt es zu beachten, dass die beiden berücksichtigten Antwortbereiche nicht gleich groß sind und der Anteil der Unentschlossenen keine direkte Berücksichtigung findet (außer in der Form, dass er den Anteil der Kritiker und Promotoren mehr oder weniger stark reduziert).

Egal ob der Net Promoter Score, ein Wertefeld, ein Polaritätenprofil, das Markenimage, der Markenkauftrichter und/oder die Bekanntheit der Marke ermittelt werden: Entscheidend ist, daraus die richtigen Schlussfolgerungen zu ziehen und die eigene Markt- und Markenpräsenz durch konsequentes Handeln Schritt für Schritt zu optimieren.

„Wie wahrscheinlich ist es, dass Sie [Produkt oder Firma X] einem Freund oder Kollegen weiterempfehlen würden?"

NPS = Promotoren (in %) – Kritiker (in %)

9-10   Promotoren (Promoters) empfehlen sehr wahrscheinlich weiter
7-8   Unentschlossene (Passives) sind passiv zufrieden
0-6   Kritiker (Detractors) empfehlen sehr wahrscheinlich nicht weiter

Abb. 9 Ermittlung des Net Promotor Score

Erst eine profilstarke Markenbotschaft, die auf KURS ist, passende Markenelemente, die das Besondere der Marke zum Ausdruck bringen, perfekt abgestimmte Markensignale, die die Marke über alle Touchpoints einheitlich erlebbar machen und eine periodisch durchgeführte Taxierung der Marke, die den eigenen Status quo im Wettbewerbsumfeld herausarbeitet, lassen es wahrscheinlich werden, dass für das eigene Unternehmen gilt: BEST of Branding!

Literatur

Aaker, D. A. (1996). *Building strong brands*. New York: Free Press.

Aaker, D. A. (2011). *Brand relevance. Making competitors irrelevant*. San Francisco: Jossey-Bass.

Baumgarth, C. (2014). *Markenpolitik. Markentheorien, Markenwirkungen, Markenführung, Markencontrolling, Markenkontexte* (4. Aufl.). Wiesbaden: Springer Gabler.

Biesalski, A., & Kilian, K. (2016). Markenbewertung im Praxis-Check. *Markenartikel, 4*, 68–71.

Brandmeyer, K., Pirck, P., Pogoda, A., & Prill, C. (2008). *Marken stark machen*. Weinheim: Wiley-VCH.

Brandtner, M. (2005). *Brandtner on Branding*. Rohrbach: Styria.

Ecco. (2013). Unternehmenswerte – hohle Phrasen oder gelebte Realität? http://www.ecco-network. de/resources/Corporate_Values/Kurzbericht_Deutschland.pdf. Zugegriffen: 10. März 2018.

Görg, U. (2005). *Claims. Claiming als Wertschöpfungsinstrument der Markenführung*. Offenbach: Gabal.

Jochum, A. (31. März 2015). Name versetzt Berge. *Frankfurter Allgemeine Zeitung, 18*.

Kahn, B. E. (2013). *Global brand power*. Philadelphia: Wharton Digital Press.

Kilian, K. (6. September 2006). So selten wie Sternschnuppen. Die Suche nach einem genialen Markennamen ist nicht einfach. *Frankfurter Allgemeine Zeitung*, B4.

Kilian, K. (2009a). From brand identity to audio branding. In K. Bronner & R. Hirt (Hrsg.), *Audio randing. Brands, sounds and Communication* (S. 35–48). Baden-Baden: Reinhard Fischer.

Kilian, K. (2009b). So bringen Sie Ihre Marke auf Kurs. *Absatzwirtschaft, 52*(4), 42–43.

Kilian, K. (2010). The sound of success – How to keep a brand Orchestra in tune with its MARKnum opus. In K. Bronner, R. Hirt, & C. Ringe (Hrsg.), *Audio branding academy yearbook 2009/2010* (S. 37–56). Baden-Baden: Nomos.

Kilian, K. (2011). *Determinanten der Markenpersönlichkeit. Relevante Einflussgrößen und mögliche Transfereffekte*. Wiesbaden: Gabler Research.

Kilian, K. (2012a). Stimmige visuelle Kommunikation gibt Marken ihre Form und Farbe. *Media Spectrum, 3*, 20–21.

Kilian, K. (2012b). Markenwerte, welche Markenwerte? *Markenartikel, 7*(5), 64–66.

Kilian, K. (2016a). Meisterhafte Markenführung macht B2B-Unternehmen unverwechselbar. In Rat für Formgebung (Hrsg.), *Unverwechselbar. Meisterhaft. Die großen deutschen Marken*. Frankfurt a. M.: Rat für Formgebung.

Kilian, K. (2016b). Influencer sind die neuen Promis. *Absatzwirtschaft, 7–8*,76–79.

Kilian, K. (2016c). Das Würzburger Marken-Management-Modell. *Marke41, 4*(9), 54–58.

Kilian, K. (2017). Material macht Marken. *Form Design Magazine, 274* (November/Dezember), 112–117.

Kilian, K., & Keysser, V. (2017). *Markenwerte der 110 führenden deutschen Unternehmen im Vergleich*. Würzburg: Unveröffentlichte Studie der Hochschule Würzburg-Schweinfurt.

Kilian, K. (2018a). Markenidentitäten und Imagetransfers optimal gestalten. In K. Kilian & N. Pickenpack (Hrsg.), *Mehr Erfolg mit Markenkooperationen* (S. 35–53). Göttingen: BusinessVillage.

Kilian, K. (2018b). Markenkooperationen mit Influencern. In K. Kilian & N. Pickenpack (Hrsg.), *Mehr Erfolg mit Markenkooperationen* (S. 185–212). Göttingen: BusinessVillage.

Kilian, K., & Pickenpack, N. (2018). *Mehr Erfolg mit Markenkooperationen. Partnerschaften im Zeitalter der Digitalisierung*. Göttingen: BusinessVillage.

Kleiner & Bold. (2011). *Wer bin ich? Unternehmenswerte im Mittelstand auf dem Prüfstand*. Frankfurt a. M.: Financial Gates.

Kupetz, A., & Meier-Kortwig, H. (2017). Deutscher Markenmonitor 2017/2018. In Rat für Formgebung, GMK Markenberatung (Hrsg.). Frankfurt a. M.: Rat für Formgebung, GMK Markenberatung.

Linxweiler, R. (2004). *Marken-Design* (2. Aufl.). Wiesbaden: Gabler.

Meyer, T. (2007). *Markenscorecards*. Saarbrücken: VDM.

Perrey, J., & Meyer, T. (2011). *Mega-Macht Marke. Erfolg messen, machen, managen* (3. Aufl.). München: Redline.

Reichheld, F. F. (2003). The one number you need to grow. *Harvard Business Review, 81*(12), 46–54.

Ries, A., & Ries, L. (2005). *Die Entstehung der Marken. Über die Naturgesetze der Innovation und das Überleben der Stärksten im Business*. Frankfurt a. M.: Redline Wirtschaft.

Ries, A., & Trout, J. (2001). *Positioning. The battle for your mind*. New York: McGraw-Hill.

Samland, B. (2006). *Unverwechselbar. Name, Claim & Marke*. Planegg: Haufe.

Schmidt, H. J. (2015). *Markenführung*. Wiesbaden: Springer Gabler.

Prof. Dr. Karsten Kilian hat mit Markenlexikon.com das größte Markenportal im deutschsprachigen Raum aufgebaut. Seit mehr als 15 Jahren lehrt der an der Universität St. Gallen promovierte Diplom-Kaufmann der Universität Mannheim an Hochschulen im In- und Ausland, u. a. an der Universität Erlangen-Nürnberg und der China Europe International Business School (CEIBS). Karsten Kilian arbeitete mehrere Jahre als Consultant bei Simon, Kucher & Partners. Seit vielen Jahren berät er mittelständische Unternehmen in Markenfragen und hält regelmäßig Vorträge auf Konferenzen und Kongressen.

Markenpositionierung von Start-ups – von der Bestimmung zur Umsetzung

Susanne Epple und Claudia Späth

Zusammenfassung

Eine klare Positionierung der Marke ist bei Start-ups Voraussetzung für einen erfolgreichen Markteintritt. Grundlage hierfür ist eine eindeutige Bestimmung der Markenidentität, bevor die Umsetzung der Strategie erfolgt. Start-ups müssen sich die Frage stellen, wo sie sich im Wettbewerbsumfeld bzw. auf völlig neuen Märkten positionieren wollen. Ausgehend von der Bestimmung der Zielgruppen und Identifikation der relevanten Kundenbedürfnisse wird die Strategie des Start-ups festgelegt. Dabei kann zwischen der Marktführer-, Nischen- oder Qualitätspositionierung unterschieden werden. Die Nischenstrategie verbunden mit einer Positionierung als Qualitätsanbieter erscheint oftmals für einen Einstieg in den Markt besonders Erfolg versprechend. Durch abgestimmte kommunikative Maßnahmen wird die Strategie dann intern und extern umgesetzt und im Hinblick auf die Übereinstimmung der vom Start-up festgelegten Markenidentität mit dem Markenimage auf Nachfragerseite kontrolliert.

1 Relevanz der Positionierung für Start-ups

In zunehmend umkämpften Märkten müssen Unternehmen geeignete Strategien definieren und umsetzen, um sich langfristig am Markt behaupten zu können. Auch für **Start-ups** ist eine klare Positionierung und Differenzierung gegenüber dem Wettbewerb Voraussetzung für einen erfolgreichen Eintritt in einen neuen Markt.

S. Epple (✉) · C. Späth
Hochschule Fresenius, Idstein, Deutschland
E-Mail: susanne.epple@hs-fresenius.de

C. Späth
E-Mail: claudia.spaeth@hs-fresenius.de

© Springer Fachmedien Wiesbaden GmbH, ein Teil von Springer Nature 2019
C. Kochhan et al. (Hrsg.), *Marken und Start-ups,*
https://doi.org/10.1007/978-3-658-24586-3_5

In Abgrenzung zu den Begriffen Existenzgründung bzw. Betriebsgründung werden unter Start-ups **junge und innovative Unternehmen** verstanden, die ein hohes Mitarbeiter- und Umsatzwachstum anstreben. Der Begriff Start-up wurde insbesondere durch digitale Geschäftsmodelle geprägt, umfasst aber auch Unternehmen aus anderen Branchen (KPMG 2016, S. 14).

Basierend auf der Geschäftsidee von Start-ups geht es nach der Analyse des Marktes um die Entwicklung von Marketingstrategien, die durch geeignete Maßnahmen am Markt umgesetzt werden müssen. Ziel ist eine eindeutige **Positionierung** des Start-ups aus der Sicht der Nachfrager, um sich einen Platz im Wettbewerb zu sichern. Es muss also die Frage nach den Alleinstellungsmerkmalen beantwortet werden. Bei der Identifikation von Merkmalen sollte sich das Start-up auf wenige zentrale Merkmale beschränken, die kommuniziert werden können und vor allem in der Wahrnehmung der Konsumenten entscheidend sind (Fueglistaller et al. 2008, S. 288 ff.; Vogelsang et al. 2012, S. 19 f.).

Wie Start-up-Unternehmen im Rahmen ihrer Marketingstrategie vorgehen und wie die konkreten Positionierungsstrategien aussehen können, wird in den folgenden Kapiteln erläutert.

2   Markenpositionierung von Start-ups

Wie bereits erwähnt ist eine klare Positionierungsstrategie die Grundlage für den Markteintritt von Start-ups. Meffert definiert die **Positionierung** als „die Planung, Umsetzung, Kontrolle und Weiterentwicklung einer an den Idealvorstellungen der Nachfrager ausgerichteten, vom Wettbewerb differenzierten und von der eigenen Ressourcen- und Kompetenzausstattung darstellbaren, markenidentitätskonformen Position im Wahrnehmungsraum relevanter Zielgruppen" (Meffert et al. 2015, S. 337).

Grundlage für eine erfolgreiche Positionierung ist eine starke Marke des Start-up-Unternehmens. **Marken** sind nach Esch „Vorstellungsbilder in den Köpfen der Anspruchsgruppen, die eine Identifikations- und Differenzierungsfunktion übernehmen und das Wahlverhalten prägen" (Esch 2014, S. 22). Die Begriffsbestimmung geht dabei über eine enge Definition im Sinne einer reinen Markierungsfunktion hinaus und stellt neben der Identifizierungsfunktion die Differenzierungsfunktion in den Vordergrund. Das Ziel, welches mit der Markentechnik verfolgt wird, ist „die Sicherung einer Monopolstellung in der Psyche des Verbrauchers" (Domizlaff 2005, S. 76; zitiert nach Esch 2014, S. 22). Eine starke Marke schafft Orientierung und Vertrauen und steht für klar definierte Inhalte. Dadurch hebt sie ein Start-up aus der Fülle von Angeboten heraus. Je stärker und ansprechender die Markenpersönlichkeit ist, desto eher identifizieren sich die Konsumenten mit ihr (Esch 2014, S. 23 f.).

Der Ansatz der **identitätsbasierten Markenführung** von Meffert umfasst im Gegensatz zu anderen Markenführungsansätzen neben der Ausrichtung auf die nachfragerbezogene Sichtweise auch die nach innen gerichtete Perspektive des Unternehmens. Die **Outside-in-Perspektive** (Markenimage) der Marke wird also um die **Inside-out-Perspektive** (Markenidentität) erweitert. Diese beschreibt das Selbstbild der Marke aus Sicht der internen Zielgruppe des Unternehmens. Ausgehend von der Vision (Wohin wollen wir?) und der Herkunft einer Marke (Woher kommen wir?) werden die Markenpersönlichkeit (Wie kommunizieren wir?), die Werte der Marke (Woran glauben wir?) und die Markenkompetenzen (Was können wir?) definiert. In den Marktleistungen (Was vermarkten wir?) zeigt sich dann das relevante Nutzenversprechen gegenüber dem Kunden. Diese sollen den Nutzenerwartungen, die der Kunde an die Marke hat, entsprechen. Durch das Markenverhalten, welches alle Kontaktpunkte der Marke mit dem Kunden umfasst (sogenannte Brand Touch Points), bildet sich im Laufe der Zeit ein entsprechendes Markenerlebnis. Ziel ist es, dass das Markenverhalten mit dem Markenerlebnis übereinstimmt (Meffert et al. 2015, S. 328 ff.).

Die Markenidentität, die Markenpositionierung und das Markenimage stehen in einem engen Zusammenhang zueinander. Die Festlegung der **Markenidentität** ist der Ausgangspunkt für die darauf folgende Markenpositionierung. Die **Markenpositionierung** setzt die für die Anspruchsgruppen wichtigen Eigenschaften durch geeignete Maßnahmen der internen und externen Kommunikation entsprechend um. Anhand des Markenimages kann kontrolliert werden, ob der Transfer der Identität durch die Positionierung im Markt erfolgreich war. Ziel des Prozesses ist eine möglichst hohe Übereinstimmung zwischen der Markenidentität und dem Markenimage (Esch 2014, S. 91 ff.). Die Abb. 1 verdeutlicht noch einmal den **Zusammenhang** zwischen der Markenidentität, der Positionierung und dem Image bei Start-ups:

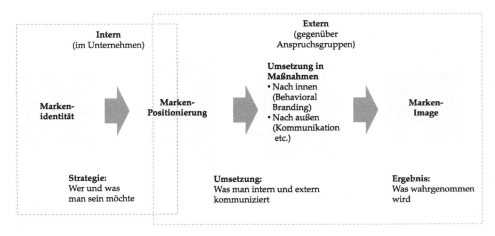

Abb. 1 Zusammenhang zwischen Markenidentität, Positionierung und Image eines Start-ups. (Quelle: eigene Darstellung in Anlehnung an Esch 2014, S. 92)

3   Erstellung von Positionierungsmodellen

Grundlage für die Festlegung der Positionierung und die später daraus abzuleitenden Strategien (siehe Kap. „BEST of Branding für Start-ups") ist die Erstellung eines Positionierungsmodells. Innerhalb des **Positionierungsmodells** werden die Positionen mehrerer im Wettbewerb stehender Marken eines Marktes oder Marktsegmentes in einem Positionierungsraum abgetragen. Neben den Positionen von (Unternehmens-) Marken können im Positionierungsmodell auch Produkte bzw. Leistungen erfasst werden. In der Praxis finden sich meist zwei- oder dreidimensionale Positionierungsmodelle, die die wichtigsten Nutzendimensionen der Nachfrager abbilden. Neben der Darstellung der eigenen Marke zu den Konkurrenzmarken kann auch die relative Position der eigenen Marke zu einer aus Nachfragersicht idealen Marke erfasst werden (Tomczak et al. 2014, S. 157 f.).

Abb. 2 zeigt beispielhaft ein **zweidimensionales Positionierungsmodell** von Start-ups:

Zur **Erstellung eines Positionierungsmodells** können grundsätzlich zwei **Methoden** herangezogen werden: quantitative und qualitative Verfahren. Zu den **quantitativen Verfahren** zählen vor allem die multivariaten Analysemethoden, anhand derer die Beurteilungsdimensionen und die Positionierung innerhalb des Positionierungsraums erhoben werden (Berekhoven 2009, S. 351). Dies erfordert jedoch in den meisten Fällen die Unterstützung einer professionellen Marktforschungsagentur, da die Erhebung sehr umfangreich und methodisch anspruchsvoll ist. In der Praxis zeigt sich bei Start-ups, die in der Regel nur über eingeschränkte Ressourcen verfügen, dass eine umfassende Marktforschungsstudie nicht immer notwendig ist. Auch **qualitative Verfahren,** wie z. B. Workshops mit Managern, Mitarbeitern und potenziellen Kunden, liefern hilfreiche Ergebnisse und Informationen für die Entwicklung eines Positionierungsansatzes. Diese

Abb. 2 Allgemeines Positionierungsmodell für Start-ups. (Quelle: eigene Darstellung in Anlehnung an Homburg 2012, S. 618)

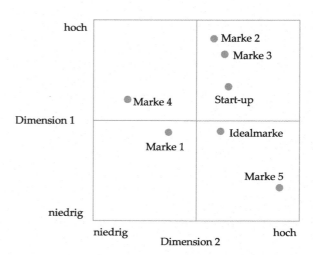

sind jedoch entsprechend kritisch zu betrachten, da sie stark durch subjektive Meinungen geprägt sein können und die Realität nicht vollständig wiedergeben.

Durch ein geeignetes Positionierungsmodell lassen sich Erfolg versprechende Positionierungsstrategien ableiten. Diese sollen im Folgenden detailliert für Start-ups erläutert werden.

4 Positionierungsstrategien

Die Markenpositionierung hat eine große strategische Bedeutung für jedes Unternehmen. Während die Positionierungsanalyse die Darstellung der eigenen Marke im Vergleich zu den Wettbewerbermarken zum Inhalt hat, geht es bei den **Positionierungsstrategien** um die gezielte Steuerung der Marke (Trommsdorff und Paulssen 1999, S. 1072). Der Wert der Marke wird dabei aufgebaut bzw. gestärkt, indem die Kundenbedürfnisse gezielt angesprochen und spezifische Präferenzen für das eigene Angebot herausgestellt werden (Tomczak et al. 2014, S. 154). Die Erlangung einer einzigartigen Stellung im Wettbewerb kann dabei ebenso das Ziel sein wie die Erhöhung der Wettbewerbsintensität durch eine Positionierung in der Nähe der Konkurrenzprodukte.

4.1 Anlässe von Positionierungsentscheidungen

Auf Basis der Markenidentität wird entschieden, welche Positionierung angestrebt wird. Die **Anlässe für Positionierungsentscheidungen** variieren dabei, wie Abb. 3 verdeutlicht:

Positions-ausbau	• Bereits erreichte Positionierung wird weiter entwickelt • Nutzung einer starken Markenposition für andere Produkte (Imagetransfer)
Um-positionierung	• Relaunch bei rückläufiger Marktentwicklung • Bestehende Positionierung aufgeben
Neu-positionierung	• Marke wird erstmalig positioniert • Bei Einführung neuer Produkte sowie bei Unternehmens-gründungen bzw. Startups

Abb. 3 Anlässe für Positionierungsentscheidungen. (Quelle: eigene Darstellung in Anlehnung an Tomczak et al. 2014, S. 167 ff.)

Während sich die beiden ersten Strategieoptionen auf einen bereits bestehenden Positionierungsraum beziehen, bewegen sich die Unternehmen bei der Neupositionierungsstrategie in einem gänzlich neuen Positionierungsraum. Diese Strategievariante ist für Start-up-Unternehmen von besonderer Bedeutung, da diese nicht nur neue Produkte und Dienstleistungen anbieten, sondern häufig sogar neue Märkte entstehen lassen. Im Falle neuer Märkte müssen möglicherweise das Positionierungsmodell und die zugrunde liegenden Dimensionen völlig neu entwickelt werden (Esch 2014, S. 138 ff.).

Durch die Markenpositionierung wird die neue Marke des Start-ups aufgebaut und bestmöglich im Wettbewerb etabliert. Die einzigartige Stellung im Wettbewerb verbunden mit unverwechselbaren Assoziationen mit der Marke soll langfristig den Erfolg des jungen Unternehmens sichern und bildet gleichzeitig die Grundlage für weitere Marketingentscheidungen (Großklaus 2015, S. 7). Durch die Positionierungsstrategie wird das Start-up bzw. dessen Marke so in der Wahrnehmung der Zielgruppe platziert, dass es von möglichst vielen Zielkunden erinnert und gegenüber dem Wettbewerb präferiert wird.

4.2 Entwicklung von Positionierungsstrategien bei Start-ups

Start-ups verfolgen eine **innovative Geschäftsidee,** wobei die Unternehmensgründung zudem häufig mit dem Ziel verbunden ist, möglichst schnell zu wachsen. Demnach stehen **Wachstums- und Gewinnziele** im Vordergrund, welche sich wiederum durch eine zielgerichtete Positionierung des Unternehmens gut realisieren lassen.

Auf dem Weg zu einer erfolgreichen Positionierung müssen **folgende Schritte** durchlaufen werden (Tomczak et al. 2014, S. 154 f.):

1. Definition der relevanten Kundensegmente
2. Bestimmung der kaufentscheidungsrelevanten Kundenbedürfnisse
3. Festlegung des Positionierungsgegenstandes
4. Festlegung der eigenen Position gegenüber dem Wettbewerb

4.2.1 Definition der relevanten Kundensegmente

Voraussetzung für die Positionierung eines Start-up-Unternehmens ist die zielgerichtete **Segmentierung des Marktes** sowie die darauf aufbauende Entscheidung, welche Marktsegmente mit den Leistungen des Unternehmens angesprochen bzw. bearbeitet werden sollen. Diese sogenannte **Aktionsseite** der Marktsegmentierung (Meffert et al. 2015, S. 175) leitet über zur Entwicklung der Positionierungsstrategie.

Bei einer Segmentierung für Start-ups geht es in einem ersten Schritt oftmals weniger darum, einen großen heterogenen Gesamtmarkt in mehrere homogene Marktsegmente aufzuteilen. Es wird vielmehr versucht, das Kundensegment zu identifizieren, welches für den Unternehmensstart am lukrativsten erscheint. Mit einer solchen **Single-Segment-Strategie** werden Kräfte gebündelt und die bei der

Unternehmensgründung häufig begrenzten finanziellen Ressourcen zielgerichtet eingesetzt. Nachteilig kann sich hierbei jedoch die Abhängigkeit von einem Segment auswirken, insbesondere vor dem Hintergrund der zunehmenden Instabilität von Marktsegmenten in dynamischen Märkten (Fueglistaller et al. 2008, S. 289).

Unabhängig von der Anzahl der auszuwählenden Kundensegmente müssen die zugrunde liegenden Kriterien bestimmten Anforderungen genügen. Die wesentlichen Anforderungen an Segmentierungskriterien beziehen sich auf die **Kaufverhaltensrelevanz,** die Messbarkeit, die zeitliche Stabilität und die Eignung für die Marktbearbeitung (Bruhn 2014, S. 59 f.; Meffert et al. 2015, S. 181 f.; Freter 2008, S. 90 f.). Der Kaufverhaltensrelevanz kommt hierbei eine besondere Bedeutung zu, da die Segmente im Hinblick auf die Positionierung so gebildet werden sollten, dass die Kunden die Unterschiede zwischen den einzelnen Produkten klar erkennen können und diese auch für entscheidungsrelevant halten (Fueglistaler et al. 2008, S. 289).

4.2.2 Bestimmung der kaufentscheidungsrelevanten Kundenbedürfnisse

In unmittelbarem Zusammenhang mit der Festlegung der Kundensegmente steht die Frage nach den Bedürfnissen, die das Start-up-Unternehmen bei den potenziellen Kunden ansprechen möchte. Die zu bedienenden **Kundenbedürfnisse** müssen nach Art, Umfang und Intensität definiert werden. In Abhängigkeit vom Kundentyp wird die Kaufentscheidung von unterschiedlich strukturierten Bedürfnisbündeln beeinflusst, wobei spezifische Präferenzen für das eigene Angebot herausgestellt werden müssen (Tomczak et al. 2014, S. 154). Je nach Neuigkeitsgrad der angebotenen Leistung liegen diese Bedürfnisse möglicherweise nur **latent** vor. In diesem Fall setzt das Start-up-Unternehmen gezielt seine Stärken ein, um für den Kunden einen Nutzen zu generieren, der diesem selbst bislang nicht bewusst war (Fueglistaler et al. 2008, S. 260). Traditionelle, reaktive Positionierungsansätze werden hierbei durch die **Bildung neuer origineller Positionierungsmerkmale** überwunden.

Ein solcher Positionierungsansatz nimmt die Bedürfnisse der Kunden nicht als gegeben an, sondern geht davon aus, dass diese durch den Anbieter gezielt mitgestaltet werden. Dies ist auch dann der Fall, wenn im Rahmen einer Soll-Positionierung versucht wird, die Bedürfnisse der Kunden an das Angebot anzupassen (Esch 2014, S. 137 f.).

4.2.3 Festlegung des Positionierungsgegenstandes

Wurden die Kundensegmente sowie die zu bedienenden Kundenbedürfnisse festgelegt, muss das Start-up-Unternehmen darüber entscheiden, was **Gegenstand der Positionierung** sein soll. Entweder wird das Unternehmen als Ganzes in den Mittelpunkt gerückt oder ein bestimmtes Produkt. Dies steht in unmittelbarem Zusammenhang mit der jeweiligen **Markenstrategie.** Wird das Unternehmen als Ganzes positioniert, korrespondiert dies unmittelbar mit einer Dachmarken- bzw. Unternehmensmarkenstrategie. Demgegenüber wird ein bestimmtes Produkt bzw. eine bestimmte Leistung eher im Rahmen einer Einzelmarkenstrategie positioniert (Esch 2014, S. 405 ff.).

Da bei Gründungsunternehmen oftmals noch kein großes heterogenes Produkt-programm vorliegt, bietet es sich an, das Start-up selbst als Positionierungsgegenstand zu wählen. Der Aufbau der **Unternehmensmarke** ist von essenzieller Bedeutung, denn sie muss den potenziellen Kunden ein erstes Leistungsversprechen und eine Qualitäts-garantie vermitteln. Dies ist insbesondere in der digitalen Welt aufgrund der räumlichen Distanz zwischen Anbieter und Nachfrager entscheidend (Kollmann 2016, S. 394).

In Anlehnung an die Festlegung des Positionierungsgegenstandes muss klar heraus-gestellt werden, welche Kern- und Zusatzleistungen unter der Marke angeboten werden und welche Kundenbedürfnisse damit angesprochen werden sollen (Tomczak et al. 2014, S. 154 f.).

4.2.4 Festlegung der eigenen Position gegenüber dem Wettbewerb

In diesem Schritt geht es um die **zentrale Frage** der Positionierungsstrategie: Welche Stellung soll das Unternehmen bzw. die Marke aus Sicht der jeweiligen Kunden im Wett-bewerb einnehmen? Entlang der Grunddimensionen Qualität, Preis, Image, Innovations-fähigkeit und Flexibilität gegenüber dem Kunden muss entschieden werden, welche **Wettbewerbsvorteile** realisiert werden sollen (Tomczak et al. 2014, S. 155). Hierbei ist es wichtig, in der Wahrnehmung der Kunden einen dauerhaften und klar sichtbaren Vor-teil gegenüber dem Wettbewerb darstellen zu können.

Ausgehend von den grundlegenden Charakteristika eines Start-up-Unternehmens werden im Folgenden drei Strategiealternativen betrachtet, die von besonderer Rele-vanz für Gründerunternehmen sind: die Marktführer-, die Nischen- und die Qualitäts-positionierung (siehe Abb. 4).

Die Marktführerpositionierung

In Abhängigkeit vom zeitlichen Erscheinen eines Unternehmens am Markt erfolgt eine Positionierung als Innovator oder als Imitator. Da sich ein Start-up-Unternehmen grund-sätzlich durch einen hohen Innovationsgrad auszeichnet, ist eine Positionierung im Rahmen eines Markteintritts als **Innovator** die wahrscheinlichere Option. Das Start-up

Abb. 4 Grundlegende Strategiealternativen bei der Positionierung

besetzt dabei mit einer innovativen Geschäftsidee einen neuen Markt und muss die Akzeptanz der Kunden oftmals ganz neu entwickeln, was in der Regel mit einem hohen finanziellen und kommunikativen Aufwand verbunden ist (Kollmann 2016, S. 193 ff.). In diesem Zusammenhang erlangen innovative Finanzierungskonzepte wie etwa Venture- und Seed-Capital eine besondere Bedeutung für das Start-up-Unternehmen (Fueglistaler et al. 2008, S. 204 ff.).

Andererseits haben Start-ups in der Rolle des Innovators häufig den Vorteil, aufgrund ihrer Vormachtstellung im Markt frühzeitig einen festen Platz in den Köpfen der Kunden zu erlangen. Eine **erfolgreiche Marktführerpositionierung** verschafft dem Start-up somit meist einen lukrativen Vorsprung am Markt, den es mit unterstützenden kommunikativen Maßnahmen weiter ausbauen kann (Großklaus 2015, S. 15 f.).

Im Sinne einer sogenannten **„aktiven Positionierung"** geht es bei innovativen Geschäftsideen darum, den Nachfragern neue, diesen bis zum gegenwärtigen Zeitpunkt meist noch unbekannte, Bedürfnisdimensionen aufzuzeigen. Durch die Besetzung dieser neuen, für die Kaufentscheidung relevanten Eigenschaftsdimensionen gelingt es, einen einzigartigen Wettbewerbsvorteil bzw. eine **Unique Selling Proposition (USP)** zu erzielen (Tomczak et al. 2014, S. 160 f.).

Ausgehend von einem technologischen Vorsprung positioniert sich der Marktführer als Problemlöser für die latent vorhandenen Kundenbedürfnisse. Der Nutzen der neuen Problemlösung muss dabei für den Kunden deutlich wahrnehmbar sein oder wahrnehmbar gemacht werden. „Bei **innovativen Leistungsangeboten** ist es unerlässlich, die Nutzerakzeptanz zu entwickeln bzw. zu fördern." (Kollmann 2016, S. 194). Entscheidend ist hierbei das Vertrauen der anvisierten Zielgruppe in die zugrunde liegende Technologie. Unabhängig von der jeweiligen Branche ist letztendlich nicht die objektive Qualität einer Leistung für den Erfolg am Markt entscheidend, sondern die vom Kunden subjektiv wahrgenommene Qualität (Tomczak et al. 2014, S. 156).

Abb. 5 verdeutlicht noch mals die erläuterten Schlüsselfaktoren einer erfolgreichen Marktführerpositionierung:

Die Nischenpositionierung

Oftmals bietet sich für Start-ups eine Nischenpositionierung an. Als **Marktnische** wird ein Teilmarkt bezeichnet, der über ein schmales, manchmal sehr spezielles Produktangebot verfügt. Durch die Positionierung in einer Nische kann sich das Unternehmen oftmals wie in einem „konkurrenzfreien Raum" bewegen und möglicherweise preispolitische Spielräume nutzen (Großklaus 2015, S. 20; Meffert et al. 2015, S. 407). In dem jeweiligen Segment kann das Start-up eine zentrale Rolle spielen und sich als Spezialist vom Massenmarkt abgrenzen. Die Auswahl der Nische knüpft an die Definition der relevanten Kundensegmente an (vgl. Abschn. „Definition der relevanten Kundensegmente"). Strebt das Start-up eher eine Single-Segment-Strategie an, wird es sich mit seinem Leistungsangebot auf eine klar definierte Zielgruppe in einem begrenzten Teilmarkt konzentrieren.

Vor Markteintritt in eine Nische sollte das Start-up-Unternehmen insbesondere prüfen, wie groß das Potenzial des Teilmarktes ist, ob und wenn ja wie viel Wettbewerber

Abb. 5 Komponenten einer Marktführer-Positionierung. (Quelle: eigene Darstellung in Anlehnung an Kollmann 2016, S. 194)

mit welchen Problemlösungen bereits die Nische besetzen und wie groß die Chancen im Hinblick auf eine Vormachtstellung in dem Segment sind. Auch muss sichergestellt werden, dass das junge Unternehmen über ausreichend finanzielle Ressourcen und auch fachliche Kompetenzen verfügt, um die Marktnischenpositionierung erfolgreich durchführen zu können (Großklaus 2015, S. 20 f.).

Die Leistungsvorteils- bzw. Qualitätspositionierung

Diese Positionierungsstrategie strebt die Vermittlung eines **klaren Leistungsvorteils** auf der Basis von qualitativ hochwertigen Produkteigenschaften an. In Kombination mit emotional aufgeladenen Imagedimensionen wird ein USP aus Sicht der Kunden generiert (Tomczak et al. 2014, S. 177 ff.). Das Start-up versucht, eine besondere Leistung zu einem fairen Preis anzubieten, die Marke wird dabei zum Symbol für die besondere Stellung im Wettbewerb.

Die **Qualitätspositionierung** verfolgt zudem eine **konsumentenorientierte** Sichtweise, wobei angestrebt wird, die Marke möglichst nah an den Idealvorstellungen der Kunden zu positionieren und damit deren Präferenz für die eigene Marke bzw. das eigene Unternehmen zu erhöhen. Hierbei kann sich die Positionierung auf den Gesamtmarkt oder aber auf ein begrenztes Marktsegment beziehen (Trommsdorff und Paulssen 1999, S. 1072 f.). Insofern ist die Leistungsvorteilspositionierung mit einer Nischenpositionierung gut kombinierbar.

Wie oben bereits erwähnt, unterscheidet Esch im Hinblick auf die **Soll-Positionierung einer Marke** zwischen der Anpassung des Angebotes an die Bedürfnisse der Kunden einerseits und der Anpassung der Bedürfnisse der Kunden an das Angebot andererseits. Die zweite Option zielt auf eine Veränderung der Bedürfnisse dahin gehend ab, dass sie dem gestellten Angebot nahekommen (Esch 1999, S. 245 f.). Im Sinne der oben bereits erläuterten aktiven Positionierung geht es für ein Start-up hierbei vor allem darum, den Kunden neue und für diese relevante Bedürfnisdimensionen aufzuzeigen und mit ihren Leistungen zu bedienen.

5 Umsetzung und Kontrolle

Nach der Festlegung der Strategie erfolgt die kommunikative **Umsetzung** der Positionierungsstrategie gegenüber den Anspruchsgruppen des Start-ups. Zentrale Zielgruppen sind aktuelle und potenzielle **Mitarbeiter** sowie aktuelle und potenzielle **Kunden des Start-ups.**

Innerhalb des **Behavioral Brandings** wird versucht, eine Übereinstimmung des Nutzenversprechens der Marke mit dem Verhalten der Mitarbeiter an allen relevanten Brand-Touch-Points zu erreichen. Die interne Markenkommunikation umfasst Instrumente wie z. B. Workshops mit den Mitarbeitern, Emails und das Intranet. Im Rahmen des **Employer Brandings** kann sich das Start-up gegenüber Bewerbern als attraktiver Arbeitgeber, z. B. durch Stellenanzeigen und Öffentlichkeitsarbeit, positionieren. Das **External Branding** setzt die Markenidentität in kreative marktgerichtete Kommunikationsmaßnahmen um, welche von der Ausarbeitung des Erscheinungsbildes bis zur Planung und Umsetzung einzelner Kommunikationsmaßnahmen reichen. Dabei stehen Start-ups eine Vielzahl von Kommunikationsinstrumenten zur Verfügung, z. B. klassische Werbung, Direktkommunikation, Public Relations, Messen und Ausstellungen, Verkaufsförderung, Eventmarketing sowie Sponsoring. Insbesondere der Bereich der Online-Kommunikation hat bei Start-ups – nicht nur bei denen, die im Bereich E-Commerce tätig sind – in den letzten Jahren stark an Bedeutung gewonnen. Entscheidend für eine erfolgreiche Kommunikationsstrategie ist eine Abstimmung aller internen und externen kommunikativen Botschaften des Start-ups, um auf diese Weise die Wirkung der einzelnen Instrumente zu optimieren (Meffert et al. 2015, S. 338 ff.; Tomczak et al. 2014, S. 156 f.).

Am Ende des Prozesses muss das Start-up eine **Ergebniskontrolle** durchführen, wodurch sich ein wichtiges Feedback für das Management ergibt. Auf der Basis von **Imageanalysen** bei den Kunden wird die angestrebte und erreichte Positionierung einer Marke verglichen. Eine Imageanalyse kann anhand von Overall-Urteilen zu bestimmten Marken oder durch differenzierte Messungen erfolgen. Bei den differenzierten Imageanalysen müssen die relevanten Imagedimensionen zunächst erfasst und dann entsprechend bewertet werden (z. B. Imageprofile). Weicht das Ergebnis von der beabsichtigten Positionierung des Start-ups ab, so sind entsprechende Maßnahmen zu ergreifen. Der Prozess der Markenpositionierung darf hierbei nicht als ein einmaliger Vorgang verstanden werden, sondern erfordert eine permanente Anpassung und Kontrolle (Meffert et al. 2015, S. 341; Esch 2014, S. 637 ff.).

6   Fazit

Start-ups stehen bei der Neugründung eines Unternehmens vor besonderen Herausforderungen. Eine klare Positionierungsstrategie ist eine zentrale Voraussetzung für den dauerhaften Erfolg des Unternehmens. Nach der Bestimmung der Markenidentität ist die genaue Festlegung der Position des Unternehmens gegenüber den Wettbewerbern bzw. im Hinblick auf die Idealvorstellung der Kunden wichtig. Zum Teil treten Start-ups allerdings auch in völlig neue Märkte ein, in denen die Kundenbedürfnisse erst einmal geweckt werden bzw. die zentralen Merkmale zur Positionierung definiert werden müssen.

Während die Positionierungsanalyse der Darstellung der gegenwärtigen Position des Unternehmens bzw. der Marke im Vergleich zu den Wettbewerbern dient, verweist die Positionierungsstrategie auf die gezielte Steuerung der Marke und legt damit den strategischen Handlungsrahmen für die sich anschließenden Marketingmaßnahmen fest. Hierbei bieten sich für Start-ups insbesondere drei Strategien an: die Marktführer-, die Nischen- und die Qualitätspositionierung. Sowohl die Marktführer- als auch die Nischenstrategie lassen sich dabei mit der Qualitätspositionierung kombinieren. Für Start-ups bildet die Positionierung als Qualitätsanbieter in einer Nische oftmals eine Erfolg versprechende strategische Einstiegsoption.

Start-ups können demnach ihre innovativen Geschäftsideen auf unterschiedliche Weise strategisch realisieren. Die Umsetzung der Positionierungsstrategie erfolgt dann durch die entsprechenden internen und externen kommunikativen Maßnahmen, wobei dafür Sorge zu tragen ist, dass über die Kanäle hinweg einheitliche Botschaften gesendet werden und die Instrumente untereinander abgestimmt sind. Das Markenimage ist das Ergebnis des Prozesses und bedarf einer kontinuierlichen Kontrolle durch das Management im Hinblick auf die Markenidentität bzw. Positionierung des Start-ups.

Literatur

Berekhoven, L., Eckert, W., & Ellenrieder, P. (2009). *Marktforschung – Methodische Grundlagen und praktische Anwendung* (12. Aufl.). Wiesbaden: Gabler.
Bruhn, M. (2014). *Marketing – Grundlagen für Studium und Praxis* (12. Aufl.). Wiesbaden: Gabler.
Domizlaff, H. (2005). *Die Gewinnung des öffentlichen Vertrauens: Ein Lehrbuch der Markentechnik*. Hamburg: Marketing Journal.
Esch, F.-R. (1999). Markenpositionierung als Grundlage der Markenführung. In F.-R. Esch (Hrsg.), *Moderne Markenführung: Grundlagen – Innovative Ansätze – Praktische Umsetzungen* (S. 233–265). Wiesbaden: Gabler.

Esch, F.-R. (2014). *Strategie und Technik der Markenführung* (8. Aufl.). München: Vahlen.

Freter, H. (2008). *Markt- und Kundensegmentierung: Kundenorientierte Markterfassung und -bearbeitung* (2. Aufl.). Stuttgart: Kohlhammer.

Fueglistaller, U., Müller, C., & Volery, T. (2008). *Entrepreneurship: Modelle – Umsetzung – Perspektiven* (2. Aufl.). Wiesbaden: Gabler.

Großklaus, R. H. G. (2015). *Positionierung und USP – Wie Sie eine Alleinstellung für Ihre Produkte finden und umsetzen* (2. Aufl.). Wiesbaden: Gabler.

Homburg, C. (2012). *Marketingmanagement, Strategie – Instrumente – Umsetzung – Unternehmensführung* (4. Aufl.). Wiesbaden: Gabler.

Kollmann, T. (2016). *E-Entrepreneurship: Grundlagen der Unternehmensgründung in der digitalen Wirtschaft* (6. Aufl.). Wiesbaden: Gabler.

KPMG (2016): Deutscher Startup Monitor 2016, Studie, o.O.

Meffert, H., Burmann, C., & Kirchgeorg, M. (2015). *Marketing – Grundlagen marktorientierter Unternehmensführung* (12. Aufl.). Wiesbaden: Gabler.

Tomczak, T., Kuß, A., & Reinecke, S. (2014). *Marketingplanung – Einführung in die marktorientierte Unternehmens- und Geschäftsfeldplanung*. Wiesbaden: Gabler.

Trommsdorff, V., & Paulssen, M. (1999). Messung und Gestaltung der Markenpositionierung. In F.-R. Esch (Hrsg.), *Moderne Markenführung: Grundlagen – Innovative Ansätze – Praktische Umsetzungen* (S. 1069–1088). Wiesbaden: Gabler.

Vogelsang, E., Fink, C., & Baumann, M. (2012). *Existenzgründung und Businessplan – Ein Leitfaden für erfolgreiche Start-ups*. Berlin: Schmidt.

Prof. Dr. Susanne Epple ist Studiendekanin und Hochschuldozentin für Marketing an der Hochschule Fresenius, Fachbereich Wirtschaft und Medien. Vor ihrer Dozententätigkeit an der Hochschule Fresenius hat sie bereits mehrjährige Lehrtätigkeiten an der Deutschen Sporthochschule und am Marketing-Seminar der Universität zu Köln ausgeübt. Zudem arbeitete Susanne Epple als Consultant und Senior Consultant in verschiedenen internationalen Beratungsunternehmen, wobei sie insbesondere Strategie- und Marketingprojekte betreute. In ihren Forschungsarbeiten beschäftigte sie sich vor allem mit strategischen und internationalen Marketingthemen. Susanne Epple studierte Betriebswirtschaftslehre mit den Schwerpunkten Marketing, Handel und Wirtschaftspsychologie in Köln und promovierte zum Thema „Strategische Allianzen im internationalen Marketing".

Prof. Dr. Claudia Späth ist Studiendekanin und Hochschuldozentin für Marketing an der Hochschule Fresenius, Fachbereich Wirtschaft und Medien. Davor war sie in leitenden Positionen bei Beratungsunternehmen für strategisches Marketing und Kampagnen tätig. Insgesamt verfügt Claudia Späth über mehr als 15 Jahre Erfahrung im Marketing, Business Development und Public Relations in Unternehmen in Deutschland, der Schweiz und Großbritannien. Neben ihrer Tätigkeit an der Hochschule berät Claudia Späth mittelständische Unternehmen und entwickelt Marketingstrategien von der Konzeption bis zur Umsetzung. Darüber hinaus hält sie Vorträge zu Themen rund um das Marketing und ist Autorin von Fachartikeln. Claudia Späth studierte Betriebswirtschaftslehre mit dem Schwerpunkt Marketing und Handel in Münster und promovierte im Bereich internationale Marketingstrategien.

Intrapreneurship, eine Strategie zur Markenneupositionierung am Beispiel des Yourfone-Launch im deutschen Mobilfunkmarkt

Arne Meyer-Ramien

Zusammenfassung

Durch die Digitalisierung und den Erfolg vieler Start-ups sind auch etablierte Unternehmen dazu übergegangen, die kreative Start-up-Kultur für sich einzusetzen. Einem solchen strategischen Ansatz folgend, hat die E-Plus Gruppe im Jahr 2012 Yourfone als eigenständiges „Start-up" in Hamburg aufgebaut. Dadurch wurde 2012 eine bedeutende Wende eingeläutet, die die Grundlage für die heutige Situation im von günstigen Allnetflats dominierten Mobilfunkmarkt bildet. Dieser Aufsatz gibt vor dem Hintergrund dieses Beispiels Aufschluss darüber, wie man in gesättigten, aber sich ständig weiterentwickelnden digitalen Märkten neue Marken positionieren kann, um damit bestehenden Wettbewerbern Kunden abzuwerben. Die vom Konzern gewählte „Start-up"-Strategie bietet einerseits interessante Ansätze zur Markeneinführung für auf sich allein gestellte Start-up-Entrepreneure, wirft aber zum anderen auch die spannende Frage auf, wo die genauen Unterschiede eines Konzern-Start-ups zu einem unabhängigen Start-up liegen.

1 Einleitung

Durch die Digitalisierung und durch den Erfolg vieler Start-ups sind viele Unternehmen dazu übergegangen im Wettbewerb um neue Ideen und innovative Ansätze die kreative Start-up-Kultur auch innerhalb ihrer Unternehmen gewinnbringend einzusetzen. Solche „Start-up"-Strategien, auch Intrapreneurship genannt, haben auch in der deutschen Mobilfunkbranche ihre Verwendung gefunden.

A. Meyer-Ramien (✉)
Hamburg, Deutschland
E-Mail: arne.meyer-ramien@hs-fresenius.de

© Springer Fachmedien Wiesbaden GmbH, ein Teil von Springer Nature 2019   99
C. Kochhan et al. (Hrsg.), *Marken und Start-ups,*
https://doi.org/10.1007/978-3-658-24586-3_6

Im Mai 2012 unternahm die E-Plus Gruppe den Launch ihrer neuen Mobilfunkmarke Yourfone. Hierbei wählte die Unternehmensgruppe eine „Start-up"-Strategie, in der Yourfone als eigenständiges „Start-up" in Hamburg im Jahr 2012 aufgebaut wurde. In dem gesättigten und vom hohem Wettbewerbsdruck gekennzeichneten Markt wurden zur Entwicklung der neuen Marke Yourfone über digitale Kommunikationskanäle, wie u. a. Facebook, neu entstehende Kundensegmente gezielt angesprochen. Dazu wurde diese Markenpositionierung mit einer aggressiven Preisstrategie und einer gezielten Tarif-Ausrichtung vorangetrieben.

Das Beispiel des Markteintritts und der Markenpositionierung Yourfones als neue Marke ist in vielerlei Hinsicht interessant für Start-up-Entrepreneure. Zum einen verfolgte Yourfone einen disruptiven strategischen Ansatz, der auf die Eroberung neuer Kundensegmente ausgerichtet war. Zum anderen vollzog das Unternehmen eine innovative Vertriebsstrategie über neue digitale Kanäle. Insbesondere diese beiden Aspekte des Marketingansatzes sind mit der klassischen Anfangssituation von Start-ups vergleichbar, also die gezielte Suche nach vorhandenen und sich neubildenden „Nischen" im Markt, oftmals gepaart mit einer innovativen Value Proposition und einem neuartigen Vertriebsansatz. Hinzu kommt, dass der Markteintritt Yourfones unter der großen Herausforderung eines gesättigten Marktes mit relativ stark ausgeprägtem Wettbewerb vollzogen werden musste. Doch es boten sich durch die Marktentwicklung in 2012 auch vorteilhafte Gelegenheiten zum Aufbau einer neuen Marke. Bereitete insbesondere der technologische Wandel, also das damit verbundene Entstehen einer mobilen Internetkultur und die steigende Beliebtheit sozialer Medien, in 2012 Möglichkeiten für entsprechend neue Marketingansätze. Insbesondere der technologische Wandel war seit je her als bedeutender Faktor für das Entstehen neuer Start-ups verantwortlich. Darüber hinaus bedingte der stetige Preisverfall auf dem Mobilfunkmarkt, die Chance für preis- und tarifbezogene neuartige Marketingstrategien.

In dem folgenden Artikel soll das genaue strategische Vorgehen zur Positionierung der neuen Marke Yourfone dargestellt und analysiert werden. Es sollen hierbei die Vor- und Nachteile der von der E-Plus Gruppe gewählten Start-up Strategie veranschaulicht werden. Hierzu soll auch die Frage nach dem Analogiegehalt einer solchen Strategie zu klassischen Start-ups beleuchtet werden. Es wird außerdem der Versuch unternommen den Erfolgsgehalt dieser Strategie zu prüfen.

Der zeitliche Rahmen der Analyse bezieht sich auf den Markteintritt Yourfones in 2012 bis zu seinem Verkauf an die Drillisch AG zu Beginn des Jahres 2015 im Zuge der Übernahme der E-Plus Gruppe durch Telefonica/O_2. Der Fokus der Betrachtung liegt also auf der Anfangsphase von Commercial Start-ups, d. h. auf der Seed- und Start-up-Phase. Es rückt damit die Markenpositionierungsstrategie Yourfones ins Zentrum der Betrachtung dieser Analyse.

Bevor jedoch auf diese Fragestellung im genaueren eingegangen werden kann, müssen zuerst theoretische Abgrenzungen und strategische Grundlagen erörtert werden, die für die genaue Analyse der Neupositionierungsstrategie der Marke Yourfone von Bedeutung sind.

2 Start-up-Entrepreneurship vs. Intrapreneurship

Brännback/Casrud umschreiben die definitorische Situation in der Forschung zu dem Thema, was Entrepreneure und Start-ups genau sind, mit den Worten „There is no one narrative" (Brännback und Casrud 2016, S. 4.) sehr treffend. Es gilt also, bestimmte Definitionen als Grundlage für die weitere Analyse festzulegen und diese voneinander abzugrenzen.

2.1 Entrepreneurship, der klassische Start-up-Ansatz

Start-ups sind junge, neu gegründete Unternehmen (jünger als 10 Jahre), die dadurch gekennzeichnet sind, dass sie von Entrepreneurs etabliert und gelenkt werden, mit dem Ziel Profit und Wachstum zu erzielen (ESM 2016, S. 15). „Startups feature (highly) innovative technologies and/or business models. Start-ups have (strive for) significant employee and/or sales growth." (ESM 2016, S. 15). „An Entrepreneur creates and/or exploits change for profit by innovating, accepting risk and moving resources to areas of higher returns." (Burns 2016, S. 10). Hierbei ist das Start-up auf innovative Tätigkeiten ausgerichtet, sei es die Entwicklung eines neuartigen Produktes oder Services, die Eroberung neuer Marktsegmente, bzw. das Umschreiben der Spielregeln im Markt durch innovative digitale Geschäftsmodelle (Vgl. Brännback und Casrud 2016, S. 25 aus Carland, J. F./Hoy, W./Boulton, W. R./Carland, J. A. C.: Differentiating Entrepreneurs from Small Business Owners: A Conceptualization, Academy of Management Review, 9 (2), S. 351–359; KPMG 2016, S. 14).

Als inspirierende Ursachen für die Gründung von Start-ups können eine eigene technologische Erfindung und Expertise, eine innovative Idee, wie z. B. ein neuartiges Business Model, oder eine gewisse Leidenschaft für bestimmte Themen genannt werden (Aulet 2015). Auch in der Motivation für eine Gründung unterscheiden sich Start-ups oftmals von anderen Unternehmen, wie z. B. durch Idealismus u. Notwendigkeit, im Falle eines Jobverlustes (Brännback und Casrud 2016, S. 14–17; Burns 2016, S. 19–23 u. 57 f.). Aspekte des Einflusses der Unternehmerpersönlichkeit und der unternehmerischen Fähigkeit, Chancen zu ergreifen, finden in diesem Artikel nur insofern Berücksichtigung, dass sie allgemein mit dem richtigen Entrepreneurial Mindset subsumiert werden können (Brännback und Casrud 2016, S. 12–19). Entrepreneure sind generell dafür bekannt, Risiken einzugehen. Sie sind von daher mit dem Management von Unsicherheiten und Wandel vertraut. Start-ups heben sich damit von Kleinunternehmen, wie z. B. Familien-Unternehmen des Einzelhandels, deutlich durch ihren innovativen Fokus ab (Brännback und Casrud 2016, S. 25; Burns 2016, S. 3–5; ESM 2016, S. 15).

Start-ups zeichnen sich zum einen durch ihre relative Unabhängigkeit hinsichtlich des unternehmerischen Handelns und Unternehmensbesitzes aus – sieht man einmal vom potenziellen Einfluss der Finanziers eines solchen Start-ups ab (Kollmann 2016, S. 4.). Ihre finanziellen Mittel und Ressourcen sind oftmals sehr eingeschränkt. Dieses hängt sehr stark von den zu erwartenden Marktpotenzialen und Chancen des Business Modells eines Start-ups ab und wie diese von externen Geldgebern eingeschätzt werden. In Europa hatten in 2016 lediglich 15 % der Start-ups eine Anfangsfinanzierung von über einer Million Euro. Sie bilden damit eher die Ausnahme, denn der Großteil der Start-ups (60 %) hatte in 2016 eine Anfangsfinanzierung von lediglich unter 150.000 € zu verzeichnen (ESM 2016, S. 79).

Generell haben Start-ups die Größe von kleinen Unternehmen (72,8 % der im ESM klassifizierten Start-ups in 2016 aus ESM 2016, S. 23), was insbesondere für die Seed- und Start-up-Phase gilt, d. h. den Phasen der Ideengenerierung bzw. der Entwicklung des Erstproduktes. Sie verfügen also nur über ein begrenztes Humankapital und der dazugehörenden Kompetenzen und Fähigkeiten. So hatten europäische Unternehmen in der Start-up-Phase eine Beschäftigung von durchschnittlich 9,5 Mitarbeitern und 2,5 Gründern (ESM 2016, S. 54). Im Folgenden bezieht sich der Autor von daher auf geringfinanzierte kleine Unternehmen, wenn die Rede von Start-ups sein wird.

Die relativ geringe Unternehmensgröße, die Unabhängigkeit und Freiheit als Neueinsteiger bedingt eine sehr große Flexibilität solcher Unternehmen. Diese Flexibilität wird noch dadurch verstärkt, dass Start-up-Entrepreneure jede sich bietende Möglichkeit nutzen und Ideen konsequent verfolgen. Start-ups richten sich relativ schnell neu im Markt aus bzw. passen sich an und verwerfen alte strategische Ansätze, um den richtigen Zugang zum Markt zu finden. So ist es nicht unüblich, dass sich das Business Modell eines Start-ups auf dem Weg von der eigentlichen Produktidee bis hin zur Marktetablierung mehrfach wandelt (Burns 2016, S. 98–101).

2.2 „Start-up"-Strategie von Unternehmen – die Strategie des Intrapreneurship

Trompenaars/Hampden fanden in ihrer Betrachtung von nationalen Spezifika von existierenden Unternehmens-/Organisationskulturen heraus, dass bestimmte Kulturkreise in ihrer Unternehmenskultur zu einem projektbezogenen „Guided Missile"- und einem „Incubator"-Ansatz tendieren. Das heißt, dass sich Elemente der Start-up-Mentalität auch in größeren, schon über Jahre bestehenden Unternehmen wiederfinden lassen. So ist eine solche „Incubator"-Organisationskultur z. B. in schwedischen Firmen oftmals anzufinden. Die Unternehmenskultur von schwedischen Firmen beinhaltet damit generell zum Teil Elemente, wie sie bei Start-ups vorkommen, also Aspekte wie kreativitätsorientierte und eher offene Organisationsformen. In losen Beziehungsstrukturen können sich die Mitarbeiter emotional selber erfüllen und bestehende Probleme nachfrageorientiert hinterfragen und neu definieren. Ähnliches gilt in einem geringeren Umfang auch für projektbezogene Unternehmenskulturen, in denen z. B. Projekte der Neuproduktentwicklung oftmals Elemente einer Start-up-Kultur innehaben und damit ein typisches Beispiel für Intrapreneurship darstellen können (Trompenaars und Hampden-Turner 2007, S. 159–181).

Der Intrapreneurship-Ansatz ist der Ansatz, der in der Theorie einer von bestehenden Unternehmen gewählten „Start-up"-Strategie entspricht und im Folgenden genauer betrachtet werden soll.

2.2.1 Grundlegende Ursachen des Intrapreneurship

Nach Desousza lassen sich vier Trends ausmachen, warum Intrapreneurship in der heutigen Zeit an Bedeutung gewonnen hat. Diese Trends sind die…

- Dezentralisierung von Ideen
- „Empowering of the Frontiers"
- „User-Driven Innovation"
- „The Digital Generation" (Desouza 2011, S. 9–15)

Er argumentiert ähnlich wie Christensen in „The Innovator's Dilemma", dass sich durch die digitale Revolution, die Chance für disruptive neue Markteinsteiger deutlich erhöht hat. Bedingt durch das sich schnell ändernde Nachfrageverhalten der mobilen und digitalen Kundengeneration sind Unternehmen damit zunehmend dem Postulat des neuen Zeitalters der Ungewissheit ausgesetzt (Burns 2016, S. 3 ff.; Rheingold 2003). Aus diesem innovativen Druck heraus hat sich in Unternehmen der Trend zur Dezentralisierung und einem Powershift der Entscheidungsgewalt zu den Unternehmenseinheiten, die direkt mit innovativen Märkten zu tun haben, bestätigt (Chistensen 2011, S. 111–234; Desouza 2011, S. 9–15).

2.2.2 Grundelemente des Intrapreneurship

Eine Intrapreneurship-Strategie beinhaltet mehrere Aspekte. Sie dient zum einen der Erhöhung der eigenen Innovationsstärke der Organisation und der Begegnung der von Unsicherheit gekennzeichneten dynamischen Entwicklung der digitalen Märkte. Dieses wird durch die Intrapreneure über die relative Autonomie innerhalb des Unternehmens und durch marktbezogene Proaktivität erreicht. Ist das Intrapreneurship marktorientiert, fördert es eine aggressive Wettbewerbsorientierung des Unternehmens, damit aber auch gleichzeitig das unternehmerische Risiko (Furr und Dyer 2014; Schönebeck 2010, S. 18 aus Lumpkin, G./Dess, G.: Clarifying the Entrepreneurial Orientation Construct and Linking It to Performance, in: Academy of Management Review, Vol. 21, No. 1, S. 135–172). Unterstützt werden Intrapreneure durch die „Entrepreneurial Strategic Vision" des Top Managements, die diese zur Führung der Organisation implementiert hat, um eine innovationsbezogene, progressive Grundhaltung im Unternehmen zu manifestieren (Ireland et al. 2009, S. 19–46). Wichtig ist hierbei, dass die Intrapreneure durch das Top-Management die Freiheit und den ausreichenden Support erhalten, um unabhängig von der Linienorganisation quasi „out-of-the-box" zu agieren, damit sie ihre innovative Kraft voll entfalten können (Desouza 2011, S. 6 f.).

Der Ansatz des Intrapreneurships ist ein hybrides Konzept. Er „ist eine Spezialform des Entrepreneurships, die dadurch abgrenzbar ist, dass die beteiligten Akteure ihr

Wagnis in ihrer Funktion als Mitglieder einer bestehenden Organisation unternehmen"
(Schönebeck 2010, S. 18). Der hiervon abzugrenzende Begriff des Entrepreneurships,
dessen Prozess unabhängig und eigenständig von einem Mutterkonzern/Organisation
abläuft, wird auch als Independent Entrepreneurship bezeichnet.

Intrapreneurship setzt sich aus den Begriffen „Intracorporate" und „Entrepreneurship" zusammen. Einerseits sollen sich Intrapreneure wie unabhängige Entrepreneure
verhalten (...preneure), sind aber andererseits Teil einer größeren Organisation (intra).
So können Intrapreneure die Ressourcen des Konzerns für sich nutzen, müssen aber
andererseits in ihrem Vorgehen die Belange ihrer Organisation berücksichtigen (Schönebeck 2010, S. 18).

In der Literatur wird hierbei nicht umfassend geklärt, wie der Begriff „intra" genau
aufzufassen und abzugrenzen ist, bzw. die Frage bleibt offen, ob auch Spin-outs in eigenständige Tochtergesellschaften noch als Intrapreneure zu werten sind. Intrapreneure
werden als Executive Manager definiert, die direkt in einer Organisation oder einer
neugebildeten Strategischen Geschäftseinheit tätig sein können, jedoch keine Business Owner sind (Schönebeck 2010, S. 19 ff.). Bei Tochtergesellschaften ist bezüglich
der Begriffe Business Owner und Unabhängigkeit eine definitorische Grauzone vorhanden. Eine Tochtergesellschaft kann einerseits hinsichtlich ihrer geschäftlichen Aktivitäten als relativ unabhängig angesehen werden, kann aber andererseits auch als relativ
abhängige weisungsgebundene Subeinheit der Konzernzentrale agieren. Schließlich
sind solche Subeinheiten oftmals eng mit dem Mutterkonzern verknüpft. Bei aller unternehmerischen Unabhängigkeit werden solche Spin-outs auch immer gegenüber dem
CEO eines Konzerns weisungsgebunden sein.

2.2.3 Intrapreneurship im weiteren Sinne – Abgrenzung zu Entrepreneurship

Im Sinne einer weiteren Fassung des Begriffs Intrapreneur plädiert dieser Artikel dafür,
dass eine genauere Unterscheidung in Bezug auf die genaue organisatorische Zugehörigkeit vorgenommen wird. Intrapreneure sind im engeren Sinne direkt innerhalb
einer bestimmten Organisation tätig. Ein Großteil der hierzu gemachten Untersuchungen
hat sich auf das Intrapreneurship im engeren Sinne (Antoncic und Hisrich 2003, S. 20;
Pinchot 1988, S. IX; Schönebeck 2010, S. 21) spezialisiert. Das Intrapreneurship im
weiteren Sinne schließt auch Intrapreneure mit ein, die außerhalb der Organisation in
Subeinheiten, wie eigenständigen Strategischen Geschäftseinheiten und Tochtergesellschaften, tätig sind.

Es ergeben sich für Intrapreneure in relativ unabhängigen Tochterunternehmen andere
Implikationen als für Intrapreneure, die gemäß eines Intrapreneurships im engeren Sinne
direkt in einer Unternehmensorganisation tätig sind.

Tab. 1 zeigt die wichtigsten Unterschiede zwischen den Konzepten auf:

Wie man in Tab. 1 sehen kann, ähneln sich die Ansätze des Start-up-Entrepreneur-
ships und des Intrapreneurships (organisationsintern & -extern) in vielerlei Hinsicht. Beide Konzepte streben ein innovatives Businessmodell an, das durch eine

Tab. 1 Entrepreneurship u. organisationsinternes u. -externes Intrapreneurship. (Quelle: Eigene Darstellung)

	Start-up-Entrepreneurship	Intrapreneurship im weiteren Sinne/Spin-out (organisationsextern)	Intrapreneurship im engeren Sinne (organisationsintern)
Business Model/Ansatz	Innovativ/Ergreifen von Möglichkeiten	Innovativ/Ergreifen von Möglichkeiten	Innovativ/Ergreifen von Möglichkeiten
Organisationseinheit, Größe	Generell relativ kleines unabhängiges Unternehmen (ø 1–20 Mitarbeiter)	Generell relativ kleines unabhängiges Unternehmen/Strategische Geschäftseinheiten (ø 1–20 Mitarbeiter)	Generell relativ kleine unabhängige Einheit in der Organisation eines Unternehmens (ø 10 Mitarbeiter)
Lose, Start-up-orientierte Organisationsstruktur	Sehr ausgeprägt	Sehr ausgeprägt	Sehr ausgeprägt, aber stärker im Unternehmen verankert
Innovativer, kreativer Spirit/Kultur	Sehr ausgeprägt	Sehr ausgeprägt, muss auf den Konzern Rücksicht nehmen	Sehr ausgeprägt, muss gegenüber anderen Organisationseinheiten verteidigt werden
Unabhängigkeit des Managements	Sehr groß	Groß	Mittel-groß
Flexibilität des unternehmerischen Handelns	Sehr groß	Groß	Mittel-groß
Risiko	Oftmals sehr hoch, hoher Erfolgsdruck	Mittel-hoch, hoher Erfolgsdruck	Mittel, mittlerer Erfolgsdruck
Ressourcenausstattung	Oftmals gering	Meistens hoch	Gering bis hoch
Unternehmerische Aktivitäten	Umfassend	Teilbereiche oder umfassend	Wenige Teilbereiche, oftmals Marketing und Vertrieb
Umgang mit Bürokratie	Nicht notwendig	Gering bis mittel, mit der Konzernleitung und in direkten Schnittstellen zum Konzern	Hoch, muss geschickt die Ressourcen im Unternehmen nutzen und aushandeln
Fähigkeiten	Unternehmergeist und Generalisten	Unternehmergeist, Generalisten und Spezialisten, gutes Verhandlungsgeschick mit der Konzernführung	Unternehmergeist, Spezialisten und gut im Verhandeln, Überzeugen und Umgang mit der Konzernbürokratie

Start-up-Kultur umgesetzt werden soll. Dieses soll mithilfe von kleinen Organisationseinheiten gewährleistet werden, in denen die Mitarbeiter organisatorisch lose verknüpft zur bestmöglichen Gewährleistung von kreativen Prozessen zusammenarbeiten (Burns 2016, S. 77 f.; Desouza 2011, S. 34 ff.).

Die großen Unterschiede ergeben sich aus ihrer organisatorischen Verankerung und den Besitzverhältnissen. Unabhängige Start-up-Entrepreneure besitzen eine relativ hohe Entscheidungsfreiheit, tragen dafür aber auch ein deutlich höheres unternehmerisches Risiko. Sie können jederzeit ihre Produkte umgestalten oder z. B. ihr Marketing auf neue Marktnischen ausrichten, ohne auf Aspekte wie Kannibalisierung mit Produkten anderer Konzerneinheiten, der Konzernstrategie und Ähnliches Rücksicht nehmen zu müssen. So müssen Entrepreneure in ihrem Vorgehen weder Anweisungen aus der Konzernzentrale befolgen, noch Rücksicht auf andere Organisationseinheiten im Konzern nehmen. Dieser unternehmerische Freiheitsgrad ist einer der bedeutendsten Differenzierungspunkte zwischen dem Entrepreneur- und Intrapreneurship.

Gleiches gilt oftmals für die Ressourcensituation. Generell haben Intrapreneure in Konzernen eine deutlich größere Ressourcenausstattung als unabhängige Start-ups. Neben einem größeren Budget haben sie außerdem den Vorteil, auf andere Unternehmensbereiche/-funktionalitäten in einem gewissen Grad als Support zugreifen zu können. Organisationsinterne Intrapreneure sind von daher oftmals lediglich auf Funktionalitäten des Marketings und Vertriebs ausgerichtet. Ähnliches gilt auch für organisationsexterne Intrapreneure, auch wenn diese generell größere Hürden in der Zusammenarbeit mit der Zentralorganisation, je nach Ausprägung der Schnittstellen, überwinden müssen (Desouza 2011, S. 170–189).

Doch diese Verknüpfung der Intrapreneure mit der Konzernzentrale birgt gewisse Gefahren und Risiken. Einer der wichtigsten Herausforderungen für Intrapreneure bleibt das Managen der konzerninternen Bürokratie, die den Vorteil des firmeninternen Supports deutlich einschränken kann. Beispielsweise wird die Linienorganisation generell eher ein geringeres Interesse an der Unterstützung von Sonderprojekten der Intrapreneure haben, verfolgt sie doch ihre eigenen Ziele des operativen Alltagsgeschäfts. Des Weiteren können Intrapreneure durch firmeninterne Wettbewerber um Ressourcen in ihren Aktivitäten benachteiligt werden, sei es bei der Priorisierung und Umsetzung von Marktanalysen oder bei der Vergabe von firmeninternen Budgets. Dieses kann sogar so weit gehen, dass die Hauptorganisation die Einheit der Intrapreneure nicht akzeptiert und ihre Konzepte infrage stellt. Insbesondere unternehmensinterne Intrapreneure sind von dieser Problematik betroffen und sie müssen sehr versiert im Umgang mit der Bürokratie innerhalb des Konzerns sein. Externe Intrapreneure sind stärker auf die optimale Implementierung der relevanten Schnittstellen im Konzern angewiesen. Zusammenfassend kann konstatiert werden: Sind Entrepreneure in ihrer Existenz lediglich vom Wettbewerb bedroht, sind Intrapreneure zusätzlich durch den Wettbewerb innerhalb der eigenen Organisation gefährdet (Schönebeck 2010, S. 72–77).

Aus der oben genannten Problematik ergeben sich auch hinsichtlich der Erfordernisse an die jeweiligen Teams unterschiedliche Herausforderungen. Während Entrepreneure tendenziell eher Generalisten in ihrem Team haben sollten, da aufgrund der geringen Unternehmensgröße die Teammitglieder neben ihrem Spezialwissen oftmals weitere Funktionen der unternehmerischen Tätigkeit ausüben müssen, können Intrapreneure sich stärker spezialisieren, da sie die Synergien und den Support im Konzern zum Teil nutzen können. Entsprechend sollten in der Einheit der Intrapreneure auch immer Manager sein, die im Umgang mit Bürokratie, Außendarstellung ihres Projektes und Verhandlungen mit anderen Stakeholdern im Unternehmen Erfahrung und Geschick besitzen.

Außerdem unterscheiden sich Intrapreneure von Entrepreneuren in ihrer Managementphilosophie. Denn generell fühlen sich Intrapreneure mit ihrer Organisation und deren Zielen verbunden und ziehen es vor, innerhalb ihres bekannten sozialen Netzwerks innerhalb der Organisation zu arbeiten. Intrapreneure sind zwar ähnlich wie Entrepreneure selbstmotivierte Radikale und Forscher, die auf der Suche nach neuen Innovationsmöglichkeiten alles Bestehende infrage stellen. Doch müssen sie eben auch die sich hieraus ergebenden Konflikte mit anderen Unternehmenseinheiten managen. Ein erfolgreiches Intrapreneurship besteht aus dem Wissen, wie das Netzwerk der Organisation vorteilhaft zur Erfüllung der Ziele der Intrapreneure genutzt werden kann (Burns 2016, S. 77 f.; Desouza 2011, S. 34 ff.).

Als eine marktbezogene Intrapreneurship-Strategie kann von daher eine Strategie eines Unternehmens bezeichnet werden, das zur Positionierung in einem Marktsegment eine innovative Organisationseinheit schafft, um schnell durch neuartige Ideen in diesem zu wachsen. Dabei kann eine solche geschaffene Organisationseinheit sowohl unternehmensintern als auch unternehmensextern, z. B. in einer unabhängigen Tochtergesellschaft, implementiert werden.

3 Grundlegende Marken- und Unternehmensstrategien

Im Folgenden werden die Konzepte der Unternehmensstrategien, die für die Verfolgung einer Intrapreneurship-Strategie von Bedeutung sind kurz skizziert. Hierbei handelt es sich vor allem um Strategien im Umgang mit disruptiven Innovationen und der Marktpositionierungsstrategie. Aber auch die Mehrmarkenstrategie und die Strategien von kleineren Wettbewerbern, die ihren größeren Wettbewerbern als Herausforderer gegenüberstehen, sollen berücksichtigt werden. So kann die Betrachtung dieser Strategien einem besseren Verständnis der strategischen Denkweise und der Ideen, die der strategischen Zielsetzung unseres Fallbeispiels Yourfone zugrunde lagen, dienen.

3.1 Strategischer disruptiver Ansatz

Innovationen können inkrementell, evolutionär oder radikal, sprunghaft verlaufen (Trott 2012, S. 27). Nach Christensen wird der Begriff der radikalen Innovation in zwei weitere Kategorien unterteilt. Zum einen in radikale, sprunghafte Innovationen, die dem technologischen Pfad bzw. einem bestimmten Technologie-Markt-Paradigma folgen. Zum anderen gibt es disruptive Innovationen, die das bestehende Markt-Technologie-Paradigma „radikal" neu definieren und damit auch revolutionieren. Hierdurch schaffen disruptive Innovationen neue Märkte, kreieren gänzlich neue Wertschöpfungsnetzwerke und verdrängen unter Umständen bestehende Wettbewerber. Disruptive Innovationen können durch neue Technologien, andersartige Business Modelle, Veränderungen im Konsumverhalten u. Ä. ausgelöst werden (Christensen 2011; Dosi 1990, S. 150 ff.; Kollmann, T. 2016, S. 4 f.).

Disruptive Innovationen sind dabei oftmals anfänglich noch bezüglich ihrer Produkteigenschaften gegenüber bestehenden Produkten „Underdogs" und bedienen nur ein kleines Marktsegment. Doch durch technologische Neuerungen werden diese Underdogs mit der Zeit preislich billiger, einfacher und bedienungsfreundlicher als die bestehende Produktwelt. Disruptive Innovationen verdrängen dadurch die im Markt etablierte Produktwelt (Christensen 2011, S. 221).

Etablierte Unternehmen tendieren dazu, solchen disruptiven Ideen bzw. Entwicklungen innerhalb des eigenen Unternehmens keinen großen Gestaltungsspielraum zu geben. Dieses ergibt sich zum einen daraus, dass sich Unternehmen hinsichtlich ihrer Ressourcen, ihrer Prozesse, ihrer Wertschöpfungskette und ihres Wertesystems optimal auf den etablierten Markt eingestellt haben und so relativ unflexibel gegenüber neuen disruptiven Ideen sind. So konkurrieren innerhalb eines Unternehmens viele Bereiche untereinander um die firmeninternen Ressourcen. In diesem Wettbewerb setzten sich die im Markt etablierten Produkte oftmals durch, da sie den sichersten kurzfristigen Weg zu neuem Wachstum versprechen. Die Unternehmen tendieren dazu, planerisch nur noch „groß" zu denken, also hoch-profitable Großprojekte vorzuziehen, um ihre Wachstumsziele zu erfüllen. Kleine neue disruptive Initiativen, die anfänglich für Großkonzerne ein sehr geringes Wachstum versprechen und zu Beginn ein geringes Nutzungsversprechen besitzen, können sich so meistens gegenüber Großinitiativen im Konzern nicht durchsetzen (Christensen 2011, S. 147 f.). Im Streben nach höheren Renditen überfrachten die Unternehmen den Markt mit einem Überangebot an Produkt-Features und Zusatzleistungen. All dieses führt dazu, dass etablierte Unternehmen disruptive Herausforderungen nicht rechtzeitig erkennen und wenn sie die disruptive Gefahr erkannt haben, brauchen sie zu lange, um sich auf das neu entstehende Markt-Technologieparadigma einstellen zu können. Mit vielen Beispielen, wie aus der Computer-Hard-Disk-Industrie, bietet Christensen damit einen Erklärungsansatz, warum oftmals selbst hochinnovative Unternehmen im Markt scheitern können.

Ein weiteres Phänomen ist, dass solche disruptiven Innovationen und Geschäftsmodelle sehr oft mit neuartigen Vertriebskanälen und -konzepten und mit dem Entstehen neuer Kundensegmente Hand in Hand gehen bzw. sogar durch diese ausgelöst und vorangetrieben werden. Insbesondere die Revolution durch die digitalen Märkte, aber auch die Miniaturisierung der Technik hinsichtlich mobiler Anwendungen, wie dem I-Pod und Walkman, spielen hierbei eine bedeutende Rolle. Denn mit beiden Produkten gelang es, das sich neu bildende Segment der mobilen Medienkunden inklusive eines neuen Nutzungsprofil und Wertesystem zu generieren und zu erschließen (Christensen 2011, S. 248).

Christensen/Raynor/McDonald stellen klar, dass eine disruptive Innovation nur dann als solche klassifiziert werden darf, wenn sie in einem low-budget-Segment, d. h. in dem Segment, dass seinen Fokus auf low-end Kunden gelegt hat, startet und diese mit"just-good-enough" Produkten bedient (Christensen et al. 2015). Doch gerade bezüglich einer Intrapreneurship-Strategie wird in dieser Arbeit eine Innovation als disruptiv bezeichnen, wenn das bestehende Markt-Technologie-Paradigma durch sie „radikal" verändert wird. Die Diskussion, in welchem Marktsegment der disruptive Innovator theoretisch starten darf, kann für die vorliegende Fragestellung ausgeblendet werden.

Die erste bedeutende strategische Frage für Unternehmen zur maßnahmenbezogenen Begegnung einer disruptiven Herausforderung ist damit das Erkennen solcher disruptiven Neuentwicklungen und deren genaue Bewertung.

Christensen schlägt zur Beantwortung der Frage, ob eine Entwicklung/Technologie wirklich disruptiv ist, einen Set an Fragen vor, für die in unserem Fall die folgenden am bedeutendsten sind (Christensen 2011, S. 235–249):

- Wo genau liegt die disruptive Herausforderung und Gefahr durch die neue technologische Entwicklung?
- Gibt es technologische Pfade, die zu einer Verbesserung der neuen Technologie führen und damit zukünftig bestehende Technologien überholen bzw. sich am Markt durchsetzen?
- Wo ist der Markt für die neue Technologie? Welche Untersektoren könnte die neue Technologie als erste erobern? Wie wird sie aktuell vermarktet?
- Wie nutzen Kunden die bestehenden Produkte eigentlich wirklich? Wie gehen sie wirklich mit den Produkten um?
- Beinhaltet diese Entwicklung einen neuen Weg zu profitablem Wachstum?
- Was wäre die richtige Produkt-, Technologie- und Vertriebsstrategie?

Die zweite große strategische Frage, die sich damit für etablierte Unternehmen in einem gesättigten Markt stellt, ist, wie sie sich effektiv gegen solche disruptiven Neueinsteiger und Entwicklungen wehren bzw. diese als Chance für sich nutzen können (Christensen und Wessel 2012).

Um nicht von bestehenden Produkten der Linienorganisation und ihren Großprojekten im innerbetrieblichen Ressourcenwettbewerb, z. B. um die richtigen Fachleute, verdrängt zu werden, empfiehlt Christensen bedeutende neue Initiativen generell betrieblich auszulagern. Ein sogenanntes Spin-out hat den Vorteil, dass sich so die neue Initiative/Idee dem vorherrschenden Ressourcen-, Prozess- und Werte-System der Organisation entziehen kann. Wichtig ist, dass ein solches Spin-out ausreichend mit Ressourcen vom Mutterkonzern versorgt wird und dass ihr Management nicht zu sehr unter Erfolgs- und eingefahrenem Erwartungsdruck gestellt wird. Es muss ähnlich wie ein Start-up, die Möglichkeit und den Freiraum erhalten, neue Dinge auszuprobieren, Fehler machen zu dürfen und seine Produkte und Geschäftsmodelle neu erfinden zu können. Hierbei kann auch eine Akquisition eines Unternehmens sinnvoll sein, falls das zu akquirierende neue Unternehmen in seiner Ausrichtung der neuen disruptiven Idee ähnelt. Denn Werte und Prozesse innerhalb eines Unternehmens zu verändern, kann sowohl im bestehenden wie auch in einem akquirierten Unternehmen zu einem langwierigen und kostspieligen Prozess werden (Christensen 2011, S. 197–202).

Generell sollte das Management innerhalb des Konzerns mehr Freiräume und Offenheit für neue Ideen zulassen. Sei es bei der Einstellung von Mitarbeitern, die eine höhere Diversität an Fähigkeiten aufweisen sollten, damit ein stärkeres „out-of-the-box"-Denken ermöglicht wird und ein gewisser Mindset hinsichtlich disruptiver Ideen im Unternehmen vorhanden ist (Christensen 2011, S. 193 ff.). Ähnlich ist es mit der Gestaltung der Marktforschung und dem Festlegen von Plänen. Christensen empfiehlt einen agnostischen Marketing-Ansatz, d. h. einen grundsätzlich stärkeren Fokus aufs Lernen, als vorher schon den Erfolg quasi planerisch festzulegen. Denn es gehört ja gerade zu den Besonderheiten von disruptiven Neuerungen, dass der neue Markt und seine Ausprägungen zu anfangs allen – auch den Wettbewerbern und Kunden – noch relativ unbekannt ist. Der Markt kann also quasi nur über „Trial and Error" erschlossen werden (Christensen 2011, S. 180 ff.; Christensen und Wessel 2012).

Bei disruptiven Produkten empfiehlt Christensen eine klassische First-Mover Strategie. Eine Second-Mover-Strategie des Abwartens, um von den Fehlern der First-Mover zu lernen, ist zu verwerfen. Denn es ist wichtig, dass man von Anfang an Erfahrungen mit den neuen Produkten, Kunden und Vertriebskanälen sammelt, damit man auch wirklich den neu entstehenden disruptiven Markt, sein neues Nachfrageverhalten und Wertesystem kennenlernt und gewisse Entwicklungen nicht verpasst. (Christensen 2011, S. 258). Hierbei muss berücksichtigt werden, dass bestimmte Barrieren auch die Einführung von disruptiven Innovationen verlangsamen können, so muss der Umgang mit technologischen Neuheiten auch erst einmal von den Kunden richtig erlernt werden (Christensen und Wessel 2012).

Man sieht in diesen Empfehlungen, welchen hohen Deckungsgrad sie mit einer Intrapreneurship-Strategie haben, bzw. gerade disruptive Innovationen eine Intrapreneurship-Strategie von etablierten Unternehmen einfordern. Die folgende Empfehlungsmatrix in Abb. 1 kann entsprechend auch für die generelle organisatorische Gestaltung von Intrapreneur-Teams genutzt werden. So gibt sie ja auch gerade eine Antwort auf die in den Kapiteln zuvor diskutierte Frage, ob der Intrapreneurship-Ansatz organisationsintern oder organisationsextern genutzt werden soll, sprich ein Intrapreneurship im engeren oder weiteren Sinne verfolgt werden sollte.

Christensen hat eine Empfehlungsmatrix herausgearbeitet, wie Unternehmen situativ mit Neuentwicklungen umgehen sollten. Hierbei ist entscheidend, inwiefern die Neuentwicklung organisatorisch zu den bestehenden Werten und Prozessen des Unternehmens passt. Insbesondere wenn das Wertesystem der Neuentwicklung zu der bestehenden Wertewelt des Unternehmens nicht passt, empfiehlt Christensen die Gründung einer

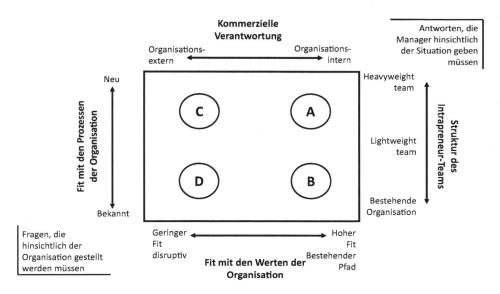

Abb. 1 Entscheidungsmatrix: passender organisatorischer Fit zur innovativen Herausforderung. (In Anlehnung an Christensen 2011, S. 203)

autonomen Organisation. Dieses trifft vor allem auf Situation C zu, in der ein etabliertes Unternehmen mit einer klassischen disruptiven Entwicklung konfrontiert wird, in der sowohl die Prozesse wie auch das Wertesystem der neuen Entwicklung nicht zu der bestehenden Produktwelt passen. Auch in Situation D, also einer Situation, in der bestehende Produkte nach einem ganz neuen Business Modell verkauft werden müssen, wie z. B. im low-cost Segment, empfiehlt Christensen einen Spin-out. Für Situation B sind die prozess- und wertebezogenen Unterschiede zwischen der neuen Entwicklung zur bestehenden Ausrichtung so gering, dass ein kleines organisationsinternes Team für das Management der Neuentwicklung ausreicht. In Situation A wird hingegen aufgrund der prozessualen Herausforderungen schon ein größeres Intrapreneurs-Team benötigt, um die Innovation in der Mainstream-Organisation umsetzen zu können (Christensen 2011, S. 203).

Für eine erfolgreiche Umsetzung ist ganz entscheidend, ob die neue Idee und der vom Unternehmen neu gewählte Weg, auch in der Realität so disruptiv ist, wie vom Unternehmen erwartet wurde. Der disruptive Fit ist also ein entscheidender Faktor für den Erfolg einer solchen neuen unternehmerischen Initiative.

Sollte die in der Matrix gewählte Vorgehensweise keinen disruptiven Fit vorweisen und der disruptive Charakter der Herausforderung unterschätzt werden, ist anzunehmen, dass zum einen die Widerstände einer unternehmensinternen Umsetzung sehr hoch sein werden. Zum anderen kann eine solche Unterschätzung des disruptiven Charakters den Entwicklungsspielraum auch zu sehr einschränken, bedingt also genau das Scheitern, das Christensen bei so vielen etablierten Unternehmen gegenüber disruptiven Herausforderern beobachtet hat.

Aber auch umgekehrt führt eine Überschätzung des disruptiven Charakters einer Neuentwicklung zu einer Erhöhung der Kosten. Man überbewertet quasi die Bedeutung einer Neuentwicklung und gibt ihr in Form eines neu gegründeten Unternehmens mehr Aufmerksamkeit und Freiraum, als eigentlich nötig gewesen wäre. Mit anderen Worten: es wäre eine standardisierte konzerninterne Umsetzung inklusive einer stärkeren Erfolgskontrolle die deutlich kostengünstigere Alternative gewesen. Schließlich bedeutet die Neugründung eines Unternehmens einen deutlich höheren kostenbezogenen und organisatorischen Mehraufwand.

Marktbezogen muss bei einem Spin-out zur Begegnung disruptiver Herausforderungen auch die Frage geklärt werden, ob dieses mittels der Schaffung einer neuen Marke vollzogen werden soll. Dieses soll im Folgenden diskutiert werden.

3.2   Markenerweiterungsstrategien

Angesichts dynamisch wandelnder Märkte ist das Ziel der Markenerweiterungsstrategie, der Entwicklung und Einführung neuer Produkte und der zunehmenden Heterogenität der Käufergruppen markenpolitisch zu begegnen.

3.2.1 Markendehnungsstrategie

Im Rahmen der Markenerweiterungsstrategie gibt es die Markendehnung, d. h. die Verwendung eines bestehenden Markennamens zur Erschließung neuer Marktsegmente innerhalb derselben Produktlinie oder gänzlich andersartigen Produktklassen. Der Vorteil der Markendehnung liegt in der Einsparung des Zeit- und Kostenaufwands für den Markenaufbau und in der Anknüpfung an bestehende Marktpositionierungen, sowie die Anpassung des alten Markenimages an neue Entwicklungen (Florack et al. 2007, S. 137 f.). Das umfassende Angebot der Premiummarken der vier großen Mobilfunkoperatoren, das sich an einen Großteil der Marktsegmente richtet, entspricht einer solchen Markendehnungsstrategie. Doch sind einer Markendehnung auch bestimmte Grenzen durch das Image der Marke, das sich nicht beliebig ausweiten lässt, gesetzt (Esch 2018, S. 520 aus Kapferer, J.-N.: The New Strategic Brand Management: Advanced Insights and Strategic Thinking, 2012, London, 5. Auflage.).

3.2.2 Mehrmarkenstrategie

„Die Mehrmarkenstrategie lässt sich als Instrument zur Profilierung von Marktportfolios im horizontalen Wettbewerb charakterisieren" (Meffert et al. 2005, S. 217). Sie setzt die Schaffung selbstständiger Unternehmenseinheiten – innerhalb und außerhalb der Ursprungsorganisation – zur Führung der jeweiligen Marke voraus. Parallele Markenführung zeichnet sich dadurch aus, dass sich die Marken auf denselben Produktbereich beziehen, jedoch sich anhand ihrer zentralen Leistungsmerkmale und in der

Ausgestaltung der Marketinginstrumente sachlich-funktional oder emotional unterscheiden. Die jeweiligen Marken besitzen einen wahrnehmbaren getrennten Marktauftritt (Esch 2018, S. 519; Meffert et al. 2005, S. 217).

Die Mehrmarkenstrategie beinhaltet die Philosophie einer nachfragebezogenen differenzierten Ansprache verschiedener Käufersegmente, durch die die einzelnen Marken segmentspezifisch ausgerichtet werden können. Sie eignet sich insbesondere auch zur Marktbearbeitung neu entwickelnder Marktsegmente, die durch Innovationen geschaffen werden.

Zu den wichtigsten Faktoren bzgl. einer segmentspezifischen Ansprache und Differenzierung einzelner Marken gehören hierbei ihre Leistungsmerkmale, der Preis, ihr kommunikativer Auftritt und ihre vertriebliche Ausrichtung (Meffert et al. 2005, S. 217).

Nach Meffert/Burmann/Koers liegen die größten Vorteile einer solchen Strategie in der Steigerung der Marktdurchdringung, -absicherung, -erschließung und in der Streuung des Marktrisikos. Im Falle von sich durch disruptive Innovationen neu bildenden Kundensegmenten kann zusätzlich der Vorteil darin bestehen, eine neue Marke als quasi „Testmarke" in diesem Segment zu platzieren. Hierdurch kann die Verwässerung des Marktauftritts bestehender Marken vermieden werden. Denn insbesondere in innovativen und disruptiven Marktnischen, in denen Produkteigenschaften anders bewertet werden, besteht eine größere Sensibilität gegenüber etablierten Marken, die leicht vom Kunden als „old-fashion" wahrgenommen werden. Aber auch umgekehrt kann der alte Kundenstamm leicht verprellt werden, wenn man sich nach den Spezifitäten des disruptiven Segments ausrichtet. Zumal diese Neusegmente zu Beginn ihrer Entstehung oftmals als relativ unattraktiv angesehen werden (Christensen 2011). Von daher ist gerade in innovativen Märkten eine Markenneupositionierung als vorteilhaft anzusehen, da hierüber das neue Segment zielgruppenspezifisch direkt angesprochen werden kann. Das heißt insbesondere bei disruptiven Herausforderungen ist bezüglich einer Intrapreneurship-Spin-out-Strategie eine Mehrmarkenstrategie mit großer Wahrscheinlichkeit von Vorteil. Aber auch in strategischer wettbewerbspolitischer Hinsicht eignet sich der Aufbau einer neuen Marke zum Angriff auf ein Marktsegment, in dem die Konkurrenz schwach aufgestellt ist (Neurohr 2012, S. 77 ff.).

Darüber hinaus resultiert eine Mehrmarkenstrategie in einer Erhöhung der Aktionsflexibilität. Somit kann die Mehrmarkenstrategie einen wichtigen Beitrag zur Kundengewinnung und Kundenbindung liefern, da der Markt sowohl in der Breite als auch in der Tiefe stärker bearbeitet werden kann. Hinzu kommt, dass eine Marke innerhalb eines Konzerns Synergien, z. B. in der gemeinsamen Nutzung der Konzerninfrastruktur und Services, zusammen mit den anderen konzerneigenen Marken nutzen kann (Meffert et al. 2005, S. 219–223). Insgesamt wird die Chance von Esch, über eine Mehrmarkenstrategie den gesamten Markt zu bearbeiten und damit mehr Wachstum zu generieren, als größer eingestuft, als das bei einer Einmarken- bzw. Markendehnungsstrategie möglich wäre (Esch 2018, S. 520).

Demgegenüber gibt es jedoch auch einige Nachteile und Risiken einer solchen Mehrmarkenstrategie. Sie ergeben sich größtenteils aus dem klassischen Zielkonflikt zwischen

der Produktdifferenzierung einer Mehrmarkenstrategie und dem Bestreben nach Kostenreduktion durch Standardisierung und Economies of Scale. So kann eine Mehrmarkenstrategie mit erheblichen Zusatzkosten bzw. dem Verzicht auf Einsparungspotenzial
verbunden sein. Eine hiermit einhergehende suboptimale Ressourcenverwendung ist als
weiterer Nachteil zu nennen. Diesbezüglich ist auch das Risiko eines negativen Imagetransfers und der Erosion der Markenidentität anzuführen. Außerdem besteht die Gefahr,
dass sich die Marken kannibalisieren, da ihre Grenzen auch nicht immer klar zu definieren sind. So droht letzten Endes eine Übersegmentierung, d. h. eine zu starke „Par-
zellierung des Gesamtmarktes" (Esch 2018, S. 521; Meffert et al. 2005, S. 222) und
einer damit einhergehende Zerfaserung des Marktauftritts des Unternehmens. Auch aus
langfristiger Sicht kann es bei einer veränderten Marktsituation zu Problemen kommen. So eignet sich die Mehrmarkenstrategie zwar ideal, um neu entstehende Segmente
intensiv zu bearbeiten. Doch können solche Veränderungen – vor allem wenn sie eine
Veränderung der Kundenwünsche betreffen – auch die Grenzen zwischen bestehenden
Marken immer stärker auflösen und damit einer Übersegmentierung im Markt Vorschub
leisten (Meffert et al. 2005, S. 224 ff.).

3.2.3 Markenneupositionierungsstrategie

Wie Start-ups müssen auch Unternehmen, die eine marktbezogene Intrapreneur-Strategie
inklusive einer Mehrmarkenstrategie verfolgen, eine Strategie zur Neupositionierung der
kreierten Marke entwickeln. Das Positionierungsziel wird sehr stark durch das Involve-
ment der Zielgruppe bestimmt, also der Intensität mit der sich eine Zielgruppe mit der
Marke kognitiv und emotional verbunden fühlt (Esch 2018, S. 122 f.).

Generell ist bei dem Aufbau einer Marke die Herausarbeitung eines wahrnehmbaren
zielgruppenspezifischen Nutzens von sehr großer Bedeutung. Dieser Nutzen muss sich
klar von dem Angebot der Konkurrenz und des eigenen Markenportfolios unterscheiden
und hinsichtlich seines Leistungsangebots und Preises von Relevanz für die Kaufentscheidung der Käufer sein. Die subjektive Wahrnehmung und insbesondere der subjektiv wahrgenommene Produktnutzen des Käufers ist hierbei von ganz entscheidender
Bedeutung (Esch 2018, S. 115), d. h. es muss bezüglich der Produkteigenschaften und
der Marke eine dominante Stellung in der Psyche des Konsumenten angestrebt werden
(Meffert et al. 2005, S. 81.). Hinzu kommt, dass dieser Nutzenvorteil von langfristiger
Dauer sein sollte, da ansonsten der Differenzierungsvorteil und damit der Wettbewerbsvorteil der Marke schnell wieder verloren gehen kann. Entsprechend ist es wichtig, eine
Markenidentität zu schaffen und diese zu kommunizieren, ergo der Außenkommunika-
tion und Kundenpflege kommt eine besondere Rolle bei der Markenneueinführung zu
(Meffert et al. 2005, S. 232). Das heißt gegenüber der Konkurrenz ist es bedeutsam, eine
hohe Eigenständigkeit der Marken durch klar erkennbare Auftritte und Inszenierungen
zur Erzeugung eines prägnanten Images zu erreichen (Esch 2018, S. 226 ff.).

Zu den wichtigsten Strategien der Neupositionierung zählen die Positionierung als
Marktführer oder innerhalb einer Nische, wie auch die Qualitätspositionierung.

Die Positionierungsstrategie als Marktführer bezieht sich auf den Ausbau eines innovativen/technologischen Vorteils gegenüber potenziellen Wettbewerbern. Die Strategie der Marktführerschaft ist damit auf die Zukunft ausgerichtet. Hierbei besteht die Herausforderung das Segment zu entwickeln und von der innovativen Idee zu überzeugen, d. h. es soll eine „aktive Positionierung" der Marke innerhalb des Segments durchgeführt werden und so den Konsumenten die Bedeutung des neuen Leistungsangebots veranschaulicht werden (Tomczak et al. 2014, S. 160 f.).

Eine Nische beinhaltet ein sehr spezielles Produktangebot, dass von anderen Wettbewerbern im Markt kaum bearbeitet wird bzw. nur schwer imitierbar ist und u. A. aufgrund des Spezialangebots von Anbietern standardisierter Produkte nicht fokussiert wird. Der Spezialanbieter besitzt innerhalb einer Nische eine Vormachtstellung, in der er kaum von der Konkurrenz bedroht wird. Aus diesem Grunde wird diese Strategie auch von vielen Start-ups gewählt, da sie so den direkten Wettbewerb mit etablierten und deutlich größeren Unternehmen im Markt vermeiden können (Großklaus 2014, S. 20; Meffert et al. 2015, S. 407).

Die Qualitätspositionierung setzt auf einen eindeutigen Leistungsvorteil des eigenen Angebots gegenüber der Konkurrenz. Sie baut also auf einer Unique Selling Proposition auf, d. h. Unternehmen versuchen ihre Marken mit ihrem Leistungsangebot bezüglich der marktrelevanten Dimensionen gegenüber ihrer Konkurrenz klar zu differenzieren. Hierzu können im weiteren Sinne auch Pricing-Strategien gezählt werden (Tomczak et al. 2014, S. 177 ff.).

Da sich diese strategischen Ansätze in bestimmten Teilbereichen überschneiden, werden oftmals auch hybride Positionierungsstrategien von Unternehmen gewählt, d. h. die einzelnen Strategien können auch zu einem bestimmten Maß miteinander kombiniert werden.

Bezüglich der Markenpositionierung haben kleinere Anbieter einen Vorteil, da sie sich flexibler und radikaler auf bestimmte Marktsegmente fokussieren können als die großen Wettbewerber, die einen Großteil des Marktes im Blick haben und von daher auch nicht jedes Preismanöver mitgehen können, da sie mit etwaigen Rabattangeboten, ihren eigenen Verkauf kannibalisieren würden (Neurohr 2012, S. 80 ff.).

4   Markenneupositionierungs- und Intrapreneurship-Strategie am Beispiel von Yourfone

In unserer kurzen Skizzierung des deutschen Mobilfunkmarkts wird der Autor sich vornehmlich auf die Konkurrenzsituation der Marken und ihre Selling Propositions aus Kundensicht fokussieren. Es geht also weniger um eine Analyse der großen Mobilfunkoperatoren, ihres Netzausbaus und der generellen wirtschaftlichen und finanziellen Situation der einzelnen Player. Die folgende Darstellung dient von daher als Grundlage für die Analyse der Markenpositionierungs- und Innovationsstrategie von Yourfone.

4.1 Wettbewerbssituation – die Markenwelt auf dem deutschen Mobilfunkmarkt

Der Mobilfunkmarkt lässt sich generell in eine Vielzahl von unterschiedlichen Wettbewerbern unterteilen. In 2012 gab es vier große Mobilfunkoperatoren, die im Gegensatz zu anderen Wettbewerbern über umfassende Mobilfunknetze und die dazugehörigen Lizenzen im deutschen Markt verfügten. Die beiden großen Player T-Mobile und Vodafone verfügten in 2012 hinsichtlich ihrer Netznutzung jeweils über rund ein Drittel der Kunden im deutschem Mobilfunkmarkt. Hinzu kamen die beiden kleineren Player E-Plus und O_2 (Telefonica, der Mutterkonzern von O_2, hatte in 2014 die E-Plus Gruppe aufgekauft), die jeweils Marktanteile von ca. 15–20 % in 2012 besaßen. Mit ihren Kern-/ Premiummarken verfügten diese Player über ein umfassendes Tarifangebot, mit dem sie nahezu jede Leistung im Mobilfunk anboten. Außerdem war allen vier Operatoren gemein, dass sie über eine relativ gut ausgebaute und umfassende Kundenservice- und Vertriebsstruktur verfügten. Ähnlich wie in vielen anderen internationalen Mobilfunkmärkten unterscheiden sich jedoch die großen von den kleineren Mobilfunkoperatoren bezüglich ihrer Marketingstrategie. Die beiden kleineren Mobilfunkoperatoren E-Plus und O_2 agierten generell aggressiver, boten ihre Tarife günstiger an und hatten z. B. spezielle Angebote für Studenten. Hierüber versuchten sie ihre Nachteile im Bereich Größe und Technologie, die sich aus den Economies of Scale, z. B. aus den höheren Kosten für Netzausbau und für Mobilfunklizenzen pro Kunde und den Netzeffekten ergaben, auszugleichen. Auch in Bezug auf eine Mehrmarkenstrategie und dem Auffinden neuer Vertriebswege durch Enabling (s. u.) hatten sich die kleineren Operatoren als deutlich innovativer und aggressiver im Markt aufgestellt (Hibberd 2004, S. 38 f.; Meyer-Ramien 2007, S. 270 ff.; Moss 2003, S. 43 ff.). Im deutschen Mobilfunkmarkt hatten die beiden kleineren Mobilfunkoperatoren eine Vielzahl kleinerer Marken etabliert. Insbesondere die E-Plus Gruppe war hierbei einer der Vorreiter im deutschen Markt. So hat das Unternehmen neben der eigenen Marke E-Plus eine Vielzahl kleinerer Marken, wie z. B. Base, Simyo und Ay Yildiz erfolgreich in den deutschen Markt eingeführt. Die Mehrmarkenstrategie ging sogar so weit, dass die E-Plus Gruppe neben der Hauptmarke E-Plus mit Base eine weitere Premiummarke entwickelte, die dann sogar E-Plus als Hauptmarke abgelöst hat. Außerdem war die E-Plus Gruppe sehr erfolgreich im Auffinden neuer Vertriebswege und hat mit Aldi, MTV u. a. Konzernen neue Tarife entwickelt und über die Vertriebsstruktur dieser Unternehmen vermarktet. Gerade durch dieses Enabling sind eine Vielzahl neuer Marken im deutschen Mobilfunkmarkt entstanden. O_2 hatte in etwas moderaterer Form eine ähnliche Strategie verfolgt. Die großen Player T-Mobile und Vodafone hatten sich in diesen beiden strategischen Feldern eher reaktiv verhalten, aber z. B. mit der Marke Congstar oder mit Lidl, zu einem späteren Zeitpunkt nachgezogen. Auch hinsichtlich preispolitischer Maßnahmen war vor allem die E-Plus Gruppe als kleinerer Operator sehr aggressiv aufgestellt und galt allgemein als „Preisbrecher" im deutschen Mobilfunkmarkt (Gayek und Kuch 2014).

Neben den Mobilfunkoperatoren gab es die MVNO (Mobile Virtual Network Operator) u. Reseller, die zwar über kein lizensiertes und umfassendes Mobilfunknetz verfügten, aber in ihrem Marktauftreten bezüglich umfassendem Tarif- und Kundenserviceangebots und ihrer Vertriebsstruktur sehr ähnlich wie die großen Operatoren aufgestellt waren. Mobilcom/Debitel ist hierfür ein Beispiel.

Dazu existierten damals wie auch heute noch eine Vielzahl von Anbietern, die kein eigenes Netz besaßen und auch bezüglich ihres Tarif- und Kundenserviceangebots wie auch in ihrer Vertriebsstruktur sehr eingeschränkt aufgestellt waren. Diese lassen sich in zwei Gruppen unterteilen. Den sogenannten No-Frills-Anbietern, die ein sehr eingeschränktes Leistungsangebot zu sehr günstigen Preisen lediglich über das Internet vermarkten. Als zweite Gruppe lassen sich die Provider/Marken benennen, die sich sehr stark auf bestimmte Kundengruppen spezialisiert haben, wie z. B. die Ethno-Marken der E-Plus Gruppe und von O_2. Zu dieser Gruppe können auch Marken gezählt werden, die durch Musik-Services oder durch Datentraffic einen günstigen Zusatznutzen anbieten und sich hierüber auf eine bestimmte Kundengruppe spezialisiert haben.

Durch die Mehrmarkenstrategie haben die Mobilfunkoperatoren in dem No-Frills- u. Spezial-Segment neben den unabhängigen Serviceprovidern eine Vielzahl von neuen Marken etabliert. Hinzu kommen noch sog. MVNE (Mobile Virtual Network Enablers), wie z. B. Lidl und Aldi (Heinze und Michel 2018). Wie in der Abkürzung MVNE enthalten, wurden diese Unternehmen von ihrem Partner-Mobilfunkoperator als Mobilfunkmarke „enabled", sprich die Tarifmodelle wurden von ihren Partnern, die das eigentliche CellCo-Know-how (CellCo = Mobilfunkoperatoren) besaßen, entwickelt.

Aus Marken- bzw. Kundensicht lässt sich konstatieren, dass sich die Marken bezüglich ihres Leistungsangebots und ihres gesamten Marktauftretens in vielerlei Hinsicht unterscheiden. Die größten Unterschiede liegen also in den Preisen für die einzelnen Services, z. B. bei Ethno-Tarifen in der relativ günstigen Auslandstelefonie für bestimmte Länder, die so günstig oftmals von anderen Marken nicht angeboten werden. Ein weiterer Fokus bei der Markendifferenzierung liegt darüber hinaus in der Kundenansprache und der entsprechenden Markenidentität. So werden beispielsweise in einigen Ethno-Tarifen, die entsprechenden Migrantengruppen in der Sprache ihres familiären Herkunftslandes angesprochen (Gayek und Kuch 2014).

Generell lässt sich sagen, dass die Hauptmarken der vier Mobiloperatoren, mit ihrem umfassenden Tarifangebot, ihrer Markenbekanntheit und allgemeinen Präsenz, z. B. mit ihren Shops in den Innenstädten, den Markt dominierten und oftmals deutlich mehr als 5 Mio. Kunden aufwiesen. Demgegenüber hatten viele der Spezial- und No-Frills-Anbieter in ihren Marktnischen, wie auch viele der MVNE-Marken eine Kundenzahl von einer Million oder weniger.

Damit lassen sich als die wichtigsten Wettbewerbsdimensionen im Mobilfunkmarkt die folgenden Dimensionen identifizieren:

- Tarif- u. Optionsangebot hinsichtlich aller Mobilfunkservices, d. h. die Breite des Angebots
- Die preisliche Ausgestaltung des Angebots – das generelle Preisniveau
- Spezielle Vergünstigungen für Sondernutzen, wie z. B. bei Ethnotarifen
- Breite der Vertriebskanäle (über welche Kanäle werden die Tarife angeboten? Shops, Internet, Großmärkte etc.)
- Breite und Tiefe des Kundenservices
- Kommunikativer Auftritt/Markenidentität/Welche Kundengruppen stehen im Fokus?
- Intensität der Kundenbindung
- Netz, Übertragungsrate

In Abb. 2 werden die einzelnen Markengruppen allgemein skizziert. Wie beschrieben, wird in der Abb. 2 verdeutlicht, dass insbesondere bei den kleineren Marken des No-Frills-Segments, ein eingeschränktes Angebot bezüglich Services, Tarife und Vertriebskanäle gegeben ist. Dafür nutzen diese Marken die sich hieraus ergebende

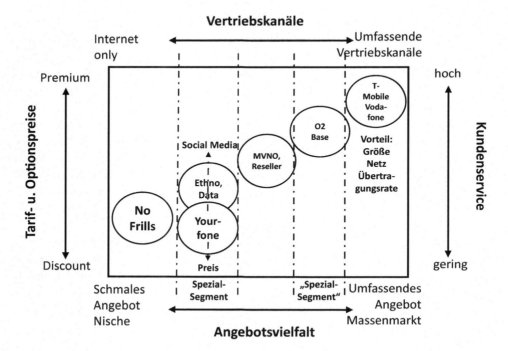

Abb. 2 Markengruppen im deutschen Mobilfunkmarkt in 2012. (In Anlehnung an Meyer-Ramien 2007 S. 272)

Kostenvorteile für ein deutlich günstigeres Angebot gegenüber den Premiummarken. Spezialanbieter, die ihr Angebot sehr gesondert auf bestimmte Kundengruppen ausgerichtet haben, werden durch die gestrichelten Linien abgegrenzt. Dieses Vorgehen trifft bedingt auch für die Gruppe der kleinen Mobilfunkoperatoren und ihren Premiummarken O_2 und Base zu. Die Pfeile bei Yourfone weisen darauf hin, dass die zweidimensionale Darstellung nicht ausreicht, um seinen Positionierungsansatz darzustellen, da es einerseits den niedrigsten Preispunkt aufweist, aber andererseits über Social Media einen höheren Aufwand zur Kundenbindung betreibt als viele andere Markengruppen im Niedrigpreisbereich.

Andererseits muss festgestellt werden, dass aus technologischer Sicht, sieht man einmal von Aspekten wie Mobilfunkstandards, Netzqualität und Übertragungsraten ab, die Kommunikationsangebote der einzelnen Anbieter kaum unterscheiden und relativ schnell, d. h. innerhalb weniger Monate, neue Tarifmodelle vom Wettbewerb imitiert werden können. Dieses hat auch zur Folge, dass die Grenzen zwischen den einzelnen Segmenten im Mobilfunkmarkt fließend sind. Schließlich bietet jeder Tarif auch Sprach-, SMS-Kommunikation und Datenübertragung/Internetzugang an, unterscheiden sich ihre Tarife primär in der preislichen Ausgestaltung.

4.2 Trends im Mobilfunkmarkt in 2012

Die Ära der Smartphones und des mobilen Internets, die ihren Kick-off in 2006/2007 hatte, erfasste in 2012 die Mobilfunkmärkte schon relativ stark. Zusätzlich eröffnete das Web 2.0, also Social Media-Anwendungen wie Facebook, neue Möglichkeiten zur Intensivierung des Kundenkontakts. So durchbrach Facebook in 2012 weltweit die Kundenzahl von einer Milliarde (Mossdorf 2013). Dieses beinhaltet entsprechend die Chance, die Markenidentität noch prägnanter im direkten Kontakt mit den Kunden zu pflegen, um so eine höhere Kundenbindung zu erreichen. Darüber hinaus eröffnete es den Anbietern die Möglichkeit, eine neue Verkaufs- und Werbeplattform zu errichten und unkompliziert Kundenservices durchzuführen.

Ein weiterer wichtiger Aspekt in 2012 war, dass sich mit dem Erfolg des mobilen Internets das allgemeine Paradigma der *Smart Mobs* und *Mobile Tribes* immer mehr im Markt durchsetzte. Mit *Smart Mobs* wird die neue Kundengeneration bezeichnet, die das Mobiltelefon als Allzweckwerkzeug in sämtlichen Phasen des Alltags integriert hat und mit diesem im ständigen Kontakt und Austausch mit dem Internet verbunden ist und zu seinen persönlichen Vorteilen nutzt (Meyer-Ramien 2007, S. 228–234; Rheingold 2003). Diese Kundengeneration steht in ständigem sozialen Kontakt mit ihrer Peer-Group und geht zusammen mit ihnen als eine Art *Mobile Tribe* durchs Leben. Insbesondere die Generation Y und Z, also die Jahrgänge, die nach 1980 geboren waren, waren die erste Generation, die seit ihrer Kindheit mit Mobiltelefonen in Berührung gekommen waren. Die Jahrgänge ab 1990 hatten während ihrer Jugendzeit mit Social Media Erfahrung gemacht (ab Jahrgang 1980 beginnt die Generation Y, ab 1995 die Generation Z aus

o. V. (5), in Business Dictionary 2018). Aus diesem Grund wird erwartet, dass sich diese Generationen hinsichtlich ihres Nutzer- und Kaufverhaltens radikal verändern werden und viel sensitiver im Umgang mit dem Internet und Social Media umgehen werden (ITU 2002; Katz und Aahus 2002; Rheingold 2003).

Der Trend der *Smart Mobs* wurde noch durch einen weiteren Trend im Mobilfunkmarkt gefördert. Denn durch das jährliche Absenken der Terminierungsentgelte durch die Regulierungsbehörde für Post und Telekommunikation, kam es Jahr für Jahr zu einem weiteren Preisverfall auf dem deutschen Mobilfunkmarkt (Westermeier 2014). Die Absenkung der Terminierungsentgelte beinhaltete auch, dass das Tarifmodell der Allnetflat immer günstiger angeboten werden konnte. Kostete eine Allnetflat bei den Premiummarken der kleineren Operatoren E-Plus und O_2 in 2007 noch monatlich ca. 90 € (Trautmann 2008), war das Niveau Anfang 2012 bei diesen Anbietern auf ungefähr 40 € gesunken (50 € mit Internetflat 500 MB). Die Allnetflat stand in 2012 davor, preisbezogen massenmarktfähig zu werden. Allnetflats stellen auch aus dem Grund für den Mobilfunkmarkt eine große Veränderung dar, da sie bei einem Massenmarkt akzeptablen Preis einen Großteil anderer Tarifmodelle obsolet machen. Ergo der in früheren Jahren intensive Wettbewerb mit unterschiedlichen Tarifmodellen wurde durch die günstigen Allnetflats seit 2012 abgelöst und findet heutzutage nur noch in den Segmenten, der Wenig-Telefonierer statt. Außerdem machte die Allnetflat den Festnetztelefonieanschluss bezüglich nationaler Telefonie theoretisch überflüssig. Dieses verdeutlicht, welche große Bedeutung das Tarifmodell der Allnetflat für das Mobiltelefon in seinem Entwicklungsprozess zu einem dominanten Alltagskommunikationstool, mit dem man zu jederzeit unbegrenzt lange, Gebühren-bezogen sorglos telefonieren konnte, gehabt hat. (o. V. (1), in Areamobile 2012).

4.3   Vermarktungsansatz von Yourfone

Yourfone wurde im Mai 2012 von der E-Plus Gruppe gelauncht und hat bis 2014, dem Zeitpunkt der Übernahme der E-Plus Gruppe durch Telefonica, 235.000 Kunden akquiriert (Scheckenbach 2015). Hierzu muss angemerkt werden, dass die relativ erfolgreiche Etablierung der Marke Yourfone geschah, obwohl der Mobilfunkmarkt mit Penetrationsraten von weit über 100 % gesättigt und von einem intensiven Wettbewerb einer Vielzahl von Mobilfunkmarken gekennzeichnet war (Mossdorf 2013).

Das Unternehmen startete mit einem Kreativteam von sechs Beschäftigten, dessen Zahl zum Zeitpunkt des Launch im Mai 2012 auf 10 angewachsen war. Ein Jahr nach dem Service-Launch war die Beschäftigtenzahl auf 30 deutlich erhöht worden (o. V. (4), in Hamburger Wirtschaft 2013, S. 11).

Das in 2012 angebotene Tarifmodell war hierbei sehr einfach gehalten. Es beinhaltete eine Allnetflat mit einer 500 MB Internetflat zu einem Monatspreis von 19,90 € bei einer Vertragslaufzeit von 24 Monaten bzw. einem Monatspreis von 24,90 € bei einer monatlichen Vertragslaufzeit. Im Vergleich zu anderen Allnetflat-Angeboten inklusive eines

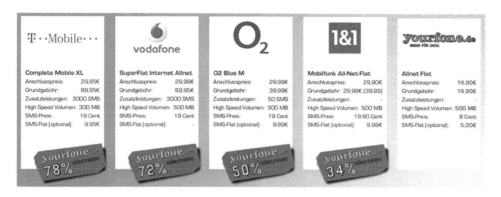

Abb. 3 Preisvergleich, ausgewählte Allnetflat-Tarife mit Datenoption – Postpaid Mai 2012. (Aus o. V. (1), in Areamobile 2012)

ähnlich großen Datenpakets hatte damit Yourfone das mit Abstand günstigste Angebot im Markt. Das Yourfone-Angebot war gegenüber vergleichbaren Allnetflat-Angeboten der Premium-Marken von Vodafone und T-Mobile mehr als 70 % bzw. von O_2 und Base 50 % billiger. Und auch gegenüber dem Allnetflatangebot von 1&1, das zu diesem Zeitpunkt mit einem zuvor erfolgten preispolitischen Vorstoß das günstigste Angebot im Markt mit 29,90 € besaß, war Yourfones Angebot noch um mehr als 30 % günstiger (o. V. (1), in Areamobile 2012) (Abb. 3).

Yourfone hatte mit verschiedenen Media-Agenturen bezüglich des kommunikativen Marktauftritts, wie u. A. für die Social Media Maßnahmen über Facebook, zusammengearbeitet (Wiesner 2013; App 2012). Der Launch wurde nach Aussagen des Yourfone Geschäftsführers, durch eine Kino-, TV-, Online- und Print-Werbekampagne unterstützt, für die das Unternehmen einen „Millionenbetrag" investiert hatte (o. V. (2), in affiliatedeals 2012).

Die Aussagen von dem damaligen CEO der E-Plus Gruppe und des Yourfone Geschäftsführers zum Launch der Marke Yourfone geben hier in vielerlei Hinsicht Einblick in die strategische Ausrichtung und Zielsetzung, die mit Yourfone angestrebt wurden.

So richtet sich das Angebot Yourfones „an Menschen wie Euch, die einen mobilen Lifestyle pflegen und dafür Funktionen wie E-Mail, Apps und mobiles Internet auf dem Smartphone nutzen wollen." Sie bezeichneten Yourfone als „den neuen unabhängigen Mobilfunk-Anbieter für die moderne Kundengeneration" (Kessler (2) 2012). Entsprechend wurde mit Yourfone ein Markenname gewählt, der sich an weltweit erfolgreiche Internetplattformen, wie Youtube anlehnte. „Jetzt gehen wir den nächsten großen Schritt. Eine Allnet-Flat für die komplette Mobilfunknutzung zu diesem Preis kann sich endlich jeder in Deutschland leisten. Das ist die endgültige Demokratisierung des Mobilfunks als Alltagsprodukt für jedermann". Man sei „Preisführer in Deutschland." sagte der CEO der E-Plus Gruppe in 2012 (Kessler (3) 2012). Diese markige Ankündigung entsprach objektiv der Realität, da mit Yourfone Allnetflats zu einem deutlich niedrigerem Preispunkt gegenüber dem Wettbewerb angeboten wurden (s. o.).

4.3.1 Yourfone als Intrapreneurship-Strategie

Von vielen Seiten, wie Partneragenturen und der Presse, als Start-up bezeichnet, ist Your-fone in theoretischer Sicht kein unabhängiges Start-up, sondern ist als 100 prozentige Tochter der E-Plus Gruppe dem organisationsexternen Intrapreneurship zuzuordnen.

Als Mobilfunktochter mit Sitz in Hamburg und eigenem Markennamen und -auftritt, die mit unabhängigen Medienagenturen in ihrer Konzept- und Launchphase zusammen-arbeitete, war Yourfone klar organisatorisch vom Mutterkonzern getrennt. Die Haupt-verbindung bestand auf höchster Managementebene mit dem Mutterkonzern und Yourfone genoss, wie von Christensen bei disruptiven Innovationen empfohlen, relativ starken Support vom Topmanagement des Konzerns (Christensen 2011, S. 203). Dieses wird darin deutlich, dass der CEO der E-Plus Gruppe den Launch von Yourfone aktiv in den Medien unterstützte. Außerdem war Yourfone relativ gut mit Ressourcen vom Mutterkonzern ausgestattet worden. Konnte das neu gegründete Unternehmen ja eine millionenschwere Marketingkampagne starten und mit externen Medienagenturen u. A. in der konzeptionellen Phase zusammenarbeiten (o. V. (2), in affiliatedeals 2012). Dieses macht auch den Unterschied zwischen einem Intrapreneurship und einem Entrepreneur-ship in einem unabhängigen Start-up deutlich. Ein Großteil unabhängiger Start-ups ver-fügt nur sehr begrenzt über eine umfangreiche Startfinanzierung und über eine solche mediale Präsenz, wie sie im Falle von Yourfone durch den Support des Mutterkonzerns gegeben war. Es bleibt fraglich, ob ein unabhängiger Entrepreneur für einen ähnlich riskanten Marken-Launch in einem gesättigten Markt ausreichend externe Finanziers gefunden hätte. Außerdem waren viele standardisierte Unternehmensaktivitäten an den Mutterkonzern, der große Erfahrungen mit der Mehrmarkenstrategie gesammelt hatte, ausgelagert (App 2012). Auch in dieser Hinsicht verhielt sich Yourfone wie ein klassi-scher Intrapreneur, der vorhandene Strukturen des Großkonzerns für sich nutzen konnte.

Es ist anzunehmen, dass Yourfone als unabhängige Tochter der E-Plus Gruppe auch einen gewissen unternehmerischen Freiraum besaß, um eigene kreative Lösungen für neue technologische Trends und disruptive Veränderungen im Markt entwickeln zu können. Da ein bestimmter Teil der konzeptionellen Entwicklung an eine Social Media Agentur ausgelagert war, kann man jedoch nur eingeschränkt von einem umfassenden Intrapreneurship im klassischen theoretischen Sinne sprechen. Denn dadurch dass die Entwicklung der Social Media-Strategie und ihre Aktivitäten, also ein Teil von Your-fones strategischen Kernaktivitäten, von Agenturen übernommen wurde, war vermut-lich auch ein Teil des Start-up-/Intrapreneurship-Spirit externalisiert worden (o. V. (3), in Havas beebop 2015). Andererseits kann das Einkaufen von kreativen Konzepten aus pragmatischer und unternehmerischer Sicht als legitimer Support für die schnelle Ent-wicklung und Umsetzung eigener kreativer Konzepte angesehen werden. Beinhaltet die-ser Ansatz ja auch den Fokus auf die eigenen Kernkompetenzen. So waren in 2012 die Social Media-Kompetenzen bei den Mobilfunkanbietern noch relativ gering ausgeprägt. Das heißt Yourfone konnte durch diesen Kompetenzzukauf schneller seine Social Media-Strategie umsetzen und damit auch schneller seinen Tarif im Markt launchen, als dass es das aller Wahrscheinlichkeit geschafft hätte, wenn es auf sich alleine gestellt gewesen wäre.

4.3.2 Markenpositionierung von Yourfone – die Zielgruppe

Die Zielgruppe kann mit dem im vorherigen Kapitel eingeführten Begriff *Smart Mobs* umschrieben werden. Hierzu passen die Aussagen des Geschäftsführers der Yourfone als *Mobilfunkanbieter der zweiten Generation* bezeichnete und auf den *Megatrend Allnet-Flat* setzte inklusive eines für damalige Zeit radikal niedrigem und damit massenmarktfähigen Preis. Das Alter der Zielgruppe wurde demzufolge an der Generation Y und Z anlehnend auf 14 bis 34 festgelegt (Kessler (3) 2012). Mit dem radikalen Preisangebot hatte sich Yourfone anfänglich in seiner eigenen Nische positioniert, die selbst für andere Discountmarken eine Herausforderung darstellte, aber insbesondere den Premiummarken mit ihrem deutlich teureren Angebot preispolitisch vor Probleme stellte. Mit Yourfones niedrigem Preispunkt, der selbst aus heutiger Sicht noch mit Einschränkungen Bestand hat, wurde in 2012 die Ära der Allnetflats im Mobilfunkmarkt eingeleitet. Darüber hinaus inkludierte das Yourfone-Angebot ein Datenpaket, mit dem diese internetaffine Zielgruppe mit ihrem mobilen Endgerät im Internet surfen konnte.

Der strategische Fokus bezüglich Social Media wird durch die Aussage vom Yourfone Chef zum Launch der Marke deutlich: „…Yourfone (Anmerkung des Verfassers) verknüpfe sein Mobilfunkprodukt unmittelbar mit der *modernen Mobilfunkgeneration* auf Social-Media-Kanälen – allen voran auf der unternehmenseigenen Facebook-Seite." (Kessler (3) 2012). Durch eine Vielzahl von Maßnahmen, wie z. B. eine anfängliche Befragung in Facebook zur Gestaltung des Tarifs und Slogans für Yourfones kommunikativen Auftritt, Songcontests, Vorteile für Yourfone-Fans auf Facebook bei Vertragsabschluss u. Ä., wurde die Nähe zum Kunden und damit auch seine Bindung an die Marke gefördert (o. V. (3), in Havas Beebop 2015).

Damit differenzierte sich das Yourfone-Angebot in vielerlei Hinsicht von bestehenden Marken im deutschen Mobilfunkmarkt. Neben dem radikalen Preispunkt, die Kombination von Allnetflat und Datenpaket als einziges Angebot und dem kommunikativen Auftritt hatte sich Yourfone klar auf die Zielgruppe der *Smart Mobs* ausgerichtet. Außerdem verfolgte Yourfone als erster Wettbewerber eine Social Media-Strategie.

Es ist nicht ganz einfach, die gewählte Markenpositionierungsstrategie Yourfones einem bestimmten Typus zuzuordnen, da es Elemente aller Strategietypen beinhaltet. Zum einen versuchte sich Yourfone qualitativ über einen aggressiven Preispunkt gegenüber der Konkurrenz zu differenzieren. Hinzu kommt der qualitative Leistungsunterschied über den intensiven Kundenkontakt u. -service über Facebook. Wertet man letzteren Ansatz als signifikanten innovativen Vorteil, kann man Yourfones Strategie dem Anstreben der Marktführerschaft zuordnen. Yourfone versuchte dieses über eine anfängliche Nischenstrategie zu erreichen, in der es insbesondere junge Konsumenten und *Smart Mobs* ansprach. Das heißt Yourfone hatte sich in einer Nische positioniert mit dem Potenzial massenmarktfähig zu werden. Hierzu passen der klare Fokus und die Einfachheit des Angebots. Neurohr bezeichnet diesen Aspekt als Strategie „Ein Randsegment als Sprungbrett nutzen", denn mit der Auswahl des progressiven Internet- und Social Media-affinen Kundensegments werden gerade die jungen Kundengenerationen angesprochen, die zukünftig voraussichtlich den Massenmarkt bilden werden. Die den

Markt allumfassenden Trends der Allnetflats und des mobilen Internets stellten zwei weitere Sprungbretter für die Marke in den zukünftigen Massenmarkt dar. Zu alledem stand das Segment der *Smart Mobs* nicht sehr stark im Fokus der Wettbewerber und konnte mit den existierenden und zugekauften Kompetenzen von der E-Plus Gruppe bearbeitet werden (Neurohr 2012, S. 167 f.).

Die strategische Vielschichtigkeit des Vermarktungsansatzes Yourfones äußert sich auch, wenn man zu ihrer Analyse das in 2012 erschienenen Buches „Strategien für Herausforderer" des ehemaligen Strategiechefs der E-Plus Gruppe heranzieht, zählte ja auch die E-Plus Gruppe zu einem solchen Herausforderer im deutschen Mobilfunkmarkt (Neurohr 2012; Anm.: Die Publikation wurde vor dem Launch Yourfones geschrieben. Sie bezieht sich also nicht direkt auf den Yourfone-Launch). Es lassen sich mehrere Strategietypen für Herausforderer identifizieren, die Bezug zu dem Launch Yourfones haben (Neurohr 2012, S. 189). Hier ist die „Die Überdehnung des Konkurrenten nutzen"-Strategie zu nennen. Der Launch von Yourfone kann also auch als direkter Angriff auf die Premiummarken mit ihrem segmentübergreifenden Angebot über das Segment der *Smart Mobs* angesehen werden. Neurohr erläutert diese Strategie anhand des Beispiels Ryanair, dessen Vorgehen in vielerlei Hinsicht mit dem von Yourfone vergleichbar ist. Auch Yourfones Angebot ist ein sehr einfaches, nicht komplexes und günstiges Angebot über den Distributionskanal Internet, das über das konsequente Fokussieren auf die beiden Kernleistungen „jederzeit telefonieren" über eine Allnetflat und mobiles Internet über ein Datenpaket im Markt platziert wurde (o. V. (3), in Havas Beebop 2015; Neurohr 2012, S. 76 u. 85 f.). Diese Leistungsreduktion kann in einer Vielzahl von Vorteilen wie Kostenreduktion münden, z. B. in Form von vereinfachten Prozessen, Einkaufsvorteilen, beispielsweise durch das Fokussieren auf Smartphones, Erhöhung des Selfservices und Outsourcing, z. B. an Agenturen (Neurohr 2012, S. 86 f.).

Denn gerade die Premiumanbieter bieten hinsichtlich der ANA-Methode (ANA = Ansatz zur Strategieanalyse/-formulierung: A = Achillesferse des Wettbewerbs entdecken; N = Strategien zur Neutralisierung der Übermacht bzw. etwaiger Gegenmaßnahmen durch die Wettbewerber; A = Angriffsmanöver durchführen – Wettbewerbsstrategie formulieren, Vgl. Neurohr 2012, S. 30 f.) eine Achillesferse, da sie aufgrund der bestehenden Komplexität des eigenen Angebots und ihres segmentbezogenen Overstretches relativ viel Zeit benötigen, um auf einen solchen Angriff zu reagieren. Zumal die Premiumanbieter aufgrund ihrer Positionierung im oberen Preissegment und der hiermit zusammenhängenden Profitabilität wenig Interesse haben, ihr eigenes Angebot durch etwaige Gegenmaßnahmen in ihrem Kundenbestand zu kannibalisieren. Sie neutralisieren sich also selbst (Neurohr 2012, S. 77–89). Von daher beinhaltet der Launch der Marke auch die „Etablierte Strukturen brechen"-Strategie, da mit ihm versucht wird, die Trägheit der großen Wettbewerber auszunutzen und diese mit einem radikalen Marktauftritt zu übertrumpfen (Neurohr 2012, S. 104 ff.).

Dieser Sachverhalt unterstreicht die aggressive Grundhaltung der E-Plus Gruppe im deutschen Mobilfunkmarkt in 2012, denn schließlich nahm die Gruppe mit dem Vermarktungsvorstoß von Yourfone in Kauf, dass auch ihre Premiummarken Base und

E-Plus zum Teil kannibalisiert wurden. Hierin wird eine weitere Strategie für Heraus-forderer erkennbar, denn gerade dadurch, dass die E-Plus Gruppe den durch die jähr-lichen Senkungen der Terminierungsentgelte erwarteten Preiskrieg antizipierte, eröffneten sich neue Chancen zusätzliche Marktanteile zu erobern (Neurohr 2012, S. 130 ff.).

Kritisch ist jedoch anzumerken, dass diese scheinbare Nischenposition das Prob-lem hat, relativ geringe Barrieren zum Schutze ihrer Wettbewerbsposition aufzuweisen und diese relativ leicht imitierbar bezüglich ihres Leistungsangebots ist. Das heißt viele Aspekte der Neupositionierung, waren wettbewerbspolitisch nur von relativ kurzer Dauer.

4.3.3 Wie disruptiv ist der Yourfone-Launch?

Was ist nun das disruptive an Yourfone? So ist zum einen die Mehrmarkenstrategie und der gewählte Preispunkt als disruptive Elemente zu nennen. Gerade mit der Mehr-markenstrategie hatte E-Plus schon zuvor mit vielen anderen Marken und MVNE, wie z. B. Aldi, auf dem deutschen Mobilfunkmarkt erfolgreich etabliert. „Als Anbieter mit der besten Kostenstruktur sind wir prädestiniert für solch eine Marktoffensive und kön-nen wie kein zweiter Anbieter im Markt unsere Kostenvorteile in einfache und güns-tige Angebote für unsere Kunden umwandeln", sagte der damalige E-Plus Chef beim Launch Yourfones (App 2012). Auch der gewählte radikale Preispunkt, der die All-netflats massenmarkttauglich machte und damit eine riesige Herausforderung für die bestehenden Wettbewerber darstellte, kann als disruptiv angesehen werden. Ein weite-rer disruptiver Aspekt ist die Fokussierung auf das sich neu bildende Segment der *Smart Mobs* und die dazu gehörende Social-Media-Strategie.

Zusammenfassend lässt sich festhalten, dass das Vermarktungskonzept in vielerlei Hinsicht eine disruptive Stoßrichtung hatte. Yourfone hatte sich in einem low-budget Segment positioniert, deren Zielgruppe das Potenzial hatte, in Zukunft zum Massen-markt zu werden, da es sich genau mit seinem Angebot auf die beiden bedeutendsten Trends im Mobilfunkmarkt fokussiert hatte. Außerdem war die Wahrscheinlichkeit gering, dass sich die den Mobilfunkmarkt dominierenden Premiummarken aufgrund der Kannibalisierungsgefahr ihrer Highend-Tarife in dieses Segment bewegen würden. Es hatte versucht dieses wie Ryanair durch einen Simplifizierungs- und Leistungs-reduktionsansatz umzusetzen. Es setzte außerdem mit seiner Social-Media-Strategie auf ein innovatives Konzept zur Kundenbindung.

Auch wenn dieses Vorgehen aus theoretischer Sicht als ein vielschichtiges und inte-ressantes disruptives Konzept erscheint, muss hier hinterfragt werden, ob dieses auch wirklich ein neues Markt-Technologie-Paradigma beinhaltete. Es hat sich gezeigt, dass sowohl aus technologischer Sicht, wie auch bezüglich des Business Modells der Ver-marktungsansatz nicht so revolutionär war, um einen ähnlichen Erfolg zu erzielen wie es beispielsweise Amazon oder Ryanair beschienen war. Auch wenn viele strategische Vorüberlegungen auf einen erfolgreichen Weg für eine Markenneupositionierung hin-deuteten, also ein ähnlicher disruptiver Erfolg, wie z. B. bei Ryanair theoretisch möglich gewesen wäre, so zeigt das Beispiel Ryanairs doch auch gravierende Unterschiede zu dem Fall von Yourfone auf. Bezogen auf Tarifmodelle stellte die Einführung günstiger Allnetflats eine große Vereinfachung für den Konsumenten dar, die ein unbeschwertes Telefonieren zu jederzeit möglich machte. Doch entsprach das nicht demselben Ausmaß an Fokussierung auf eine Basisleistung, wie das durch das Weglassen von diversen Zusatzdienstleistungen bei Ryanair erfolgt war. So war auch einer der Erfolgsfaktoren Ryanairs die günstige Nutzung ehemaliger Natoflughäfen und insbesondere das vereinfachte Direktflugsystems, das gegenüber dem „Hub&Spokes"-Netzwerk bestehender Wettbewerber in der Verwaltung und Koordinierung viel einfacher und kostengünstiger gewesen ist (Neurohr 2012, S. 74 ff.). Diese Vorteile hatte Yourfone nicht und auch bezüglich des vereinfachten Internetangebots gab es schon viele No-Frills Marken, die sich auf einen günstigen Vertrieb über das Internet fokussiert hatten.

Und auch hinsichtlich des mobilen Internets ergab sich das Problem, dass insbesondere T-Mobile und Vodafone schneller in den Breitbandausbau investiert hatten, d. h. sie besaßen im Bezug auf Netz und Übertragungsraten im mobilen Internet einen gewissen Wettbewerbsvorteil. Die E-Plus Gruppe hatte als letztes der vier Mobilfunkoperatoren erst in 2013 mit dem LTE-Ausbau begonnen. (Meyer-Ramien 2007, S. 335 u. 363 f.; Kessler (4), 2013).

Auch die Social Media-Strategie hatte nicht den innovativen und vor allem nicht den disruptiven Charakter, wie es anfänglich erschien. Die enge Kundennähe über Social Media entfaltete keinen großen disruptiven Erfolg und wurde nicht in einer signifikanten Zunahme an akquirierten Kunden erkennbar. So wurde die Kundenbindung über Social Media zum Teil auch von anderen Marken kopiert und wird heutzutage von vielen Marken als Instrument zur Kundenbindung aktiv eingesetzt. Auch wenn sich aus heutiger Sicht Social Media eher als ein Kanal zur Förderung der Kundenbindung eignet und hinsichtlich Mobilfunktarife nur bedingt eine disruptive Revolution im Markt ausgelöst hat, so muss es als ein Versuch ganz im Sinne Christensens angesehen werden, proaktiv sich in dieses scheinbar neubildende disruptive Segment als First Mover zu platzieren, um möglichst schnell ein Verständnis über das neue Nachfrageverhalten seiner Kunden zu erfahren. So ist die Strategie in defensiver Hinsicht als positiv zu bewerten, da man so das Risiko, einen Trend zu verpassen, minimierte. Außerdem war ja auch im anfänglichen Konzept die Intensivierung der Kundenbindung ein wesentlicher Faktor bei der Wahl der Social Media-Strategie und mag sich ggf. in niedrigeren Kundenchurnraten (Abwanderungsrate) niedergeschlagen haben. Ggf. ist der Zeitraum der Betrachtung auch zu kurz. Schließlich sind viele Kunden in ihren bestehenden Verträgen gebunden gewesen. Ein Großteil der Kunden konnte so nicht sofort zu Yourfone wechseln und hierdurch hatte der Wettbewerb genügend Zeit, um auf dieses Manöver eine wettbewerbspolitische Antwort zu finden.

4.3.4 Abschließende Bewertung des Marken-Launch Yourfones

Die Etablierung der Marke Yourfone muss generell als erfolgreich gewertet werden. Auch wenn nicht jeder radikale Trend eine disruptive Revolution auslöst, in der bestehende etablierte Player im klassischen Sinne Christensens aus dem Markt gedrängt werden, so können solche Trends doch dazu genutzt werden, neue Marktanteile zu erobern bzw. neue Marken zu etablieren. Und genau hierfür kann der Fall des Launches der Marke Yourfone ein Beleg sein. So nutzte die E-Plus Gruppe, die sich bietende Chance neuer Trends und richtete die Marke hierauf aus. Als allererstes Unternehmen hatte Yourfone mit einem radikalen Preispunkt auf den neuen massenmarktfähigen Allnetflat-Trend gesetzt und sich konsequent auf das *Smart Mobs*-Segment fokussiert. Als First Mover konnte Yourfone zumindest die zeitlichen Vorteile der frühen Segmentausrichtung und sehr spezifischen Segmentansprache, flankiert mit einer Vielzahl von Medienkampagnen, nutzen, um die Marke Yourfone aufzubauen. Und hier konnten andere Marken nur bedingt nachziehen, da ihr Segmentfokus zuvor ein anderer war.

Die weitere Frage, die in diesem Zusammenhang gestellt werden muss, ist, ob anstelle einer Markenneupositionierung mit einer bestehenden Marke das gleiche strategische Ziel hätte erreicht werden können. Hinsichtlich des Segmentfokus wäre dieses schon eine große Herausforderung für eine bestehende Marke gewesen, so hätte sich eine bestehende Marke nicht in so einer radikalen Form im Segment der *Smart Mobs* positionieren können. Kritisch kann hier jedoch aus theoretischer Sicht angemerkt werden, dass nach der Empfehlungsmatrix von Christensen aufgrund des eher geringen disruptiven Ausmaßes der Yourfone-Strategie, eine Allnetflat-Offensive über eine bestehende Marke oder ein internes Projektteam zur Entwicklung einer Social Media-Strategie wahrscheinlich kostengünstiger gewesen wäre.

Die Revolution in der Tarifwelt konnte aber nur schwer im Markt zu einem großen Durchbruch der Marke Yourfone mit mehreren Millionen akquirierter Kunden führen, da eben viele seiner anfänglichen Alleinstellungsmerkmale durch keine großen Barrieren geschützt wurden und so schnell vom Wettbewerb imitiert werden konnten. So haben die Marken der Mobilfunkanbieter auch nicht dieselbe große Bedeutung und Präsenz, wie z. B. die Marken mobiler Endgeräte, die die Konsumenten sichtbar für andere in der Öffentlichkeit nutzen. Niemand kann von außen erkennen, welchen Anbieter eine telefonierende Person gerade nutzt. Der Yourfone-Fall macht deutlich, dass das Markeninvolvement im Mobilfunktarifmarkt als relativ gering einzustufen ist. Dieses wird noch dadurch verstärkt, dass viele Kunden in Tarifverträgen mit langer Vertragslaufzeit gebunden sind und damit auch vielen Nutzern die eigenen Tarifmodalitäten nicht immer präsent sind, als dass sie die Vorteile eines anderen Angebots sofort erkennen würden.

Außerdem ist der Fokus auf den Allnetflat-Trend mit einem sehr günstigen Preispunkt eine klare Discountstrategie, d. h. andere Discountanbieter mussten ihren Markenauftritt noch nicht einmal wesentlich ändern, wollten sie der aggressiven Preispolitik Yourfones folgen. Dadurch, dass eben andere Discountmarken ähnlich günstige Tarifmodelle zu einem späteren Zeitpunkt in den Markt eingeführt haben und auch die Premiummarken ihre Preise gesenkt haben, war der Erfolg Yourfones nicht so disruptiv, wie der Allnetflat-Trend für den Massenmarkt insgesamt.

Während der Übernahme der E-Plus Gruppe durch O$_2$/Telefonica wurde in 2015 Yourfone an den Discountmarkenbetreiber Drillisch verkauft. Dass dann der

Mobilfunkanbieter Drillisch, der selber über ein gewisses Portfolio an eigenen Discount-marken verfügte, gerade Yourfone als die Marke wählte, die primär in den von der E-Plus Gruppe neu erworbenen Shops vertrieben werden sollte, mag ein Beleg für die Attraktivität der Marke Yourfone und damit für die erfolgreiche Etablierung dieser Marke im deutschen Mobilfunkmarkt sein. So wurden ja auch eine Vielzahl von Shops in Yourfone-Shops umbenannt und nach den Markenstyle eingerichtet (Es sei hier jedoch noch angemerkt, dass sich Drillisch in 2017 dazu entschied, die Yourfone Shop-Strategie wieder aufzugeben. Vgl. Kirchner 2017).

5   Fazit

In diesem Artikel wurden die genauen Unterschiede zwischen einem Start-up-Entre-preneurship, einem organisationsinternen und -externen Intrapreneurship dargestellt. Es wurde dargelegt, dass ein Entrepreneurship, zwar die größten Freiheiten in seiner unternehmerischen Tätigkeit genießt, jedoch oftmals gegenüber einem Intrapreneurship hinsichtlich der Ressourcensituation benachteiligt ist. Organisationsexterne Intrapreneur-ships erfordern zwar einen höheren finanziellen Aufwand als unternehmensinterne Initia-tiven, sie eignen sich aber insbesondere dann, wenn sie sich auf disruptive Innovationen spezialisiert haben bzw. sich mit neuartigen Businessmodellen auseinandersetzen müs-sen. Hierbei ist vor allem ihre relative unternehmerische Unabhängigkeit von Vorteil. Ein organisationsexternes Intrapreneurship bietet außerdem die Möglichkeit, eine neue Marke umfassend aufzubauen und zur gezielten Bearbeitung eines, sich durch einen Trend neu bildenden Marktsegments zu nutzen.

Das hier gewählte Untersuchungsobjekt Yourfone ist ein wissenschaftlich sehr inter-essanter Fall, aus dem für den Bereich der Wettbewerbspolitik und „Start-up"-Strategie vielschichtige Erkenntnisse gewonnen werden können.

Für kleine Start-ups macht der Yourfone-Fall deutlich, dass neue Trends immer eine Chance bieten, neue Marken zu etablieren. Und dazu bedarf es nicht unbedingt einer dis-ruptiven Veränderung, sondern inkrementelle Innovationen und kleinere Veränderungen können für die erfolgreiche Neupositionierung einer Marke schon ausreichend sein.

Jedoch hat der Fall Yourfones auch gezeigt, dass das alleinige Setzen auf Trends nicht ausreicht, um eine Marke aufzubauen, es sei denn, man besitzt wie ein Intrapre-neur einen Mutterkonzern, der die neue Marke mit genügend Ressourcen unterstützt. Von daher wird die wichtige Bedeutung von Mobilitätsbarrieren zum Schutze der Nischen-position gerade für unabhängige Start-ups sehr deutlich. Und dieses gilt umso mehr für Märkte mit einem geringen Markeninvolvement, wie gerade dem Mobilfunkmarkt. Denn spätestens wenn ein Trend beginnt, massenmarktfähig zu werden, werden andere Wett-bewerber und vor allem auch die großen Wettbewerber nachziehen. Für Start-up-Entre-preneure stellt die Bildung einer neuen Marke in hart umkämpften, gesättigten Märkten eine sehr große Herausforderung dar. Die Wahrscheinlichkeit für eine erfolgreiche Etab-lierung der Marke steigt mit der Existenz von Mobilitätsbarrieren und mit einem hohen

Grad an Markeninvolvement, durch den die Sonderposition einer Marke vom Konsumenten stärker honoriert wird.

Solche Mobilitätsbarrieren sind auch für disruptive Innovationsstrategien von entscheidender Bedeutung. Denn um einen disruptiven Erfolg, wie z. B. den von Ryanair, erzielen zu können, muss die disruptive Position eine bestimmte Uniqueness aufweisen, die vom Wettbewerb nicht so leicht imitiert werden kann. Ein radikaler Preispunkt alleine reicht hierzu nicht aus. Es braucht hierzu eine signifikante Veränderung des Wertesystems der Kunden bezüglich des Produktnutzens und seiner Features bzw. einer bedeutenden Veränderung des Markt-Technologie-Paradigmas.

Vor allem die Klärung, ob eine Neuentwicklung wirklich disruptiv ist, ist grundlegend für den Erfolg einer Strategie, die auf einen neuen Trend setzt. Das Wort disruptiv ist zum Teil zu einem Modewort geworden, von daher muss gerade diese Fragestellung intensiv fortwährend überprüft werden, um die richtigen Vermarktungsentscheidungen treffen zu können. Hinsichtlich Yourfone wurden Datenpakete und Allnetflats auch vom Wettbewerb angeboten. Außerdem hatte Social Media von 2012 bis 2014 als Vermarktungs- und Kundenbindungsplattform noch nicht den bedeutenden Impact, als dass sich hierdurch das Kaufverhalten im Mobilfunk signifikant verändert hätte. So konnte sich der disruptive Effekt kurzfristig nicht so entwickeln, wie das ggf. von der Konzernführung erhofft wurde. Yourfone war damit aus wettbewerbspolitischer Sicht ein mutiges und für den Markt sehr bedeutendes strategisches Manöver, das auch wenn es nicht den großen disruptiven Erfolg erzielt hat, zumindest zu der Etablierung einer neuen Marke geführt hat und einen signifikanten Einfluss auf die heutige preispolitische Situation im deutschen Mobilfunkmarkt gehabt hat.

Der Fall Yourfone macht deutlich, wie schwer es ist, die Frage nach dem disruptiven Charakter einer neuen Entwicklung zu beantworten und weshalb Unternehmen diesbezüglich immer auch unter einem gewissen Maß an Unsicherheit agieren müssen.

Literatur

Antoncic, B., & Hisrich, R. (2003). Clarifying the intrapreneurship concept. *Journal of Small Business and Enterprise Development, 10*(1), 7–24.

App, H. (2012). E-Plus startet mit Yourfone.de eine neue Marke, in WuV. https://www.wuv.de/marketing/e_plus_startet_mit_yourfone_de_eine_neue_marke. Zugegriffen: 2. März 2018.

Aulet, B. (2015). *Disciplined entrepreneurship*. New Jersey: Wiley.

Brännback, M., & Casrud, A. (2016). *Fundamentals for becoming a successful entrepreneur*. New Jersey: Pearson FT Press.

Burns, P. (2016). *Entrepreneurship and small business – Startup, growth and maturity*. London: Red Globe Press.

Christensen, C. M. (2011). *The innovator's dilemma*. New York: Harper Business.

Christensen, C. M., Rory M. E., & McDonald, R. (2015). „*What is disruptive innovation?*". Boston: Harvard Business Review. https://hbr.org/2015/12/what-is-disruptive-innovation. Zugegriffen: 1. März 2018.

Christensen, C. M., & Wessel, M. (2012). *Surviving disruption.* Boston: Harvard Business Review, Dezember issue. https://hbr.org/2012/12/surviving-disruption. Zugegriffen: 2. März 2018.

Desouza, K. C. (2011). *Intrapreneurship – Managing ideas within your organisation.* Toronto: Rotman-UTP Publishing.

Dosi, G. (1990). Sources, procedures and microeconomic effects. In C. Freeman (Hrsg.), *The economics of inovation.* Hants: Elgar.

Esch, F.-R. (2018). *Strategie und Technik der Markenführung* (9. Aufl.). München: Beck.

ESM. (2016). European Startup Monitor, o. O., Studie.

Florack, A., Scabiris, M., & Primosch, E. (2007). *Psychologie der Markenführung.* München: Vahlen.

Furr, N., & Dyer, J. (2014). *The innovator's method.* Boston: Harvard Business School.

Gayek, H., & Kuch, A. (2014). Die Geschichte von E-Plus Teil 2: Von Thorsten Dirks bis zur Fusion, in Teltarif. https://www.teltarif.de/e-plus-rueckblick-geschichte-teil-2/news/57773.html. Zugegriffen: 2. März 2018.

Großklaus, R. H. G. (2014). *Positionierung und USP – Wie Sie eine Alleinstellung für Ihre Produkte finden und umsetzen* (2. Aufl.). Wiesbaden: Springer Fachmedien.

Heinze, P., & Michel, T. (2018). Mobilfunkanbieter nach Netz. Teltarif. https://www.teltarif.de/mobilfunk/prepaid/anbieter-nach-netz.html. Zugegriffen: 3. März 2018.

Hibberd, M. (Juni 2004). What price success. *Mobile Communications International, Informa Group*, London, 38–40.

Ireland, R., Covin, J., & Kuratko, D. (2009). Conceptualizing corporate entrepreneurship strategy. *Entrepreneurship Theory and Practice, 33*(1), 19–46.

ITU: Internet For a Mobile Generation, 2002, Genf.

Katz, J. E., & Aahus, M. (2002). Conclusions: Making meanings of mobiles – A theory of apparatgeist. In J. E. Katz & M. Aahus (Hrsg.), *Perpetual contact.* Cambridge: Cambridge University Press.

Kessler, M. (1). (2012). E-Plus startet neuen Allnet-Flat-Tarif „Free" für Bestandskunden. Teltarif. https://www.teltarif.de/e-plus-allnet-flat-flatrate-free-base-bestandskunden-altkunden/news/46590.html. Zugegriffen: 2. März 2018.

Kessler, M. (2). (2012). yourfone: E-Plus startet im Mai mit neuem Mobilfunk-Discounter. Teltarif. https://www.teltarif.de/yourfone-e-plus-neuer-mobilfunk-discounter-brand-mobile-herrmann/news/46203.html. Zugegriffen: 2. März 2018.

Kessler, M. (3). (2012). yourfone-Start: E-Plus-Chef Dirks kündigt weitere Preisaktionen an. Teltarif. https://www.teltarif.de/yourfone-e-plus-dirks-preisaktionen-preiskampf-tarifdetails/news/46417.html. Zugegriffen: 2. März 2018.

Kessler, M. (4). (2013). „E-Plus-Jahresbilanz 2012: Mehr Umsatz, weniger Gewinn". Teltarif. https://www.teltarif.de/e-plus-zahlen-bilanz-2012-mehr-umsatz-weniger-gewinn/news/49870.html. Zugegriffen: 2. März 2018.

Kirchner, P. (2017). Drillisch verkauft yourfone-Shops und kündigt allen Betreibern. Teltarif. https://www.teltarif.de/drillisch-yourfone-prepaid-verkauf-netz/news/71159.html. Zugegriffen: 2. März 2018.

Kollmann, T. (2016). *E-Entrepreneurship: Grundlagen der Unternehmensgründung in der digitalen Wirtschaft* (6. Aufl.). Wiesbaden: Gabler.

KPMG. (2016). Deutscher startup monitor 2016, o. O., Studie.

Meffert, H., Burmann, C., & Koers, M. (2005). *Markenmanagement – Identitätsorientierte Markenführung und praktische Umsetzung* (2. Aufl.). Wiesbaden: Gabler.

Meffert, H., Burmann, C., & Kirchgeorg, M. (2015). *Marketing – Grundlagen marktorientierter Unternehmensführung* (12. Aufl.). Wiesbaden: Gabler.

Meyer-Ramien, A. (2007). Strategische Gruppen in der Mobiltelekommunikationsindustrie – Eine globale Wettbewerbsanalyse der Mobiltelekommunikationsoperatoren. Hamburg: Dr. Kovac.

Moss, T. (Juni 2003). Play time. *Mobile Communications International, Informa Group*, 43–46.

Mossdorf, S.-K. (2013). Chronik 2012: LTE, Netzpolitik, ein Tod und ein Flop, in Teltarif. https://www.teltarif.de/chronik/2012/. Zugegriffen: 2. März 2018.

Neurohr, R. E. (2012). *Strategien für Herausforderer*. Offenbach: Gabal.

o. V. (1). (2012). Yourfone Preisvergleich, in Areamobile. http://www.areamobile.de/bilder/92521-original-yourfone-im-preisvergleich-c-anbieter. Zugegriffen: 2. März 2018.

o. V. (2). (2012). 10 Fragen an Hartmut Herrmann & Viktoria Vinninski. yourfone.de. Affiliatedeals. https://www.affiliate-deals.de/10-fragen-an-hartmut-herrmann-viktoria-vinninski-yourfone-de/. Zugegriffen: 2. März 2018.

o. V. (3). (2015). yourfone GmbH, in Havas beebop, Hamburg. http://havas-beebop.de/kunden/yourphone/. Zugegriffen: 2. März 2018.

o. V. (4). (2013). Hartmut Herrmann, in Hamburger Wirtschaft (Hamburg, Mai, S. 11). http://www.hamburger-wirtschaft.de/pdf/052013/files/assets/basic-html/page11.html. Zugegriffen: 2. März 2018.

o. V. (5). (2018). Business Dictionary „Generation Y". http://www.businessdictionary.com/definition/Generation-Y.html. Zugegriffen: 2. März 2018.

Pinchot, G. (1988). *Intrapreneuring: Mitarbeiter als Unternehmer*. Wiesbaden: Gabler.

Rheingold, H. (2003). *Smart mobs. The next social revolution*. Cambridge: Basic Books.

Scheckenbach, T. (2015). Drillisch: Zahl der Kunden wächst 2015 rasant weiter, in Mobilfunk Talk. http://www.mobilfunk-talk.de/news/207743-drillisch-zahl-der-kunden-waechst-2015-rasant-weiter/. Zugegriffen: 2. März 2018.

Schönebeck, G. (2010). *Intrapreneurship – Eine empirische Analyse der Barrieren und Widerstände im Unternehmen, Berlin*. München: AVM.

Tomczak, T., Kuß, A., & Reinecke, S. (2014). *„Marketingplanung – Einführung in die marktorientierte Unternehmens- und Geschäftsfeldplanung"* (7. Aufl.). Wiesbaden: Gabler.

Trautmann, R. (2008). Chronik 2007: Das iPhone kommt, BenQ Mobile geht. Teltarif. https://www.teltarif.de/chronik/2007/. Zugegriffen: 2. März 2018.

Trompenaars, F., & Hampden-Turner, C. (2007). *Riding the waves of culture: Understanding cultural diversity in business* (2. Aufl.). London: Nicholas Brealey.

Trott, P. (2012). *Innovation management and new product development* (5. Aufl.). Harlow: Prentice Hall.

Westermeier, A. (2014). Terminierungsentgelte im Mobilfunkmarkt. *Wirtschaftsdienst, 94*(4), 275–280.

Wiesner, S. (2013). Neustes Baby ist online: yourfone.de, in Havas-Beebop Agentur, Hamburg. http://havas-beebop.de/allgemein/neustes-baby-ist-online-yourfone-de/. Zugegriffen: 2. März 2018.

Dr. Arne Meyer-Ramien ist als Hochschuldozent für Digitale Innovation und Internationales Management an der Hochschule Fresenius, Fachbereich Wirtschaft und Medien, tätig. Er verfügt über mehr als 15 Jahre Erfahrung in der IT- und Telekommunikationsbranche im In- und Ausland und berät neben seiner wissenschaftlichen Tätigkeit mittelständische Unternehmen in den Bereichen Marketing, Strategie und Innovation.

Erfolgsfaktor Unternehmenskultur für die Markenwahrnehmung von Start-up-Unternehmen: Merkmale, Bedeutung, Gestaltungsmöglichkeiten

Gabriele Mielke, Sarah Lobenstein und Peter Mantel

Zusammenfassung

Unternehmenskultur ist für viele Unternehmen eine wichtige erfolgsbeeinflussende Variable. Sie wird von Start-up-Unternehmen häufig vernachlässigt. Dies lässt sich auch in den Bereichen Markierung und Markenwahrnehmung von Start-ups beobachten. Der vorliegende Beitrag beschäftigt sich daher insbesondere mit der Frage, ob eine unterschiedliche Gestaltung der Unternehmenskultur und deren strategischer Einsatz in der Markenführung einen Erfolgsunterschied für die Markenwahrnehmung von Start-ups ausmachen kann. Mithilfe eines qualitativen Untersuchungsdesigns werden Aussagen über die Relevanz der Unternehmenskultur für Start-ups getroffen und das kulturelle Selbstbild von Start-up-Unternehmen erfasst. Darauf aufbauend werden Handlungsempfehlungen abgeleitet, die erste konzeptionelle Lösungsansätze zur erfolgsversprechenden Wahrnehmung der Start-up-Unternehmensmarke und den Umgang mit der Unternehmenskultur liefern. Ferner sollen Rückschlüsse darauf abgeleitet werden, inwiefern die strategische Verankerung der Unternehmenskultur im Markenaufbau von Start-up-Unternehmen die Markenwahrnehmung und damit einhergehend den Geschäftserfolg positiv beeinflussen kann.

G. Mielke (✉)
Fachbereich Betriebswirtschaftslehre, Hochschule für Wirtschaft, Technik, Kultur
Berlin, Deutschland
E-Mail: gabriele.mielke@hwtk.de

S. Lobenstein
Berlin, Deutschland
E-Mail: sarah.lobenstein@gmx.de

P. Mantel
Faculty of Business, Berlin International University of Applied Sciences, Berlin, Deutschland
E-Mail: mantel@berlin-international.de

© Springer Fachmedien Wiesbaden GmbH, ein Teil von Springer Nature 2019
C. Kochhan et al. (Hrsg.), *Marken und Start-ups*,
https://doi.org/10.1007/978-3-658-24586-3_7

1   Einleitung

Unternehmensgründungen sind ein entscheidender Faktor für die Volkswirtschaft eines Landes und somit dessen wirtschaftliche Entwicklung (Metzger 2016; Richter und Schildhauer 2016). Start-up-Unternehmen (Start-ups) als Sonderfall von Gründungsunternehmen kommt dabei eine erhöhte Aufmerksamkeit zu. Start-ups sind jünger als zehn Jahre und weisen innovative Technologien oder Geschäftsmodelle auf. Während über 80 % der Gründer in Deutschland sich nicht als Wachstumsgründer sehen (Metzger 2017), streben Start-ups ein signifikantes Mitarbeiter- und/oder Umsatzwachstum an (Ripsas und Tröger 2015). Das Gros der deutschen Start-ups ist laut dem Deutschen Start-up Monitor 2016 (Kollmann et al. 2016a, S. 19) in den Bereichen IT/ Softwareentwicklung (15 %), Software as a Service (10,2 %), Industrielle Technologie/ Produktion/Hardware (8,9 %), E-Commerce (8,7 %) sowie Consumer Mobile/Web Application (6,0 %) tätig. Eine ähnliche Verteilung lässt sich auf europäischer Ebene beobachten (Kollmann et al. 2016b, S. 36). Durch diese Konzentration auf Bereiche mit großem Wachstumspotenzial in der Digitalwirtschaft können Start-ups zur Modernisierung der Wirtschaftsstruktur beitragen und als „Jobmotor" (Kollmann et al. 2016a) dienen.

Ein Indikator für eine Zunahme der wirtschaftlichen Bedeutung von Start-up-Unternehmen in Deutschland ist der Anstieg an getätigten Investitionen in deutsche Start-ups durch Venture-Capital-Kapitalgeber (Ernst und Young 2016). Auch Medien, Politik und Konzerne richten ihre Aufmerksamkeit mehr und mehr auf Start-ups, sodass diese ihr Wachstum unter sich stetig verbessernden Bedingungen vorantreiben können, was in den letzten Jahren zu einer zunehmenden Professionalisierung und Institutionalisierung der Start-up-Szene in Deutschland geführt hat (ebd.). Im internationalen Vergleich weisen Start-ups in Deutschland jedoch, auch aufgrund problematischer Rahmenbedingungen für Unternehmensgründungen, ungenutztes Potenzial auf (vgl. Richter und Schildhauer 2016).

Als „eher" bis „sehr starke" Wettbewerbskräfte erachten deutsche Start-ups primär die Wettbewerbsintensität, die Bedrohung durch neue Mitbewerber sowie die Verhandlungsmacht der Kunden (Kollmann et al. 2016a, S. 72). Ein Kernfaktor des Erfolgs von Start-ups, die Notwendigkeit einer strategischen Markenführung und deren Verankerung in der Unternehmenskultur, wird jedoch häufig unterschätzt, wie Richter et al. (2016, S. 6 ff.) in ihrer Analyse von Erfolgs- und Hemmfaktoren von Start-up-Unternehmen in Deutschland zeigen. Zwar haben sowohl die Unternehmenspraxis als auch die Wissenschaft die Relevanz der Markierung von Start-up-Unternehmen bereits erkannt, eine auf einer entsprechenden Unternehmenskultur beruhende wertbasierte innovative Markenführung wird von Start-up-Unternehmen aber noch nicht hinreichend als Führungsthema berücksichtigt (Vallaster 2010; Müller et al. 2005; Witt und Rode 2005). Zentrales Ziel dieses Beitrages ist es daher, vor dem Hintergrund aktueller

Entwicklungen das Phänomen der Unternehmenskultur in Start-ups aufzugreifen, um anschließend die Bedeutung der Unternehmenskultur für die strategische Markenführung und eine entsprechende Markenwahrnehmung von Start-up-Unternehmen zu erarbeiten. Der Aufsatz leistet damit auch einen Beitrag, die Relevanz von Unternehmensmarken für Start-up-Unternehmen aufzuzeigen. Es wird insbesondere der Frage nachgegangen, ob die unterschiedliche Gestaltung der Unternehmenskultur und deren strategischer Einsatz in der Markenführung einen Erfolgsunterschied in der Markenwahrnehmung von Start-ups ausmachen kann. Dies ist auch insofern von Bedeutung, als ungeachtet der erhöhten öffentlichen Aufmerksamkeit, die Start-up-Unternehmen zuteilwird, dieser Unternehmenstypus in der wissenschaftlichen Diskussion noch zu wenig Beachtung findet.

Zunächst gilt es, das Konstrukt Unternehmenskultur als Voraussetzung für die Markenwahrnehmung von Start-up-Unternehmen zu untersuchen. Anschließend wird im Rahmen einer qualitativen Studie die Relevanz der Unternehmenskultur für Start-up-Unternehmen analysiert. Schwerpunkt hierbei wird die Frage sein, welche stereotypischen Merkmale eine Start-up-Kultur aufweist und welches Wertesystem sie besitzt. Darauf aufbauend werden Handlungsempfehlungen abgeleitet, die erste konzeptionelle Lösungsansätze zur Wahrnehmung der Start-up-Unternehmensmarke und den Umgang mit der Unternehmenskultur liefern. Ferner sollen Rückschlüsse abgeleitet werden, inwiefern die strategische Verankerung der Unternehmenskultur im Markenaufbau von Start-up-Unternehmen vermag, die Markenwahrnehmung und damit einhergehend den Geschäftserfolg positiv zu beeinflussen.

2   Unternehmenskultur und die Markenwahrnehmung von Start-up-Unternehmen: Rolle, Funktionen und Wirkung

Schein und Schein (2017, S. 6) definieren (Unternehmens-)Kultur als

> the accumulated shared learning of that group as it solves its problems of external adaptation and internal integration; which has worked well enough to be considered valid and, therefore, to be taught to new members as the correct way to perceive, think, feel, and behave in relation to those problems. This accumulated learning is a pattern or system of beliefs, values, and behavioral norms that come to be taken for granted as basic assumptions and eventually drop out of awareness.

Vor allem seit den 1980er Jahren wurde die Unternehmenskultur als erfolgsbeeinflussende Variable von Unternehmen identifiziert und rückte danach stärker in das Bewusstsein des Managements (vgl. überblicksartig Kieser und Ebers 2014; Baetge et al. 2007; Murphy et al. 1996). Demnach weisen Unternehmen, die über eine stärkere Kultur verfügen, ein deutlich höheres Umsatz- und Gewinnwachstum auf als Unternehmen mit einer schwächeren Kultur (Kotter und Heskett 1992; Peters und Waterman 1986). Für De Molina (2015, S. 228) haben „wirtschaftlich erfolgreiche Unternehmen [...] eine ausgeprägte, pragmatische und offen kommunizierte Unternehmenskultur". Zwar sieht sich die Erfolgsfaktoren- und insbesondere die Organisationskulturforschung teils heftiger Kritik ausgesetzt (vgl. March und Sutton 1997; Nicolai und Kieser 2002), die Annahme, dass Start-up-Unternehmen, die über eine adäquate Start-up-Unternehmenskultur verfügen, diese gezielt als Erfolgsfaktor für ihr Unternehmen einsetzen können, ist aufgrund der vorliegenden Forschungsergebnisse aber plausibel.

Die Erfassung der Unternehmenskultur erfolgt auf mehreren Ebenen (vgl. Schein und Schein 2017). Während grundlegende Überzeugungen oder auch Annahmen als Kernkomponente (innere Haltung) von Unternehmenskultur gesehen werden und als schwer erfassbar gelten, sind gezeigte Werte, Regeln oder Normen und Artefakte (äußere Haltung) zunehmend sichtbarer und damit leichter erfassbar (Sackmann 2011). Nur der beobachtbare Teil der Unternehmenskultur übt einen direkten Einfluss auf die Markenwahrnehmung eines Start-ups aus.

Im Folgenden wird Unternehmenskultur in Anlehnung an Schein und Schein (2017) als ein dynamisches Gefüge aus von Gründerperson und Mitarbeitern geteilten Werten, Normen und Überzeugungen, die das Verhalten der Start-up-Organisationsmitglieder in eine bestimmte Richtung lenkt, verstanden. Dabei können Unternehmenskulturen sehr unterschiedlich ausgeprägt sein und nicht alle Ausprägungen sind förderlich für den erfolgreichen Aufbau einer Start-up-Unternehmensmarke. Jedes Unternehmen besitzt folglich eine individuelle Unternehmenskultur, die es vom Management zu gestalten gilt und die es dem Start-up-Unternehmen erlaubt, eine bedeutungsvolle Beziehung zu seinen Stakeholdern aufzubauen. Dies geschieht durch einen „natürlichen Evolutionsprozess" und/oder durch die „selbstgeleitete Evolution im Rahmen organisatorischer Therapie". Dabei werden einerseits die Stärken und Schwächen der bestehenden Kulturelemente analysiert und können bewusst genutzt oder neutralisiert werden, andererseits bleibt ein durch Managemententscheidungen nicht beinflussbares oder vom Management gar nicht erst wahrgenommenes Residuum bestehen (ebd.). Die Unternehmenskultur hat eine externe und eine interne Dimension: Einerseits erlaubt sie es dem Unternehmen, sich an Umweltveränderungen anzupassen; andererseits dient sie der internen Integration (vgl. Homma und Bauschke 2015, S. 10).

In der betriebswirtschaftlichen Literatur werden der Unternehmenskultur zahlreiche Funktionen zugeschrieben, deren Wirkungspotenziale unterschiedlich ausgeprägt sind (vgl. auch Baetge et al. 2007, S. 186 ff.). Jedoch konzentrieren sich die wissenschaftlichen Diskussionen zumeist ausschließlich auf die Gegebenheiten von etablierten Unternehmen (Sackmann 2009; Paul 2005). Allerdings kann angenommen werden, dass auch jedes Start-up-Unternehmen eine individuelle Start-up-Unternehmenskultur besitzt. Aufgabe des Start-up-Gründers ist es, diese Start-up-Kultur zu entwickeln. Die Verhaltensweisen des Gründers sind somit streng genommen bereits ein Teil der Unternehmenskultur. Eine starke Unternehmenskultur trägt zur Reduzierung der Komplexität bei und verbessert die routinierte Handlungsfähigkeit des Einzelnen und damit auch die des gesamten Unternehmens (Macharzina und Wolf 2015, S. 249). Zwar sind Start-ups hinsichtlich ihrer Gesamtorganisation in der Regel weniger komplex als etablierte diversifizierte Mehrproduktunternehmen, doch die Aufgabenkomplexität der Start-up-Mitarbeiter ist oftmals ausgesprochen hoch, da Prozessabläufe und interne Kommunikationswege häufig erst noch geregelt und fortentwickelt werden müssen. Durch das dynamische Wachstum verändern sich die Strukturen stetig. Somit sind Aufgaben und Verantwortungsbereiche stellenspezifisch häufig nicht klar abgegrenzt. Die Unternehmenskultur kann an dieser Stelle dazu beitragen, dass Start-up-Mitarbeiter schneller routinierter handeln können. Zudem unterstützt sie den Verzicht auf feste Struktur- und Regelsysteme, deren bürokratischer Charakter die Start-up-Flexibilität lähmen könnte *(Komplexitätsreduktionsfunktion)*. Daneben dient die Unternehmenskultur der Koordination von Aufgaben *(Koordinationsfunktion)*. Im Vergleich zu etablierten Mehrproduktunternehmen ist der Koordinationsaufwand für Start-ups, die in der Regel zunächst nur ein spezifisches Produkt oder eine spezifische Dienstleistung auf dem Markt etablieren wollen, geringer. Start-ups bestehen jedoch aus Subsystemen, die aufgrund ihrer hohen Entwicklungsdynamik oftmals schwerer als etablierte Subsysteme zu koordinieren sind. Aus diesem Grund kommt der Koordinationsfunktion in Verbindung mit der Komplexitätsreduktionsfunktion von Unternehmenskulturen in Start-ups eine besonders hohe Bedeutung zu (Dill und Hügler 1987, S. 147 ff.). Die Unternehmenskultur verleiht dem Unternehmen durch ihren werte- und strukturschaffenden Charakter sowie ihre zeitlich stabilisierende Wirkung Kontinuität und Sicherheit. Die *Stabilisierungsfunktion* schafft Vertrauen im Wettbewerb um wichtige Kunden, Mitarbeiter, Lieferanten und Investoren. Bereits Peters und Waterman (1986) betonen, dass die Unternehmenskultur durch ihren überindividuellen und intergenerativen Charakter die Verhaltensweisen einzelner Individuen überdauert und dadurch übergeordnete Bedeutungs- und Bewertungsmuster für Dinge und Situationen im Unternehmen vermittelt. Zudem wachsen Start-up-Unternehmen häufig überdurchschnittlich; dies geht meist mit der Einstellung neuer Mitarbeiter einher. Auch in diesem Zusammenhang ist die *Integrationsfunktion* der Unternehmenskultur im Start-up sehr bedeutend, beispielsweise um eine hohe Flexibilität und Anpassungsfähigkeit der Neueingestellten zu gewährleisten. Die Start-up-Kultur kann im Sinne ihrer integrierenden Wirkung als übergeordnetes Bedeutungs- und Bewertungsmuster bei gleichzeitiger Flexibilität und Anpassungsfähigkeit wirken. Die Unternehmenskultur hat darüber hinaus Einfluss auf Innovationsprozesse (Sørensen 2002, S. 70 ff.): Start-ups sind durch flexible Strukturen, flache Hierarchien und einen geringen Standardisierungs- und Formalisierungsgrad sowie durch überwiegend informelle Beziehungen und netzwerkartige Kommunikation gekennzeichnet (Ripsas und Tröger 2015). Die Unternehmenskultur kann damit verbundene negative Aspekte teilweise kompensieren; ihr kommt so eine innovationsfördernde Funktion zu *(Innovationsfunktion)*. Außerdem wirkt die Unternehmenskultur sinnstiftend. Im Allgemeinen herrscht in Start-ups ein hoher Konsens über gemeinsam gelebte Wertvorstellungen (De Molina 2015, S. 231 ff.). Die Unternehmenskultur liefert den Unternehmensangehörigen übergeordnete Bezüge und verdeutlicht die

Notwendigkeit bestimmter Handlungsmuster. In diesem Kontext fördert sie auch die Identität und das interne Zusammengehörigkeitsgefühl, stiftet gemeinsame Werte und dient als Orientierungsrahmen. Im Außenverhältnis verbessert sie das Unternehmensimage und kann somit auch die Markenwahrnehmung beeinflussen *(sinnstiftende/ identitätsstiftende Funktion)*. Daneben kann die Unternehmenskultur auch dazu beitragen, die Motivation der Unternehmensangehörigen zu fördern, sofern sie von der Mehrzahl der Agierenden tatsächlich getragen wird und sich aus ihr ein sogenanntes Wir-Gefühl mit entsprechendem Teamgeist entwickeln kann *(Motivationsfunktion)*. Im Kontext der Markenwahrnehmung ist auch die Abgrenzung gegenüber den Wettbewerbern relevant. Eine starke Unternehmenskultur kann zu dieser beitragen. Erfolgreich kann dies jedoch nur sein, wenn die gelebten Werte und Normen auch bewusst öffentlich – als Abgrenzung zum Wettbewerb – kommuniziert werden *(Abgrenzungsfunktion)*. Aus der Summe der bislang aufgeführten Funktionen der Unternehmenskultur geht die *Leistungssteigerungsfunktion* hervor. Es gilt als empirisch evident, dass Unternehmen mit einer starken Kultur eine höhere Effizienz in der Leistungserstellung aufweisen (Peters und Waterman 1986, S. 30 ff.). Eine Abgrenzung bzw. erfolgreiche Unternehmensdifferenzierung ist mit einem Gefühl der Zugehörigkeit, das eine Startup-Kultur ihren Stakeholdern ermöglicht, gekoppelt. Gleichzeitig erfordert das Gefühl der Zugehörigkeit ein hohes Maß an Integration (intern orientiert) und somit auch Anpassungsfähigkeit an eine sich wandelnde Umwelt (extern orientiert). Für Start-ups in dynamischen Branchen kann die Unternehmenskultur demzufolge entscheidend für den Aufbau der Start-up-Marke (Corporate Brand) sein und daher einen Wettbewerbsvorteil darstellen. Unternehmenskultur ist folglich nicht nur wichtig für den monetären, sondern auch den nicht-monetären Erfolg, wie z. B. die Markenwahrnehmung eines Start-up-Unternehmens. Die Start-up-Kultur ist somit auch ein markenprägender Faktor. Es besteht zudem ein starker Zusammenhang zwischen Markenführung und Unternehmenskultur, was zur Entstehung von Markenwerten führen kann, wodurch der Unternehmenserfolg positiv beeinflusst wird (De Chernatony 2010). In diesem Zusammenhang stellt sich die Frage nach der Gestaltung der Start-up-Kultur ebenso wie die Frage, ob deren Verankerung als Führungsthema im Sinne einer strategischen Markenführung überhaupt in der Unternehmenspraxis berücksichtigt wird. In der Forschung wurde das Themenfeld Markenwahrnehmung von Start-up-Unternehmen stark vernachlässigt, obwohl vor dem Hintergrund des steigenden Wettbewerbs und einer Informationsüberlastung der Konsumenten eine Profilierung durch die Marke immer bedeutender wird (Vallaster 2010; Rode 2005; Witt und Rode 2005).

Im Sinne einer identitätsorientierten Markenführung kann die Start-up-Unternehmenskultur als Nutzenbündel mit spezifischen Merkmalen angesehen werden, die eine nachhaltige Differenzierung bewirken kann. Wichtig für Start-up-Unternehmen ist die entsprechende Verknüpfung von Marken- oder Unternehmenswerten mit diesem Nutzenbündel (Hatch und Schultz 2008). Eine Marke entsteht im Kopf der Anspruchsgruppen aufgrund des Zusammenspiels aller Signale, die ausgesendet und wahrgenommen werden (vgl. Esch et al. 2014). Werte vermitteln eine Handlungsorientierung und manifestieren sich durch gemeinsame Aktivitäten oder individuelle Ausprägungen. Um für alle am Start-up-Beteiligten einen Handlungsrahmen zur Gestaltung der Unternehmenskultur zu bieten, der den erfolgreichen Aufbau einer Unternehmensmarke ermöglicht, müssen die grundlegenden Werte, die Strategie und das Leistungsversprechen klar formuliert und in- und extern sichtbar sein. Daraus entstehen Brand Images, die wiederum die Markenwahrnehmung nach innen und außen beeinflussen. Wie Abb. 1 zeigt, bestimmt die Kombination aus Vision, Leistungsversprechen, Strategie, Start-up-Kultur und Brand Images die Start-up-Identität.

Für den Markenaufbau muss sich die Umsetzung der Vision, des Leistungsversprechens, der Strategie und der Unternehmenskultur mit gemeinsamen Werten und Handlungsweisen im Brand Image (Corporate Image), das in den Köpfen der Zielgruppen entsteht, widerspiegeln (Vallaster 2010). Nur durch aufeinander abgestimmte Kontaktpunkte wird ein Markenbild erzeugt (Esch et al. 2014). Empirische Studien belegen, dass eine strategische Passung als maßgeblicher Erfolgsfaktor angesehen werden kann (Flamholtz und Kannan-Narasimhan 2005; Kotter und Heskett 1992). Unter

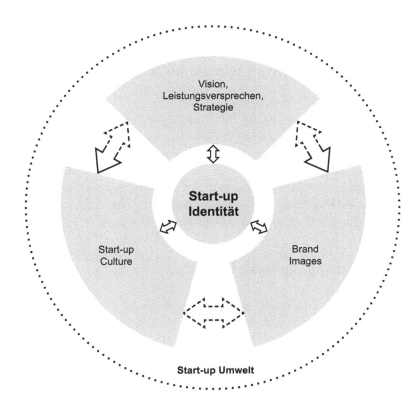

Abb. 1 Entstehung von Markenwahrnehmung durch die Harmonisierung von Vision, Leistungsversversprechen, Strategie sowie Start-up-Kultur und Brand Image. (Eigene Darstellung in Anlehnung an Hatch und Schultz 2008)

der strategischen Passung wird ein hoher Grad an Übereinstimmung zwischen der vorhandenen unternehmenskulturellen Ausprägung und der strategischen Orientierung verstanden, der sich wiederum in den Brand Images widerspiegelt. Markenwerte geben
dabei Orientierung und haben Signalwirkung. Einerseits geben sie der Gründerperson,
die ein wesentlicher kultur- und somit markenprägender Faktor ist, sowie den Mitarbeitern Orientierung für die Ausgestaltung des Geschäftsmodells und der erforderlichen Marktpositionierung. Andererseits haben relevante Werte bzw. die Start-up-Kultur
Signalwirkung für den Aufbau von Beziehungen. Der Aufbau einer Marke schafft emotionale Nähe sowohl zum Produkt als auch zu dem jeweiligen Unternehmen; diese emotionale Nähe ist eng mit den im Unternehmen gelebten Werthaltungen verbunden. Für
die konkrete inhaltliche Ausgestaltung der Start-up-Unternehmenskultur bedeutet dies,
dass die strategische Orientierung mit Blick auf die Positionierung im Markt sowie die
Entwicklung des gesamten unternehmensrelevanten Umfeldes erfolgt. Die Start-up-
Kultur wird somit regelmäßig überprüft und ggf. angepasst (Sackmann 2009; Sørensen 2002). Start-up-Gründer müssen sich also die Frage stellen, welche Ansprüche ihre
Stakeholder stellen und ob die Interaktionspunkte mit dem Start-up im Sinne der Werte
und des Leistungsversprechens harmonisieren.

3   Relevanz der Unternehmenskultur für Start-up-Unternehmen

Betrachtet man Unternehmenskultur funktionalistisch, ist diese Teil einer erfolgreichen Unternehmensführung. Die Kultur wird als Bestandteil eines sozialen Systems
gesehen, das nicht nur durch Kultur geprägt ist, sondern auch in der Lage ist, diese zu
gestalten (vgl. Schein und Schein 2017). Das Management hat demnach Maßnahmen zur
Gestaltung einer Start-up-Unternehmenskultur zu ergreifen, um die Start-up-Kultur aktiv
zu beeinflussen. Im Folgenden soll mithilfe einer qualitativen Studie die Relevanz der
Unternehmenskultur für Start-up-Unternehmen analysiert werden.

3.1   Untersuchungsmethodik

Methodisch wurde der Studie ein qualitatives Untersuchungsdesign zugrunde gelegt,
das es ermöglicht, Aussagen über die Relevanz der Unternehmenskultur für Start-ups
zu treffen und das kulturelle Selbstbild von Start-up-Unternehmen zu erfassen. Dafür
wurden 479 Start-ups, die im April 2016 auf der Website des Bundesverbands Deutscher Start-ups (BVDS), deutschestartups.org, als dessen Mitglieder aufgeführt waren,
analysiert. Aus der Grundgesamtheit wurden zudem für die Untersuchung von Kultur-
merkmalen 30 Start-ups mit einer Mindestmitarbeiterzahl von zehn Beschäftigten ausgewählt. Ausgangspunkt der Frage nach dem Selbstbild von Start-ups ist die Annahme,
dass Unternehmen, die ihre Unternehmenskultur bewusst im Sinne der Markenführung
kommunizieren wollen, auch die eigene Website als Kommunikationskanal nutzen, um

ihr Wertesystem nach außen zu präsentieren. Als Indikatoren der Unternehmenskultur können schriftlich kommunizierte Visionen, Missionen oder Leitbilder sowie die veröffentlichten Werte herangezogen werden. Um das kulturelle Selbstbild von Start-ups und damit die Merkmale einer Unternehmenskultur von Start-ups bestimmen zu können, wurden daher nur solche Unternehmen in die Analyse einbezogen, die auf ihren Websites ihre Unternehmenskultur – also ihre Werte, Normen, Einstellungen, Verhaltensweisen und Prinzipien – bewusst öffentlich kommunizieren. Dieses Vorgehen liefert zwar kein streng repräsentatives Ergebnis, allerdings ist anzunehmen, dass die Ergebnisse für die vorliegende Untersuchung aussagekräftig genug sind.

Im Zeitraum von April bis Juli 2016 wurde die Datensammlung zu den kulturellen Merkmalsausprägungen Visionen, Werte, Normen, Einstellungen, Verhaltensweisen, Prinzipien, Wünsche, Artefakte, Strukturen durchgeführt; Abb. 2 zeigt in einer Wordcloud die Hauptergebnisse in grafischer Form.

Im Anschluss erfolgte eine inhaltsanalytische Auswertung mithilfe der qualitativen Codierungsmethodik. Dazu wurden die identifizierten Merkmalsausprägungen, die in einem gemeinsamen Bedeutungszusammenhang stehen, mit demselben Code versehen. Der Untersuchungsfokus lag in diesem Kontext vorwiegend auf Menüpunkten wie „Jobs und Karriere", „Unternehmensportrait" oder „Über uns". Anschließend wurden die Merkmalsausprägungen in übergeordneten Clustern zusammengefasst, die je nach ihrer Bedeutung sinngemäß benannt wurden. In diesem Kontext wurden insgesamt zwölf Cluster gebildet (vgl. zu diesen Abb. 3).

Abb. 2 Wordcloud zu den kulturellen Merkmalsausprägungen der untersuchten Start-ups. (Eigene Darstellung)

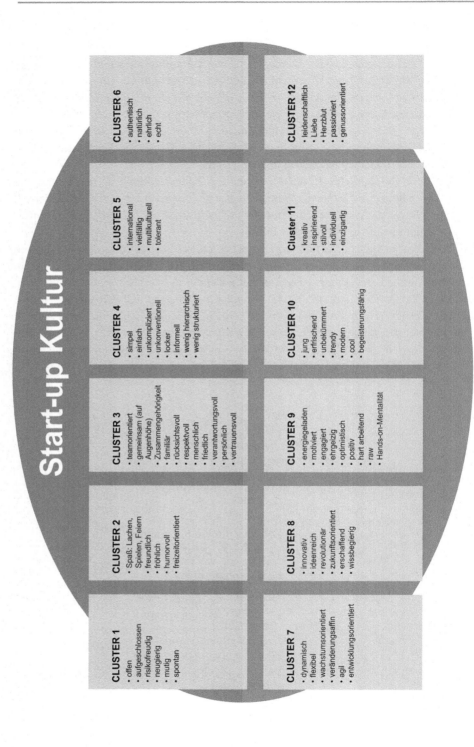

Start-up Kultur

CLUSTER 1
- offen
- aufgeschlossen
- risikofreudig
- neugierig
- mutig
- spontan

CLUSTER 2
- Spaß: Lachen, Spielen, Feiern
- freundlich
- fröhlich
- humorvoll
- freizeitorientiert

CLUSTER 3
- teamorientiert
- gemeinsam (auf Augenhöhe)
- Zusammengehörigkeit
- familiär
- rücksichtsvoll
- respektvoll
- menschlich
- friedlich
- verantwortungsvoll
- persönlich
- vertrauensvoll

CLUSTER 4
- simpel
- einfach
- unkompliziert
- unkonventionell
- locker
- informell
- wenig hierarchisch
- wenig strukturiert

CLUSTER 5
- international
- vielfältig
- multikulturell
- tolerant

CLUSTER 6
- authentisch
- natürlich
- ehrlich
- echt

CLUSTER 7
- dynamisch
- flexibel
- wachstumsorientiert
- veränderungsaffin
- agil
- entwicklungsorientiert

CLUSTER 8
- innovativ
- ideenreich
- revolutionär
- zukunftsorientiert
- erschaffend
- wissbegierig

CLUSTER 9
- energiegeladen
- motiviert
- engagiert
- ehrgeizig
- optimistisch
- positiv
- hart arbeitend
- raw
- Hands-on-Mentalität

CLUSTER 10
- jung
- erfrischend
- unbekümmert
- trendy
- modern
- cool
- begeisterungsfähig

Cluster 11
- kreativ
- inspirierend
- stilvoll
- individuell
- einzigartig

CLUSTER 12
- leidenschaftlich
- Liebe
- Herzblut
- passioniert
- genussorientiert

Abb. 3   Start-up-Kultur: Merkmalsausprägungen der zwölf Cluster. (Eigene Darstellung)

Die Summe aller Cluster spiegelt die stereotypischen Merkmale einer Start-up-Kultur wider. Die Methodik der qualitativen Inhaltsanalyse eignet sich an dieser Stelle besonders, weil sie soziale Sachverhalte, Situationen oder Prozesse im Unternehmen rekonstruieren kann und versucht, menschliches Handeln in seinem Ablauf und seinen Wirkungen ursächlich zu erklären.

3.2   Merkmale der Unternehmenskultur von Start-ups

Aufgrundlage von identifizierten Merkmalsausprägungen und den daraus gebildeten zwölf unterschiedlichen Clustern wurden die in Abb. 3 aufgeführten Start-up-Kultur-Cluster entwickelt. Da Start-ups häufig in englischer Sprache kommunizieren und selbst im deutschsprachigen Kontext angloamerikanische Begriffe verwendet werden, wurden die gebildeten Cluster mit angloamerikanischen Begriffskombinationen bezeichnet. Ein Start-up-Kultur-Cluster spiegelt die zentralen Kulturmerkmale von Start-up-Unternehmen wider und visualisiert die Summe stereotypischer Merkmale auf Basis des kulturellen Selbstbildes der untersuchten Start-ups. Die einzelnen Merkmale der Start-up-Kultur stehen in einer gegenseitigen Wechselbeziehung und überschneiden sich zum Teil. Teilweise bedingen und beeinflussen sich die einzelnen Kulturmerkmale gegenseitig. Diese gegenseitige Wechselbeziehung ist in ihrem Ausmaß allerdings schwierig zu quantifizieren. Beispielsweise kann aber unterstellt werden, dass eine junge und frische Arbeitsatmosphäre („Young, fresh, and easy-going atmosphere") zu einem unkonventionelleren Umgang untereinander führen kann („Casual way of dealing"). Das wiederum bietet Raum für spielerische Verhaltensweisen im Arbeitsalltag („Let's-play mentality").

Das Agieren mit hohem Risiko ist ein zentrales Start-up-Merkmal. Folglich gelten Werte wie Mut, Neugierde und Spontaneität als enorm wichtig. Die Aufgeschlossenheit für Neues und die Furchtlosigkeit gegenüber Ungewissem wird von den untersuchten Start-ups ausdrücklich kommuniziert („Riskseekingspirit"). Als zentraler Bestandteil des kulturellen Selbstbildes wird auch Spaß an der Arbeit kommuniziert, welche oftmals sogar als Spiel oder Abenteuer deklariert wird. Ausgelassenheit und spielerische Verhaltensweisen sollen die Handlungen im Start-up prägen, wobei auf Qualität und Professionalität gleichermaßen Wert gelegt wird („Let's-play mentality"). Start-ups vermitteln im Rahmen ihres kulturellen Selbstbildes eine familiäre, vertrauenswürdige und rücksichtsvolle Atmosphäre. Sie wollen menschliche und sehr persönliche Verhaltensweisen pflegen und simultan Teams fördern, in denen auf Augenhöhe kommuniziert wird („Familyfeeling"). Die untersuchten Start-ups bestehen auf flache Hierarchien und einfach gehaltene Strukturen. Ihre Mission, ihre Visionen und Ziele beschreiben sie als simpel. Die Zusammenarbeit ist unkonventionell und informell. Die Kommunikation wird als unkompliziert beschrieben. Alle Mitglieder pflegen einen lockeren Umgang miteinander. Festgeschriebene Regeln zur Kleiderordnung oder zu Pausenzeiten werden regelrecht verpönt („Casual way of dealing"). Start-ups vermitteln durch ihr kulturelles

Selbstbild eine sehr offene, tolerante Kultur. Ihre Diversität bezeichnen sie bewusst als Mehrwert („Open-minded mentality"). Die analysierten kulturellen Selbstbilder vermitteln zudem einen ehrlichen und natürlichen Charakter („Authentic touch"). Start-ups wachsen schnell und dynamisch. Diese Eigenschaft erfordert einen hohen Grad an Flexibilität. Der Wunsch, sich stetig weiterzuentwickeln, wird von den untersuchten Start-ups daher betont. Die Bereitschaft zur Veränderung und eine hohe Anpassungs-fähigkeit spielen im Kontext ihrer entwicklungsorientierten Unternehmenskultur eine wichtige Rolle („Agility"). Der Wunsch oder die Vision, etwas Neues erschaffen zu wollen, ist bei den untersuchten Start-ups besonders stark ausgeprägt. Die Forderung nach zukunftsorientiertem Denken und Handeln wird stets betont. Sie bezeichnen sich bewusst als wissbegierig und hungrig. In diesem Kontext wollen sie die fokussierten Märkte nicht nur erobern, sondern regelrecht revolutionieren. Sie wollen Trends setzen und fokussieren dabei vor allem die Chancen der digitalen Transformation („Revolutio-naryspirit"). Laut dem kulturellen Selbstbild brennen die untersuchten Start-ups regel-recht für ihre Ideen. Ehrgeiz und Engagement sind für sie deshalb ebenso wichtig wie Enthusiasmus und eine positive Grundeinstellung. Entsprechende Verhaltensweisen sind in Kombination mit einem stark ausgeprägten Arbeitswillen, Leistungsbereitschaft und einer hochmotivierten Herangehensweise maßgebend für ihre Arbeitseinstellung („Hands-on mentality"). Eine junge und frische Atmosphäre betont die untersuchten Start-ups auch in ihrem Wertesystem. Sie präsentieren sich als cool, modern und trendy. Trotz hoher Risiken vermitteln sie ein unbekümmertes und unbeschwertes Verhalten („Young, fresh and easy-going atmosphere"). Als Grundlage für ihre Innovationen und ihre – angestrebte – kontinuierliche Ideengenerierung nennen die untersuchten Start-ups ein außergewöhnlich inspirierendes und kreatives Arbeitsumfeld. Das Bedürfnis nach Freiraum für Einfallsreichtum und Kreativität ist in ihrem kulturellen Selbstbild fest verankert. Individualität und Einzigartigkeit haben in diesem Zusammenhang eine besonders hohe Bedeutung. Das gilt nicht nur für ihre Ideen, sondern vor allem auch für die Persönlichkeiten ihrer Mitarbeiter („Uniqueness"). Das Selbstbild der Unter-nehmenskultur ist geprägt von Begeisterung und passionierten Verhaltensweisen. Start-ups stehen für Leidenschaft („Passion") (Abb. 4).

Insgesamt fällt auf, dass von den untersuchten Start-ups verstärkt Werte, die in einem engen Zusammenhang mit Risikofreudigkeit, spielerischen Verhaltensweisen, fami-liärer Atmosphäre, unkonventionellem Handeln und junger Mentalität stehen, kom-muniziert werden. Zusammenfassend lässt sich auch festhalten, dass die kulturellen Selbstbilder der untersuchten Start-ups eine hohe Ähnlichkeit aufweisen, unabhängig von ihrer Branchenzugehörigkeit. Dies deutet darauf hin, dass die Start-up-Kultur-Cluster die Unternehmenskultur der 30 analysierten Start-ups adäquat widerspiegeln. Sie eignen sich daher als Zusammenfassung stereotypischer Merkmale einer Start-up-Unternehmenskultur und dienen als erster Orientierungsrahmen für die Gestaltungsmög-lichkeiten der Unternehmenskultur, auf die im weiteren Verlauf noch näher eingegangen wird.

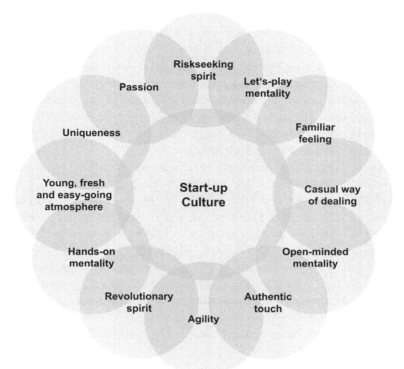

Abb. 4 Start-up-Kultur: Die zwölf Cluster. (Eigene Darstellung)

3.3 Bedeutung der Unternehmenskultur für Start-up-Unternehmen

Im vorangegangenen Abschnitt wurden die zentralen Kulturmerkmale von ausgewählten Start-ups identifiziert. Viele Start-up-Gründer haben zwar aufgrund ihres Geschäfts-modells grobe Vorstellungen darüber, wie das Unternehmen intern und extern aufgestellt sein soll, allerdings ist das Bild der Unternehmensidentität/-Kultur (Brand Image) in den meisten Fällen nicht klar definiert. Es fällt vielen Start-ups schwer, die wichtigsten Bausteine ihres Geschäftsmodells auch in Bezug auf die Unternehmenskultur zu definie-ren und im Hinblick auf die Markenwahrnehmung miteinander in Beziehung zu setzen. Der Sinn und Zweck der Unternehmenskultur wird in der Gründungsphase oftmals ver-kannt, weil das Start-up in dieser Phase zumeist nur aus dem Gründerteam oder eini-gen wenigen Mitarbeitern besteht, die auch ohne spezifisches Kulturkonzept harmonisch zusammenarbeiten. Gründern ist häufig nicht bewusst, dass eine klar kommunizierte Identität den Erfolg von Start-up-Unternehmen nachweislich beeinflussen (Collins 2002) kann.

Auch wenn sich Start-ups nicht mit der Start-up-Kultur im Sinne einer strategischen Markenführung beschäftigen, werden sie von ihren Stakeholdern wahrgenommen. Da diese Wahrnehmung sehr bedeutend für die Unternehmen ist, sollte sie bewusst gesteuert werden – in allen Phasen des Lebenszyklus' des Unternehmens. Der jeweils vorherrschende Kulturmodus wird maßgeblich von der Lebensphase eines Unternehmens bestimmt und Kulturentwicklung als natürlicher Evolutionsprozess angesehen (vgl. auch Abb. 5). Insbesondere gilt auch: Unternehmenskultur sorgt im Start-up bereits von der Gründung an, in der sogenannten Early-Stage-Phase, für die Herausbildung einer Identität und somit indirekt auch für einen Markenwert.

Entsprechend dem hier zugrunde gelegten funktionalistischen Ansatz wird die Start-up-Kultur im Sinne eines natürlichen Evolutionsprozesses gerade in der Early-Stage-Phase bewusst entwickelt und ist Bestandteil des Start-ups. Demnach kommt der Unternehmenskultur für Start-ups vor allem in der Gründungs- und Wachstumsphase eine hohe Bedeutung zu; Start-up-Kultur sollte daher möglichst früh in Managementprozesse integriert werden. Gleichzeitig können die Potenziale einer Unternehmenskultur im Hinblick auf die Entstehung einer Markenidentität gerade in der Gründungs- und Wachstumsphase wettbewerbsstrategisch genutzt werden. Die Markenidentität setzt sich aus einer einzigartig empfundenen Markenpersönlichkeit und der Zugehörigkeit zu einem Unternehmen (Identifikation) zusammen. Ohne die Entstehung einer Marke bzw. eines Markenbildes ist die angebotene Leistung nur eine Ware,

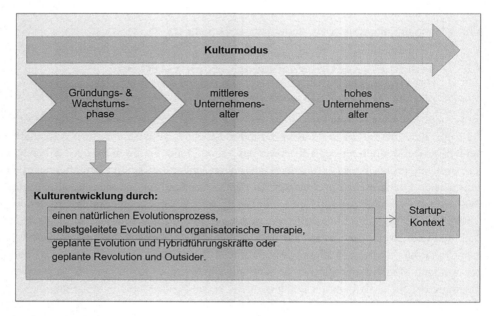

Abb. 5 Kulturentwicklung in der Gründungs- und Wachstumsphase eines Start-ups. (Eigene Darstellung in Anlehnung an Schein und Schein 2017)

frei von Emotionen. Die Identität bedarf der Anerkennung durch Andere. Gestiegene Erwartungen der Konsumenten erschweren diese Anerkennung zunehmend. Daher sollte die Marke eine Identität bieten, die über die reine Leistung hinausgeht. Nur wenn auch durch sie die Gestaltung der Markenidentität im Sinne der identitätsorientierten Markenführung gelingt, kann die Unternehmenskultur als richtungsweisend für den späteren Unternehmenserfolg in Start-up-Unternehmen angesehen werden. Damit eine Markenidentität entsteht, ist es daher sinnvoll, teilweise auch unerlässlich, sie auch durch die Start-up-Kultur zu entwickeln, zu kultivieren und zu kommunizieren.

Die Untersuchung der 479 auf der Website des Bundesverbands Deutscher Start-ups (BVDS) aufgeführten Start-ups hat ergeben, dass über die Hälfte (51,8 %) dieser ihre Unternehmenskultur nicht bewusst auf der Homepage kommuniziert. Folglich kann unterstellt werden, dass die überwiegende Mehrheit der untersuchten Start-ups ihre Unternehmenskultur nicht bewusst als Instrument zur kulturellen Abgrenzung von Wettbewerbern im Sinne eines Corporate Branding nutzt. Dies ist erstaunlich, da die klar kommunizierte Identität bzw. der Unternehmenszweck oder die Mission als erfolgsbeeinflussend gilt. Lediglich 24 % der Start-ups kommunizieren eine klare Identität des Start-ups via Website bewusst nach außen. 18,6 % kommunizieren ihre Werte, Normen, Verhaltensweisen oder Prinzipien weniger bewusst, also nur indirekt über ihre Website.

Dieses Problem muss stärker im Bewusstsein des Managements von Start-up-Unternehmen verankert sein. Zudem ist es – sollte das Problembewusstsein vorhanden sein – für Manager von Start-up-Unternehmen von Interesse, mit welchen Managementinstrumenten eine Start-up-Kultur im Hinblick auf die Markenwahrnehmung und damit auch den möglichen Erfolg eines Unternehmens positiv gestaltet werden kann. Die Erfassung der Unternehmenskultur sollte daher um Managementinstrumente, die es ermöglichen, Unternehmenskultur zu gestalten, ergänzt werden.

3.4 Gestaltungsmöglichkeiten der Unternehmenskultur im Sinne einer identitätsorientierten Markenführung

Im Sinne des funktionalistischen Ansatzes kann Unternehmenskultur gestaltet werden. Allerdings ist die Gestaltung der Unternehmenskultur ein eher langwieriger (Lern-) Prozess, der auf Auseinandersetzungen der Unternehmensmitglieder mit der Umwelt und Interaktionsprozessen der Unternehmensmitglieder untereinander basiert (Schein und Schein 2017). Die Unternehmensmitglieder formen und erlernen durch diese sozialen Interaktionsprozesse die Unternehmenskultur, indem sie Werte und Normen ausbilden und verinnerlichen. Dieser Lernprozess kann durch die Start-up-Gründer, die gerade bei Start-ups sehr stark kulturprägend sind, entscheidend beeinflusst werden (Vallaster 2010).

Zunächst gilt es, die Start-up-Kultur und somit die interne Haltung, die dem Aufbau einer Markenidentität (Selbstbild) dient, grundlegend zu entwickeln. Dies beinhaltet die Beeinflussung der Gesamtheit der Werte, Normen, Denkhaltungen, die das Verhalten der Mitglieder eines Start-up-Unternehmens nach innen und außen prägen. Es ist darauf zu achten, die Markenwahrnehmung bereits im Bereich der strategischen Planung – womit Bereiche wie Unternehmenskultur, -identität, -philosophie und -ziele abgedeckt werden sollten – zu verankern. Die Einstellung, Werte und das Verhalten im Sinne der Sinn-/Identitätsstiftung spiegeln die Marke auch unbewusst wider. Insbesondere bei angebotenen Dienstleistungen repräsentiert sich nicht nur das Produkt oder die Leistung, sondern vielmehr das gesamte Start-up-Unternehmen als Marke. Daher ist es unerlässlich, dass gerade auch Mitarbeiter das erwünschte Markenbild erfüllen und die eigene Rolle bei der Erfüllung des Markenversprechens erkennen und annehmen. Bereits in der Gründungsphase sollte die Aufmerksamkeit daher auf der Unternehmenskultur liegen, um diese wettbewerbsstrategisch zum Aufbau einer Markenidentität zu nutzen. Gelingt es nicht, innerhalb der ersten Geschäftsjahre die eigene Unternehmensmarke erfolgreich im Markt zu positionieren, so sinkt die Erfolgswahrscheinlichkeit für das Start-up-Unternehmen (Witt und Rode 2005). Ein gutes, innovatives Produkt reicht oftmals nicht mehr, vielmehr muss ein umfassendes Instrumentarium zur Ermöglichung der Identifikation und Begeisterung mit der Marke angewandt werden. Wichtig ist es, die definierten Werte in konkrete Verhaltensweisen zu übertragen, die sich dann partizipativ weiterentwickeln lassen und gelebt werden können (Abbate 2014); entscheidend hierfür sind klar formulierte und transparent kommunizierte Verhaltensweisen. Basis hierfür wiederum ist das Bewusstsein der Notwendigkeit einer entsprechenden Start-up-Kultur sowie die Wahrnehmung der tatsächlich gelebten Start-up-Kultur. Werte und Normen werden allerdings erst handlungsweisend, wenn sie sich bewährt haben und als legitim betrachtet werden. Wichtig ist es daher, die Werte (Unternehmens- und Markenwerte) mit der Vision, dem Leistungsversprechen und der Strategie zu verknüpfen, um dies für die Orientierung in der Ausgestaltung der einzelnen Interaktionspunkte zwischen dem Start-up und seinen Stakeholdern zu nutzen. Das heißt, Markt- und Kundenorientierung müssen als Bestandteil der Start-up-Kultur angesehen werden.

Aus der Start-up-Kultur entsteht die Markenidentität des Start-ups und mittelbar das Markenimage durch das Verhalten der Start-up-Mitglieder. Problematisch ist, dass die Verankerung der explizierten Werte, Normen und Verhaltensweisen im individuellen und kollektiven Gedächtnis des Start-ups zeitaufwendig ist. Zur Gestaltung der Unternehmenskultur zählt also nicht nur die erfolgreiche Entwicklung, Implementierung und Stabilisierung des Kultursystems, sondern überdies die kontinuierliche Berücksichtigung von externen Umwelteinflüssen oder internen Faktoren, die eine Anpassung der Start-up-Kultur erfordern – und dies auch bei Widerständen gegen entsprechende Bemühungen. Die voranschreitende Digitalisierung erfordert zugleich Veränderungen der Markenführung, da durch sie Kommunikationsbarrieren und Informationsasymmetrien abgebaut werden, die einen erfolgreichen Markenaufbau erschweren. Die angestrebte Markenwahrnehmung wird nur dann gelingen, wenn die zur Realisierung erforderlichen Verhaltensweisen mit den Werten, Normen und Denkhaltungen der Start-up-Kultur übereinstimmen. Ist dies nicht der Fall, droht ein diffuses Markenbild zu entstehen bzw. die angestrebte Markenwahrnehmung zu scheitern.

Die unternehmenskulturbezogenen Einflussfaktoren auf die Markenwahrnehmung werden durch die Ausgestaltung der Funktionen der Unternehmenskultur bestimmt. Eine zentrale Rolle nimmt hierbei die Kommunikation ein. Durch den Einsatz von Kommunikationsinstrumenten können nicht nur Informationen, sondern auch Emotionen übertragen werden. Sie gewähren einen besonders transparenten Einblick in die tatsächlich gelebte Start-up-Kultur nach innen und außen. Um eine bestimmte Start-up-Kultur zum Ausdruck zu bringen, eignen sich vor allem interaktive Kommunikationsinstrumente, die es ermöglichen, sich mit dem eigenen Kulturverständnis authentisch von der Konkurrenz abzugrenzen. Tab. 1 bietet einen Überblick über entsprechende

Tab. 1 Kommunikationsinstrumente zur Entwicklung der Start-up-Kultur. (Eigene Darstellung)

Kommunikationsinstrument	Ziel und Funktionsweise
Corporate-Culture-Story-telling	Aufarbeitung der Kulturelemente und deren Bedeutung in Form einer Geschichte: • Weitergabe von explizitem, vor allem aber implizitem Kulturwissen • Vermittlung nicht nur von Wissen, sondern auch von Emotionen • Verbreitung über interne und externe Kanäle • Verbreitung via Intranet, Homepage oder soziale Medien möglich (z. B. Facebook, Twitter, Youtube, etc.)
Videobotschaften	Präsentation von Unternehmenskultur und Gesamtbild auf emotionaler Ebene durch Imagefilme: • Verbreitung über interne und externe Kanäle • Verbreitung via Intranet, Homepage oder soziale Medien möglich (z. B. Facebook, Twitter, Youtube, etc.)
Corporate-Culture-Toolbox im Intranet	Sammlung aller relevanten Informationen und Dokumente zur Unternehmenskultur: • Beispiele: Geschäftsziele, Mission Statements, Werte, Normen, Verhaltensweisen, Best Practices • Interne Kommunikation via Intranet
Corporate-Culture-Workshop	Kurs bzw. Veranstaltung zur Erarbeitung und Kommunikation der Kernbotschaften des Kultursystems: • Mehrere Teilnehmer • Interne und externe Kommunikation möglich
Corporate-Culture-Blog	Onlinejournal, das chronologische Texteinträge zur Unternehmenskultur enthält (ähnlich eines Tagebuchs): • Direkte Reaktionsmöglichkeit der Leser auf Texteinträge reagieren • Interne und externe Kommunikation möglich
Corporate-Culture-Chat	Synchrone, textorientierte Kommunikation mehrerer Teilnehmer via Internet: • Dialogisches Kommunikationsinstrument • Interne und externe Kommunikation möglich

Instrumente. Deren sinnhafter Einsatz kann sich je nach Unternehmen und – vor allem – mit dem von ihnen verfolgten Zweck unterscheiden.

Grundsätzlich gilt für alle Instrumente mit Außenwirkung: Durch externe Assoziationen (äußere Haltung) entsteht ein Fremdbild oder das sogenannte Markenbild (Image). Dies wiederum setzt voraus, dass Markenkontaktpunkte geschaffen werden. Dies kann z. B. mithilfe des Internets geschehen, das eine in den meisten Fällen sehr gut geeignete Plattform bietet, die Markenbotschaft zu verbreiten. Insbesondere bei Start-up-Unternehmen, deren Produkte und Dienstleistungen den Namen des sie erstellenden Unternehmens tragen, wird die Markenwahrnehmung stark von der Start-up-Kultur geprägt sein. Gleichzeitig nimmt der Kunde eine immer aktivere Rolle bei der Markenführung ein. Im Sinne einer interaktionsorientierten Markenführung gilt es daher, eine Beziehung über z. B. ein Zugehörigkeitsgefühl zur Organisation als Ganzes aufzubauen. Zudem müssen sich Interaktionen der eigenen Marke von denen der Konkurrenz abheben.

4   Zusammenfassung und Diskussion

Start-up-Unternehmen sehen die Themen Unternehmensentwicklung, Organisations- sowie Produktentwicklung als Führungsthemen an (vgl. Kollmann et al. 2016a). Die Notwendigkeit einer strategischen Markenführung und insbesondere ihrer Verankerung in der Unternehmenskultur wird allerdings in der Realität häufig nicht angemessen berücksichtigt. Die Unternehmenskultur wird häufig nicht hinreichend nach außen kommuniziert, sodass ihr Abgrenzungspotenzial nicht genutzt wird. Dies deutet darauf hin, dass die Bedeutung der Start-up-Kultur in der Praxis häufig unterschätzt wird. Gleichzeitig ist die Markierung von Start-up-Unternehmen mit zahlreichen Herausforderungen verbunden. Aktuelle Entwicklungen zeigen, dass die Komplexität, mit der die Markenführung von Start-up-Unternehmen konfrontiert ist, stetig zunimmt. In der Unternehmenspraxis spielt eine wertbasierte Beschäftigung mit der Marke als Bestandteil des Markterfolgs gerade für Start-up-Unternehmen eine entscheidende Rolle. Um den Markentransfer herzustellen gilt es daher, die Unternehmenskultur bewusst zu gestalten, aktiv zu kommunizieren und gezielt durch Verhaltensregeln und Artefakte im Start-up zu verankern. Nur so kann die Start-up-Kultur strategisch als Erfolgsfaktor für das Markenversprechen (Leistungsversprechen) und gleichzeitig die Markenwahrnehmung (Brand Image) genutzt werden. Exzellente Start-ups schaffen es, mit ihren Mitarbeitern eine starke Unternehmenskultur zu schaffen. Wenn dies gelingt, können diese Start-ups erfolgreicher als Wettbewerber sein, die sich weniger auf den Faktor Unternehmenskultur konzentrieren. Aber auch die fortschreitende Digitalisierung wird die Herausforderungen an die Markenführung von Start-up-Unternehmen sowie die wahrgenommenen Risiken auf Kundenseite verstärken. Hinzu kommt ein möglicher Kontrollverlust der Markenführung, da die Marke permanenten Einflüssen im digitalen Umfeld ausgesetzt ist.

Zukünftige Forschungsarbeiten sollten sich noch stärker mit den Auswirkungen des Ursprungs der Start-up-Unternehmensmarke im Hinblick auf die Relevanz der Markenführung von Start-ups beschäftigen. Darüber hinaus wäre bedeutsam, einen möglichen quantifizierbaren Effekt zwischen der Existenz der Start-up-Kultur auf die Markenwahrnehmung zu ermitteln, um die Relevanz der Marke für den Erfolg eines Start-ups empirisch nachzuweisen. Hierzu gilt es ein Messinstrument zu entwickeln, das sowohl die Unternehmenskultur als auch den Einfluss der Marke auf den Unternehmenserfolg valide messen kann, um das komplexe System der Unternehmenskultur und die Komplexität seiner Determinanten mit Blick auf den Unternehmenserfolg bewerten zu können. Nur so ließe sich ein empirisch-statistischer Zusammenhang von Start-up-Unternehmenskultur, Marke und Unternehmenserfolg konkret bestimmen. Die kulturspezifische Start-up-Thematik bietet also weiterhin Raum für wissenschaftliche Untersuchungen.

Literatur

Abbate, S. (2014). *Unternehmenskultur fördern. Sieben Schritte zu einer dynamischen und motivierenden Wertevermittlung*. Wiesbaden: Springer Gabler.

Baetge, J., Schewe, G., Schulz, R., & Solmecke, H. (2007). Unternehmenskultur und Unternehmenserfolg. Stand der empirischen Forschung und Konsequenzen für die Entwicklung eines Messkonzeptes. *Journal für Betriebswirtschaft, 57*(3), 183–219.

Collins, J. C. (2002). *Der Weg zu den Besten. Die sieben Management-Prinzipien für dauerhaften Unternehmenserfolg*. Stuttgart: Dt. Verlagsanstalt.

De Chernatony, L. (2010). *From branding vision to brand evaluation: The strategic process of growing and strengthening brands* (2. Aufl.). Oxford: Butterworth-Heinemann.

De Molina, K. (2015). Unternehmenskultur für Startups. Konzepte und Implementierung. In W. Widuckel, K. De Molina, M. J. Ringlstetter, & D. Frey (Hrsg.), *Arbeitskultur 2020 Herausforderungen und Best Practices der Arbeitswelt der Zukunft* (S. 227–238). Wiesbaden: Springer Gabler.

Dill, P., & Hügler, G. (1987). Unternehmenskultur und Führung betriebswirtschaftlicher Organisationen. Ansatzpunkte für ein kulturbewusstes Management. In E. Heinen (Hrsg.), *Unternehmenskultur. Perspektiven für Wissenschaft und Praxis* (S. 141–209). München: Oldenbourg.

Ernst & Young (2016). Start-up-Barometer Deutschland Januar 2016. http://www.ey.com/Publication/vwLUAssets/EY-Start-up-Barometer-2016/$FILE/EY-Start-up-Barometer-2016.pdf. Zugegriffen: 7. März 2017.

Esch, F. R., Tomczak, T., Kernstock, J., & Langner, T. (2014). *Corporate brand management. Marken als Anker strategischer Führung von Unternehmen* (3. Aufl.). Wiesbaden: Gabler.

Flamholtz, E., & Kannan-Narasimhan, R. (2005). Differential impact of cultural elements on financial performance. *European Management Journal, 23*(1), 50–64.

Hatch, M. J., & Schultz, M. (2008). *Taking brand initiative: How companies can align their strategy, culture and identity through corporate branding*. San Francisco: Jossey-Bass.

Homma, N., & Bauschke, R. (2015). *Unternehmenskultur und Führung. Den Wandel gestalten - Methoden, Prozesse, Tools* (2. Aufl.). Wiesbaden: Springer Gabler.

Kieser, A., & Ebers, M. (Hrsg.). (2014). *Organisationstheorien* (7. Aufl.). Stuttgart: Kohlhammer.

Kollmann, T., Stöckmann, C., Hensellek, S., & Kensbock, J. (2016a). KPMG Deutscher Startup-Monitor 2016. http://deutscherstartupmonitor.de/fileadmin/dsm/dsm-16/studie_dsm_2016.pdf. Zugegriffen: 4. Sept. 2017.

Kollmann, T., Stöckmann, C., Hensellek, S., & Kensbock, J. (2016b). European Startup Monitor. http://europeanstartupmonitor.com/fileadmin/esm_2016/report/ESM_2016.pdf. Zugegriffen: 4. Sept. 2017.

Kotter, J. P., & Heskett, J. L. (1992). *Corporate culture and performance*. New York: Free Press.

Macharzina, K., & Wolf, J. (2015). *Unternehmensführung. Das internationale Managementwissen: Konzepte – Methoden – Praxis* (9. Aufl.). Wiesbaden: Springer Gabler.

March, J. G., & Sutton, R. I. (1997). Organizational performance as a dependent variable. *Organization Science, 8*(6), 698–706.

Metzger, G. (2016). KfW-Gründungsmonitor 2016. Arbeitsmarkt trübt Gründungslust deutlich – Innovative Gründer behaupten sich. https://www.kfw.de/PDF/Download-Center/Konzern-themen/Research/PDF-Dokumente-Gr%C3%BCndungsmonitor/Gr%C3%BCndungsmonitor-2016.pdf. Zugegriffen: 4. Sept. 2017.

Metzger, G. (2017). KfW-Gründungsmonitor 2017. Beschäftigungsrekord mit Nebenwirkung: So wenige Gründer wie nie. https://www.kfw.de/PDF/Download-Center/Konzernthemen/Research/PDF-Dokumente-Gr%C3%BCndungsmonitor/KfW-Gr%C3%BCndungsmonitor-2017.pdf. Zugegriffen: 4. Sept. 2017.

Müller, C., Nahr-Ettl, C., & Rottweiler, D. (2005). Markenaufbau und Markenführung von Start-Ups und KMU. In A.-K. Achleitner, H. Klandt, L. T. Koch, & K.-I. Voigt (Hrsg.), *Jahrbuch Entrepreneurship 2004/05 Gründungsforschung und Gründungsmanagement* (S. 243–261). Berlin: Springer. eBook.

Murphy, G. B., Trailer, J. W., & Hill, R. C. (1996). Measuring performance in entrepreneurship research. *Journal of Business Research, 36*(1), 15–23.

Nicolai, A., & Kieser, A. (2002). Trotz eklatanter Erfolgslosigkeit: Die Erfolgsfaktorenforschung weiter auf Erfolgskurs. *Die Betriebswirtschaft (DBW), 62*(6), 579–596.

Paul, W. (2005). Die Bedeutung der Unternehmenskultur für den Erfolg eines Unternehmens und ihre Bestimmungsfaktoren. *Betrieb, 58,*1581–1587.

Peters, T. J., & Waterman, R. H. (1986). *In search of excellence. Lessons from America's best-run companies* (4. Aufl.). New York: Harper & Row.

Richter, N., & Schildhauer, T. (2016). Innovation, Gründungskultur und Start-ups made in Germany. *Aus Politik und Zeitgeschichte (APuZ), 66*(16/17), 19–25.

Richter, N., Volquartz, L., Schildhauer, T., & Neumann, K. (2016). *Fostering and hindering factors – Success of early stage internet-enabled startups* (HIIG Discussion Paper Series No. 2016-04). Berlin: Alexander von Humboldt Institute for Internet & Society Berlin.

Ripsas, S., & Tröger, S. (2015). 3. Deutscher Startup Monitor. http://deutscherstartupmonitor.de/fileadmin/dsm/dsm-15/studie_dsm_2015.pdf. Zugegriffen: 12. März 2017.

Rode, V. (2005). *Corporate Branding von Gründungsunternehmen. Der erfolgreiche Aufbau der Unternehmensmarke*. Wiesbaden: Gabler.

Sackmann, S. A. (2009). *Unternehmenskultur. Erkennen, entwickeln, verändern*. Wiesbaden: Gabler.

Sackmann, S. A. (2011). *Developing a corporate culture for high performance and long-term competitiveness, six best practices*. Gütersloh: Bertelsmann Stiftung. (eBook).

Schein, E. H., & Schein, P. (2017). *Organizational culture and leadership* (5. Aufl.). New York: Wiley.

Sørensen, J. (2002). The strength of corporate culture and the reliability of firm performance. *Administrative Science Quarterly, 47*(1), 70–91.

Vallaster, C. (2010). Corporate Branding von Start-Ups – Der erfolgreiche Aufbau der Unternehmensmarke. *Zeitschrift für KMU und Entrepreneurship ZfKE, 58*(4), 329–335.

Witt, P., & Rode, V. (2005). Corporate brand building in start-ups. *Journal of Enterprising Culture, 13*(3), 271–292.

Prof. Dr. Gabriele Mielke ist Professorin für Betriebswirtschaftslehre an der Hochschule für Wirtschaft, Technik und Kultur (hwtk) in Berlin. Sie ist Vizepräsidentin der Hochschule und Leiterin des Masterstudiengangs Business Management & Development. Sie betreut zudem freiberuflich als Consultant in der Strategie- und Managementberatung nationale und internationale Beratungsprojekte. Ihre Forschungsschwerpunkte liegen im Bereich der besonderen Herausforderungen des Managements und Marketing sowie deren evidenzbasierten Analyse und umfassen eine Vielzahl sozio-ökonomischer und betriebswirtschaftlicher Themen.

Sarah Lobenstein ist Teamlead Operations Recruiting bei der McMakler GmbH in Berlin. Das Proptech-Start-up McMakler expandiert aktuell bundesweit und will neben seiner Bekanntheit auch in den Markenaufbau investieren. Im Anschluss an ihr Masterstudium in Business and Organisation, dass sie 2016 an der Hochschule für Wirtschaft, Technik und Kultur in Berlin abschloss, arbeitete sie zunächst als Karriereberaterin bei dem Personaldienstleister PERM4 Permanent Recruiting GmbH einer der führenden Personalberatungen in Berlin.

Prof. Dr. Peter Mantel ist Professor für Betriebswirtschaftslehre an der Berlin International University of Applied Sciences. Er ist Vizepräsident der Hochschule und Dekan der Faculty of Business.

Interne Kommunikation in agilen Start-ups: Ergebnisse einer qualitativen Befragung

Katrin Allmendinger, Anna Frommknecht und Miriam Kraus

Zusammenfassung

Die durchgeführte Interviewstudie mit insgesamt elf Start-up-Unternehmen unterschiedlicher Branchen und Mitarbeiteranzahl fokussiert auf die interne Kommunikation in den befragten Unternehmen. Es wird aufgezeigt, wie die Mitarbeitenden untereinander in Kontakt treten und sich in ihrer Arbeit vernetzen. Wesentliche Kennzeichen der Vernetzung sind ein veränderter Medieneinsatz und eine essenzielle Bedeutung der horizontalen Kommunikation. Es werden die Merkmale der Agilität herausgearbeitet, die in der internen Kommunikation der Start-up-Unternehmen verankert sind, um Empfehlungen abzuleiten, die auch für Großunternehmen von Interesse sein können.

1 Einführung

Wirtschaftliches Handeln findet heutzutage in einer Umwelt statt, die geprägt ist durch Volatilität (Flüchtigkeit), Ungewissheit, Komplexität und Ambiguität (VUCA, Petry 2016, S. 38 f.). Es werden in den Unternehmen engagierte Mitarbeitende benötigt, die

K. Allmendinger (✉)
HFT Stuttgart, Stuttgart, Deutschland
E-Mail: katrin.allmendinger@hft-stuttgart.de

A. Frommknecht
Stuttgart, Deutschland
E-Mail: frommknecht.a@web.de

M. Kraus
Universität Kassel, Olpe, Deutschland
E-Mail: miriam-kraus@gmx.de

© Springer Fachmedien Wiesbaden GmbH, ein Teil von Springer Nature 2019
C. Kochhan et al. (Hrsg.), *Marken und Start-ups,*
https://doi.org/10.1007/978-3-658-24586-3_8

in einer Kultur des Vertrauens lösungsorientiert denken und selbstverantwortlich Entscheidungen treffen. Das erfordert eine Organisation, die agiles Handeln zulässt und unterstützt, ohne ihre Stabilität und Identität zu verlieren. Um die Agilität eines Unternehmens zu fördern, wird empfohlen, über interne Kommunikation gemeinsame Handlungsprinzipien zu vereinbaren und die Mitarbeitenden sich selbst organisiert vernetzen sowie autonom arbeiten zu lassen (Buchholz und Knorre 2017, S. 7 ff.).

Diese Anforderungen an ein agiles Arbeiten können vor allem Start-up-Unternehmen erfüllen, da noch keine etablierten Strukturen, Prozesse oder langjährige Mitarbeiter- und Kundenwünsche bestehen, auf die Rücksicht genommen werden sollte. Die Unternehmenskultur bildet sich in Start-up-Unternehmen von Grund auf neu heraus. Auch Großunternehmen sehen es als Chance an, sich an den Vorgehensweisen von Start-up-Unternehmen zu orientieren, um ihre etablierten Kooperations- und Kommunikationsformen zu überdenken. So hat beispielsweise die Deutsche Bahn ein Programm entwickelt, um ihren Mitarbeitenden im Rahmen von Hospitationen bei Start-ups neue Perspektiven aufzuzeigen (Patz 2016, S. 410). Großunternehmen sehen die Übernahme und Entwicklung einer Start-up Kultur mit horizontalen Kommunikationswegen als Möglichkeit, agil zu arbeiten und gründen oder beteiligen sich deshalb u. a. auch an Inkubatoren, die z. B. innovative Produktentwicklungen vorantreiben sollen (Borchers und Kupp 2016, S. 417 f.), oder Spin-offs, die das Großunternehmen befruchten sollen und bei denen sich häufig auch eine spätere Reintegration offengehalten wird (Petry 2016, S. 72). Ziel der durchgeführten Interviewstudie ist es, Start-up-Unternehmen bezogen auf ihre interne Kommunikation zu erforschen, um Handlungsempfehlungen abzuleiten. Im Folgenden wird zunächst auf die Klärung von Begrifflichkeiten eingegangen sowie auf den theoretischen und empirischen Hintergrund zu diesem Thema.

2 Begriffsklärung, theoretische Bezüge und empirischer Hintergrund

Unter Organisationskommunikation kann sowohl „Kommunikation *in* als auch Kommunikation *von* Organisationen" (Theis 1994, S. 13) verstanden werden. Dabei wird Unternehmenskommunikation als Teil der Organisationskommunikation angesehen und bezieht sich ausschließlich auf wirtschaftliche Organisationen. Unternehmenskommunikation umfasst „alle gesteuerten Kommunikationsprozesse, mit denen ein Beitrag zur Aufgabendefinition und -erfüllung in gewinnorientierten Wirtschaftseinheiten geleistet wird und die insbesondere zur internen und externen Handlungskoordination sowie Interessenklärung zwischen Unternehmen und ihren Bezugsgruppen (Stakeholdern) beitragen" (Zerfaß 2007, S. 23).

Da der Fokus der Interviewstudie auf der internen Kommunikation liegt, wird an dieser Stelle näher auf den Begriff der internen Organisationskommunikation sowie auf die Kommunikationsrichtungen in Unternehmen eingegangen. Nach Retzbach und Schneider (2012, S. 8) umfasst die interne Organisationskommunikation „sämtliche

Prozesse zwischen zwei oder mehreren Organisationsmitgliedern, an denen diese als Sender (Kommunikator) und/oder Empfänger (Rezipient) beteiligt sind und durch Zeichen direkt oder mithilfe von Medien in formellem oder informellem Rahmen miteinander in Beziehung treten."

Orientiert an der Hierarchie eines Unternehmens lässt sich die interne Kommunikation in Bezug auf die Kommunikationsrichtungen betrachten. In Abb. 1 sind die horizontale, vertikale und diagonale Kommunikation dargestellt.

Kommunizieren Mitarbeitende oder Führungskräfte derselben Ebene miteinander, so spricht man von horizontaler Kommunikation. Das Ausmaß an horizontaler Kommunikation korreliert positiv mit der Leistung sowie mit dem Commitment und der Identifikation zu einem Unternehmen (Spillan et al. 2002; Bartels et al. 2010). Die vertikale Kommunikation zwischen einem Mitarbeitenden und seiner Führungskraft kann in die Richtungen top-down (abwärts) und bottom-up (aufwärts) erfolgen (Retzbach und Schneider 2012). Wenn Mitarbeitende bereichsübergreifend mit Führungskräften kommunizieren, handelt es sich um diagonale Kommunikation (Wilson 1992).

Während die horizontalen und damit auch die informellen Kommunikationsstrukturen in einer Organisation früher eher als Störfaktor angesehen wurden, werden sie heute bewusst gefördert und als Bereicherung einer agilen Unternehmensführung betrachtet (Buchholz und Knorre 2012, S. 36; Funken und Schulz-Schaeffer 2008, S. 32). Nur durch informelle Netzwerke können Reaktionsgeschwindigkeit und Flexibilität sichergestellt werden, die durch die formalen Strukturen alleine nicht umgesetzt werden können, da diese Informationswege häufig zu langsam sind und stärker dazu tendieren, gefilterte Informationen zu liefern (Schick 2014, S. 72, 169). Beide Kommunikationsstrukturen, die vertikale sowie die horizontale, sollten also parallel funktionieren. Während die horizontale, informelle Struktur den Anforderungen der Agilität gerecht

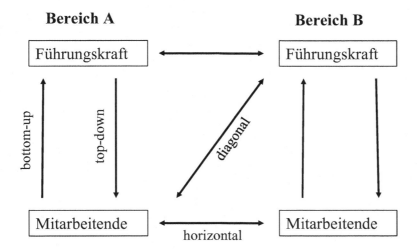

Abb. 1 Richtungen der Kommunikation. (in Anlehnung an Retzbach und Schneider 2012, S. 451)

wird und damit auf nicht planbare Gegebenheiten mit entsprechender Geschwindigkeit reagieren lässt, gibt die formale Struktur die notwendige Stabilität in der Organisation (Buchholz und Knorre 2012, S. 17).

Bei der informellen Kommunikation, wie zum Beispiel bei einem gemeinsamen Essen, Kaffeetrinken oder Aktivitäten nach Feierabend, werden vorwiegend private Gespräche geführt. Dieser private Austausch stärkt die Beziehung zwischen den Beteiligten und sorgt damit für eine vertrauensvolle Arbeitsatmosphäre (Schick 2014, S. 169 ff.). Durch das bessere Kennenlernen, den Beziehungsaufbau und den Gedankenaustausch trägt die informelle Kommunikation auch wesentlich zu einem reibungslosen Ablauf im Unternehmen bei. Horizontale Netzwerke im Unternehmen stellen oft eine unkomplizierte Alternative zu den formalen Kommunikationswegen dar (Funken und Schulz-Schaeffer 2008, S. 15). Die Wege zur Informationsgewinnung sind hier deutlich kürzer und damit essenziell für die heute geforderte Reaktionsgeschwindigkeit und Flexibilität. Diese wechselseitige Kommunikation erleichtert es den Gesprächspartnern, sich gegenseitig richtig zu verstehen, Emotionen zu deuten und unmittelbares Feedback zu geben (Funken und Schulz-Schaeffer 2008, S. 27).

Trotzdem dürfen einige Probleme, welche die informellen Strukturen mit sich bringen, nicht außer Acht gelassen werden. Gerade weil sie informell sind, lassen sich diese horizontalen Strukturen nicht einfach steuern (Buchholz und Knorre 2017, S. 32 f.). Das freiere Handeln, welches die Mitarbeitenden dadurch bekommen, ist nicht ausnahmslos förderlich. Es kann die Unternehmenskommunikation auch behindern, indem die Mitarbeitenden Handlungsspielräume haben, welche Informationen sie weitergeben. Damit können sie die Arbeit anderer Firmenmitarbeitenden beeinflussen und schlimmstenfalls beeinträchtigen. Zudem ist darauf zu achten, dass ein informeller Austausch nicht gänzlich in einen privaten Austausch übergeht und das Aufkommen von Gerüchten sollte bestmöglich vermieden werden. Diese Probleme entstehen jedoch meistens dann, wenn sich die Mitarbeitenden nicht ausreichend und ehrlich informiert fühlen (Funken und Schulz-Schaeffer 2008, S. 34; Schick 2014, S. 168 ff.). Deswegen hat auch hier die Mitgestaltung der Kommunikation durch die Führungskräfte eine wichtige Bedeutung. Trotz der aufgezeigten Risiken, die mit informeller Kommunikation einhergehen, erkennen viele Firmen, dass die Vorteile überwiegen und schaffen aktiv Möglichkeiten für den informellen Austausch. Gerade die Digitalisierung eröffnet durch den Einsatz neuer IT-Tools, wie zum Beispiel „Social Media Communities", neue Möglichkeiten, die horizontale Kommunikation zu stärken. Für die Unterstützung von face-to-face Austausch können dagegen zum Beispiel regelmäßige Treffen und Unternehmungen organisiert werden oder Orte geschaffen werden, deren räumliche Gestaltung zum informellen Austausch einladen (Schick 2014, S. 168 ff.).

Durch die Durchführung von Interviews wird sich dem Forschungsfeld der internen Kommunikation in Start-up-Unternehmen genähert. Dabei stehen die folgenden Forschungsfragen im Vordergrund:

- Welche Aufgaben erfüllt die interne Kommunikation in Start-up-Unternehmen?
- Wie wird intern kommuniziert bzw. welche Formen von interner Kommunikation gibt es in Start-up-Unternehmen?
- Welchen Stellenwert nimmt die informelle Kommunikation in Start-up-Unternehmen ein und welche Vor- und Nachteile werden mit informeller Kommunikation assoziiert?

Auf Grundlage der Ergebnisse der Studie sollen erste Ansatzpunkte entstehen, ob und wie Großunternehmen im Bereich der internen Kommunikation durch Start-up-Unternehmen inspiriert werden können.

## 3	Methodisches Vorgehen

In der Interviewstudie wurden als Zielgruppe Vertreter von Start-up-Unternehmen befragt. In der Regel handelte es sich dabei um die Geschäftsführer oder Führungskräfte der Unternehmen. Vetter (2011) beschreibt Start-ups als „Unternehmen (…), die jung sind, die noch über keine etablierte Firmenhistorie verfügen, deren Zukunft im Ungewissen liegt und deren Überleben als noch nicht gesichert gelten kann. Des Weiteren verfügen solche Unternehmen über einen geringen Bekanntheitsgrad, über keinen großen Mitarbeiterstamm und noch über keine dominierende Marktposition" (S. 63). Für andere Autoren stehen zusätzlich die Merkmale Innovativität und Wachstumschancen im Vordergrund. (z. B. Kollmann et al. 2016, S. 14). In der vorliegenden Studie wurden ebenfalls Vertreter aus jungen, innovativen Wachstumsunternehmen aus unterschiedlichen Branchen (Dienstleistung, Software, e-commerce und Versandhandel sowie Reisebranche) befragt. Die Mitarbeiteranzahl der Start-ups liegt zwischen 5 und 50, mit der Ausnahme eines Unternehmens, das nur zwei Partner hat, aber dennoch befragt wurde (ausgenommen ist der Bereich der informellen Kommunikation, da diese Fragen bei 2 Personen nicht sinnvoll gewesen wären). Acht der elf Unternehmen weisen eine Mitarbeiteranzahl zwischen 5 und 20 auf. Alle Unternehmen agieren noch nicht lange auf dem Markt. Die Spanne reicht von einer Gründung ab 2004 bis 2016, wobei nur zwei der elf befragten Unternehmen vor 2010 gegründet wurden. Alle Interviews wurden als Audiodateien aufgezeichnet und der Inhalt anschließend vollständig transkribiert. Die Auswertung erfolgte mithilfe der Software MAXQDA. Das Programm unterstützt die Auswertung vor allem durch Funktionen, mit denen Kategoriensysteme gebildet und Codierungen vorgenommen werden können. So können zum Beispiel alle Textstellen ausgegeben werden, die der gleichen Kategorie zugeordnet wurden.

## 4	Ergebnisse

Es werden zunächst die übergreifenden Ergebnisse betrachtet, bevor auf die Aufgaben der internen Kommunikation, die Kommunikationsformen und die Rolle der informellen Kommunikation näher eingegangen wird.

Auf die Frage was ihnen spontan zum Thema interne Kommunikation einfalle, betonen fünf der elf Interviewpartner wie wichtig interne Kommunikation für den Erfolg und das Fortbestehen der Organisation sei. Aussagen wie „dass das eines der wichtigsten Instrumente oder Sachen sind, die es in einem Unternehmens-Start-up gibt", „dass es als wesentlicher Faktor den Unternehmenserfolg ausmacht" oder „der Schlüssel, um erfolgreich arbeiten zu können" bestätigen die Bedeutsamkeit, die der internen Kommunikation zugeschrieben wird. Nur ein Interviewpartner betrachtet interne Kommunikation als einen weniger wichtigen Aspekt. Trotzdem gibt es bei keinem der befragten Start-up-Unternehmen einen expliziten Verantwortlichen oder Verantwortlichkeitsbereich für die interne Kommunikation. Die Befragten betonen, dass jeder der im Unternehmen beschäftigt ist, dafür verantwortlich sei.

4.1 Aufgaben und Formen der internen Kommunikation

Es wurde zu Beginn der Interviews nach den Aufgaben der internen Kommunikation im Unternehmen gefragt. Mit sieben Aussagen wurde der Informationsaustausch am häufigsten als Aufgabe der internen Kommunikation genannt, gefolgt von den Aspekten „Prozesse gewährleisten" und „Dokumentation" (vgl. Abb. 2). Mit der Motivation der Mitarbeitenden haben nur zwei der Interviewpartner argumentiert.

Als verwendete Kommunikationskanäle wurden die üblichen Instrumente, wie E-Mail oder Telefon, genannt. Der persönliche Dialog wird von allen befragten Unternehmen als wichtigstes Mittel zur internen Kommunikation hervorgehoben. Auch das Meeting wird von den meisten als wichtiger Kommunikationskanal genannt, mit dem schnell alle Mitarbeitenden erreicht werden. Ein klassisches Intranet hat nur eines der Start-up-

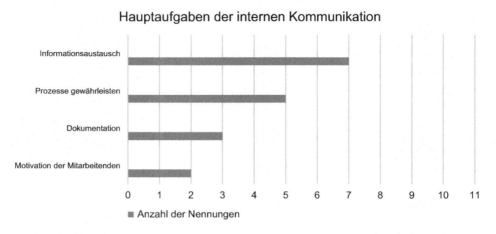

Abb. 2 Antworten zur Frage „Was sind Ihrer Meinung nach die Hauptaufgaben der internen Kommunikation?"

Unternehmen. In diesem Fall wird es vor allem für die Dokumentation genutzt. Social Media oder interne Plattformen mit einem Social Media Charakter und damit auch einer Chat Funktion (z. B. Yammer) nutzen drei der elf befragten Unternehmen. Alle Unternehmen nutzen Instant-Messaging Programme, wie beispielsweise Skype, oder einen internen Chat. Zwei davon geben an, diesen aufgrund der engen räumlichen Nähe, nicht sehr rege zu nutzen. Andere verwenden den Chat insbesondere, um ihre Kolleginnen und Kollegen nicht zu stören. Fünf der elf befragten Unternehmen geben an, über eine Task Managing Software (z. B. Slack) zu arbeiten und zu kommunizieren. Diese nutzen sie zur Projektorganisation und Informationsteilung. Auch hier ist oft eine Chat Funktion integriert.

Das persönliche Gespräch wird einheitlich als eines der wichtigsten Mittel der internen Unternehmenskommunikation bewertet. Die angegebene Relevanz und Notwendigkeit des persönlichen Austauschs innerhalb der Start-up-Unternehmen wird deutlich durch die Antworten auf die Frage was getan wird, um benötigte Informationen zu erhalten. Typische Antworten sind „ich frage jemanden" oder „ich spreche die Personen eben selber an". Dass spezifische Vor- und Nachteile mit dem persönlichen Gespräch gegenüber schriftlichen Kanälen einhergehen, ist den Befragten bewusst. Als vorteilhaft sehen sie an, dass direktes Feedback und Arbeit auf Zuruf möglich sei, dass es interaktiver sei und man einen ständigen Austausch über den Stand der Projekte, Wissen, Meinungen und Probleme habe. Als nachteilig wird bewertet, dass die persönlichen Gespräche nicht dokumentiert werden, keine Verbindlichkeit herrsche und sie auch zu einem unpassenden Moment geführt werden können. Auffällig ist jedoch, dass die befragten Start-up-Unternehmen dennoch eine Kultur pflegen, in der das persönliche Gespräch jederzeit zur Verfügung steht. Aussagen wie etwa „meine Türe steht immer offen" oder „der direkte Dialog steht immer zur Verfügung" wurden häufig genannt.

4.2   Informelle Kommunikation

Wie bereits erwähnt, wurde das Start-up-Unternehmen, das nur aus zwei Partnern besteht, aufgrund der ausschließlich dyadischen Kommunikation zum Thema informelle Kommunikation nicht befragt, weshalb nur zehn Unternehmen in die Datenauswertung einbezogen werden konnten. Eine Auflistung der am häufigsten genannten Möglichkeiten für einen informellen Austausch ist Abb. 3 zu entnehmen.

Alle Interviewpartner geben an, dass ihnen ein interner Chat für die informelle Kommunikation zur Verfügung stehe. Außerdem geben die Mehrzahl der Befragten an, gemeinsam das Mittagessen einzunehmen bzw. einen zusätzlichen Raum oder einen speziellen Bereich zu haben, welcher Möglichkeit für den informellen Austausch biete bzw. z. B. in den Pausen zur informellen Kommunikation einlade.

Als zentralen Vorteil geben sieben von zehn Interviewpartnern an, dass sie durch die informelle Kommunikation ihre Kolleginnen und Kollegen besser kennenlernen können und damit Hintergründe und bestimmte Reaktionen besser verstehen können. Es fände

Abb. 3 Antworten zur Frage „Welche Möglichkeiten haben die Mitarbeitenden für den informellen Austausch?"

ein Team Building Prozess statt, der die Zusammenarbeit, das Vertrauen und das Gemeinschaftsgefühl erhöhe, sowie das Klima im Team als auch die Arbeitsatmosphäre verbessere. Sechs von zehn Befragten betrachten den Informations- und Wissensaustausch als wesentlichen Vorteil der informellen Kommunikation. Sie geben an, dass über den informellen Austausch ein Überblick über die einzelnen Projekte, deren Verlauf, Probleme und Verantwortlichkeiten gewonnen werden könne. Nur drei der zehn Interviewpartner sehen die Vorteile im Bereich der Geschwindigkeit. Die Befragten geben an, dass insbesondere die horizontale informelle Kommunikation schnelleren Informationsaustausch erlaube sowie schnellere Absprache und schnellere Lösungen.

Neben den Vorteilen wurden auch Nachteile oder potenzielle Probleme des informellen Austauschs abgefragt. Neben Aussagen zur fehlenden Dokumentation und Verbindlichkeit des Besprochenen, wurde genannt, dass Nicht-Anwesende über das Besprochene nicht Bescheid wüssten, es auch in „Tratsch" übergehen bzw. sich die Unzufriedenheit einzelner auf andere übertragen könne. Als Resümee geben die Befragten an, dass eine gute Balance zwischen formeller und informeller Kommunikation wichtig sei. Aussagen wie, man brauche „zumindest irgendwelche Reporting-Strukturen", „es ist wichtig, dass es neben den informellen Kanälen auch (…) Fixpunkte gibt" und „ich würde es als ein sehr gutes Kreuz darstellen (…) es besteht beides, also sehr ausgewogen" belegen dies. Als Möglichkeit des strukturierten Austauschs im face-to-face Kontext nutzen alle befragten Unternehmen regelmäßig stattfindende Meetings. Dabei werden auch Meetings mit der Anwesenheit aller Mitarbeitender regelmäßig einberufen, von acht der elf befragten Unternehmen sogar täglich oder wöchentlich. Befragt nach den Merkmalen dieser Meetings, geben die Interviewpartner an, dass auf einen klaren Ablauf (mit Agenda, Moderation und klarem Zeitplan), ein ausgewogenes Verhältnis aus Information und Diskussion („Workshop-Charakter") und eine kollegiale Atmosphäre geachtet werde.

5 Ableitung von Handlungsempfehlungen

Obwohl die Ergebnisse der Interviewstudie natürlich durch die begrenzte Anzahl an Vertretern von Start-up-Unternehmen, die befragt wurden, nicht repräsentativ sein kann, weist sie doch auf etliche interessante Einstellungen hin, die mehrfach in den Interviews erwähnt werden und auf die im Folgenden eingegangen werden soll.

Ein Vorteil von Start-up-Unternehmen ist ihre Flexibilität und Schnelligkeit angesichts ihrer überschaubaren Anzahl von Mitarbeitenden. Gerade auf die interne Kommunikation wirkt sich die Größe des Unternehmens erheblich aus. Während bei kleinen Unternehmen jeder weiß, was der andere macht und ein Überblick über Projekte, Kompetenzen und Wissen der Mitarbeitenden selbstverständlich ist, ist es bei Großunternehmen erforderlich, durch entsprechende Projekt-, Kompetenz- bzw. Wissensdatenbanken für Übersicht zu sorgen. Insofern sind auch die Ergebnisse, die im Rahmen der Interviewstudie erzielt wurden, nicht ohne Weiteres als Handlungsempfehlungen auf Großunternehmen zu übertragen. So kann z. B. das Prinzip „ich spreche die Personen einfach an" nur erfolgreich sein, wenn die Voraussetzungen erfüllt sind, dass man weiß, wen man ansprechen kann, dass eine gewisse räumliche Nähe herrscht und wenn eine grundsätzliche Offenheit für Anfragen in der Unternehmenskultur verankert ist. Gerade in Großunternehmen wird jedoch häufig das Phänomen des „Silo-Denkens" beklagt, was einem abteilungs- oder bereichsübergreifendem horizontalem Austausch im Wege stehen kann. Gerade diese unternehmenskulturellen Aspekte sind es jedoch, von denen sich Großunternehmen von Start-ups inspirieren lassen können. Ein Großunternehmen wird aufgrund der anderen Rahmenbedingungen nicht wie ein Start-up ein regelmäßiges Präsenzmeeting mit allen Mitarbeitenden einberufen, was es jedoch übernehmen kann, ist das zugrunde liegende Prinzip der Transparenz und Offenheit in der Information und Diskussion zu bedeutsamen Themen wie Auftragslage oder Herausforderungen, die auf das Unternehmen zukommen.

Die befragten Start-up-Unternehmen haben in den Interviews der internen Kommunikation eine hohe Bedeutung zugesprochen. Formelle und informelle Formen der internen Kommunikation sollten laut den Ergebnissen der Studie ausbalanciert sein und Hand in Hand gehen. Dass die informelle Kommunikation nicht nur bei der horizontalen, sondern auch bei der vertikalen Kommunikation (Retzbach und Schneider 2012, S. 451) gelebt wird, ist Teil der Start-up Kultur, bei der einerseits wenig Hierarchien bestehen und, falls sie bestehen, darauf geachtet wird, dass auf Augenhöhe kommuniziert wird. Dies entspricht der Meinung anderer Autoren, dass informelle Kommunikationsstrukturen in einer Organisation bewusst gefördert werden sollten, um agiles Arbeiten zu ermöglichen. Auf nicht planbare Gegebenheiten kann somit schnell und flexibel reagiert werden (Buchholz und Knorre 2012, S. 36; Funken und Schulz-Schaeffer 2008, S. 32). Im Gegensatz dazu sorgt die formale, z. B. in regelmäßigen Meetings stattfindende, organisierte Kommunikation für einen ebenso wichtigen systematischen Informationsaustausch, inklusive der notwendigen Dokumentation. Informelle und formelle

Kommunikation tragen somit im besten Fall gemeinsam zur Transparenz in einer Organisation bei, was wiederum zu weniger Aufkeimen von Gerüchten im Unternehmen führt (Funken und Schulz-Schaeffer 2008, S. 34; Schick 2014, S. 168 ff.).

Während sich, wie die Studie ergeben hat, in Start-up-Unternehmen jeder für die interne Kommunikation zuständig fühlt, verfügt ein Großunternehmen in der Regel über eine Organisationseinheit, die für die interne Kommunikation offiziell verantwortlich ist. Dass diese Organisationseinheit, gemeinsam mit den Führungskräften, nur den Rahmen für interne z. B. horizontale, abteilungsübergreifende Kommunikation organisieren kann, ist eigentlich selbstverständlich. Auf der Ebene der Unternehmenskultur kann jedoch auch hier wiederum das Prinzip der Start-up-Unternehmen als Vorbild dienen. Es ist die Verantwortung aller, dass intern ausreichend kommuniziert wird und entsprechend sollten auch alle zur Organisation des internen Austauschs beitragen bzw. den Kommunikationsbereich darin unterstützen.

Aufgrund der geringen Anzahl der befragten Unternehmen und des einen Erhebungszeitpunktes kann auf Basis der Daten leider nicht geschlossen werden, wie sich die interne Kommunikation bei Start-up-Unternehmen in Abhängigkeit der Jahre, die die Unternehmen am Markt bestehen, entwickelt. Längsschnittstudien können Aufschluss darüber geben, wie sich die interne Kommunikation an Alter und Wachstum von Start-up-Unternehmen anpasst und welche Maßnahmen besonders vielversprechend sind, um trotzdem intern im engen Austausch zu bleiben.

Literatur

Bartels, J., Peters, O., Jong, Md, Pruyn, A., & Molen, Mv. (2010). Horizontal and vertical communication as determinants of professional and organizational identification. *Personnel Review, 39*(2), 210–226.

Borchers, P., & Kupp, M. (2016). Die Rolle von Unternehmens-Inkubatoren bei der digitalen Transformation – Erfahrung aus vier Jahren hub:raum der Deutschen Telekom. In T. Petry (Hrsg.), *Digital Leadership: Erfolgreiches Führen in Zeiten der Digital Economy* (S. 417–430). Freiburg: Haufe.

Buchholz, U., & Knorre, S. (2012). *Interne Unternehmenskommunikation in resilienten Organisationen.* Berlin: Springer Gabler.

Buchholz, U., & Knorre, S. (2017). *Interne Kommunikation in agilen Unternehmen – Eine Einführung.* Wiesbaden: Springer Gabler.

Funken, C., & Schulz-Schaeffer, I. (Hrsg.). (2008). *Digitalisierung der Arbeitswelt – Zur Neuordnung formaler und informeller Prozesse in Unternehmen.* Wiesbaden: VS Verlag für Sozialwissenschaften.

Kollmann, T., Stöckmann, C., Hensellek, S., & Kensbock, J. (2016). *Deutscher Startup Monitor 2016: Der perfekte Start.* Deutschland: KPMG.

Patz, M. (2016). Wie Großunternehmen von Start-ups lernen können – „Startup Safari" der Deutschen Bahn. In T. Petry (Hrsg.), *Digital Leadership: Erfolgreiches Führen in Zeiten der Digital Economy* (S. 405–416). Freiburg: Haufe.

Petry, T. (2016). Digital Leadership – Unternehmens- und Personalführung in der Digital Economy. In T. Petry (Hrsg.), *Digital Leadership: Erfolgreiches Führen in Zeiten der Digital Economy* (S. 21–82). Freiburg: Haufe.

Retzbach, A., & Schneider, F. M. (2012). Ziele der internen Organisationskommunikation. Was mit interner Kommunikation erreicht werden soll. In M. Maier, F. M. Schneider, & A. Retzbach (Hrsg.), *Psychologie der internen Organisationskommunikation* (S. 17–37). Göttingen: Hogrefe.

Schick, S. (2014). *Interne Unternehmenskommunikation – Strategien entwickeln, Strukturen schaffen, Prozesse steuern* (5. Aufl.). Stuttgart: Schäffer-Poeschel.

Spillan, J. E., Mino, M., & Rowles, (2002). Sharing organizational messages through effective lateral communication. *Communication, 50*(2), 96–104.

Theis, A. M. (1994). *Organisationskommunikation. Theoretische Grundlagen und empirische Forschungen*. Opladen: Westdeutscher Verlag.

Vetter, M. (2011). *Praktiken des Prototyping im Innovationsprozess von Start-up-Unternehmen*. Wiesbaden: Gabler.

Wilson, D. O. (1992). Diagonal communication links within organizations. *International Journal of Business Communication, 29*(2), 129–143.

Zerfaß, A. (2007). Unternehmenskommunikation und Kommunikationsmanagement: Grundlagen, Wertschöpfung, Integration. In A. Zerfaß & M. Piwinger (Hrsg.), *Handbuch Unternehmenskommunikation* (S. 21–70). Wiesbaden: Gabler.

Prof. Dr. Katrin Allmendinger ist Professorin für Wirtschaftspsychologie an der Hochschule für Technik Stuttgart. Sie arbeitete zuvor am Fraunhofer Institut für Arbeitswirtschaft und Organisation in Stuttgart sowie als selbstständige Trainerin und Beraterin.

Anna Frommknecht hat Wirtschaftspsychologie an der Hochschule für Technik Stuttgart studiert und 2017 mit dem Bachelor abgeschlossen. Sie arbeitet aktuell als Onsite-Managerin bei der Firma Adecco im Bereich Personalmanagement.

Miriam Kraus hat Wirtschaftspsychologie (BA) an der Hochschule für Technik Stuttgart studiert und danach dort als akademische Mitarbeiterin gearbeitet. Aktuell absolviert sie ein Masterstudium an der Universität Kassel.

Presse- und Medienarbeit für Start-ups

Handlungsempfehlungen für die Praxis

Beate Semmler

Zusammenfassung

Presse- und Medienarbeit ist ein Puzzlestück in der Kommunikationspolitik eines Unternehmens. Möchten Start-ups in der Masse der neu gegründeten Unternehmen nicht untergehen, bietet sie eine gute Möglichkeit Sichtbarkeit zu erzeugen. Wenn junge Unternehmer dabei die Brille der Journalisten aufsetzen, können sie bereits mit wenig Aufwand erreichen, dass über ihre Gründung berichtet wird. Im Idealfall treten Journalisten dann als Multiplikatoren der Botschaft auf, welche die Jungunternehmer senden möchten. Vorausgesetzt, sie recherchieren die geeigneten Medien, machen sich über deren Zielgruppen kundig und finden die richtigen Ansprechpartner in den Redaktionen heraus. Vorausgesetzt, sie nutzen geeignete Mittel für den Erstkontakt, beispielsweise eine Pressemitteilung, die Zahlen, Daten und Fakten enthält oder auch eine „Story" zum Unternehmen – sauber aufbereitet, mit multimedialen Inhalten und Verweis auf den Pressebereich auf der Webseite. Der Zugang zu den relevanten Informationen muss Journalisten so einfach wie möglich gemacht werden, andernfalls sinkt die Wahrscheinlichkeit der Veröffentlichung rapide. Start-ups, die nichts zu vermelden haben, was andere interessieren könnte, sollten sich allerdings die Mühe sparen. Denn Pressearbeit darf nicht als kostenlose Werbung missverstanden werden, bei der Unternehmen bestimmen können, ob, wann und wo die Information erscheint. Was Journalisten als irrelevant bewerten, wird nicht veröffentlicht – und was irrelevant ist, entscheiden sie.

B. Semmler (✉)
Schwäbisch Hall, Deutschland
E-Mail: beate.semmler@pro-vs.de

© Springer Fachmedien Wiesbaden GmbH, ein Teil von Springer Nature 2019
C. Kochhan et al. (Hrsg.), *Marken und Start-ups,*
https://doi.org/10.1007/978-3-658-24586-3_9

1   Werbung – PR – Pressearbeit

Macht ein Unternehmen, welches einen Produktflyer an Journalisten verschickt, bereits Pressearbeit? Ist Pressearbeit einfach „nur" Werbung? Und Öffentlichkeitsarbeit das gleiche wie PR?

Insbesondere für den Begriff **„Public Relations"** (PR) existieren mehrere Definitionen. In der Kommunikationswissenschaft gibt es beispielsweise den Ansatz, PR anhand der Perspektive einzuordnen, aus der die Annäherung erfolgt, etwa der Alltagsperspektive, der Berufsfeldperspektive und der wissenschaftlichen Perspektive (Hoffjann 2015, S. 15 ff.). Daneben sind viele weitere teils divergierende Definitionsansätze zu finden. Ungeachtet der kommunikationswissenschaftlichen Unterfütterung wird PR im deutschen Sprachraum in der Regel mit „Öffentlichkeitsarbeit" gleichgesetzt. PR sind Teil der Kommunikationsinstrumente, die in der Kommunikationspolitik eines Unternehmens bzw. für ein Unternehmen eingesetzt werden können (Bruhn 2016, S. 202 f.). Als Kommunikationsinstrumente neben der PR zu nennen sind Mediawerbung, Verkaufsförderung, Direct Marketing, Sponsoring, persönliche Kommunikation, Messen und Ausstellungen, Event Marketing, Social-Media-Kommunikation und Mitarbeiterkommunikation (Bruhn 2016, S. 204). Hinzu kommt der Bereich des Corporate Publishing, der zunehmend an Bedeutung gewinnt. Hier wendet ein Unternehmen alle Mittel an, die auch im Journalismus zum Einsatz kommen, nur wird die Zielgruppe direkt adressiert. Corporate-Publishing-Maßnahmen (z. B. Corporate Blogs, Kundenmagazine) werden immer öfter als Alternative zur Pressearbeit (siehe nächster Absatz) eingesetzt, um die Berichterstattung zu sichern bzw. keine negative Berichterstattung zu riskieren (Hoffjann 2015, S. 217). Die Kommunikationsmaßnahmen und -mittel, die innerhalb der PR zum Einsatz kommen können, variieren ständig – bedingt durch neue Medien und neue digitale Möglichkeiten. PR ist keine unabhängige Berichterstattung. Ziel ist es, den Bekanntheitsgrad einer Marke oder eines Unternehmens zu erhöhen, ein positives Image aufzubauen, Akzeptanz und Vertrauen schaffen. Es geht aber meist nicht darum, einen direkten Kaufanreiz zu schaffen (Puttentat 2012, S. 5 ff.).

Pressearbeit lässt sich als Handlungsfeld innerhalb der PR eines Unternehmens einordnen. Immer öfter wird sie auch etwas weiter greifend als Media Relations bezeichnet. Sie deckt die Kommunikationsmaßnahmen eines Unternehmens speziell zu den Medien bzw. zu den Journalisten ab (Röttger et al. 2014, S. 193). Der Begriff „Journalisten" steht im Folgenden stellvertretend für alle journalistisch tätigen Personen, sowohl für angestellte Redakteure in Redaktionen als auch für freie Journalisten. Pressearbeit soll Unternehmensinhalte über die verschiedenen Medien möglichst ungefiltert zu den Stakeholdern bringen (Mast 2016, S. 355). Mit anderen Worten: Der Prozess der öffentlichen Meinungsbildung durch die Medien soll positiv beeinflusst werden (Röttge et al. 2014, S. 193). Wird über die Medien mit den Stakeholdern kommuniziert, gewinnen die Inhalte an Glaubwürdigkeit und bleiben länger im Gedächtnis als dies bei Werbung (siehe unten) für gewöhnlich der Fall ist. Journalisten orientieren sich primär an den vermuteten

Interessen ihrer Leser oder User, PR orientiert sich an eigenen Interessen: „Daraus folgt, dass die journalistische Berichterstattung in der Regel als angemessener bzw. als ‚wahrer' bewertet wird als PR-Mitteilungen." (Hoffjann 2015, S. 23 f.).

Nach Kommunikationswissenschaftlerin Claudia Mast erfüllt Pressearbeit (oder Media Relations) drei Funktionen (Mast 2016, S. 357 ff.). Die erste Funktion ist Medienbeobachtung – ein wichtiger Aspekt für Start-ups, die zum ersten Mal Pressearbeit betreiben: Wird in den Medien über ihre Themen berichtet und wenn ja, wie? Wird in den Medien über ihr Unternehmen berichtet? Ist die Botschaft so angekommen wie gewünscht? Als Antwort auf diese Fragen können Unternehmen auf Trends reagieren und gegebenenfalls Strategien anpassen. In ihrer zweiten Funktion stellt Pressearbeit autorisierte Informationsangebote bereit (zum Beispiel Pressematerial auf der Homepage). Über die reine Bereitstellung hinaus geht die dritte Funktion der Media Relations, das Agenda-Setting: Es werden Botschaften und Themen des Unternehmens aktiv in die Öffentlichkeit getragen, mit dem Ziel, dass diese von Journalisten aufgegriffen werden.

Massenmedien bzw. Journalisten nahmen lange Zeit die Rolle der Gatekeeper ein, die entscheiden, was sie veröffentlichen und was nicht. Diese einstige Monopolfunktion wurde längst aufgebohrt. Jeder kann heute im Netz ungefiltert Inhalte kommunizieren und Öffentlichkeit herstellen, was zudem den seit Jahren bestehenden Trend zur individualisierten Kommunikation befördert. Daher wird die Entwicklung vom Journalisten vom Gatekeeper hin zum Gatewatcher diskutiert, der bereits online oder anderweitig veröffentlichte Informationen sucht, findet, kuratiert – und dann der Öffentlichkeit neu zur Verfügung stellt (Bruns 2009, S. 107 ff.). Pressearbeit muss in ihrer Relevanz neu eingeordnet werden. In Zeiten digitaler Kommunikation verliert die Ansprache von Journalisten und klassischen Medien an Bedeutung:

> Das Ziel, öffentliche Meinungsbildung zu beeinflussen und in der Öffentlichkeit mit eigenen Themen und Positionen des Unternehmens präsent zu sein, ist keineswegs mehr nur über die Ansprache klassischer Medien zu erreichen. Ins Visier rücken die digitalen Netzmedien ebenso wie die unternehmenseigenen Medien. … Kommunikationsaktivitäten und Themen medienübergreifend zu planen, wird zu einer wichtigen Anforderung an die Unternehmenskommunikation (Mast 2016, S. 357).

Unter älteren Mediennutzern scheinen eher traditionelle Medien wie Tageszeitungen oder Rundfunk trotz „Fake News"-Debatten immer noch hohe Vertrauenswerte aufzuweisen. Die Medienwissenschaftler Dr. Kim Otto und Andreas Köhler haben die Daten des Eurobarometers ausgewertet und die jüngeren Befragten zwischen 25 und 34 Jahren als besonders misstrauisch gegenüber der Presse ausgemacht (de.ejo-online.eu/qualitaet-ethik/wer-misstraut-den-medien). Bei den sogenannten Digital Natives oder Millenials, den zwischen ca. Anfang der 1980er und 2000er Jahren geborenen, spielen Empfehlungen ihrer Freunde oder Informationen von Bloggern auf Instagram, YouTube & Co. eine wichtige Rolle. Sie organisieren sich mit „User generated content" in Gruppen abseits journalistischer Medienformate. Laut einer Reuters-Studie unter Internetnutzern bezieht knapp ein Viertel der 18- bis 24-Jährigen Nachrichten ausschließlich über Quellen aus dem Internet, darunter acht Prozent, die Nachrichten ausschließlich über soziale Kanäle konsumieren. Als Nachrichten wurden in der Studie Informationen über internationale, nationale, regionale/lokale oder andere aktuelle Ereignisse definiert, die über Radio, Fernsehen, Printmedien oder online zugänglich sind (Hölig und Hasebrink 2016).

Sogenannte Influencer (Meinungsmacher, Multiplikatoren) kommen in allen Kommunikationswelten vor. Blogger Relations besitzen für manche Unternehmen inzwischen eine ähnliche oder sogar höhere Relevanz als Pressearbeit (Hoffjann 2015, S. 217). „Zu den klassischen Medien treten die neuen, digitalen und vernetzten Medienwelten hinzu. Sie schaffen neue Formen der öffentlichen Kommunikation und funktionieren nach eigenen Regeln", schreibt dazu Claudia Mast (2016, S. 356).

Eine weitere Form, Informationen zu platzieren, ist **Mediawerbung.** Hier wird Unternehmen mittels Mediabuchungen garantiert, dass ihre Inhalte dort auftauchen, wo sie es wünschen und wann sie es wünschen: „Während Mediawerbung Geld für die Veröffentlichung ihrer Anzeigen sowie Spots bezahlt und damit die Aufmerksamkeit ihrer Zielgruppe relativ zuverlässig einplanen kann, steht die Pressearbeit vor der Herausforderung, zunächst von Journalisten (positiv) thematisiert zu werden, bevor sie ihre Zielgruppe erreichen kann." (Hoffjann 2015, S. 22).

Werbung wird – im Gegensatz zu PR – meist nicht für ein gesamtes Unternehmen gemacht, sondern stellt ein Produkt oder eine Dienstleistung in den Vordergrund: „Werbung hat die Aufgabe, die Produkte und Leistungen des Unternehmens bei den Marktpartnern bekannt zu machen und das Bild der Produktpersönlichkeit (Marke) aufzubauen und langfristig zu entwickeln." (Herbst 2016, S. 21). Das kann zum Beispiel anhand von Anzeigen in Zeitschriften passieren, durch TV-Spots oder Sponsored Posts bei Facebook. Je nach Werbeträger müssen Unternehmen dafür tief in die Tasche greifen. Für Start-ups ist Werbung im eigentlichen Sinne oft eine große Hürde.

Die meisten Jungunternehmer dürften sich über die theoretische Unterfütterung ihrer Kommunikation ohnehin kaum Gedanken machen. Langwierige Strategiearbeit, integrierte Kommunikationsmaßnahmen oder die Verknüpfung von Kommunikations- mit Unternehmenszielen werden oft nicht vom Start weg bzw. bereits in der Gründungsphase konzeptioniert. Häufig erscheinen andere Aufgaben drängender. Es muss noch am Produkt gefeilt werden, die Finanzierung muss gesichert werden, Mitarbeiter müssen gesucht und Räumlichkeiten eingerichtet werden. Handelt es sich um ein Großprojekt mit erfahrenen Gründern, entsprechender Budgetierung und PR-Support von Anfang an, ist die Ausgangslage natürlich eine andere. Dennoch sollten sich auch Jungunternehmer mit dem Thema befassen und dabei schnell in die operative Umsetzung kommen, denn: Die Kommunikation entscheidet häufig über Erfolg oder Misserfolg. „Was nicht öffentlich wird, findet nicht statt." (Piwinger und Zerfaß 2007, S. 5). Grund genug, für Sichtbarkeit zu sorgen.

2 Was Medien interessiert

„Wir sind ein ganz neues Unternehmen und haben tolle Produkte. Das ist doch interessant! Jetzt machen Sie was draus!" Diesen Appell hat vermutlich jeder Journalist schon mehrmals gehört. Ein Beispiel: Der Hersteller von Kosmetikprodukten fordert den Redaktionsleiter per Mail auf, etwas über seine brandneue Firma zu bringen. Im Anhang gibt es ein pixeliges Porträt der frischgebackenen Firmenchefin (die Gattin des Fabrikanten), mit Wasserzeichen quer über das Gesicht, und ein Word-Dokument mit zehn Zeilen bruchstückhaftem Unternehmensporträt, zentrale Aussage: alles toll, neu, besser. Was genau toll oder neu sein soll, ist anhand der Unterlagen nicht herauszufinden. Ein klassischer Fall von „Pressemitteilung", die im Papierkorb landet.

Die meisten Journalisten warten nicht gerade darauf, dass ihnen jemand PR-Material zuschickt. Ein Journalist ist nun einmal kein besserer Pressesprecher, sondern hat einen Informationsauftrag gegenüber der Öffentlichkeit bzw. seinen Teilöffentlichkeiten. Im oben beschriebenen Fall kann er die Information nicht erkennen – und mit dem Schreiben nichts anfangen. Doch das Ansinnen von Unternehmen, in der Presse stattzufinden, kann durchaus auf Gegenliebe stoßen, wenn bestimmte Voraussetzungen gegeben sind (siehe 2.1). Journalisten bleibt immer weniger Zeit zur selbstständigen Recherche und sie sind im Grunde darauf angewiesen, mit Informationen versorgt zu werden. Bei einer aktuellen Befragung äußerten knapp 40 % der Journalisten, dass sie immer mehr vorformuliertes Material benutzen. Als Informationsquellen würden vor allem persönliche Kontakte, aber auch Websites von Unternehmen genutzt. Pressemitteilungen behielten weiterhin ihre Relevanz (Ecco-Studie zur Zukunft des Journalismus 2015, ecco-network. de/newsroom.de). Weitere Studien untermauern, dass PR und somit die Unternehmen/ Organisationen selbst zu den meistgenutzten Informationsquellen zählen (u. a.: Social Journalism Studie 2016 von Cision und Canterbury Christ Church University).

Dass Pressematerial oder Mails an Journalisten dennoch ungelesen gelöscht werden, kann daran liegen, dass täglich eine Flut an Informationen per E-Mail oder immer noch auf Papier in den Redaktionen landet. Fast jede Redaktion steht unter Zeitdruck und muss schnellstmöglich die Spreu vom Weizen trennen. Heißt: Die Journalisten müssen binnen Minuten sichten, welche Inhalte für ihr Medium und ihre Zielgruppe interessant sein könnten. Hinzu kommt die Beobachtung der Social-Media-Kanäle.

Im Schnitt erhält jeder Journalist 48 Pressemitteilungen pro Tag. Rund 85 % davon können allerdings nicht redaktionell verwertet werden, unter anderem weil die Informationen nicht in das Ressort oder zum Interessensprofil des Empfängers passen. Heißt: Die Information ist schlichtweg an der falschen Adresse gelandet (Online-Umfrage des Journalistenzentrums Wirtschaft und Verwaltung e. V., JWV, und des Instituts für Journalistik der Technischen Universität Dortmund für: Deutschlandstudie Kommunikation zwischen Pressestellen und Medien im Wandel, 2018).

Was könnte also der zu Beginn des Kapitels erwähnte Hersteller besser machen? Zunächst könnte er sich die professionelle Unterstützung einer PR-Agentur suchen.

Diese würde ihm sinnvollerweise raten, ein PR-Konzept zu erstellen und Maßnahmen anhand des Konzeptes zu planen anstatt gießkannenartig dort eine Anzeige, hier einen Post oder eine Pressemitteilung zu platzieren. In einem derartigen Konzept werden nach Analyse der Ausgangssituation Aufgaben, Ziele und Zielgruppen definiert, Botschaften abgeleitet und schließlich Strategien und Maßnahmen zu deren Umsetzung festgelegt. Eine der Maßnahmen kann Pressearbeit sein. Je nach Projekt und Abrechnungsmodell muss der Unternehmer für die Agentur schnell Kosten von einigen hundert bis einigen tausend Euro pro Monat berappen, bei Großprojekten natürlich deutlich mehr. Die Alternative ist, eine interne PR-Abteilung zu gründen – auch das ein gewisses Investment, das sich viele Gründer vermutlich nicht leisten können. Das Budget ist gerade bei jungen Unternehmen niedrig. Häufig bleibt also dem frisch gebackenen Gründer nichts anderes übrig, als auch noch den PR-Chef zu geben, neben vielen anderen Rollen, die er ausfüllen muss. Und er beschließt ohne große Analyse: Wir machen jetzt mal Pressearbeit. Was also tun?

2.1   Die Praxis: Der Kontakt zu Journalisten

Wie oben beschrieben, stehen Journalisten ständig unter Strom. Kaum einer hat die Zeit und die Nerven, sich in Material einzuarbeiten, das er nicht bestellt hat und von dem er nicht weiß, ob es nützlich ist. Im Prinzip ist jeder Journalist nur an einer Frage interessiert: Was ist daran neu oder besonders? Gibt es eine schlüssige Antwort, kann er davon ausgehen, dass die Information auch seine Leser oder User interessiert. Deshalb bleibt dem Unternehmer (bzw. demjenigen, der die Pressearbeit verantwortet) nichts anderes übrig, als die Perspektive zu wechseln und sich zu fragen: Was könnte der Journalist interessant finden? Möglicherweise ist das etwas anderes, als der Unternehmer glaubt, der von seinem Produkt oder seiner Dienstleistung von Haus aus begeistert ist. Knackpunkt sind die Nachrichtenfaktoren.

Viele Informationen besitzen aufgrund ihrer Aktualität Nachrichtenwert und werden somit automatisch zur Nachricht (Schwiesau und Ohler 2016, S. 13 ff.). Für Startup-Unternehmer kann bereits die Gründung Anlass für eine Nachricht sein, etwa in regionalen Medien oder in einem Fachmagazin. Liegt die Unternehmensgründung oder Geschäftseröffnung schon eine Weile zurück, fällt dieser Aspekt weg. Je nach Medium können dann weitere Faktoren dafür sorgen, dass Gründer mit ihrer Idee, ihrer Firma oder ihrer Information in den Medien stattfinden. Die Klassiker sind: Brisanz der Information, starke Emotion, Prominenz, Nähe, Superlative, Fortschritt und Skurrilität bzw. Originelles (Puttenat 2012, S. 28). Alle diese Faktoren sollten Start-ups in Erwägung ziehen, wenn sie sich an Journalisten wenden und Kommunikationsanreize schaffen möchten. Je mehr Nachrichtenfaktoren geliefert werden können, desto wahrscheinlicher ist es, mit seiner Information in der Zeitung, im Radio oder im Nachrichtenportal platziert zu werden. Denn sicher lässt sich für jedes Unternehmen etwas Besonderes herausarbeiten. Ein Unternehmen ist in irgendeiner Disziplin nachweislich am schnellsten oder größten?

Ein idealer Aufhänger für verschiedene Medien. Die Firma hat irgendetwas erfunden, was belegbar einen technologischen Fortschritt darstellt? Das interessiert in jedem Fall das relevante Fachmagazin. Journalisten sind außerdem immer an belastbaren Zahlen und Daten interessiert. Wenn ein millionenschwerer Investor ins Start-up einsteigt, ist die Summe eine spannende Sache. Bei digitalen Start-ups können wiederum Kennzahlen wie Reichweite und Nutzerzahlen den relevanten Aufhänger liefern. Falls Gründer den besonderen Aspekt nicht finden, sollten sie sich den Aufwand, den Pressearbeit macht, sparen – und erst damit anfangen, wenn es Berichtenswertes dieser Art gibt.

Start-ups sollten sich zudem überlegen, was sie mit ihrer Pressearbeit erreichen möchten. Sollen Kunden wissen, dass es einen neuen Laden gibt? Soll das Unternehmen deutschlandweit bekannt gemacht werden? Oder soll eine spezielle Branche Bescheid wissen, dass ein neuer Player am Start ist? Haben sie diese Fragen für sich beantwortet, werden die entsprechenden Medien ausgewählt. Damit Kunden auf einen stationären Laden aufmerksam werden, eignen sich logischerweise die regionale Tageszeitung oder der lokale Radiosender. Ist die Unternehmung überregional relevant, kommen die überregionalen Medien ins Spiel. Was nicht heißt, dass auch kleine Start-ups die Grenzen sprengen können: Hat der regionale Gründer mit seinem Laden eine witzige Idee, ein völlig neuartiges Produkt oder ist selbst ein ungewöhnlicher Typ, kann er für Medien quer durchs Land interessant sein. Die Medienberichte können dann wieder ein guter Aufhänger für regionale PR sein. Zahlen, Daten und Fakten sind wiederum für die Wirtschaftspresse spannend. Der Köder muss also den Journalisten des jeweiligen Mediums schmecken – und im zweiten Schritt deren Lesern. Das ist zwar eine Binsenweisheit, von Neulingen in der Pressearbeit wird die aber oft genug nicht beachtet. Gründer dürften ihre Erwartungen aber nicht zu hoch stecken. Wenn Einsteiger ins Business kaum Medienkontakte besitzen, dürften ihre News zunächst vor allem für regionale Medien, Gründermedien, Fach- und Wirtschaftsmagazine oder Online-Portale relevant sein.

Wie erreichen Start-ups nun „die Presse"? Sollen die Gründer anrufen, eine Freundschaftsanfrage auf Facebook schicken oder gleich persönlich vorbeikommen, um in den Aufmerksamkeitsradar der Journalisten zu gelangen? Grundsätzlich gilt: Man muss Journalisten die Arbeit so einfach wie möglich machen. Aussagen wie „Sie sind der Journalist, Sie müssen doch selbst wissen, was sie berichten möchten" würden Presseprofis nie über die Lippen kommen.

Pressemitteilungen, idealerweise verschickt per E-Mail (siehe 2.2), sind das einfachste Instrument, mit dem ein erster Kontakt zu den Medien hergestellt wird. Im Blog „Treibstoff" wird Daniel Neuen, Chefredakteur von PR-Report, auf die Frage, wie er adressiert werden will, zitiert: „Pressemitteilungen … gerne per E-Mail, sehr ungerne als Hinweis per Twitter-Erwähnung oder -Markierung." Dennoch hat der E-Mail-Versand auch seine Tücken: Unpersönliche Massen-E-Mails erzielen selten die gewünschte Resonanz. Personalisierung ist gefragt.

Wenn Gründer noch kein Netzwerk besitzen, was häufig der Fall sein dürfte, bleibt ihnen nichts anderes übrig, als die gewünschten Medienkontakte zu recherchieren. Dazu müssen sich Neulinge mit den jeweiligen Medien, den Themen und Ressorts vertraut machen. Ist die Info bei diesem Online-Magazin oder jenem Sender überhaupt richtig? Heißt: Interessieren sich die Leser oder User aller Wahrscheinlichkeit für die Information? Diese Fragen lassen sich durch einen Blick in die Zeitungen, Blogs oder Portale beantworten – was Fleißarbeit ist. Gibt es Mediadaten, also eine Übersicht zu Profil und Werbedaten des Mediums, sind auch dort die Leserzielgruppen genannt. Mediadaten sind auf der Homepage des Mediums zu finden. Möglich ist auch eine (kostenpflichtige) Abfrage in den Mediendatenbanken wie „Stamm" oder „Zimpel". Industrie- und Handelskammern oder ähnliche Organisationen bieten ebenfalls Presseverteiler an.

Ist das Unternehmen bereits gestartet, können Jungunternehmer zum Beispiel auch ihre Kunden fragen, wo sie sich informieren. Haben sie die passenden Medien identifiziert, macht es Sinn, das passende Ressort oder den für dieses Thema geeigneten Redakteur direkt zu adressieren. Ansprechpartner lassen sich im Impressum aufspüren, auf den Redaktionsteam-Seiten im Web oder unter namentlich gezeichneten Artikeln mit ähnlichen Themen. Dass Gründer die Pressemitteilung an den korrekten Empfänger adressieren, zeigt auch, dass sie sich mit dem Medium auseinandergesetzt haben, und signalisiert eine gewisse Wertschätzung. Doppelt genäht, hält besser, gilt in diesem Fall übrigens nicht: Mehreren Mitgliedern einer Redaktion dieselbe Geschichte anzubieten, ärgert Journalisten (fast) immer. Eine gute Idee kann es sein, mehrere Presseverteiler aufzustellen und Journalisten verschiedener Medien unterschiedliche Informationen bereitzustellen: einen Verteiler für Kontakte zu Fachmedien (für Brancheninformationen), einen anderen für lokale Medien (für Infos mit regionalem Bezug), einen für überregionale Publikumsmedien (für Top-Informationen).

Extrem wichtig sind persönliche Kontakte, die über digitale Post hinausgehen, denn eine E-Mail kann, wie erwähnt, im vollen Postfach auch einfach mal übersehen werden. Ein Netzwerk zu Journalisten müssen Jungunternehmer erst aufbauen, was nicht von heute auf morgen geht. Und schon gar nicht mit Anrufen im Sinne von: „Ich habe Ihnen eben eine Pressemitteilung geschickt, haben Sie sie gesehen?" Das nervt fast jeden Journalisten. Erlaubt ist für Start-ups ein Anruf einige Tage nach Versand, bei dem sich die Gründer vorstellen und fragen, ob noch weitere Informationen benötigt werden, insbesondere bei nicht tagesaktuellen Medien. Bei der nächsten Pressemitteilung können sich die Gründer bereits auf dieses Telefonat beziehen. Ein sehr guter Aufhänger für einen telefonischen Kontakt ist es, eine Information auch mal exklusiv oder vorab anzubieten. Fast jeder Journalist möchte etwas veröffentlichen, was der Wettbewerber nicht hat. Wichtig: Die Exklusivität muss dann eingehalten werden. Ist der Kontakt hergestellt, sollte der Jungunternehmer selbst oder jemand aus seinem Team fest definierter Ansprechpartner für Journalisten sein. Wenn sich ein Journalist meldet, sollte jemand die Anfrage schnell und sicher beantworten können. Werden Journalisten vertröstet, kann es passieren, dass sie – auch aus Zeitdruck – gar nicht berichten oder sich Informationen anderweitig beschaffen, was nicht zwangsläufig im Sinne des Unternehmens sein muss. Erreichbarkeit ist besonders auch dann wichtig, wenn eine Pressemitteilung verschickt wurde – danach muss ein sprechfähiger Unternehmensvertreter für Fragen oder Interviews unbedingt greifbar sein.

Wurde eine Pressemitteilung verschickt oder anderweitig die Aufmerksamkeit des Journalisten geweckt, sucht er gerne auf der Website des Unternehmens nach weiterführenden Informationen. Auch bei eigenständiger Recherche ist die Webseite die zentrale Quelle. Bevor Gründer an die Presse herantreten, sollte diese existieren. Hilfreich für Journalisten ist ein separater, schnell erkennbarer Pressebereich mit frei zugänglichen Texten, Bildern oder Videos zum Unternehmen bzw. Produkt. Für ein Start-up eignen sich als Textmaterial zum Beispiel Porträts der Gründer (in Lang- und Kurzversion) und Produktbeschreibungen. Denkbar ist auch die Gründungsstory: Wie ist die Idee entstanden? Warum wurde gerade dieses Produkt entwickelt? Wie hat sich das Gründerteam zusammengefunden? Wenn Gründer hierzu eine ungewöhnliche oder sogar witzige Anekdote basteln können, steigen die Chancen auf Resonanz aus dem Presselager. Als Fotomaterial können Porträts vom Gründer, vom Team und Produktfotos zur Verfügung gestellt werden. Gerne genommen werden Fotos aus den Geschäftsräumen, sofern sie vorzeigbar sind, oder authentische Bilder von Kunden, die das Produkt nutzen. Wichtig ist, dass die Fotos professionell aussehen: Logos gehören nicht dominant in den Vordergrund, die Beleuchtung muss stimmen, im Hintergrund sollte nicht der unaufgeräumte Schreibtisch zu sehen sein. Wer keinen Profifotografen beauftragt, was jedoch ein sinnvolles Investment sein dürfte, sondern selbst zur Tat schreitet, muss in Ruhe ausprobieren und sollte nur Fotos zur Verfügung stellen, bei denen alles passt. Bei Bildern, am besten im JPG-Format, ist man mit dem Auflösungsstandard von 300 dpi (bei einer Größe von 13×18 cm) meist auf der sicheren Seite, da sie auch gedruckt werden können. Für Logos ist das png-Format ideal.

Bilder werden bei einer Pressemitteilung als Anhang verschickt oder auf der Homepage zum Download angeboten. Wurden die Bilder vom Fotografen gemacht, müssen die Bildrechte geklärt sein bzw. dass die Bilder für die Presse bereitgestellt werden dürfen. Wer das Foto gemacht hat und dass es frei zur Verwendung ist, sollte in der Pressemitteilung und idealerweise in den Metadaten vermerkt werden. Zu jedem bereitgestellten Foto gehört auch eine Bildunterschrift: Ist der Gründer rechts im Bild zu sehen und das daneben sein Mitarbeiter? Wie heißen die Teammitglieder, die noch im Bild sind? Videos aus dem Unternehmen, der Produktion bzw. Produktnutzung sind ebenfalls hilfreich, aber bereits aufwendiger (und in der Regel von Profis) zu produzieren. Wer diesen Content auf der Homepage noch nicht bereitstellen kann, bietet eine abgespeckte Version des Pressebereichs, in jedem Fall aber den Kontakt zu einem Ansprechpartner für die Presse (Telefonnummer, E-Mail-Adresse, Social Media).

Nichts geht über ein persönliches Treffen mit den Medienvertretern, was insbesondere bei überregionaler Relevanz am schwierigsten zu bewerkstelligen sein dürfte. Der Anlass muss schon gut kommuniziert werden, um Journalisten dazu zu bringen, ihre wertvolle Zeit zu investieren. Für ein regionales Blatt mag die bloße Ankündigung genügen, dass ein neues Unternehmen im Ort eröffnet hat, damit ein Besuch zustande kommt. Wer aber nicht gerade einen riesigen Produktionsstandort oder eine auf den ersten Blick sensationelle Neuerfindung mit Superlativen zu präsentieren hat und auf überregionale Medienresonanz hofft, sitzt schon mal fast allein bei der aufwendig inszenierten Pressekonferenz. Denn in vielen Fällen reichen auch eine Pressemitteilung oder das Internet als Quellen aus. Manche Unternehmen setzen daher auf Pressekonferenzen per Livestream. Wie auch immer: Professionell organisierte Pressekonferenzen kosten Zeit und Geld und verlieren an Relevanz. Es müssen Einladungen verschickt werden, Pressemappen vorbereitet, Räume, technische Ausstattung und Catering bereitgestellt werden. Es braucht außerdem gut vorbereitete und eloquente Firmenvertreter, die auch für Interviews im Anschluss zur Verfügung stehen, und idealerweise einen Moderator. Für Start-ups ist all dies kein unerheblicher Aufwand und sie sollten gut abwägen, ob sie ihn betreiben möchten.

Als Alternative zur Pressekonferenz als Dialoginstrument bieten sich Redaktionsbesuche oder Pressegespräche an, wovon nicht alle Redaktionen begeistert sind, da die Besuche ebenfalls Zeit kosten. In der Regel wird nur empfangen, wer gute Informationen oder Relevanz zu bieten hat. Gründer haben Chancen mit einem medienwirksamen Anlass im Gepäck – bei einem Fachmagazin kann das der Launch eines Produktes sein oder dass sie das Unternehmen mit spannendem Portfolio vorstellen. Statt einer ziellosen Besuchstour empfiehlt es sich auch hier, die wichtigsten Medien zu definieren und diese nach Relevanz abzuarbeiten. Dass der Besucher eine Pressemappe oder Produktmuster dabei hat, versteht sich von selbst. Start-ups dürfen aber nicht erwarten, dass nach einem Redaktionsbesuch sofort berichtet wird. Der Termin dient in erster Linie dem persönlichen Kennenlernen der Journalisten – und der langfristigen Beziehungspflege.

2.2   Der Standard: Die Pressemitteilung

Der wahrscheinlichste Fall für den Erstkontakt ist eine Pressemitteilung. Auch wenn das Gründerteam von seiner Geschäftsidee überzeugt ist, muss es eine Regel beherzigen: Eine Pressemitteilung ist kein Werbeflyer. Ein konkreter und nicht zu kleinteiliger Anlass mit Neuigkeitswert muss im Mittelpunkt einer Pressemitteilung stehen und auf den ersten Blick erkennbar sein. Die ideale Pressemitteilung enthält Fakten und ist dem Journalisten eine Nachricht wert. Und wenn sie das nicht ist, akzeptieren PR-Profis dies, bedrängen den Journalisten nicht und hoffen auf das nächste Mal.

Journalisten hilft es, wenn Pressemitteilungen bereits ähnlich strukturiert sind wie Nachrichten: Die wichtigste Information kommt gleich an den Anfang. „Spiel die höchste Trumpfkarte zuerst aus!", sagte 1934 der amerikanische Journalist Carl Warren (Schwiesau und Ohler 2016, S. 34). Ursprünglich folgte man dem Prinzip der umgekehrten Pyramide, einer journalistischen Technik zur Strukturierung von Nachrichten: Der „Lead", der Kern der Nachricht, steht auf dem „Body", dem Nachrichtenkörper. Aktueller ist die Gliederung nach dem Bausteineprinzip: An der Spitze steht immer noch der Kern der Nachricht, es folgen dann in flexibler Reihenfolge

Hintergründe, Einzelheiten und Quellen (Schwiesau und Ohler 2016, S. 38 ff.). Hintergrundinformationen kommen also immer erst an die Reihe, nachdem die Top-Fakten geliefert wurden. Wurde der Redakteur mit dem „Lead" gepackt, fällt es auch leichter, ihn über die gesamte Textlänge zu halten, weil er mehr erfahren möchte. Außerdem werden in einer Pressemitteilung wie in einer Nachricht die wichtigsten W-Fragen kurz und präzise beantwortet. W-Fragen sind: Wer? Was? Wo? Wann? Wie? Warum? Im Nachrichtenjournalismus werden konkret folgende Fragen beantwortet: Wer ist beteiligt? Was ist passiert? Wo und wann war es? Wie lief es ab? Warum geschah es? In der Nachricht kommt häufig auch noch die Quelle zum Zug: Woher wissen wir das? (Schwiesau und Ohler 2016, S. 36).

Der gängige Aufbau einer Pressemitteilung ist somit folgender: Ross und Reiter werden gleich in der Überschrift genannt, Fakten sind wichtiger als kunstvolle Wortspiele. In einem Teaser oder Vorspann nach der Überschrift wird der „Lead", der Kern der Information, zusammengefasst – und zwar in einfachen Worten und ohne „Buzzwords". Danach folgt der Haupttext, der weitere Details und Informationen nach Relevanz abarbeitet. Von Journalisten gerne genommen wird ein Zitat des Unternehmenschefs oder einer anderen wichtigen Person, was eine gute Gelegenheit für das Unternehmen bietet, offizielle Statements zu platzieren. Allgemeine Informationen werden ans Ende der Pressemitteilung in den sogenannten Abbinder gesetzt. Dort finden Journalisten einen kurzen Text zum Unternehmen oder zur Gründungsidee sowie alle Kontaktdaten. Letztere werden oft zusätzlich gut sichtbar am Seitenrand platziert und sind auf jeder Seite der Unterlagen vorhanden, damit der Journalist nicht erst nach dem Kontakt suchen muss. Zahlen und Daten werden oft noch in einem „Waschzettel" zusammengefasst, der Unternehmensangaben enthält, etwa Adressen, Namen, Daten und Funktionen wichtiger Personen im Unternehmen oder die zitierfähigen Statements. Für Übersichtlichkeit in der Pressemitteilung sorgen Absätze, Zwischenüberschriften und Aufzählungen bzw. Listen. An Formulierungen wie „7 Gründe, warum …" bleiben Journalisten und später ihre Leser hängen. Pressemitteilungen sind außerdem datiert – Stichwort Aktualität. Wird die Pressemitteilung per E-Mail verschickt, sollte nicht gleich in der Betreffzeile der Begriff „Pressemitteilung" stehen, sondern besser das Thema ähnlich wie in der Überschrift aufgegriffen werden. E-Mail-Marketing-Experten empfehlen häufig, nicht mehr als 40 Zeichen in die Betreffzeile zu schreiben. Wenn der Inhalt aussagekräftig ist, stört sich jedoch niemand an einer höheren Zeichenzahl. Apropos Länge: Für eine gute Pressemitteilung reicht in der Regel der Umfang einer DIN-A4-Seite aus.

Bei Pressekonferenzen oder Redaktionsbesuchen ist die Pressemitteilung Teil einer Pressemappe. Neben der Pressemitteilung gehören in eine Pressemappe Hintergrundinfos zum Unternehmen und zum Produkt sowie ein Speicherstick mit Fotos und Bildunterschriften, die erklären, wer oder was darauf zu sehen ist. Je nach Anlass gehören auch die Präsentationen oder Informationen zu den Rednern in die Mappe. Es ist üblich, die kompletten Informationen nicht nur in Papierform, sondern auch auf USB-Stick zur Verfügung zu stellen. Eine Pressemappe kann auch digital auf der Website des Unternehmens vorgehalten werden.

Letztendlich entscheidend für den Erfolg einer Pressemitteilung sind – neben dem Inhalt – Verständlichkeit und gute Lesbarkeit. Wer nicht verständlich schreibt, hat seinen Leser schnell verloren. Bestenfalls ist eine Pressemitteilung so verfasst, dass sie einen Textvorschlag für den Journalisten liefert, den er genau so verwenden kann oder zumindest mit wenig Aufwand umarbeiten kann. Pressemitteilungen verzichten auf Worthülsen, Marketingfloskeln, Superlative, Ausrufezeichen und Fachbegriffe (gängige Fachbegriffe sind bei Mitteilungen für Fachmedien erlaubt). Der Text ist in korrekter Rechtschreibung verfasst; Fakten und Kontaktadressen sind gecheckt. Das erfordert in der Regel einen Gegenleser. Schreibpapst und Journalist Wolf Schneider plädiert für kurze Sätze. Er zitiert die Deutsche Presse-Agentur (dpa), wonach neun Wörter pro Satz eine optimale Verständlichkeit garantierten. 20 Wörter seien die Obergrenze des Erwünschten (Schneider 2005, S. 198).

Schneider führt außerdem die 20-s-Regel ins Feld, wonach „alles, was nach draußen geht, Brief, Mail, Prospekt und Angebot", es innerhalb von 20 Lesesekunden geschafft haben muss, „dem Adressaten mitzuteilen, worum es sich handelt" (Schneider 2011, Kap. 2). 20 s seien maximal 350 Zeichen oder zwei bis drei Sätze. Da die Regel mehr als 20 Jahre alt sei und sich die Aufmerksamkeitsspanne seither reduziert habe, fordert er stattdessen einen aufregenden ersten Satz mit maximal 160 Zeichen oder 10 Lesesekunden. Microsoft spricht in einer vielfach zitierten Studie sogar von nur acht Sekunden Aufmerksamkeitsspanne (Microsoft Attention Spans 2015). Zu verweisen ist in diesem Zusammenhang auch auf die 3-s-Regel: Was in einem Satz zusammengehört, muss sich innerhalb von drei Sekunden erschließen. Zwischen zweiteiligen Verben oder zwischen Subjekt und Prädikat dürfen höchstens drei Sekunden Lesezeit liegen. Ungeachtet aller Sekundenregeln: Erfolgreiche Pressemitteilungen enthalten keine Schachtelsätze. Die Hauptsache gehört in einen Hauptsatz, Nebensächliches in einen Nebensatz. Sie enthalten auch keine Passivkonstruktionen und wenig Substantive, die auf -ung, -keit, -heit, -ismus oder -ive enden. Zur Liste der verbotenen Wörter bzw. Formulierungen gehören auch Verneinungen und (zu viele) Adjektive.

Hinzu kommen einige eher technische Aspekte. Printmedien haben je nach Erscheinungsfrequenz Vorlaufzeiten von Wochen bis Monaten. PR-Profis beachten dies bei ihren Versänden. Pressemitteilungen, die per E-Mail an mehrere Medien gehen, enthalten die weiteren Empfänger in BCC, in Blindkopie, und nicht sichtbar in CC. Eine Selbstverständlichkeit, die nicht immer selbstverständlich ist. Der E-Mail-Rundbrief wird idealerweise als reine Text-E-Mail verschickt und enthält wenig Anhänge, und diese nicht im Word- oder Excel-Format. Bevorzugt werden PDF- oder TXT-Dateien (für Texte) und JPG-Dateien (für Fotos) oder Hinweise auf weiteres Material per Download-Link. Die Dateigröße der E-Mail selbst sollte nicht über 4 MB liegen.

Die Wahrscheinlichkeit der Berichterstattung via Online-Magazinen oder Social-Media-Plattformen steigt, wenn Audio- oder Videoelemente zur Verfügung gestellt werden. Das gleiche gilt auch für Print- oder Onlinemagazine, wenn ihnen Fotos geliefert werden. Damit visueller Content Verwendung findet, muss er einigermaßen professionell produziert sein und darf Motive auch aus ungewöhnlicher Perspektive zeigen.

Starr nebeneinander aufgereihte Mitarbeiter sind selten spannend. Die dpa-Tochter News Aktuell hat die Abrufzahlen der PR-Inhalte auf ihrem eigenen Presseportal im Hinblick auf Bilder, Audios und Videos überprüft (presseportal.de/pm/6344/3021289). Das Ergebnis lautet, dass eine Meldung mit Bild 95 % mehr Zugriffe als eine reine Textmeldung erzielt. Eine Meldung mit Video toppt das Ganze mit 270 % mehr Zugriffen. Start-ups können in einem ersten Video zum Beispiel Statements des Unternehmenschefs zeigen oder wie Kunden ihr Produkt anwenden. Sind die Informationen nicht ganz einfach zu schildern, kann eine mitgelieferte Infografik die Chancen auf Verwendung erhöhen.

Um die Auffindbarkeit im Internet zu erhöhen, wird die Pressemitteilung mit Keywords in der Überschrift und den einzelnen Textteilen versehen. Wer es übertreibt, kann allerdings genau das Gegenteil erreichen und Suchmaschinen werten den Text als „Duplicated Content" und verbannen ihn auf die hinteren Plätze. Zudem kann die übermäßige oder unprofessionelle Platzierung von Keywords zu einer schlechteren Lesbarkeit führen. Gleichzeitig ist Suchmaschinenoptimierung ein Thema für sich. Wer hier nicht von Haus aus versiert ist oder ein digitales Start-up betreibt, muss sich als Gründer erst aufwendig einarbeiten. PR-Profis raten Anfängern daher dazu, es nicht zu übertreiben und besser auf gute Lesbarkeit zu achten.

Klassische Medien und digitale Medien folgen jeweils eigenen Regeln. Start-ups, die selbst digital unterwegs sind, setzen auf sogenannte Social-Media-Releases. Das heißt, die Pressemitteilung wird z. B. über Xing, LinkedIn oder Facebook verbreitet. Oder es wird ein eigener Social-Media-Newsroom eingerichtet. Hat das Start-up eine gute Idee, verselbstständigen sich die Maßnahmen dann manchmal von selbst.

Praxisbeispiel: Das regionale Start-up

Die Macher der Suppenbar „Suppe mag Brot" in Landau/Pfalz planten eine mehrstufige Kommunikationsstrategie und überließen wenig dem Zufall. Andreas Becker und Jörn Weisenberger sorgten bereits vor dem Start durch Crowdfunding für Aufmerksamkeit. Zukünftige Kunden in der Pfälzer Kleinstadt konnten unter anderem Stuhl- und Kissenpatenschaften übernehmen. Diese Aktion sorgte für eine emotionale Bindung, bevor die Suppenbar überhaupt eröffnet war – und natürlich auch für Geld in der Kasse. Durch die kreative Aktion wurde die lokale Presse von ganz allein aufmerksam und berichtete schon vor der Eröffnung über das Unternehmen. Zur Eröffnung luden die Gründer dann die regionale Presse per Mail ein. Verschickt wurden vorab nur ein kurzer Text und Bilder. Letztere allerdings vom professionellen Fotografen geschossen. Die regionale Presse kam und berichtete, weitere Interviewanfragen folgten, die die Jungunternehmer zum Teil sogar wegen des Tagesgeschäfts ablehnen mussten. Sogar überregionale Kioskmagazine mit Gastro- und Genussthemen seien von selbst auf sie zugekommen und hätten über sie berichtet.

Das aktuell wichtigste Kommunikationstool für die „Suppe mag Brot"-Macher ist Facebook – „kurz und aktuell", eine Pressemitteilung rauszuschicken passe nicht zur Suppenbar, sagen die Jungunternehmer. Zwei- bis dreimal pro Woche gibt es neue Beiträge. Die Plattform ist auch in Sachen Presse der relevanteste Kanal. Sobald eine Aktion gepostet wird, melden sich die Journalisten inzwischen von selbst. Laut Weisenberger ist dabei aber eines wichtig: „Man muss auch nach dem Start dranbleiben und darf nicht nachlassen, das machen Start-ups gerne mal falsch." Die Suppenbar hat ein halbes Jahr nach dem Start 3.000 Follower, bei Spendenaktionen, die den Machern wichtig sind, werden auch mal 20.000 erreicht. Stichwort Spendenaktion: Bei einer Spende an den Kinderschutzbund verschickte dieser eine Pressemitteilung über die hauseigene Kommunikationsabteilung und „Suppe mag Brot" konnte die Stärke eines großen Partners nutzen.

Ein Kommunikationsbudget gab es im Übrigen nicht; es wurde auch keinerlei Werbung geschaltet. „Was man braucht, ist vor allem Manpower und einen Plan", sagt Weisenberger. Und das erledigten er und sein Partner selbst (suppemagbrot.de)

Häufig wird empfohlen, Pressemitteilungen in kostenlose Presseportale wie Open-PR oder Firmenpresse einzustellen. Das ist nützlich, um eine Art eigenen digitalen „Newsroom" einzurichten. Auch um die Sichtbarkeit im Netz zu erhöhen, können die Dienste wegen ihrer hohen Reichweite hilfreich sein, zudem können die Meldungen mit Multimediainhalten bestückt werden, die wie oben erwähnt den Verbreitungsgrad erhöhen. Häufig werden die Meldungen via Suchmaschine direkt von Endverbrauchern gefunden – auch ein Weg, um die Zielgruppe zu erreichen. Um gezielt Journalisten aufmerksam zu machen, sind sie nicht das wichtigste Tool.

2.3   Was für Journalisten noch interessant sein könnte

Neben Pressemitteilungen gibt es weitere Maßnahmen, mit denen Start-ups mit Journalisten in Kontakt treten können. Ein guter Einstieg sind Expertenbeiträge. Das Start-up bietet einen Beitrag an, den ein Experte aus dem Unternehmen verfasst hat und gleichzeitig Mehrwert für das Medium. In einer Werbeagentur kann das der Marketingprofi sein, der dem Fachmagazin die „10 Tipps für perfektes Marketing" liefert. Im Lebensmittelbereich kann es der Chemiker sein, der über Inhaltsstoffe berichtet. Es handelt sich dabei um weitgehend neutrale Fachbeiträge, die immer mit Namen, häufig mit Autorenfoto und Kontaktadresse oder Webadresse der Firma versehen sind. Oft treten Unternehmen mit einem konkreten Themenvorschlag an Redaktionen heran und präsentieren ihre Experten als Vordenker für bestimmte Inhalte. Mit diesem „Agenda Setting" lassen sich Themen platzieren und aktuell halten. Start-ups sollten sich aber bewusst machen, dass es sich dabei nur um Themenvorschläge handelt; ob der Journalist den Hinweis aufgreift, entscheidet er selbst. Kommt es zur Zusammenarbeit und hat sie gut geklappt, wird das Unternehmen auch in der Folge gerne für weitere Beiträge angesprochen und kann sich so in der Branche einen Namen machen. Je höher die Qualität des Artikels bzw. der Informationen, die abgeliefert werden, desto wahrscheinlicher ist, dass er auch abgedruckt wird. Das gleiche gilt für Interviews zu Fachthemen. Angebote dieser Art sind deshalb auch für Start-ups, welche die allererste Gründungsphase bereits hinter sich gebracht haben, ein probates Mittel, um im Gespräch zu bleiben.

Praxisbeispiel: Die One-Woman-Show
    Je nach Produkt bzw. Dienstleistung und Businesszielen können Gründer auch ohne Pressearbeit durchstarten. Das gelingt zum Beispiel dann besonders gut, wenn eine **Dienstleistung eng mit der Person des Unternehmers verbunden ist und bereits ein Netzwerk besteht**. Die Unternehmensberatung Doctor's Delight mit Sitz in München berät Firmen

aus der Ästhetischen Medizin. Als Inhaberin Astrid Tomczak ihr One-Woman-Business vor fünf Jahren startete, besaß sie bereits relevante Kontakte in die Zielgruppe und hatte 20.000 Euro für Marketingaktivitäten eingeplant. Davon gab sie nur einen Bruchteil aus, das Geschäft lief auch so an: „Ich hatte eine falsche Vorstellung davon, was man alles an Werbung braucht – nämlich wenig. Das Wichtigste bin ich – meine Kunden wollen mit mir als Mensch zusammenarbeiten, Werbematerialien spielen keine Rolle." Dass sie heute doch zumindest ein wenig Pressearbeit betreibt, ist eher dem Erfolg geschuldet: Regelmäßig wird sie von Fachmagazinen als Autorin für **Expertenbeiträge** angefragt und nutzt diese Tätigkeit, um Bekanntheitsgrad und Business zu festigen. „Wer schreibt, der bleibt", lautet ihre Strategie (doctor-s-delight.de).

Seit einigen Jahren ist Storytelling ein gängiger Begriff in der PR. Mehr als 80 % der PR-Agenturen und mehr als 70 % der Unternehmen, Verbände und Institutionen sehen in Content Marketing und Storytelling den großen Trend (Honorar- und Trendbarometer 2015 der Deutschen Public Relations Gesellschaft e. V., DPRG). In der Theorie verfolgt Storytelling in der PR (bzw. in der Pressearbeit) vier Aufgaben: Es macht auf das Unternehmen aufmerksam, informiert über das Unternehmen, löst Gefühle in den internen und externen Bezugsgruppen und sorgt dafür, dass die Rezipienten das Unternehmen besser speichern und in ihrem Gedächtnis leichter und schneller abrufen können (Herbst 2014, S. 11). Eine andere Definition lautet: „Storytelling heißt, Geschichten gezielt, bewusst und gekonnt einzusetzen, um wichtige Inhalte besser verständlich zu machen, um das Lernen und Mitdenken der Zuhörer nachhaltig zu unterstützen, um Ideen zu streuen, geistige Beteiligung zu fördern und damit der Kommunikation eine neue Qualität hinzuzufügen." (Frenzel et al. 2006, S. 3). Im Idealfall bündeln Geschichten die Aufmerksamkeit, wecken Interesse und motivieren zu bestimmten Handlungen -„Hook", „Hold" und „Payoff" (Rupp 2016, S. 147). Aus der Sicht von Unternehmen bietet Storytelling weitere Vorteile. Es ist ein perfektes Instrument, um zeitgemäße Prozesskommunikation statt Ergebniskommunikation zu betreiben. Pressevertreter und ihre Bezugsgruppen können auf dem Laufenden gehalten werden und ein klares Bild vom Unternehmen und seiner Entwicklung bekommen (Herbst 2014, S. 77) – ähnlich der oben zitierten Suppenbar, die ihre Gäste schon vor der Eröffnung in den Entstehungsprozess einbezog.

Wenn man Journalisten eine gute Story serviert, hat man Chancen, dass sie veröffentlicht wird, lautet die Botschaft – jede Redaktion ist interessiert an einer guten Geschichte. Die Story darf allerdings kein verkapptes Unternehmensporträt darstellen, in dem die Leistungen der Firma werbetechnisch ausgeschlachtet werden. Auch die Nachricht selbst steht ausnahmsweise nicht im Vordergrund, sondern es müssen andere Anforderungen erfüllt werden: Die Geschichte muss anschaulich sein, nachvollziehbar, glaubwürdig, relevant. Für Start-ups kann das heißen: Sie geben dem Unternehmen ein Gesicht, erklären zum Beispiel, warum der Gründer das Unternehmen aus der Taufe gehoben hat und wie die Geschäftsidee entstanden ist. Start-ups sollten diese Story ohnehin parat haben, um „Investoren, Stakeholdern und Mitarbeitern zu vermitteln, wohin der Weg führen soll" (Frenzel et al. 2006, S. 14).

Praxisbeispiel: Der digitale Mode-Aggregator

Als PR-Expertin Joelle Homberger 2014 zur Mode-Plattform Stylight.de stieß, gab es das Unternehmen schon seit sechs Jahren. Trotzdem wehte noch der Start-up-Spirit durch die Firma. Das Unternehmen war von vier Studenten gegründet worden, der CEO machte Pressearbeit „ein wenig nebenher". Auch eine strategische Markenpositionierung hatte noch nicht stattgefunden. Nicht schlimm, wie Lead PR-Manager Joelle Homberger meint. Denn: „Erst muss das Produkt stimmen, dann kann man sich über Pressearbeit Gedanken machen." Homberger nutzte zum Start die Möglichkeiten des **Storytelling**. Die Geschichte ließ sich eingängig erzählen und sorgte für hohe Reichweite in den Medien: Vier Jungs, die vorher nichts mit Mode am Hut hatten, gründen ein Modeunternehmen und sind damit auch noch erfolgreich.

Diese „On the spot"-Story ist nun auserzählt. Heute ist die Kommunikation mit der Presse **fragmentierter und getrieben von Themen oder Neuigkeiten**, etwa der Übernahme der Plattform durch das Medienunternehmen ProSiebenSat.1. Dabei setzt Joelle Homberger auf den **persönlichen Kontakt** und greift zum Hörer oder schickt eine individuelle Mail, um den Redakteuren genau das anzubieten, was für ihr Medium relevant sein könnte. Dass es einen neuen TV-Spot gibt, kommuniziert sie an Fachmedien, ein Event an Blogger. Massen-E-Mails gibt es allenfalls für „Save-the-Date"-Aussendungen oder Ähnliches. Den Erfolg macht Stylight im Übrigen nicht mehr an der bloßen Anzahl von Nennungen in den Medien fest. Ein klassisches Presse-Clipping gibt es nicht mehr, Messgrößen wie der Anzeigenäquivalenzwert spielen kaum mehr eine Rolle. Dagegen bewertet Homberger von Fall zu Fall, welcher langfristige Nutzen sich für das Unternehmen durch eine Maßnahme ergibt: „Auch im digitalen Zeitalter gibt es ohne Strategie keinen langfristigen Erfolg" (stylight.de).

Storys im Sinne des Storytelling bieten Gründer den Journalisten am besten individuell an und/oder entwerfen verschiedene Storylines mit kleinen und großen Geschichten. Die „große Story" ist üblicherweise in die Unternehmenskommunikation integriert und wird laufend fortgeschrieben – siehe Prozesskommunikation. Sie basiert zum Beispiel auf dem Gründungsmythos. Der große Erzählstrang lässt sich meist in viele kleine oder anekdotische Geschichten aufteilen, die einzeln an die Medien kommuniziert werden können und idealerweise immer einen Menschen als Protagonisten haben (Littek 2011, S. 105 f.) – idealerweise ist das der Held, den jede Geschichte braucht (Herbst 2014, S. 92 ff.).

2.4   Social Media Relations

Dass soziale Medien in der Gesamtbevölkerung stark genutzt werden, ist kein Geheimnis. Zwei Drittel der Internetnutzer in Deutschland sind aktive Mitglieder in sozialen Netzwerken, meldet der Branchenverband Bitkom. Dass diese Entwicklung zu einer zunehmenden Fragmentierung des Medienmarktes führt, ist ebenso bekannt. Drei Viertel der Journalisten nutzen Facebook und Co. 62 % geben an, mithilfe von sozialen Medien zu recherchieren (Social Journalism Studie 2016 von Cision und Canterbury Christ Church University). Die Studie teilt Journalisten in fünf Benutzergruppen ein: Skeptiker, Beobachter, Jäger, Promotoren, Architekten. Da diese Benutzergruppen in die Nutzung von Social Media unterschiedlich involviert sind, empfehlen die Studienersteller, differenziert an sie heranzutreten. Auffallend ist, dass die weniger aktiven Gruppen die Mehrheit der Medienschaffenden ausmachen. Die größte Gruppe (35 %) stellen, wie oben erwähnt, die Beobachter dar. Sie arbeiten meist bei Zeitungen und Zeitschriften und zu etwa einem Drittel im Online-Bereich. Die Beobachter nutzen selten soziale Medien, knapp 40 Prozent von ihnen sind bis zu ca. einer Stunde am Tag aktiv. Sie beobachten vor allem statt zu interagieren. Die zweitgrößte Gruppe besteht aus den Jägern (28 %). Sie sind vor allem Online-Journalisten und haben den größten Anteil an Rundfunkjournalisten. Man erreicht die Jäger gut über Blogs. Skeptiker sind die drittgrößte Gruppe (19 %). Sie besitzen eine eher ablehnende Haltung gegenüber sozialen Medien, erkennen sie aber als notwendiges Übel. Sie sind höchstens ein paar Stunden im Monat online und arbeiten vor allem im Printbereich. Kontakte knüpfen und halten sie vor allem per E-Mail und Telefon – über Facebook und Twitter ist die Gruppe also schlecht zu erreichen. Die Studie kommt zu dem Schluss, dass Social Media im journalistischen Alltag längst nicht allgegenwärtig ist. Traditionelle Quellen würden als verlässlicher angesehen und weiterhin verwendet. Als dominierende Kontaktmethode zwischen Journalisten und den in der Studie genannten PR-Profis gälten weiterhin E-Mails, wobei die Bedeutung sozialer Medien wachse; Telefonate würden immer seltener werden, auch weil viele Journalisten in der Studie angaben, dass sie sich weniger Telefonate wünschten. Es schadet also keineswegs, mit Journalisten via sozialer Kanäle verbunden zu sein. Schon gar nicht, wenn sich Unternehmen als digitale Start-ups positionieren. Was die Kontaktaufnahme angeht, zeigt die Studie aber, dass die klassischen Instrumente wie E-Mail oder persönliche Kontakte (noch) nicht vernachlässigt werden dürfen.

3   Fazit

Presse- und Medienarbeit ist für junge Unternehmer eine Aufgabe, die sie auf ihre To-do-Liste setzen sollten. Wie im gesamten Prozess der Unternehmensgründung gilt auch hier: Ohne Planung läuft nichts. Sicher gehört auch ein wenig Glück dazu, wenn junge Gründer ihre Botschaft in den Medien platzieren möchten, und manchmal genügt schon ein Anruf beim richtigen Journalisten zum richtigen Zeitpunkt. Wer nicht auf Ausnahmen hoffen möchte, dem hilft die Checkliste (Abb. 1) bei den ersten Schritten.

Themenbereich	Zu berücksichtigende Faktoren	Beachtet:
Die Vorbereitung	Wurde im Gründerteam ein Ansprechpartner für die Presse festgelegt?	ja nein
	Wurde ein Pressebereich auf der Webseite eingerichtet oder gibt es zumindest einen Kontakthinweis für Presseanfragen?	ja nein
	Stehen Bilder, ggf. Video- oder Audiodateien zur Verfügung (insbesondere nach Versand einer Pressemitteilung)?	ja nein
Der Kontakt	Wurden die geeigneten Medien, Ansprechpartner und (E-Mail-) Kontakte recherchiert?	ja nein
	Passen die Informationen, die das Start-up liefern kann, zum Medium, zum Ressort, zum kontaktierten Journalisten?	ja nein
Die Pressemitteilung	Ist die Pressemitteilung ähnlich einer Nachricht strukturiert: Ist z. B. die wichtigste Information sofort erkennbar?	ja nein
	Enthält die Pressemitteilung die wichtigsten Nachrichtenfaktoren? Und Zahlen, Daten, Fakten, Kontaktadressen?	ja nein
	Gibt es eine „Story" zum Unternehmen oder zur Gründung, die per Pressemitteilung angerissen werden kann?	ja nein
	Ist die Pressemitteilung verständlich, gut lesbar und ggf. mit Keywords versehen?	ja nein
	Wurden Social Media-Kanäle einbezogen, um Journalisten zu erreichen, die vor allem Twitter, Facebook & Co. nutzen?	ja nein
Die weiteren Möglichkeiten der Kontaktaufnahme	Wurde das Angebot eines Expertenbeitrags/eines Experteninterviews in Erwägung gezogen?	ja nein
	Können Beiträge exklusiv angeboten werden?	ja nein
	Wurde die Möglichkeit eines	ja
	Redaktionsbesuchs geprüft?	nein

Abb. 1 Presse- und Medienarbeit. Checkliste für die ersten Schritte

Literatur

Bitkom e. V., Pressemitteilung vom 2016. Zwei von drei Internetnutzern sind in sozialen Netzwerken aktiv. www.bitkom.org/Presse/Presseinformation/Zwei-von-drei-Internetnutzern-sind-in-sozialen-Netzwerken-aktiv.html. Zugegriffen: 4. Juni 2017.

Bruhn, M. (2016). *Marketing: Grundlagen für Studium und Praxis*. Wiesbaden: Springer Fachmedien.

Bruns, A. (2009). Vom Gatekeeping zum Gatewatching. Modelle der journalistischen Vermittlung im Internet. In C. Neuberger, C. Nuernbergk, & M. Rischke (Hrsg.), *Journalismus im Internet. Profession – Partizipation – Technisierung* (S. 107–128). Wiesbaden: VS Verlag.

Cision & Canterbury Christ Church University. 2016. Social Journalism-Studie. www.cision.de. Zugegriffen: 4. Juni 2017.

Ecco International Communications Network & Newsroom.de. Zukunft des Journalismus. www.ecco-network.de/blog/files/c2eac87dd1a67a89c0be218195120adf-24.html. Zugegriffen: 4. Juni 2017.

Frenzel, K., Müller, M., & Sottong, H. (2006). *Storytelling. Das Praxisbuch*. München: Hanser.

Herbst, D. G. (2014). *Storytelling*. Konstanz: UVK.

Herbst, D. G. (2016). *Public Relations: Konzeption und Organisation – Instrumente – Kommunikation mit wichtigen Bezugsgruppen*. Berlin: Epubli.

Hoffjann, O. (2015). *Public relations*. Konstanz: UVK.

Hölig, S., & Hasebrink, U. (2016). *Reuters Institute Digital News Survey 2016 – Ergebnisse für Deutschland* (Arbeitspapiere des Hans-Bredow-Instituts Nr. 38). Hamburg: Verlag Hans-Bredow-Institut.

Journalistenzentrum Wirtschaft und Verwaltung e. V., Institut für Journalistik der Technischen Universität Dortmund. (2018). Kommunikation zwischen Pressestellen und Medien im Wandel. www.journalistenzentrum-jwv.de/das-journalistenzentrum-jwv/studien-und-forschung. Zugegriffen: 18. Januar 2019.

Littek, F. (2011). *Storytelling in der PR: Wie Sie die Macht der Geschichten für Ihre Pressearbeit nutzen*. Wiesbaden: Springer Fachmedien.

Mast, C. (2016). *Unternehmenskommunikation*. Konstanz: UVK.

News Aktuell, Bilder verdoppeln die Klickrate einer Pressemeldung – Videos erzeugen sogar 270 Prozent mehr Aufrufe. presseportal.de/pm/6344/3021289/. Zugegriffen: 4. Juni 2017.

News Aktuell, Blog Treibstoff. treibstoff.newsaktuell.de/pressemitteilungen-per-mail/. Zugegriffen: 12. Febr. 2017.

Oppel, K. (2014). *Crashkurs PR. So gewinnen Sie alle Medien für sich*. München: Beck.

Otto, K., & Köhler, A. Wer misstraut den Medien? European Journalism Observatory. de.ejo-online.eu/qualitaet-ethik/wer-misstraut-den-medien/. Zugegriffen: 4. Juni 2017.

Piwinger, M., & Zerfaß, A. (Hrsg.). (2007). *Handbuch Unternehmenskommunikation*. Wiesbaden: Springer Gabler.

Puttenat, D. (2012). *Praxishandbuch Presse- und Öffentlichkeitsarbeit*. Wiesbaden: Springer Gabler.

Röttger, U., Preusse, J., & Schmitt, J. (2014). *Grundlagen der Public Relations. Eine kommunikationswissenschaftliche Einführung*. Wiesbaden: Springer.

Rupp, M. (2016). *Storytelling für Unternehmen. Mit Geschichten zum Erfolg in Content Marketing, PR, Social Media, Employer Branding und Leadership*. Frechen: mitp.

Schneider, W. (2005). *Deutsch für Kenner. Die neue Stilkunde*. München: Piper.

Schneider, W. (2011). *Deutsch für junge Profis* (Kindle Edition). München: Rowohlt.

Schwiesau, D., & Ohler, J. (2016). *Nachrichten klassisch und multimedial. Ein Handbuch für Ausbildung und Praxis*. Wiesbaden: Springer.

Beate Semmler leitet das Produkt- und Projektmanagement beim Fachverlag pVS in Schwäbisch-Hall. Zuvor verantwortete die Sprach- und Literaturwissenschaftlerin verschiedene Fachmagazine, u. a. als Chefredakteurin und Verlagsleiterin.

Strategisches Handeln von Start-ups im Kontext der Mediatisierung: Eine empirische Analyse der kommunikativen Praktiken der Markenführung

Sven-Ove Horst

Zusammenfassung

Junge Gründer und Start-ups müssen sich in einer schnell wandelnden und mediatisierten Wettbewerbsumwelt behaupten. Ihr Handeln wird geprägt von sozialen Netzwerkmedien wie Facebook, LinkedIn oder Instagram. Um auf diesen Medienplattformen erfolgreich zu sein, müssen Markenführung und Markenkommunikation strategisch verankert sein. Der Aufsatz präsentiert daher eine qualitative Analyse empirischer Daten aus dem Kontext des Start-up-Incubator *neudeli* der Bauhaus-Universität Weimar und verdeutlicht, dass die Mediatisierung grundlegend in die strategische Entwicklung der Marke von jungen Gründern und Start-ups eingreift. Die Studie entwickelt ein Verständnis strategischer Markenführung in mediatisierten Kontexten und zeigt, dass drei idealtypische Praktiken zur Markenführung und strategischen Entwicklung beitragen: 1) Bürokratische Medienarbeit, 2) Mediale Kreativarbeit, 3) Netzwerkarbeit durch Medien.

1   Einleitung

Markenführung und Kommunikation nehmen einen zentralen Stellenwert in der Entwicklung von Start-ups ein (Abimbola 2001; Abimbola und Vallaster 2007; Berthon et al. 2008; Bresciani und Eppler 2010; Kozinets et al. 2010; Merrilees 2007; Vallaster und Kraus 2011). Das liegt daran, dass es einerseits für Start-ups von entscheidender

S.-O. Horst (✉)
ESHCC, Department of Media and Communication, Erasmus University,
Rotterdam, Niederlande
E-Mail: horst@eshcc.eur.nl

Bedeutung ist das Nutzenversprechen ihrer Produkte oder Dienstleistungen den (zukünftigen) Kunden zu vermitteln und einen Interessentenkreis häufig gar erstmalig zu entwickeln (Abimbola 2001; Vallaster 2010), und andererseits, dass dadurch der Aufbau der Marke überhaupt erst möglich wird (Burmann et al. 2009; Voyer et al. 2017). Gerade in Zeiten einer zunehmenden Mediatisierung (Couldry und Hepp 2013; Lindgren 2017) nutzen Start-ups und junge Gründer zunehmend die Möglichkeiten ihre Produkte, sich selbst, oder ihre Unternehmen durch soziale Netzwerkmedien darzustellen, zu führen und zu entwickeln. Dies rückt die kommunikativen Praktiken der Markenführung in den Fokus der Aufmerksamkeit, weil sie entscheidend dazu beitragen können Start-ups medial strategisch zu entwickeln (vgl. Plesner und Gulbrandsen 2015).

Eine Unternehmensmarke drückt durch Visualisierung, Sprache, und Verhalten die Einzigartigkeit des Geschäftsmodells eines Unternehmens aus (Balmer 2001; Knox und Bickerton 2003). Indem das Unternehmen auf seine Mission und Vision zurückgreift, artikuliert die Strategie einer Unternehmensmarke die Art und Weise wie eine Organisation für Kunden und zentrale Stakeholder Werte und Nutzen schaffen will und sich von den Wettbewerbern unterscheidet (Järventie-Thesleff et al. 2011). Typischerweise ist dieses „Nutzenversprechen" einer Marke im Einklang mit der Geschichte, den Werten, ihrer Kultur, den Menschen und der Strategie der Organisation (Aaker 2014 in Järventie-Thesleff et al. 2011). Aus diesem Grund wird Markenführung und Markenkommunikation auch als strategisches Werkzeug gesehen, mit dem eine Organisation ihre Wettbewerbsfähigkeit ausbauen und erhalten möchte (Hatch und Schultz 2001, 2003). In Zeiten der Digitalisierung erlaubt erfolgreiche Markenführung durch Medien das Erschließen neuer Geschäftsbereiche von z. B. digitalen Produkten (Roll und Horst 2017), die Kommunikation und Brand-Extension von existierenden Produkten (Roll et al. 2017) oder den strategischen Auf- und Ausbau von digitalen Medienplattformen (Horst et al. 2018) und damit eine strategische Diversifikationen und Netzwerkaufbau von Start-ups (Johannisson 2011), welche maßgeblich den zukünftigen Erfolg und Bestand der jungen Organisation sichern sollen. Somit trägt die Entwicklung einer Marke entscheidend zu der gesamten strategischen Entwicklung des Unternehmens bei (Abimbola 2001; Abimbola und Vallaster 2007; Balmer 2012; Bresciani und Eppler 2010; Hatch und Schultz 2001; Järventie-Thesleff et al. 2011; Schultz und Hatch 2003).

Aktuelle Diskussionen im Marketing gehen davon aus, dass Kunden bzw. die Rezipienten einen großen Einfluss auf die Marke haben (Aaker 2014; Balmer et al. 2009; Keller 1993; Meffert 2012; Ots und Nyilasy 2017), und teilweise dazu beitragen die Marke erst zu entwickeln (Hatch und Schultz 2003, 2010; Roll und Horst 2017; Vásquez et al. 2013). Die Rezipienten erlangen einen Eindruck der Marke von außen, ihre Markenwahrnehmung („brand perception"), welche mit der Markenidentität („brand identity"), dem intendierten Bild der Marke von innen verbunden ist (Burmann et al. 2009). Erfolgreiches Markenmanagement und erfolgreiche Markenführung dienen dazu den Eindruck und die Idee der Marke in Einklang zu bringen (Balmer 2008; Burmann et al. 2009; Meffert 2012). Darüber hinaus geht aktuelle Forschung noch einen Schritt weiter und legt den Fokus darauf, dass Markenbildung fundamental ein reziproker und vernetzter Prozess ist, bei dem Kunden, Mitarbeiter, Management sowie weitere Stakeholder dazu beitragen das Wesen einer Marke mitzubestimmen und aufrechtzuerhalten (Hatch und Schultz 2009, 2010, 2013; Järventie-Thesleff et al. 2011; Schultz und Hatch 2003). Dies bedeutet, dass Markenführung zu einem offenen Kommunikationsprozess geworden ist, in dem interne und externe Stakeholder an der Erzeugung und Aufrechterhaltung einer Marke teilhaben (Baumann 2015; Bengtsson und Firat 2006; Phillips et al. 2014; Voyer et al. 2017).

Doch dieser Prozess ist bei Start-ups und jungen Gründern ein anderer, als bei kleinen und mittleren Unternehmen, sowie großen internationalen Konzernen. Das liegt daran, dass Entrepreneurs und junge Gründer gerade erst versuchen ein Unternehmen aufzubauen (Centeno et al. 2013; Rode und Vallaster 2005; Wong und Merrilees 2005). Daher basiert die Entwicklung einer Marke im Kontext von neuen Gründungen und Start-ups oft auf informellen Organisationsstrukturen, ad hoc Planungen, reaktiven und emotionalen Entscheidungsprozessen, sowie erhebliche Ressourcenbeschränkungen bei Personen, Finanzen, Erfahrung, oder Zeit (Agostini et al. 2015; Berthon et al. 2008; Centeno et al. 2013). Gleichzeitig haben Gründer einen erheblichen Einfluss auf die strategische Entwicklung, indem sie Entscheidungen (teilweise) allein oder in einem kleinen Team treffen (können). Dies kann aber auch problematisch sein, wenn sie nur eine ungefähre, noch entwicklungsbedürftige Idee haben, der sie nacheifern (Rode und Vallaster 2005). Darüber hinaus zeigen Start-ups und junge Gründer oft, dass ihre Erfahrungen, Ideen und Kenntnisse in Bezug auf Strategie, Marketing, oder Kommunikation noch ausbaufähig sind. Dies kann Schwierigkeiten erzeugen, wenn das Produkt, die Strategie, oder die Umsetzung der Marketingkommunikation ebenfalls erst mit der Zeit und in Zusammenarbeit mit den Kunden und Stakeholdern entwickelt werden (können). Gleichzeitig sind strategisches Handeln und langfristige Planung in Start-ups ohnehin nicht einfach, weil es zunehmend schwieriger ist langfristig zu planen (Cummings und Daellenbach 2009), die Entwicklung der Märkte einzuschätzen und die Annahme der Kunden von Produkten vorherzusagen (Slocum und Albarran 2006). Gerade das strategische Management von Medien ist zunehmend ein offener Prozess der pausenlosen Entwicklung, d. h. *Strategie wird emergent* (Horst und Järventie-Thesleff 2016). Für Start-ups ist das relevant, denn bleibt ihre Strategie eher vage, kann das vielfältige Interpretationen und „Spielraum" für flexibles Handeln erlauben (Giraudeau 2008), beispielsweise kann man sich kurzfristig umentscheiden, eine andere Version des Prototypen zu entwickelt. Gleichzeitig mag dies auch größere organisatorische Unsicherheit induzieren (Abdallah und Langley 2014), z. B. bei Geldgebern, die eine genaue Prognose für ihren Return haben möchten oder bei Mitarbeitern, denen vielleicht (noch) kein Gehalt gezahlt werden kann. Aus diesem Grund ist strategisches Handeln in Start-ups oft intuitiv, intrinsisch und charakterisiert durch Experimentieren (Wong und Merrilees 2005), Improvisieren und Kontaktpflege (Johannisson 2011), sowie stufenweises Lernen Rae (2002, 2005).

Aktuell zeichnet sich die soziale- und Wettbewerbsumwelt von Start-ups in Deutschland und stark entwickelten westlichen Ländern dadurch aus, dass wir eine zunehmende Mediatisierung erleben (Couldry und Hepp 2017; Deuze 2012; Fredriksson und Pallas 2017; Hjarvard 2013). Hierunter wird ein Veränderungsprozess verstanden, der die Bedeutung von Medien für die Kommunikation und die Erzeugung von Bedeutung in den Fokus stellt (Couldry und Hepp 2013). Medien heute, sind nicht mehr nur die klassischen Massenmedien wie Tageszeitungen, TV und Rundfunk, sondern auch digitale Netzwerkmedien wie das Internet, Apps, Soziale Netzwerke, Blogs, oder Medientauschplattformen (Lindgren 2017). *Digitale* Medien sind Plattformen, auf denen sich Individuen, Start-ups und Organisationen darstellen, von sich kommunizieren und Gedanken teilen, und dadurch in einen Dialog mit ihren Kunden und Stakeholdern treten können. Sie sind der Ort, an dem durch Kommunikation das Soziale präsentiert, verhandelt, entwickelt und konstituiert wird (Couldry und Hepp 2017 , S. 2). Die Art und Weise wie wir unsere Umwelt, neue Produkte, und sozialen Kontakte wahrnehmen, sie interpretieren, ihnen Sinn geben und schließlich wie wir in einer digital vernetzten Welt agieren, passiert durch ebendiese Medien (Deuze 2012). Daher haben sie für den Aufbau von Start-ups, die kommunikativen Praktiken der Markenführung und der strategischen Entwicklung von Gründungen eine zentrale Bedeutung. Gleichzeitig existiert bisher keine extensive wissenschaftliche Literatur dazu, wie insbesondere Start-ups und junge Gründer soziale und digitale Netzwerkmedien nutzen um ihre Marke aufzubauen und ihre Produkte und Strategien erfolgreich zu kommunizieren und mit ihren Stakeholdern zu entwickeln. Aus diesem Grund fokussiert diese Arbeit folgende breite Forschungsfrage: *Wie managen Start-ups ihre Marken und Strategien mit digitalen Medien?*

Die Arbeit ist wie folgt gegliedert. Zuerst erfolgt der Aufbau einer theoretischen Basis, mit der die strategische Praxis der Markenführung und Kommunikation in Start-ups beschrieben werden kann. Anschließend wird mithilfe qualitativer Methodik eine Analyse empirischer Daten durchgeführt. Nach der Darstellung der Ergebnisse in Form von drei strategischen Praktiken der Markenführung und -Kommunikation werden die Erkenntnisse reflektiert und abschließende Empfehlungen für den strategischen Umgang mit Markenführung und der Kommunikation von Start-ups ausgesprochen.

2   Theoretische Basis

Um das kommunikative Handeln von Start-ups im Kontext digitaler Netzwerkmedien besser zu verstehen wird im Folgenden ein interdisziplinärer Theorierahmen aufgebaut, der sich aus drei akademischen Diskursen speist. Erstens, werden Arbeiten zum Thema der Mediatisierung genutzt (Couldry und Hepp 2017; Deuze 2012; Fredriksson und Pallas 2017; Hjarvard 2013), weil sie entscheidend dazu beitragen können den Kontext des Handelns zu beschreiben in welchem Start-ups agieren, Sinn erzeugen, und mit ihren Kunden interagieren. Zweitens, werden Studien zum Thema strategisches Handeln und Strategy-as-Practice genutzt, um mit existierenden Konzepten argumentieren zu können inwieweit die tagtäglichen, teilweise spontanen, reaktiven und inkrementellen Handlungen von Gründern und jungen Start-ups als „strategisch" im aktuellen Diskus gesehen werden können (Jarzabkowski und Spee 2009; Vaara und Whittington 2012; Whittington 2006). Drittens, nutzt die Arbeit aktuelle Studien aus dem Diskurs der strategischen Markenführung und Kommunikation in Start-ups (Abimbola 2001; Abimbola und Vallaster 2007; Agostini et al. 2015; Centeno et al. 2013; Friedrichsen und Mühl-Benninghaus 2013; Vallaster 2010), um die inhaltliche Ausgestaltung der kommunikativen Praktiken der Gründer besser beschreiben, analysieren und reflektieren zu können.

2.1   Start-ups und Gründungen im Kontext der Mediatisierung

Start-ups und junge Gründer agieren in Geschäftsumwelten und sozialen Kontexten die fundamental mediatisiert sind. Dies bedeutet, wie Silverstone (2007) ausdrückt, dass wir in einer „Mediapolis" leben, einem öffentlichen Raum, indem Medien grundlegend die Erfahrungen und Expressionen des tagtäglichen Lebens umfassen (Deuze 2012, S. 2). In diesem Raum haben sich Medien mit allen Aspekten und Facetten des sozialen Lebens verbunden und damit unser Verständnis desgleichen fundamental verändert. Durch die Entwicklung der modernen Netzwerkmedien sind Plattformen entstanden auf denen Gründer mit anderen Unternehmen und Gründern um die Gunst der Verbraucher wetteifern. Medien sind zu Infrastrukturen geworden, über die und auf denen Markenführung praktiziert und Marken, Eindrücke, Einblicke und Produkte kommuniziert werden können und zunehmend auch müssen. In diesem Sinne ist unser Verständnis des Sozialen konstituiert von und beeinflusst durch technologisch vermittelte Prozesse und Infrastrukturen von Kommunikation (Couldry und Hepp 2017, S. 1). In Bezug auf Simmel (1971) schreiben Couldry und Hepp (2017, S. 16), dass unser Verständnis des Selbst – des „wer wir sind" – und was es bedeutet mit anderen verbunden zu sein, stark durch die materiellen Zwänge beeinflusst wird, die durch digitale Netzwerkmedien entstehen. Medien sind die Infrastruktur als auch Prozesse der Sinnstiftung und Sinnerzeugung (Couldry und Hepp 2017). Als Gründer ist es daher notwendig nicht nur auf Messen zu gehen oder in den richtigen Fachzeitschriften oder Programmen genannt oder interviewt zu werden, sondern vor allem auf den einschlägigen digitalen Netzwerkmedien wie z. B. Facebook, Instagram, Twitter, Xing, LinkedIn, oder YouTube mit ihren Produkten, Ideen, Prozessen, Gedanken oder Geschichten präsent zu sein. Dies ist wichtig, weil unsere Wahrnehmung von neuen Produkten durch diese Medienplattformen gesteuert ist. Medien zeigen Referenzpunkte auf, ermöglichen Vergleichbarkeit durch eine schnelle Google-Suche, erlauben es uns Informationen zu recherchieren, zu hinterfragen, und daran teilzuhaben neue Informationen zu erzeugen. Das Internet und soziale Medien erlauben eine interaktive Kommunikation zwischen einer großen Anzahl an Teilnehmern (Lindgren 2017). Und weil Kommunikation das zentrale Set an Praktiken ist durch die wir Sinn erzeugen, uns koordinieren und Entscheidungen treffen, ist die kommunikative Dimension unserer Praktiken entscheidend dafür wie die soziale Entwicklung im Allgemeinen und damit auch die Entwicklung von Start-ups oder Gründern im Speziellen, sowie deren Produkte, Ideen, und Organisationen möglich gemacht wird (Couldry und Hepp 2017, S. 16). Hierfür liefern digitale Netzwerkmedien die technische Infrastruktur, welche die jungen Gründer und Start-ups produktiv nutzen können und zunehmend nutzen müssen. Das Set der Möglichkeiten Medien und Informationen zu nutzen, auf die ein sozialer Akteur in entwickelten Gesellschaften zurückgreifen kann, ist fast unbegrenzt; dennoch werden diese gerade im Alltag auf ein kleineres, relevantes und notwendiges Set reduziert (Couldry und Hepp 2017, S. 56). Doch welche Möglichkeiten dieses Set bei Start-ups und jungen Gründern umfasst, wenn sie ihre Produkte, Ideen und Entwicklungen kommunizieren und ihre Marken gestalten wollen, darüber existiert bisher wenig Kenntnis in wissenschaftlicher Fachliteratur.

2.2   Strategisches Management von Start-ups als Praxishandeln

In dieser Arbeit geht es darum das strategische Element des Praxishandelns von Start-ups besser zu verstehen. Dies bedeutet sich mit aktueller Strategieliteratur auseinander-zusetzen. Hierbei ist insbesondere die Literatur zu *Strategy-as-Practice* (SAP) (für einen Überblick siehe Golsorkhi et al. 2015a) oder zu Deutsch, Strategie als Praxishandeln zu beachten, weil sie einerseits die kommunikativen und sozialen (Pälli et al. 2009; Suominen und Mantere 2010; Vaara 2010; Vaara et al. 2010), als auch die materiellen, strukturellen und technischen Aspekte des sozialen Raumes in den Mittelpunkt stellt (Comi und Whyte 2017; Leonardi 2015; Moisander und Stenfors 2009; Whittington et al. 2011).

In diesem Strategieansatz wird der soziale Raum, in dem strategisches Handeln prak-tiziert wird, durch Akteure (Praktiker), dem Kontext (die Praxis), und den Handlungs-weisen (Praktiken) konstituiert (Jarzabkowski et al. 2007; Vaara und Whittington 2012; Whittington 2006). *Praktiken* werden definiert als routinierte Verhaltensweisen, bestehend aus unterschiedlichen miteinander verbundenen körperlichen und mentalen Aktivitäten, Dingen und ihrem Gebrauch, sowie dem dazugehörigen Hintergrundwissen in Form von Verständnis, Wissen, Gefühlslagen und Motivationen (Reckwitz 2002, S. 249). Es wird davon ausgegangen, dass einerseits die menschliche Existenz im Allgemeinen und damit auch das Handeln von jungen Gründern, Start-ups, Gründungsberatern, oder Investoren und Business Angels im Speziellen in einem stark vernetzten Nexus von Dingen und organisierten Aktivitäten existiert (Schatzki 2002, S. XI). Dies ist entscheidend für unser Verständnis von Strategie im Kontext von Start-ups und jungen Gründern, weil nicht nur der Effekt von Strategie auf den Erfolg oder Performance alleine untersucht wird, son-dern eine detaillierte und umfassende Analyse der Details, Handlungen und Praktiken, die mit strategischer Planung, Strategieformulierung und -Implementierung verbunden sind, unternommen wird (Golsorkhi et al. 2015b, S. 1).

Strategisches Handeln von Start-ups und jungen Gründern in digitalisierten und vernetzten Kontexten zeichnet sich dadurch aus, dass die Nutzung von Medien einen zentralen Stellenwert einnimmt (Fredriksson und Pallas 2017; Friedrichsen und Mühl-Benninghaus 2013; Lindgren 2017). Ihre Strategie wird im Zusammenspiel mit ihren (zukünftigen) Kunden und Zuhörern entwickelt, genauso wie die Marke erst Stück für Stück durch gemeinsame Sinnbildungsprozesse erzeugt wird (Couldry und Hepp 2017). Das Besondere an digitalen Netzwerkmedien, welche für die Kommunikation von Strategie und Marketing eingesetzt werden liegt daran, dass die Grenzen zwischen dem Innen und dem Außen der Organisation verschwimmen (Plesner und Gulbrandsen 2015). Dies führt dazu, dass die Kontrolle des Managements bzw. der Gründer über die Konsequenzen von Entscheidungen im herkömmlichen Sinne infrage gestellt wird (Plesner und Gulbrandsen 2015, S. 156). Das ist gerade für Start-ups entscheidend, weil dadurch der Einfluss von außen auf Entscheidungen größer werden kann. Gleichwohl haben Gründer von jeher auch einen großen Einfluss auf Entscheidungen und die strategische Entwicklung des Start-ups, weil Teams in der Regel klein sind und die Organisation durch die Gründer geprägt ist (Rode und Vallaster 2005). Jedoch amplifizieren die starke Vernetzung und die pausenlose Kommunikation mit relevanten Anspruchsgruppen durch digitale Medien den Kontrollverlust und reduzieren die Deutungshoheit über Kommunikation im klassischen Sinne, weil der intensive Austausch von Informationen neue Gedanken erzeugt und die Bedeutung von Produkten, Ideen und der Organisation zunehmend verhandelt und gemeinsam konstruiert wird (Couldry und Hepp 2017; Fredriksson und Pallas 2017; Plesner und Gulbrandsen 2015). Medienkommunikation in hochdynamischen und sich entwickelnden Märkten ist demnach schwierig, weil die Kontrolle über den Konsum von Nachrichten und ihre Auswirkungen bzw. Interpretationen gering ist (Picard und Lowe 2016, S. 62). Dies lenkt unseren Fokus auf die Art und Weise wie Medien die strategische Kommunikation von Start-ups ermöglichen und einen zentralen Stellenwert im alltäglichen Handeln einnehmen (Deuze 2012). Die kommunikativen Praktiken durch die Gründer und Start-ups über digitale Netzwerkmedien kommunizieren bestimmt nachhaltig die strategische Entwicklung der Organisation.

2.3 Strategische Markenführung und kommunikative Praktiken von Start-ups

Der Fokus liegt auf den strategischen Praktiken, durch die junge Gründer und Start-ups in dem empirischen Kontext ihre Marken strategisch führen und kommunizieren. So schreiben Picard und Lowe (2016, S. 62), dass die aktuelle Wettbewerbsumwelt von Start-ups wie ein lauter, durcheinandergewirbelter Basar ist, in dem rasch wechselnde Verkäufer um die Gunst eines mit Informationen überfrachteten Publikums buhlen. Die Kunden entscheiden sich spontan (um), werden abgelenkt und entdecken andere neue Produkte. Aus diesem Grund ist das Marketing von Start-ups oft behelfsmäßig und informell, basierend auf intuitiven Verhaltensweisen und tagtäglichem Lernen (Rae 2005). Das liegt auch daran, dass das Unternehmen teilweise noch gar nicht richtig existiert und Produkte oder Dienstleistungen noch nicht am Markt sind (Juntunen et al. 2010). Daher prägen reaktive Kommunikation und emotionale Entscheidungen die Kommunikationsprozesse mit Kunden, Zulieferern und Geldgebern (Abimbola und Vallaster 2007; Agostini et al. 2015). Gleichwohl sind Gründer sehr motiviert und treten passioniert für ihre Ideen ein (Rode und Vallaster 2005). Daher ist es oftmals ein Grundproblem für Gründer sich so im Team abzustimmen, dass das gemeinsame Ziel klar formuliert und die Kommunikation mit den Anspruchsgruppen entwickelt werden kann. Teilweise kann es sogar sein, dass Start-ups noch überhaupt keinen Marketingplan oder -Idee haben (Ahonen 2008). Grundsätzlich werden daher meist wenig Ressourcen in das Marketing und die Markenkommunikation gesteckt (Merrilees 2007), weil es einerseits an Ressourcen mangelt und es andererseits für junge Start-ups schwierig ist, dieses gemeinsame strategische Ziel genau zu benennen. Gleichwohl ist eine definierte Marke eine wichtige Ressource für die Organisation um sich strategisch zu differenzieren (Abimbola und Vallaster 2007; Wong und Merrilees 2005).

Strategisch ist es wichtig, dass bei Start-ups gerade die starke Verbindung zwischen internen Entscheidern (Gründern und Teammitgliedern) und den interessierten zukünftigen Kunden und wichtigen Anspruchsgruppen verstanden wird. Strategische Kommunikation des Start-ups wird zu einem zirkulären und reziproken Prozess der gemeinsamen Sinnkonstruktion (Hatch und Schultz 2001, 2008; Schultz und Hatch 2003, 2009). Die Gründer mögen bestimmte Ideen haben wofür das Unternehmen (zukünftig) stehen soll; die Mitarbeiter und Teammitglieder haben ihre eigene Interpretation der Vision und setzen sich ihrem Können nach dafür ein diese Vision zu erhalten und zu entwickeln; die Außenstehenden haben ebenfalls einen Eindruck der gesamten kommunikativen Verhaltensweisen des Start-ups. Das bedeutet, erfolgreiche Markenführung und Kommunikation in Start-ups verbindet die strategische Vision, mit dem Verhalten der Organisation und dem Eindruck der Anspruchsgruppen (Hatch und Schultz 2003).

Demnach kommunizieren Start-ups und junge Gründer pausenlos und auf vielfältige Weise wofür sie stehen, welche Produkte das Start-ups entwickelt und welche neuen Ideen sie haben (Schultz et al. 2000). Diese Neuartigkeit und Andersartigkeit soll Medieninteresse wecken (Centeno und Hart 2012). Gleichzeitig bleiben Mund-zu-Mund Propaganda und konstruktive Kommunikation in digitalen Netzwerkmedien die wichtigsten Marketingaktivitäten, weil sie wenig kostenintensiv sind und vielfältige Kundengruppen angesprochen werden können (Bresciani und Eppler 2010; Centeno und Hart 2012). Entscheidend ist sich bewusst zu machen, welche Wirkung jedwede Kommunikation in sozialen Medien haben kann und zu versuchen diese bewusst zu mitzugestalten

(Couldry und Hepp 2017; Lindgren 2017). Welche strategischen Praktiken jedoch im Einzelnen von Start-ups angewandt werden um erfolgreich ihre Marken aufzubauen und zu führen bleibt bisher wenig wissenschaftlich untersucht und gewiss nicht abschließend beantwortet. Aus diesem Grund liegt der Fokus nun auf der Analyse relevanter empirischen Daten um eben dieser Frage nachzugehen.

3   Methodik

Der Ansatz der Arbeit stützt sich auf qualitative Methoden, um einen reichhaltigen Eindruck eines bestimmten Praxis-Kontextes zu generieren und das Verhalten und die Verständnisse von jungen Gründern und Start-ups in Bezug auf strategische Markenführung und Kommunikation zu erhalten (Gherardi 2012; Moisander und Valtonen 2006). Die Basis dafür ist eine empirische Fallstudie, welche mit ethnografischen Daten untermauert wird. Dieser Forschungsansatz ist besonders passend um reichhaltige Beschreibungen eines einzigartigen Kontextes zu erreichen und lokale Praktiken der strategischen Kommunikation zu exemplifizieren (Vesa und Vaara 2014). Der Kontext, der Prozess der Datensammlung und die Interpretation werden im Folgenden beschrieben.

3.1   Der Kontext

Der Forschungskontext umfasst den Business Inkubator „Gründerwerkstatt *neudeli*" der Bauhaus-Universität Weimar (BUW), sowie Start-ups und junge Gründungen, die aus dem Umfeld der Bauhaus-Universität und des *neudeli* kommen. Das *neudeli* wurde 2001 gegründet und fungiert seitdem als Ort für das Ausleben von Innovationen und Gründungen an der der BUW (neudeli 2018). Das Leistungsspektrum des *neudeli* umfasst Beratungen, Weiterbildung, Nutzung von Räumlichkeiten, ein Förderprogramm, Veranstaltungen sowie Forschung und Lehre (siehe Tab. 1).

Organisatorisch gehört die Gründungswerkstatt zu der Fakultät Medien und wurde auch auf ihre Initiative heraus gegründet. Gleichzeitig ist es offen für alle Fakultäten der BUW (Architektur, Kunst und Design, Ingenieurswissenschaften, und Medien) sowie Interessierte von Außerhalb der Universität. Der Zweck des *neudeli* liegt darin eine lebendige Innovations- und Gründungskultur und Freiräume zu schaffen, Interdisziplinarität und Projektarbeit zu ermöglichen und dabei Anonymität und verschultes Vorgehen zu vermeiden (neudeli 2018). In der Tradition des historischen Bauhauses wird ein „Raum geschaffen", indem sich Querdenker, Erfinder und Macher entfalten können. Charakteristisch ist daher, dass das *neudeli* als „Versuchsplatz und Ort des Ausprobierens und Experimentierens" gesehen wird und trotz der Lehrprogramme, Hilfen und Netzwerke eher wenig Strukturen bietet, welche ganz gezielte Entwicklungen strategisch fördern (vgl. neudeli 2018). Umso mehr bietet der Kontext eine Kreativfläche in der die

Tab. 1 Angebotsspektrum der Gründerwerkstatt *neudeli*. (Quelle: Eigene Darstellung auf Basis der Webseite. neudeli 2018)

Beratung	Das *neudeli* Team gibt kritisches Feedback, hilft bei der Erstellung eines tragfähigen Geschäftsmodells, vermittelt Kontakte zu Netzwerkpartnern sowie Investoren und unterstützt bei der Beantragung von Fördermitteln
Weiterbildung	Die *neudeli* Sommer- und Winterrunde informiert in Workshops und Vorträgen durch fachkundige Referenten aus Wissenschaft und Wirtschaft zu gründungsspezifischen Themen und vermittelt das notwendige Know-how zur Ausarbeitung der eigenen Geschäftsidee
Nutzung von Räumlichkeiten	Die Gründerwerkstatt in der Helmholtzstraße bietet Büroräume für Gründungsprojekte sowie Platz für einen kreativen Austausch, Veranstaltungen und Seminare. Zudem bietet das KreativLab als Prototypen- und Kreativwerkstatt viele Möglichkeiten zur Verwirklichung der Gründungsidee
Förderprogramm	Das *neudeli* Fellowship ist ein uni-internes Pre-Seed Förderprogramm, welches aussichtsreiche Geschäftsideen, die sowohl neuartige Produkte als auch Dienstleistungen umfassen können, fördert. Das Programm umfasst eine Laufzeit von sechs Monaten und bietet Office Space und Zugang zum KreativLab, intensives Coaching durch ein Expertennetzwerk und max. 10.000 EUR Sachmittelbudget
Veranstaltungen	Die monatlichen Gründertreffen "Experiences & Beer" sowie die jährlich in der Gründerwerkstatt stattfindende Projektschau "*neudeli* open" mit aktuellen Gründungsprojekten bieten Plattformen, sich und seine Ideen zu präsentieren und andere Gründungsinteressierte kennenzulernen
Forschung und Lehre	Im Mittelpunkt der Lehre und Forschung stehen ein prototypengetriebenes Innovationsmanagement sowie neue und kritische Ansätze zur Managementforschung im Bereich des Gründungs- und Kreativmanagements

Start-ups und jungen Gründer an ihren Ideen arbeiten, sich vernetzen und ausprobieren können.

Die Gründer und kreativ Tätigen speisen sich aus einem interdisziplinären Rahmen und verschiedenen Fakultäten und Hintergründen. Klassisches BWL-Wissen ist jedoch kein alleinstehendes Studienprogramm, sondern in vielfältiger Weise in oft an wichtigen Phänomenen ausgerichteten Rahmenstudiengängen verankert. Dies bedeutet, dass die Mehrzahl der Gründer ebenfalls interdisziplinär ausgerichtet ist. Darüber hinaus ist charakteristisch, dass durch die Eingliederung des *neudeli* an die Fakultät Medien eine hohe Sensitivität für die Bedeutung von Medien und Medienwissenschaften inhärent ist. Aus diesem Grund bietet dieser Kontext eine hervorragende Basis das Phänomen des strategischen Handelns von Start-ups und jungen Gründern im Kontext der Mediatisierung näher zu beschreiben und zu erforschen, wie dort erfolgreich Marken aufgebaut und kommuniziert werden können.

3.2 Prozess der Datensammlung und Daten-Überblick

Die Sammlung der Daten erstreckte sich über einen Zeitraum von zwei Jahren. Die Interviews wurden von verschiedenen Personen durchgeführt die als Principal Investigator (PI) und Studierende in diesem Kontext tätig sind bzw. waren. Diese Studie nutzt eine Basis von 27 Interviews, welche zwischen 2016–2018 vor Ort durchgeführt und transkribiert wurden. Die Interviews umfassen eine Vielzahl von Gründern, sowie zusätzlich Berater und Angestellte aus dem Team des *neudeli*. Dies erlaubt eine produktive Nutzung verschiedener Perspektiven und kann so eine vielseitige Sicht auf das Phänomen generieren. Die Interviews werden komplettiert durch ethnografische Erfahrungen in Form von Wissen, Arbeiten und Erleben des Kontextes der Universität, die Fakultät Medien und insbesondere das Medienmanagement, sowie das Leben im kreativen Umfeld der BUW über einen Zeitraum von zwei Jahren. Zu den Erfahrungen zählen des Weiteren gute Kontakte und Netzwerke zu Gründern, die in dieser Zeit zu Freunden und guten Bekannten geworden sind. Diese Nähe erlaubt einerseits einen reichhaltigen Erfahrungsschatz für die Darstellung und Interpretation der Daten, und bot einen sehr guten Zugang zu relevanten Daten.

3.3 Die Analyse der empirischen Daten

Für die Analyse der existierenden Daten im Rahmen der aktuellen Fragestellung nutzt die Arbeit aktuelle und systematisch bewährte Prozeduren der thematisch-interpretativen Kodierung und konstruktivistischen Grounded-Theory (Charmaz 2003; Corbin und Strauss 2008; Gioia et al. 2013). Dies erlaubt einen Einbezug der empirischen Erfahrungen des Kontextes und eine theoretisch-historisch gezielte Interpretation des Phänomens (Alvesson und Sköldberg 2009).

Erste Analysen und Kodierungen entstanden sukzessive und im Rahmen eines Projektmoduls zum Thema „Organisationen verstehen und strategisch Handeln". Dieser breite induktive Ansatz erzeugte erste allgemeine Kategorien und ein besseres Verständnis des Zusammenhangs zwischen Markenführung, Kommunikation, Strategie und Entrepreneurship (Abb. 1 und 2).

Nachfolgend wurden durch zusätzliche Interviews das Zusammenspiel zwischen Theorie und Daten genutzt um einerseits „theoretisch zu sampeln" (Corbin und Strauss 2008), aber andererseits auch um „abduktiv" Verbindungen zwischen Konzepten und Praxis zu entwickeln (Dubois und Gadde 2002). Dabei ist deutlich geworden, dass das *neudeli* einen Kontext bietet in dem auf einzigartige Weise Kultur und Geschichte mit modernen Ansprüchen nach Erfolg, Kreativität und Freiheit gepaart werden. Dies führt zu einer Gründermentalität, die von sozialem Bewusstsein getragen wird und spielerisch das Lernen von Konzepten, Strategien, Finanzen und Führung ermöglicht. Grundlegend dienen Medien als Ausdruck der Kreativität und spielen somit eine integrative Rolle für die Bildung des Selbst, der Produkte und des Unternehmens in diesem sozialen Kontext.

Abb. 1 Visualisierung erster Codes und Themen 1

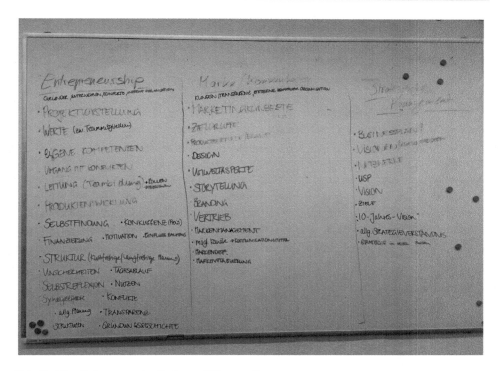

Abb. 2 Visualisierung erster Codes und Themen 2

Medien sind hier ein Teil der Prozesse der strategischen Entwicklung, als auch der sozialen Kommunikation und Deutung des Start-ups in einem Kontext der maßgeblich durch die Mediatisierung geformt wird (Couldry und Hepp 2017; Lindgren 2017). Das Ergebnis der Analysen und Interpretationsprozesse sind drei strategische Praktiken der kommunikativen Markenführung, die im Folgenden beschrieben werden.

4 Ergebnisse

Die Gründer werden in ihrem Handeln stark von den kommunikativen Möglichkeiten beeinflusst, welche die digitalen Netzwerkmedien wie Facebook, Instagram, LinkedIn oder Xing bereitstellen. Dies macht deutlich, dass Medien integrale Bestandteile der Markenführungspraktiken geworden sind und für junge Gründer und Start-ups die Infrastruktur bilden, welche ihr markenbezogenes Handeln ermöglicht. Gleichzeitig sind diese Praktiken nicht immer trennscharf und gehen ineinander über. Daher sind sie als idealtypisch zu verstehen. Diese sind 1) Bürokratische Medienarbeit, 2) mediale Kreativarbeit, und 3) Netzwerkarbeit durch Medien.

4.1   Bürokratische Medienarbeit

Die Interviews zeigen, dass die Gründer[1] oft strukturiert und planvoll vorgehen. Dieses Arbeiten wird besonders im Kontext von administrativen und formalen Tätigkeiten deutlich. Sie erforschen den Markt, kalkulieren Kosten, und versuchen ihre Inputs bestmöglich zu steuern. Somit nutzen sie auch klassische Management Werkzeuge für die Planung und Steuerung von Ressourcen. Dies diskutieren sie mit ihren Kollegen und Teammitgliedern in Workshops oder täglichen Meetings. Gleichzeitig enthält bürokratisches Arbeiten auch unliebsame Elemente, wie z. B. das Schreiben eines Reports für Investoren oder einer Präsentation für das nächste Feedbackgespräch mit verschiedenen Stakeholdern, z. B. Gründungsberater, Mentoren, oder Geldgeber. Hierbei wird deutlich, dass dieses Handeln nicht nur die Handlungsweisen der Gründer strukturiert, sondern auch was sie sich für ihre strategische Entwicklung vorstellen können. Ein Gründer beschreibt dies wie folgt:

> Ohne meine Arbeitsumgebung würde ich keine Pläne oder Strategien machen. Daher möchte ich natürlich auch das Gefühl haben, dass ich meine Strategien beeinflussen kann (Gründer SO 2016).

> Es gibt kurzfristiges, mittelfristiges und langfristiges Planen bei mir. […] Die langfristige Planung beschreibt mich mit etwa 50 Jahren [wo ich sein will]. Daran arbeite ich sehr hart (Gründer SO 2016).

Es zeigt sich, dass die strategischen Routinen der medialen Kommunikation dazu beitragen, intern wie extern den Raum der Möglichkeiten und Entwicklungen zu strukturieren. Gleichzeitig ist es nicht immer einfach den administrativen Notwendigkeiten zu folgen welche durch bürokratische Auflagen notwendig werden. Die Gründer müssen teilweise bestimmte Formen von Budgetierung, Kalkulation, oder formale Prozeduren einhalten. Dies wird an der folgenden Aussage deutlich:

> Es ist sogar unangenehm eine formale Organisation [GmbH] zu sein. Du hast das Label und du hast die [bürokratischen] Prozesse, die damit einhergehen. Es sind einfach viele Dinge, die obendrauf kommen [Gemeinkosten] (Gründer BB 2016).

Trotz der Unannehmlichkeiten aus der zusätzlichen Bürokratiearbeit sorgen strikte Verträge, deutliche, transparente und gemeinsam getroffene Entscheidungen für klare Erwartungen im Team. Langfristig erzeugt das eine gute Basis für die Entwicklung eines Start-ups, weil Stress im Team wegen formaler Fragen oder Nachjustierungen reduziert wird und den Gründern erlaubt sich auf Inhalte und ihr Produkt zu fokussieren. Bürokratische Medienarbeit reguliert zudem wer mit wem spricht, wer für etwas verantwortlich

---

[1]Zur Vereinfachung der anonymisierten Darstellung der Interviewausschnitte wird der Begriff „Gründer" für männliche und weibliche Schreibweisen synonym verwendet.

ist, und welche gemeinsamen Ziele verfolgt werden sollen. Dies wird an folgenden Aussagen deutlich:

> Mit meinem heutigen Wissensstand würde ich empfehlen sehr früh eine engere Organisationsstruktur für das Team und die Firma einzuführen. Wenn ich jetzt eine Idee hätte, wüsste ich genau über welche Kanäle ich diese mit meinem Team oder Kollegen kommunizieren würde, wann und wie Entscheidungen getroffen werden, und wie alles dokumentiert werden müsste, damit es für alle ersichtlich ist. […] Professionalisierung und Struktur sind Dinge, die ich demnach sehr früh einführen würde (Gründer NH 2016).

> Die schlechteste Herangehensweise eines neuen Start-ups wäre einfach anzufangen und zu sagen: „Hey, wir haben uns gefunden und nun, lasst uns unsere Idee umsetzen." Die wenigsten unterhalten sich darüber wann das Unternehmen gegründet werden soll, wer der Geschäftsführer sein soll, wer das Geld bereitstellt, wer die Teile und Maschinen besitzt, wer die Rechtsberatung sein soll. All diese Dinge müssen frühzeitig klargestellt werden und in einem Vertrag niedergeschrieben sein (Gründer SV 2016).

Diese Aussagen exemplifizieren wie wichtig klare Entscheidungen, Richtlinien und das unliebsame bürokratische Arbeiten für Start-ups ist. Sie erzeugen den Hintergrund, vor dem die erfolgreiche Entwicklung möglich wird. Sie fungieren wie eine Art Versicherung für Zeiten, in denen sich Gründer auch mal nicht einig sind. Sind derartige Routinen, Entscheidungen und Befugnisse gemeinsam frühzeitig verankert worden, helfen sie Konflikte gefälliger zu lösen. Gleichwohl muss berücksichtigt werden, dass Gründer neben diesen Strukturen auch Flexibilität und Raum brauchen um sich an schnelle Veränderungen anzupassen. Hierbei zeigt sich, dass die Balance zwischen Agilität und Struktur eine der Hauptwidersprüchlichkeiten ist, welche Gründer erfolgreich managen müssen. Das Management dieser und weiterer *Paradoxien* – definiert als in sich nicht auflösbare, konfliktäre Widersprüche, welche durch organisatorische Zwänge, Dynamik und Komplexität entstehen (Horst und Moisander 2015) – gilt es als Entrepreneur immer wieder abzuwägen und sich dann strategisch auszurichten.

Um am Markt bestehen zu können müssen junge Gründer in der Lage sein strategisch die Komplexität zwischen Emergenz und Dynamik auf der einen Seite und Struktur, Verlässlichkeit und Stabilität auf der anderen Seite kontextbezogen zu eruieren und Entscheidungen zu treffen die ihre Zukunft sicherstellen (Karatas-Ozkan et al. 2014). Dies wird an folgender Aussage deutlich:

> Natürlich planen wir, gerade wenn wir Messen besuchen wollen, weil diese sehr viel Vorlaufzeit brauchen […] hierfür brauchen wir einfach Zeit. Wir planen sogar sehr viel mehr als nur die Besuche von Messen; aber wir müssen flexibel bleiben, damit wir gut auf alles reagieren können (Gründer MT 2016).

Dies zeigt, dass bürokratische Medienarbeit unliebsam ist, da sie aufwendig ist und ihre Effekte meist nicht unmittelbar zu spüren sind. Gleichzeitig ist sie wichtig, weil hierdurch strukturelle, nicht immer merkbare Rahmenbedingungen aufgebaut werden, die es Start-ups und jungen Gründern erlauben grundsätzliche Entscheidungen und Diskussionen in

kritischen Phasen der Entwicklung leichter zu treffen, weil die Erwartungen von vorn-
herein geklärt sind. Dies gibt letztlich Sicherheit auch schnell auf Unvorhergesehenes zu
reagieren (vgl. Nambisan 2016). Grundsätzlich steht bürokratische Medienarbeit nicht
allein, sondern ist eng mit anderen Praktiken, wie z. B. dem Kreativaustausch, verbunden.

4.2   Mediale Kreativarbeit

Der mediale Kreativaustausch und die Einbeziehung von verschiedenen Perspektiven
und Stimmen von Stakeholdern ist eine wichtige Praktik um die Marke auszubauen und
zu führen (vgl. Friedrichsen und Mühl-Benninghaus 2013; Melewar et al. 2017). Kommunikation mit Stakeholdern erzeugt eine zeitliche Dynamik welche einen pausenlosen
Strom von neuen Ideen, Inputs und Support möglich macht. Die Analyse der Daten aus
dem *neudeli* verdeutlicht, dass Start-ups häufig wie ein „Think Tank" arbeiten. Sie analysieren den Markt, reflektieren und wollen Produkte und Lösungen entwickeln um
Kundenbedürfnisse zu befriedigen und/oder soziale Probleme zu lösen. Sie wollen die
Welt verbessern, aber wissen auch, dass sie dafür den Input der (zukünftigen) Kunden
und Stakeholder brauchen:

> Auf Menschen zuzugehen und ihnen zuzuhören ist für mich entscheidend in meiner Kom-
> munikation. Die Art und Weise wie man kommuniziert, wo du Schwachstellen in deiner
> Präsentation hast und daraufhin Kundenfeedback bekommst, beeinflusst fast alles: wie teuer
> das Produkt sein wird, deine Kostenkalkulation, welche Verkaufszahlen du erwartest, wie
> einfach es ist in den Markt einzutreten, […] die Preise für Materialien oder die Informatio-
> nen, welche die Kunden brauchen um das Produkt letztlich zu kaufen (Gründer MZ 2016).

Kreativer Austausch kann auf Messen passieren oder online durch die eigene Webseite, die Facebookseite, den Instagram Account, Chats oder durch Feedback auf einen
Newsletter. Gleichwohl ist es nicht immer einfach das Feedback anzunehmen, zu interpretieren und damit zu arbeiten. Dies liegt daran, dass es teilweise verstörend sein kann,
wenn z. B. durch diesen Abgleich von Erwartungen offenbart wird wie sehr die Wahrnehmung der Kunden von den eigenen differieren, gerade wenn Feedback auf einen
Prototyp gegeben wird. Dennoch ist dies eine große Chance, weil ein erfolgreicher
Kreativaustausch erlaubt ebendiese Erwartungen abzugleichen und erfolgreich zu managen. Einige Gründer erläutern:

> Wenn das Produkte noch nicht fertig ist, während die Kunden es probieren, kannst du so
> viel kommunizieren wie du willst, sie hören es [deine Relativierungen] einfach nicht. Sie
> hören sie, aber sie verstehen sie nicht. Sie denken: „Oh, das sieht aber schön aus. Das muss
> das fertige Produkt sein." Aber wenn sie es dann probieren, können sie sich schnell über die
> Schwachstellen der Testversion aufregen (Gründer SV 2016).

> Wir denken, dass es nur sinnvoll ist zu kommunizieren, wenn du das Produkt auch verkaufen kannst. Denn immer, wenn wir kommunizieren, haben wir Leute die das Produkt kaufen wollen. Die Leute erwarten einfach, dass sie es kaufen können (Gründer MZ 2016).

Gleichwohl ist dieser Abgleich von Erwartungen und die Einbeziehung von Feedback ein tragendes Element der medialen Markenführung. Manchmal ist diese auch sehr intensiv, weil sehr viel Feedback in kurzer Zeit aufgenommen werden muss, z. B. wenn Gründer zu einem bestimmten Zeitpunkt Team-Meetings haben, eine Messe besuchen, oder eine Kampagne managen. Trotz dieser Schwankungen an Intensität muss der Austausch mit wichtigen Stakeholdern und Partnern pausenlos erfolgen. Der Kreativaustausch ist ein stetiger Prozess über digitale Netzwerkmedien der ebenfalls einen Einfluss auf das nicht-medial vermittelte Denken und Handeln hat. Dies wird an folgenden Aussagen deutlich.

> Manchmal unterhalten wir uns schon beim Frühstück über die Dinge, die wir am Tag vorhaben, wovon wir träumen und welche Ideen wir haben. Wenn wir dann ins Büro gehen, Emails checken, und einen weiteren Kaffee trinken, unterhalten wir uns weiterhin was wir am Tag machen müssen, was wir wollen, und dann fangen wir an (Gründer MT 2016).

> Ich glaube ich habe ein Parallelgehirn entwickelt. Die linke Seite rotiert … und plant konkret dieses oder jenes. Gleichzeitig arbeitet die andere Seite an den Visionen für das nächste Jahr (Gründer FB 2016).

Dies zeigt, dass der kreative Austausch mit Kunden, Teammitgliedern, oder Freunden pausenlos neue Möglichkeiten und Ideen erzeugt und dazu beiträgt, Stück für Stück die Annahmen, Wahrnehmungen und Intentionen in Bezug auf die Marke weiterzuentwickeln, aufrechtzuerhalten oder zu verändern (vgl. Agostini et al. 2015; Bresciani und Eppler 2010).

4.3   Netzwerkarbeit durch Medien

Netzwerkarbeit durch Medien ist die dritte kommunikative Praktik, welche in Bezug auf die mediale Markenführung und Markenkommunikation in den Daten ersichtlich ist. Sie zielt auf ein gemeinsames Verständnis des Start-ups ab und erlaubt den Gründern, eine Marke zu erzeugen. Die Einbeziehung von anderen ist, wie bei dem Kreativaustausch als auch der bürokratischen Medienarbeit ein wichtiges Element, was auch den Idealtypus der jeweiligen Praktiken verdeutlicht. Gleichwohl ist Netzwerkarbeit durch Medien besonders, weil der Fokus noch mehr auf dem Aufbau von Kontakten liegt, welche maßgeblich die Bildung der Marke tragen sollen. Die Bildung eines Netzwerkes legt den Grundstein für die Bildung einer Markenkultur und eines Markenbewusstseins, welches einen erfolgreichen Eintritt in den Markt begünstigt:

> Das Lustige ist, man kann sich nicht einfach hinsetzen und ein Produkt entwickeln und hoffen, dass es sich verkauft. Vielleicht konnte man das früher machen, wenn man viel Geld hatte und das Produkt über das Fernsehen – dem damals wichtigsten Marketingkanal – bewerben und verkaufen wollte. Heutzutage muss man seine Kunden schon vorher gut kennen, wer sie sind, wo sie sind, und sie müssen dich als Marke ansehen noch bevor du den Markt betrittst (Gründer BB 2016).

Demnach wird deutlich, dass eine Marke zu entwickeln den Gründern ein großes Maß an Selbstreflexion abverlangt, weil sie sich immer bewusst sein müssen wie sie mit ihren Kunden kommunizieren und wie ihr Verhalten wahrgenommen werden könnte. Ihre mediale Markenführung muss mit den Charakteristika ihrer Marke und ihrer Produkte auf einer Linie liegen. Gleichzeitig, wenn sie Input von Außen erhalten und sich dadurch die Markenidentität weiter verändert, ist nicht nur ihre eigene Wahrnehmung entscheidend, sondern die gemeinsame Gestaltung der Wahrnehmung mit den Kunden welche medial vermittelt werden (vgl. Duffy und Hund 2015). Der Netzwerkaufbau ist demnach eine mediale Reflexion über das eigene Handeln und Tun: Was tun wir um die Marke zu gestalten? Wofür stehen wir? Wie werden wir wahrgenommen? Mit wem wollen wir in Kontakt bleiben? All dies sind entscheidende Fragen für den Aufbau und die Gestaltung des eigenen Netzwerkes. Sie zu beantworten wird zur alltäglichen Praktik im Umgang mit anderen:

> Die Erzeugung und das Erhalten eines Netzwerkes ist schwierig. Ich tue das aber nicht im herkömmlichen Sinne. Ich versuche immer Zeit mit Menschen zu verbringen die ich mag und mit denen ich mir vorstellen kann etwas gemeinsam zu machen (Gründer MP 2016).

Um dies erfolgreich zu gestalten nutzen die Gründer Facebook, Instagram, Twitter, oder eigene Blogs. Je stärker der Fokus auf dem Produktdesign liegt, versuchen sie soziale Netzwerkmedien zu nutzen mit denen sie Emotionen durch Videos und Bilder von ihrer Entwicklung als Gründer darstellen können. Herkömmliche Medien wie TV und Radio erzeugen nicht die Enge der Beziehung und den Austausch, welche sie brauchen um die Marke in den frühen Phasen des Start-ups aufzubauen.

Genauso wie der Kreativaustausch ist die Netzwerkarbeit eine pausenlose Aktivität, welche mit neuen Ideen, Bildern und Emotionen gesteuert werden muss. Es ist herausfordernd, weil die Gründer keine „Auszeit" haben diese zu reflektieren, aber gleichzeitig entscheidend für den Markenaufbau, weil Beziehungen zu ihren Stakeholdern aufrechterhalten werden wollen:

> Marketing [in einem Start-up] ist eine Aufgabe welche schwierig zu managen ist, weil es immer laufen muss. Du kannst dich nicht zurücklehnen und deinen Erfolg genießen, sondern du musst andauernd kommunizieren … pausenlos (Gründer MP 2016).

Zusammengenommen wird deutlich, dass Netzwerken durch Medien ein integraler Bestandteil der Markenführung in Start-ups ist. Immer präsent zu sein ist aber nicht einfach und führt daher leicht zu Spannungen nach Innen und/oder erschwert die bewusste

Kommunikation nach außen. Dies ist darin begründet, dass es schwierig ist, sich immer der eigenen Wirkungen bewusst zu sein, zumal diese im Kontext der Kommunikation von Gründern über digitale Netzwerkmedien auch nicht kontrolliert werden können (vgl. Nambisan 2016), sondern gemeinsam im Prozess der Markenbildung und Markenführung mit den Stakeholdern erst entstehen (vgl. Hatch und Schultz 2013; Järventie-Thesleff et al. 2011; Siegert und Hangartner 2017).

5   Diskussion, Fazit und Ausblick

Die Analyse der Daten und die ethnografischen Erfahrungen aus dem Kontext des Start-up Incubators *neudeli* unterstreichen, dass Markenführung und strategische Kommunikation eine zentrale Rolle dabei spielen wie sich Start-ups und junge Gründer heutzutage entwickeln können (Abimbola 2001; Abimbola und Vallaster 2007; Berthon et al. 2008; Bresciani und Eppler 2010; Kozinets et al. 2010; Merrilees 2007; Vallaster und Kraus 2011). Sie sind eingebunden in ein Netzwerk von Stakeholdern, mit denen sie pausenlos kommunizieren müssen um die Marke aufzubauen und zu entwickeln (Agostini et al. 2015; Centeno et al. 2013; Melewar et al. 2017; Voyer et al. 2017). *Brand Co-Creation* wird zu einem kommunikativen Grundtatbestand, aus der die Markenidentität erzeugt wird (Voyer et al. 2017).

Die Mediatisierung greift somit grundlegend in die Entwicklung der Marke von jungen Gründern und Start-ups ein, weil diese gar nicht mehr darum herum kommen ihre Produkte, sich selbst, oder das Unternehmen durch soziale Netzwerkmedien darzustellen, zu führen und zu entwickeln. Mediatisierung ist somit ein Treiber als auch eine strukturelle Kontexteigenschaft (Couldry und Hepp 2013; Lindgren 2017), welche die Gründer erfolgreich managen müssen. Dies bedeutet, dass Medien – insbesondere die digitalen Netzwerkmedien wie Facebook oder Instagram – die Struktur und die Möglichkeiten erzeugen ein Start-up erfolgreich zu bewerben und es aufrecht zu erhalten (vgl. Couldry und Hepp 2017; Deuze 2011). Die Konsequenz daraus ist: *Gründen ist Kommunikation und Markenführung durch Medien.*

Dies rückt die kommunikativen Praktiken der Markenführung in den Fokus der Aufmerksamkeit, weil sie entscheidend dazu beitragen Start-ups strategisch zu entwickeln (vgl. Plesner und Gulbrandsen 2015). Diese Studie zeigt, dass insbesondere drei Praktiken entscheidend zur Markenführung und strategischen Entwicklung der jungen Gründer und Start-ups beitragen:

1. *Bürokratische Medienarbeit* (strukturiert planen und Rahmenbedingungen schaffen)
2. *Mediale Kreativarbeit* (Ideen & Möglichkeiten generieren; Abgleich von Erwartungen)
3. *Netzwerkarbeit durch Medien* (gemeinsames Markenverständnis aufbauen)

Als idealtypische Praktiken sind sie zwar nicht immer trennscharf, aber indikativ für die Inhalte welche überwiegend sinngebend dabei sind. Gleichwohl werden sich aufgrund der kontinuierlichen Entwicklung der digitalen Netzwerkmedien auch die kommunikativen Praktiken der Markenführung sukzessiv anpassen und verändern müssen. Das Managen in mediatisierten Kontexten wird zu einem *Management von pausenlosem Wandel* (vgl. Chia 2017; Nayak und Chia 2011; Tsoukas und Chia 2002; Weick 2009). Dies erzeugt Reibungen bei erfahrenen Gründern und Gründerteams, aber auch immer Möglichkeiten für neue Ideen, neue Ansätze und neue Versuche ein eigenes Unternehmen aufzubauen. Abschließend bedeutet dies: wer sich als junger Gründer und Start-up auf diese Reise einlässt, der kann davon ausgehen, dass erfolgreiche Kommunikation und Markenführung über digitale Medien zum grundlegenden Handwerkszeug werden wird.

Literatur

Aaker, D. A. (2014). *Aaker on branding: 20 principles that drive success.* New York: Morgan James Publishing.

Abdallah, C., & Langley, A. (2014). The double edge of ambiguity in strategic planning. *Journal of Management Studies, 51*(2), 235–264. https://doi.org/10.1111/joms.12002.

Abimbola, T. (2001). Branding as a competitive strategy for demand management in SMEs. *Journal of Research in Marketing and Entrepreneurship, 3*(2), 97–106. https://doi.org/10.1108/14715200180001480.

Abimbola, T., & Vallaster, C. (2007). Brand, organisational identity and reputation in SMEs: An overview. *Qualitative Market Research: An International Journal, 10*(4), 341–348. https://doi.org/10.1108/13522750710819685.

Agostini, L., Filippini, R., & Nosella, A. (2015). Brand-building efforts and their association with SME sales performance. *Journal of Small Business Management, 53*(S1), 161–173. https://doi.org/10.1111/jsbm.12185.

Ahonen, M. (2008). Branding-does it even exist among SMEs. Proceedings of the 16th Nordic conference on small business research (Bd. 202).

Alvesson, M., & Sköldberg, K. (2009). *Reflexive methodology: New vistas for qualitative research* (2. Aufl.). London: Sage.

Balmer, J. M. T. (2001). Corporate identity, corporate branding and corporate marketing – Seeing through the fog. *European Journal of Marketing, 35*(3/4), 248–291.

Balmer, J. M. T. (2008). Identity based views of the corporation insights from corporate identity, organisational identity, social identity, visual identity, corporate brand identity and corporate image. *European Journal of Marketing, 42*(9/10), 879–906. https://doi.org/10.1108/03090560810891055.

Balmer, J. M. T. (2012). Strategic corporate brand alignment. *European Journal of Marketing, 46*(7/8), 1064–1092. https://doi.org/10.1108/03090561211230205.

Balmer, J. M. T., Stuart, H., & Greyser, S. A. (2009). Aligning identity and strategy: Corporate branding at British airways in the late 20th century. *California Management Review, 51*(3), 6–23.

Baumann, S. (2015). Media branding from an organizational and management-centered perspective. In G. Siegert, K. Förster, S. M. Chan-Olmsted, & M. Ots (Hrsg.), *Handbook of media branding* (S. 65–80). Cham: Springer.

Bengtsson, A., & Firat, A. F. (2006). Brand literacy: Consumers' sense-making of brand management. *Advances in Consumer Research, 33*(1), 375–380.

Berthon, P., Ewing, M. T., & Napoli, J. (2008). Brand management in small to medium-sized enterprises*. *Journal of Small Business Management, 46*(1), 27–45. https://doi.org/10.1111/j.1540-627x.2007.00229.x.

Bresciani, S., & Eppler, M. J. (2010). Brand new ventures? Insights on start-ups' branding practices. *Journal of Product & Brand Management, 19*(5), 356–366. https://doi.org/10.1108/10610421011068595.

Burmann, C., Hegner, S., & Riley, N. (2009a). Towards an identity-based branding. *Marketing Theory, 9*(1), 113–118. https://doi.org/10.1177/1470593108100065.

Burmann, C., Jost-Benz, M., & Riley, N. (2009b). Towards an identity-based brand equity model. *Journal of Business Research, 62*(3), 390–397. https://doi.org/10.1016/j.jbusres.2008.06.009.

Centeno, E., & Hart, S. (2012). The use of communication activities in the development of small to medium-sized enterprise brands. *Marketing Intelligence & Planning, 30*(2), 250–265. https://doi.org/10.1108/02634501211212000.

Centeno, E., Hart, S., & Dinnie, K. (2013). The five phases of SME brand-building. *Journal of Brand Management, 20*(6), 445–457. https://doi.org/10.1057/bm.2012.49.

Charmaz, K. (2003). Grounded theory: Objectivist and constructivist methods. In N. K. Denzin & Y. S. Lincoln (Hrsg.), *Strategies of qualitative inquiry* (2. Aufl., S. 249–291). London: Sage.

Chia, R. (2017). A process-philosophical understanding of organizational learning as "wayfinding": Process, practices and sensitivity to environmental affordances. *The Learning Organization, 24*(2), 107–118. https://doi.org/10.1108/tlo-11-2016-0083.

Comi, A., & Whyte, J. (2017). Future making and visual artefacts: An ethnographic study of a design project. *Organization Studies.* https://doi.org/10.1177/0170840617717094.

Corbin, J., & Strauss, A. (2008). *Basics of qualitative research: Techniques and procedures for developing grounded theory* (3. Aufl.). London: Sage.

Couldry, N., & Hepp, A. (2013). Conceptualizing mediatization: Contexts, traditions, arguments. *Communication Theory, 23*(3), 191–202. https://doi.org/10.1111/comt.12019.

Couldry, N., & Hepp, A. (2017). *The mediated construction of reality.* Camridge: Polity.

Cummings, S., & Daellenbach, U. (2009). A guide to the future of strategy?: The history of long range planning. *Long Range Planning, 42*(2), 234–263. https://doi.org/10.1016/j.lrp.2008.12.005.

Deuze, M. (2011). Media life. *Media, Culture and Society, 33*(1), 137–148. https://doi.org/10.1177/0163443710386518.

Deuze, M. (2012). *Media life.* Cambridge: Polity.

Dubois, A., & Gadde, L.-E. (2002). Systematic combining: An abductive approach to case research. *Journal of Business Research, 55*(7), 553–560. https://doi.org/10.1016/S0148-2963(00)00195-8.

Duffy, B. E., & Hund, E. (2015). "Having it All" on social media: Entrepreneurial femininity and self-branding among fashion bloggers. *Social Media + Society, 1*(2). https://doi.org/10.1177/2056305115604337.

Fredriksson, M., & Pallas, J. (2017). The localities of mediatization: How organizations translate mediatization into everyday practices. In O. Driessens, G. Bolin, A. Hepp, & S. Hjarvard (Hrsg.), *Dynamics of mediatization: Institutional change and everyday transformations in a digital age* (S. 119–136). Cham: Springer.

Friedrichsen, M., & Mühl-Benninghaus, W. (2013). *Handbook of social media management: Value chain and business models in changing media markets.* Heidelberg: Springer.

Gherardi, S. (2012). *How to conduct a practice-based study: Problems and methods.* Cheltenham: Elgar.

Gioia, D. A., Corley, K. G., & Hamilton, A. L. (2013). Seeking qualitative rigor in inductive research: Notes on the Gioia methodology. *Organizational Research Methods, 16*(1), 15–31. https://doi.org/10.1177/1094428112452151.

Giraudeau, M. (2008). The drafts of strategy: Opening up plans and their uses. *Long Range Planning, 41*(3), 291–308. https://doi.org/10.1016/j.lrp.2008.03.001.

Golsorkhi, D., Rouleau, L., Seidl, D., & Vaara, E. (2015a). *Cambridge handbook of strategy as practice* (2. Aufl.). Cambridge: Cambridge University Press.

Golsorkhi, D., Rouleau, L., Seidl, D., & Vaara, E. (2015b). Introduction: What is strategy as practice? In D. Golsorkhi, L. Rouleau, D. Seidl, & E. Vaara (Hrsg.), *Cambridge handbook of strategy as practice* (S. 1–20). Cambridge: Cambridge University Press.

Hatch, M. J., & Schultz, M. (2001). Are the strategic stars aligned for your corporate brand? *Harvard Business Review, 79*(2), 128–134.

Hatch, M. J., & Schultz, M. (2003). Bringing the corporation into corporate branding. *European Journal of Marketing, 37*(7/8), 1041–1064.

Hatch, M. J., & Schultz, M. (2008). *Taking brand initiative: How companies can align strategy, culture, and identity through corporate branding.* New York: Jossey-Bass.

Hatch, M. J., & Schultz, M. (2009). Of bricks and brands: From corporate to enterprise branding. *Organizational Dynamics, 38*(2), 117–130. https://doi.org/10.1016/j.orgdyn.2009.02.008.

Hatch, M. J., & Schultz, M. (2010). Toward a theory of brand co-creation with implications for brand governance. *Journal of Brand Management, 17*(8), 590–604. https://doi.org/10.1057/bm.2010.14.

Hatch, M. J., & Schultz, M. (2013). The dynamics of corporate brand charisma: Routinization and activation at Carlsberg IT. *Scandinavian Journal of Management, 29*(2), 147–162. https://doi.org/10.1016/j.scaman.2013.03.005.

Hjarvard, S. (2013). *The mediatization of culture and society.* Abingdon: Routledge.

Horst, S.-O., & Järventie-Thesleff, R. (2016). Finding an emergent way through transformational change: A narrative approach to strategy. *Journal of Media Business Studies, 13*(1), 3–21. https://doi.org/10.1080/16522354.2015.1123854.

Horst, S.-O., & Moisander, J. (2015). Paradoxes of strategic renewal in traditional print-oriented media firms. *International Journal on Media Management, 17*(3), 157–174. https://doi.org/10.1080/14241277.2015.1084306.

Horst, S.-O., Murschetz, P. C., Brennan, D. N., & Friedrichsen, M. (2018). TV Film Financing in the Era of "Connected TV": How Do "Legacy" Broadcasters Respond to Market Changes? In P. C. Murschetz, R. Teichmann, & M. Karmasin (Eds.), *Handbook of state aid for film: Finance, industries and regulation* (S. 615–633). Cham: Springer International Publishing.

Järventie-Thesleff, R., Moisander, J., & Laine, P.-M. (2011). Organizational dynamics and complexities of corporate brand building – A practice perspective. *Scandinavian Journal of Management, 27*(2), 196–204. https://doi.org/10.1016/j.scaman.2010.07.001.

Jarzabkowski, P., Balogun, J., & Seidl, D. (2007). Strategizing: The challenges of a practice perspective. *Human Relations, 60*(1), 5–27.

Jarzabkowski, P., & Spee, A. P. (2009). Strategy-as-practice: A review and future directions for the field. *International Journal of Management Reviews, 11*(1), 69–95. https://doi.org/10.1111/j.1468-2370.2008.00250.x.

Johannisson, B. (2011). Towards a practice theory of entrepreneuring. *Small Business Economics, 36*(2), 135–150. https://doi.org/10.1007/s11187-009-9212-8.

Juntunen, M., Saraniemi, S., Halttu, M., & Tähtinen, J. (2010). Corporate brand building in different stages of small business growth. *Journal of Brand Management, 18*(2), 115–133. https://doi.org/10.1057/bm.2010.34.

Karatas-Ozkan, M., Anderson, A. R., Fayolle, A., Howells, J., & Condor, R. (2014). Understanding entrepreneurship: Challenging dominant perspectives and theorizing entrepreneurship through new postpositivist epistemologies. *Journal of Small Business Management, 52*(4), 589–593. https://doi.org/10.1111/jsbm.12124.

Keller, K. L. (1993). Conceptualizing, measuring, and managing customer-based brand equity. *Journal of Marketing, 57*(1), 1–22. https://doi.org/10.2307/1252054.

Knox, S., & Bickerton, D. (2003). The six conventions of corporate branding. *European Journal of Marketing, 37*(7/8), 998–1016. https://doi.org/10.1108/03090560310477636.

Kozinets, R. V., de Valck, K., Wojnicki, A. C., & Wilner, S. J. S. (2010). Networked narratives: Understanding word-of-mouth marketing in online communities. *Journal of Marketing, 74*(2), 71–89. https://doi.org/10.1509/jmkg.74.2.71.

Leonardi, P. M. (2015). Materializing strategy: The blurry line between strategy formulation and strategy implementation. *British Journal of Management, 26,*S17–S21. https://doi.org/10.1111/1467-8551.12077.

Lindgren, S. (2017). *Digital media and society.* London: Sage.

Meffert, H. (2012). Markenführung im Wandel: Alte Weisheiten und neue Erkenntnisse. In C. Burmann, T. Halaszovich, & F. Hemmann (Hrsg.), *Identitätsbasierte Markenführung* (S. 269–273). Wiesbaden: Springer Gabler.

Melewar, T. C., Foroudi, P., Gupta, S., Kitchen, P. J., & Foroudi, M. M. (2017). Integrating identity, strategy and communications for trust, loyalty and commitment. *European Journal of Marketing, 51*(3), 572–604. https://doi.org/10.1108/ejm-08-2015-0616.

Merrilees, B. (2007). A theory of brand-led SME new venture development. *Qualitative Market Research: An International Journal, 10*(4), 403–415. https://doi.org/10.1108/13522750710819739.

Moisander, J., & Stenfors, S. (2009). Exploring the edges of theory-practice gap: Epistemic cultures in strategy-tool development and use. *Organization, 16*(2), 227–247. https://doi.org/10.1177/1350508408100476.

Moisander, J., & Valtonen, A. (2006). *Qualitative marketing research: A cultural approach.* London: Sage.

Nambisan, S. (2016). Digital entrepreneurship: Toward a digital technology perspective of entrepreneurship. *Entrepreneurship Theory and Practice, 41*(6), 1029–1055. https://doi.org/10.1111/etap.12254.

Nayak, A., & Chia, R. (2011). Thinking becoming and emergence: Process philosophy and organization studies *Philosophy and Organization Theory, 32*, 281–309.

neudeli. (2018). Über uns. https://www.uni-weimar.de/de/medien/institute/neudeli/ueber-uns/.

Ots, M., & Nyilasy, G. (2017). Just doing it: Theorising integrated marketing communications (IMC) practices. *European Journal of Marketing, 51*(3), 490–510. https://doi.org/10.1108/ejm-08-2015-0595.

Pälli, P., Vaara, E., & Sorsa, V. (2009). Strategy as text and discursive practice: A genre-based approach to strategizing in city administration. *Discourse & Communication, 3*(3), 303–318.

Phillips, B. J., McQuarrie, E. F., & Griffin, W. G. (2014). How visual brand identity shapes consumer response. *Psychology & Marketing, 31*(3), 225–236. https://doi.org/10.1002/mar.20689.

Picard, R. G., & Lowe, G. F. (2016). Questioning media management scholarship: Four parables about how to better develop the field. *Journal of Media Business Studies, 13*(2), 61–72. https://doi.org/10.1080/16522354.2016.1176781.

Plesner, U., & Gulbrandsen, I. T. (2015). Strategy and new media: A research agenda. *Strategic Organization, 13*(2), 153–162. https://doi.org/10.1177/1476127014567849.

Rae, D. (2002). A narrative study of entrepreneurial learning in independently owned media businesses. *The International Journal of Entrepreneurship and Innovation, 3*(1), 53–59. https://doi.org/10.5367/000000002101299042.

Rae, D. (2005). Entrepreneurial learning: A narrative-based conceptual model. *Journal of Small Business and Enterprise Development, 12*(3), 323–335. https://doi.org/10.1108/14626000510612259.

Reckwitz, A. (2002). Toward a theory of social practices: A development in culturalist theorizing. *European Journal of Social Theory, 5*(2), 243–263. https://doi.org/10.1177/13684310222225432.

Rode, V., & Vallaster, C. (2005). Corporate branding for start-ups: The crucial role of entrepreneurs. *Corporate Reputation Review, 8*(2), 121–135. https://doi.org/10.1057/palgrave.crr.1540244.

Roll, J., Emes, J., & Horst, S.-O. (2017). Cultural marketing in the digital age: The influence of place and media on the brand image of live-operas. *Journal of Marketing Trends, 4*(2), 31–37.

Roll, J., & Horst, S.-O. (2017). The branding potential for the digital transmission of live-operas to the cinema: An international comparison of Estonia and Germany. *Baltic Screen Media Review, 5*(1), 90–109. https://doi.org/10.1515/bsmr-2017-0014.

Schatzki, T. R. (2002). *The site of the social: A philosophical account of the constitution of social life and change*. University Park: The Pennsylvania State University Press.

Schultz, M., & Hatch, M. J. (2003). The cycles of corporate branding: The case of the LEGO company. *California Management Review, 46*(1), 6–26.

Schultz, M., & Hatch, M. J. (2009). Managing Organizational Expression. In S. R. Clegg & C. L. Cooper (Hrsg.), *The SAGE handbook of organizational behavior: Volume two: Macro approaches* (Bd. 2, S. 374–390). London: Sage.

Schultz, M., Hatch, M. J., & Larsen, M. H. (2000). *The expressive organization: Linking identity, reputation, and the corporate brand*. Oxford: Oxford University Press.

Siegert, G., & Hangartner, S. A. (2017). Media branding: A strategy to align values to media management? In K.-D. Altmeppen, C. A. Hollifield, & J. van Loon (Hrsg.), *Value-oriented media management: Decision making between profit and responsibility* (S. 211–221). Cham: Springer.

Silverstone, R. (2007). *Media and morality*. Cambridge: Polity.

Simmel, G. (1971). *On individuality and social forms*. Chicago: The University of Chicago Press.

Slocum, P., & Albarran, A. B. (2006). Strategic planning in local television newsrooms. *International Journal on Media Management, 8*(3), 146–153. https://doi.org/10.1207/s14241250ijmm0803_5.

Suominen, K., & Mantere, S. (2010). Consuming strategy: The art and practice of managers' everyday strategy usage. *Advances in Strategic Management, 27,* 211–245. https://doi.org/10.1108/s0742-3322(2010)0000027011.

Tsoukas, H., & Chia, R. (2002). On organizational becoming: Rethinking organizational change. *Organization Science, 13*(5), 567–582. https://doi.org/10.1287/orsc.13.5.567.7810.

Vaara, E. (2010). Taking the linguistic turn seriously: Strategy as a multifaceted and interdiscursive phenomenon. *Advances in Strategic Management, 27,* 29–50.

Vaara, E., Sorsa, V., & Pälli, P. (2010). On the force potential of strategy texts: A critical discourse analysis of a strategic plan and its power effects in a city organization. *Organization, 17*(6), 685–702. https://doi.org/10.1177/1350508410367326.

Vaara, E., & Whittington, R. (2012). Strategy-as-practice: Taking social practices seriously. *The Academy of Management Annals, 6*(1), 285–336. https://doi.org/10.1080/19416520.2012.672039.

Vallaster, C. (2010). Corporate Branding von Start-Ups – Der erfolgreiche Aufbau der Unternehmensmarke. *ZfKE – Zeitschrift für KMU und Entrepreneurship, 58*(4), 329–335.

Vallaster, C., & Kraus, S. (2011). Entrepreneurial branding: Growth and its implications for brand management. *International Journal of Entrepreneurship and Small Business, 14*(3), 369–390. https://doi.org/10.1504/ijesb.2011.042759.

Vásquez, C., Sergi, V., & Cordelier, B. (2013). From being branded to doing branding: Studying representation practices from a communication-centered approach. *Scandinavian Journal of Management, 29*(2), 135–146. https://doi.org/10.1016/j.scaman.2013.02.002.

Vesa, M., & Vaara, E. (2014). Strategic ethnography 2.0: Four methods for advancing strategy process and practice research. *Strategic Organization, 12*(4), 288–298. https://doi.org/10.1177/1476127014554745.

Voyer, B. G., Kastanakis, M. N., & Rhode, A. K. (2017). Co-creating stakeholder and brand identities: A cross-cultural consumer perspective. *Journal of Business Research, 70,* 399–410. https://doi.org/10.1016/j.jbusres.2016.07.010.

Weick, K. E. (2009). Organized impermanence: An overview. In K. E. Weick (Hrsg.), *Making sense of the organization: The impermanent organization* (Bd. 2, S. 3–8). Chichester: Wiley.

Whittington, R. (2006). Completing the Practice Turn in Strategy Research. *Organization Studies, 27*(5), 613–634. https://doi.org/10.1177/0170840606064101.

Whittington, R., Cailluet, L., & Yakis-Douglas, B. (2011). Opening strategy: Evolution of a precarious profession. *British Journal of Management, 22*(3), 531–544. https://doi.org/10.1111/j.1467-8551.2011.00762.x.

Wong, H. Y., & Merrilees, B. (2005). A brand orientation typology for SMEs: A case research approach. *Journal of Product & Brand Management, 14*(3), 155–162. https://doi.org/10.1108/10610420510601021.

Sven-Ove Horst ist Senior Assistant Professor for Media and Creative Industries an der Erasmus University Rotterdam. Seine Forschungsinteressen liegen an der Schnittstelle von Organisationstheorie, Strategie und Medien. Seine aktuelle Forschung thematisiert strategisches Handeln im Kontext der Mediatisierung. Seine Forschungsbeiträge erscheinen in internationalen Fachzeitschriften, wie z. B. dem International Journal on Media Management, Journal of Media Business Studies, oder dem Journal of Marketing Trends, und werden kontinuierlich reflektiert durch die Durchführung von Praxisworkshops, Networking und Beratungsaktivitäten.

Start-ups und junge Gründer: Praxis der Markenführung und Kommunikation

Frank Heemsoth

Zusammenfassung

Für viele Start-ups stellt sich die Frage, inwiefern sie ihre knappen Ressourcen für den Aufbau bzw. die Weiterentwicklung ihrer Marke einsetzen sollen. Anhand der Beantwortung verschiedener Leitfragen wird in dieser Fallstudie gezeigt, dass die Entwicklung einer Corporate Identity bei jungen Unternehmen Aussehen (Corporate Design), Verhalten (Corporate Behaviour) und Kommunikation (Corporate Communications) vereint und zu einem der wichtigsten Elemente im Aufbau einer Marke zählt. Es wird deutlich, dass die Bildung einer identitätsbasierten Corporate Identity und deren nachhaltige Implementierung die Erfolgschancen am Markt steigern und auf einer soliden (visuellen und kommunikativen) Basis aufbauen müssen.

1   Einleitung

Start-ups werden mit einer Vielzahl von Herausforderungen konfrontiert: Neben der Weiterentwicklung ihrer innovativen Geschäftsidee sind es i. d. R. finanzielle oder zeitliche Ressourcen, die einen Gründer bzw. das Gründer-Team im Tagesgeschäft umtreiben und deren Entscheidungen beeinflussen. Entsprechend fragen sich Gründer auch im Hinblick auf ihre Marke, inwieweit sie ihre knappen Ressourcen für deren Aufbau bzw. Weiterentwicklung einsetzen, sodass letztlich ein aussagefähiger Außenauftritt des jungen Unternehmens resultiert. In diesem Zusammenhang werden Fragen aufgeworfen wie beispielsweise die folgenden: Was muss ein Gründer in der Kommunikation zu Zielgruppen beachten und welche Kommunikationsmittel sind die richtigen? Wer kümmert

F. Heemsoth (✉)
Honiggelb GmbH, Düsseldorf, Deutschland
E-Mail: heemsoth@honiggelb.de

© Springer Fachmedien Wiesbaden GmbH, ein Teil von Springer Nature 2019   213
C. Kochhan et al. (Hrsg.), *Marken und Start-ups*,
https://doi.org/10.1007/978-3-658-24586-3_11

sich um (marken-)kommunikationsspezifische Anforderungen und was muss in unterschiedlichen Prozessschritten beachtet werden? Welche Faktoren unterscheidet Kommunikation bereits etablierter Unternehmen, zu der von noch unbekannten Start-ups?

Antworten auf diesen Fragen bietet vorliegender Beitrag. Er gibt einen Überblick über die Entwicklung einer Corporate Identity bei jungen Unternehmen, die Aussehen (Corporate Design), Verhalten (Corporate Behaviour) und Kommunikation (Corporate Communications) vereint und zu einem der wichtigsten Elemente im Aufbau einer Marke zählt. Die Bildung einer identitätsbasierten Corporate Identity und deren nachhaltige Implementierung steigert die Erfolgschancen am Markt und bietet den Verantwortlichen ein Steuerungsinstrument in Kommunikation und gewünschter zielgruppenspezifischen Wahrnehmung. Bekanntheit bei den Adressaten aufzubauen und vor allem Vertrauen beim Kunden zu schaffen sind vorrangige Ziele – aufbauend auf einer strategischen Markenpositionierung –, die ein Unternehmensgründer in den ersten Jahren mit seinem Kommunikationsetat verfolgt. Bevor jedoch die ersten Anzeigen geschaltet oder die ersten Online-Banner auf entsprechenden Seiten zum „Klicken" angeboten werden, bedarf es der Erarbeitung einer soliden (visuellen und kommunikativen) Basis – eine Grundlage, die weit mehr regelt, als bloße Werbe- oder Marketingmaßnahmen.

2   Corporate Identity: Bedeutung

In der Regel ist davon auszugehen, dass bereits in den ersten Wochen/Monaten, in dem der spätere Unternehmensgründer seine Idee entwickelt, erste Vorstellungen vorhanden sind, wie die visuelle Umsetzung der späteren Marke konkreter werden kann, um Kunden anzusprechen und sie letztlich für die Marke bzw. das Produkt zu begeistern – schließlich schaffen langfristig nur ein Name und ein qualitativ hochwertiges Produkt allein keinen nachhaltigen Eindruck bei der Zielgruppe.

Auf Grundlage der entwickelten Markenidentität ist nach außen sichtbar ein gut durchdachtes und auf der eigenen Strategie basierendes Corporate Design von hoher Bedeutung, um sich im Wettbewerb zu zeigen und letztlich von den Mitbewerbern zu differenzieren. Aber reicht ein ansprechendes Erscheinungsbild, das Elemente der Markenidentität umsetzt, aus, um eine Marke aufzubauen? Marke ist die Summe aller Erfahrungen, die Kunden bzw. Anspruchsgruppen mit einem Unternehmen teilen. Neben der visuellen Erscheinung prägt auch der Kontakt zwischen Kunde und Gründer bzw. Mitarbeitern das Thema „Marke". Passen beispielsweise Design und Verhalten nicht zueinander, verliert die Marke an Glaubwürdigkeit: Ohne Glaubwürdigkeit kein Vertrauen – ohne Vertrauen keine Kunden. Sinnvoll ist es also, sich ganzheitlich Gedanken über alle Kundenkontaktpunkte hinweg zu machen. In diesem Zusammenhang ist auch zu beachten, wie die Marke mit ihren Anspruchsgruppen kommuniziert. Klassischerweise bildet sich eine Corporate Identity aus drei Ausprägungen, die jeweils aufeinander wirken und zugleich gegenseitig auf einander einzahlen: Corporate Design (wie sieht die Marke aus), Corporate Behavior (wie verhält sich die Marke), Corporate Communications (wie kommuniziert die Marke) (siehe Abb. 1).

Die wesentliche Elemente
der Corporate Identity in der Übersicht

Honiggelb
formt Marken.

Corporate Design – das Visuelle	Corporate Communications – die Botschaft	Corporate Behaviour – das Verhalten
z.B. Schrift, Farbe, Bildwelt, Formsprache, Materialität	z.B. Corporate Language, Kanäle wie Onlineportal, Werbung, VKF, PR, Sponsoring,	Geprägt durch interne und externe Kommunikation/ Verhaltensweisen

Abb. 1 Die wesentlichen Elemente der CI. (Quelle: Honiggelb GmbH 2017)

Oftmals sehen Start-ups zu Beginn des Unternehmensaufbaus noch keine Notwendigkeit sich im Detail mit dem Thema Marke in seinen unterschiedlichen Facetten auseinanderzusetzen. Aber – analog zum Bau eines Hauses oder der Entwicklung eines Autos – ist es auch hier wichtig, sich die nötige Zeit und Muße zu nehmen und dieses Thema anzugehen. Die Grundlage muss stimmen bzw. gelegt sein, um eine Art „Leuchtturm" zu haben an dem sich alle markenrelevanten Aktivitäten orientieren können. Es können langfristig Zeit und Geld gespart werden, in dem die Marketingaktivitäten schon in der Gründungsphase im Business-Plan integriert werden. Sicherlich geht es in der Anfangsphase noch nicht darum, 1/3 oder mehr des Budgets in Marke und Kommunikation zu investieren. Gleichwohl kann eine vorausschauende Planung, auch im wirtschaftlichen Sinne, Überraschungen im laufenden Prozess reduzieren. Auch bei Banken oder anderen potenziellen Investoren wird Vertrauen geschaffen, wenn dieser Aspekt bereits im Businessplan bedacht wurde.

Marken- und kommunikationsrelevante Themen, die in der Gründungsphase mindestens wirtschaftlich mit eingeplant werden sollten sind (u. a.):

- Corporate Design Entwicklung (Logo, Farben, Schrift, Bildwelt, Gestaltungsprinzip)
- Website (Gestaltung und Programmierung)
- Geschäftsausstattung (Briefbogen, Visitenkarten etc.)
- Konzeption, Gestaltung und Produktion von ersten Kommunikationsmitteln (je nach Zielgruppe zu definieren)
- Verpackungsdesign (bei „physischen" Produkten)

Zitat Henry Ford: „Wenn Sie einen Dollar in ihr Unternehmen stecken, müssen Sie einen weiteren bereit halten, um das bekannt zu machen."

Richtig geführt und richtig investiert kann der Wert eines Unternehmens sukzessive langfristig auf- bzw. ausgebaut werden. Hierbei summieren sich der Markenwert (als wichtigster immaterieller Wert) gemeinsam mit dem Unternehmenswert (materieller Vermögenswert) zu einer gemeinsamen Werteebene.

Auch, oder besser gerade, als Start-up sollte das Thema des Markenaufbaus nicht vernachlässigt werden und im täglichen Handeln und Denken etabliert sein. Hierzu bedarf es einer eindeutigen Rollen- und Aufgabenverteilung im Unternehmen. Die Anzahl der Mitarbeiter stellt einen wesentlichen Faktor dar. Klassischerweise sind in jungen Unternehmen noch keine Budgets für eine eigens und nur für das Thema Marke/Kommunikation verantwortliche Abteilung vorhanden und der Gründer kümmert sich – neben allen anderen zeitraubenden Aufgaben – in Personalunion darum. Je größer jedoch das Team, umso wichtiger wird eine eindeutige Verteilung der Aufgaben und eine gemeinsam konzentrierte Kommunikations- und Maßnahmenplanung.

(Wie kommt man da hin? Welche Kosten entstehen? Kann man nicht einfach einen befreundeten Designer bitten ein modernes und schickes Logo zu machen? Oder, am besten um Geld zu sparen, macht man es eben selbst, ändern kann man das später ja immer noch …)

3   Corporate Identity: Bestandteile

3.1   Corporate Design

Ein Businessplan schreibt sich auch ohne ein fertiges Logo, die Produktentwicklung kommt ohne einen Claim oder eine Bildwelt voran, die rechtlichen Vorgänge einer Unternehmensgründung können ohne fest definierte Schriften vorgenommen werden – ohne ein zur Identität passendes Corporate Design wird jedoch die Ansprache und das Erreichen der Zielgruppen oder der Abverkauf des Produkts und das angestrebte Ziel des Markenaufbaus und der nachhaltigen Implementierung nicht möglich sein.

Die eigene Identität ist das, was unverwechselbar macht. Was bringt ein schönes Design, welches den Zeitgeist widerspiegelt, aber nicht zur eigenen Haltung oder dem passt, was ich darstelle? Hier gilt der Grundsatz: Schön ist nicht immer auch richtig!

In der Phase der strategischen Ausrichtung hat sich das Start-up im Idealfall bereits Gedanken darüber gemacht, wofür es stehen möchte: Was möchte der Gründer/das Team, das seine Kunden vom Unternehmen oder dem Produkt denken? Wie soll es wahrgenommen werden? Was sind die Kernwerte für die es steht? Wie positioniert man sich im Markt gegenüber dem Wettbewerb?

3.2   Markentonalität und Markenmodelle als theoretischer Rahmen

Genau hier setzt man auch bei der Entwicklung des visuellen Erscheinungsbildes an. Abgeleitet aus den Markenwerten des Unternehmens wird ein identitätsbasiertes Corporate Design entwickelt. Dieses prägt so im Endeffekt auch das Markenimage beim Kunden.

Ausgehend von der Annahme, dass Unternehmens-/Markenwerte definiert sind und der/die Gründer ein gutes Gefühl entwickelt haben, wie sie ihr Produkt/Dienstleistung in Szene setzen wollen, ist die grundsätzliche Basis für die Entwicklung eines markenbildenden und identitätsstiftenden Corporate Designs also gelegt. Wie wird aber einem Designer erklärt, dass ein z. B. „verlässlicher und vernetzter Auftritt" (siehe Abb. 2; vgl. Honiggelb 2014) entwickelt werden soll?

Um diesem ein entsprechend konkretes Briefing zu geben (welches später in der Diskussion um die ersten Layoutansätze ein wichtiger Gradmesser ist), bedient man sich einer weiteren Ableitung und Definition – der Markentonalität.

Wofür wird die Markentonalität benötigt?

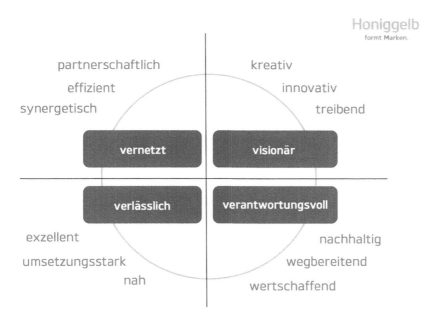

Abb. 2   Markenwerte der Quantum GmbH. (Quelle: Honiggelb GmbH, 2014)

Sie

- beschreibt die Art und Weise, die „Sprache" und die „Stimmung", mit der die Marke kommuniziert
- ist relevant für den „Look and Feel", also die erlebbare Inszenierung der Marke

Die Markentonalität beantwortet die Frage „Wie bin ich?" bzw. aus Sicht der Anspruchsgruppen: „How do I feel about it?" Bei der Tonalität sind die Emotionen und Gefühlswelten zu erfassen, die durch die Marke ausgelöst werden sollen (vgl. Esch 2014).

Im Beispiel wurden den Werten „vernetzt" der Tonalitätsbegriff „zugänglich" und dem Wert „verlässlich" wurde „wertig" zugeordnet (siehe Abb. 3). Dieses gibt auf der einen Seite dem Designer ein klareres Bild in der Entwicklung der visuellen Identität, die Tonalitätsbegriffe sind aber auch wichtige Ankerpunkte für die Formulierung von Texten bzw. der späteren Corporate Language.

Die Kreativen erhielten aufgrund der Tonalität Ankerpunkte, die sie in der Ausgestaltung der einzelnen Bestandteile unterstützen. Die Praxis zeigt, dass es für viele Unternehmen eine Herausforderung darstellt, die zahlreichen Begriffe und Formulierungen (Vision, Mission, Positionierungsaussage, Markenwerte, Tonalität etc.) zu verinnerlichen bzw. korrekt zu nutzen wissen. Für Marken-/Marketingverantwortliche und Kreativschaffende sind sie jedoch Leitinstrument und Gradmesser. Ein

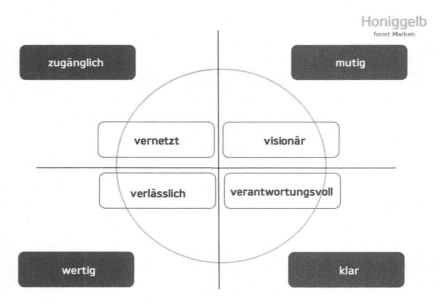

Abb. 3 Markentonalität der Quantum GmbH. (Quelle: Honiggelb GmbH, 2014)

Unternehmensgründer, der sich natürlicherweise nicht automatisch mit der Entwicklung einer Markenpositionierung und -identität auskennt, benötigt daher Unterstützung seitens der Experten aus der Beratungs-/Werbebranche.

Um all dieses einzuordnen, gibt es zahlreiche verschiedene Markenmodelle[1]. Markenrad, Markendreieck, Markenmythogramm, Brand Value Proposition, etc. Welches für das jeweilige Unternehmen aber das richtige und passende ist, ist eine Frage der Definition und der Diskussion zwischen Kunden und Agentur. Die Tiefe der Ausarbeitung wird hier, wie bei allen Entwicklungen, vom Budget bestimmt und die einzelnen Arbeitsschritte sind skalierbar. Ein junges Start-up wird sich direkt zum Unternehmensstart keinen umfangreichen und über Monate dauernden Markenprozess leisten können, sofern keine Unterstützung von Investoren oder anderen monetären Quellen vorhanden ist. Hier ist es von Vorteil, sich die wesentlichen Punkte herauszuarbeiten, die für die Ausgestaltung des Designs und der kommunikativen Maßnahmen wichtig sind. Die Definition von Markenwerten, einer Positionierungsaussage und der Tonalität sind auch in relativ zügigen Arbeitsschritten zu realisieren. Wie zuvor beschrieben, sollte sich der Gründer hierfür in seiner Finanzplanung entsprechenden Spielraum eingeplant haben.

3.3 Corporate Design: Umsetzung in der Praxis

Der Designer ist auf Basis des entsprechenden Markenmodells und einer Tonalitätsdefinition gut gebrieft und entwickelt in der Regel nun verschiedene Routen, die einen identitätsstiftenden Auftritt widerspiegeln. Diese Designkonzepte enthalten in der Regel sogenannte Corporate Design Basiselemente. Diese sind Logo, Farben, Schrift, Bildwelt und das Zusammenspiel all dieser Elemente in einem Gestaltungsprinzip (siehe Abb. 4).

So bekommt der Entrepreneur das erste Mal eine Vorstellung von dem Look & Feel seines Unternehmens. Wie fühlt es sich an (visuell)? Ein Moment in dem alle, eventuell noch zu theoretischen, Definitionen aus der Strategiephase sichtbar werden. Oftmals gibt dieser erste visuelle Eindruck einen weiteren Schub in der Motivation das noch junge Business weiter voranzutreiben und ihm Leben einzuhauchen.

Der Unternehmensgründer entscheidet nun aus zweierlei Sichten:

1. die persönliche Seite
und
2. die kundenorientierte Seite

Idealerweise fühlt sich beides direkt richtig und passend an. Die eigene Identität zeigt sich, die Zielgruppen werden ebenfalls zielgerichtet angesprochen, alle Elemente bilden eine Einheit. Was aber, wenn sich bei der Präsentation eine Enttäuschung breit macht,

---

[1]vgl. hierzu ausführlicher: Zednik und Strebinger 2005.

| Logo | Typografie | Farbklima | Bildsprache | Gestaltungprinzip |

Abb. 4 Schematische Darstellung Corporate Design Basiselemente. (Quelle: Honiggelb GmbH, 2014)

weil das Design überhaupt nicht zusagt? Eine Herausforderung in Designentwicklungen ist, dass jeder seinen eigenen Geschmack mit einbringt und jeder eine eigene Meinung hat. Hier heißt es einen kühlen Kopf zu bewahren und gemeinsam mit dem Designer anhand der strategischen Markenplattform, die zuvor als Basis aller Entscheidungen entwickelt wurde, eine Bewertung vorzunehmen. Werden die Werte/Tonalitätsbegriffe sichtbar? Kann der Gestalter die einzelnen Elemente aus der Strategie herleiten? Spiegeln alle Elemente das wider, was eine Positionierung unterstützt?

In diesem Moment ist Design nicht per Geschmack, sondern per Strategie zu entscheiden. Es gibt kein reines „schön" oder „hässlich", die Bewertungskriterien liegen bei „richtig" oder „falsch". Ein besserer Weg in eine Diskussion um die finale Gestaltung zu treten, als sich um Geschmäcker zu streiten.

Der erste Teil der Corporate Identity ist somit entwickelt. Wie aber wird dieses Gerüst nun mit Leben gefüllt? Wie werden die anderen Sinne der potenziellen Kunden angesprochen, um eine Marke aufzubauen und sich im Markt zu behaupten? Ein zeitgemäßes Design allein reicht nicht aus, wenn Sprache (Corporate Language) und Gestaltung (Corporate Design) nicht zusammengehen oder konträre Gefühle beim Kunden hervorrufen. Mit der Definition einer einheitlichen Sprache (in Werbung, aber auch im persönlichen Kundenkontakt) wird der Eindruck einer Marke untermauert. Diese „Sprache" leitet sich natürlicherweise vom eigenen Verhalten ab – beide haben einen direkten Einfluss auf einander.

4   Corporate Behaviour

Als ein weiterer wichtiger Teil der Wahrnehmung einer Marke spielt das entsprechende Verhalten eines Unternehmens eine große Rolle. Die Corporate Behaviour beschreibt das Verhalten eines Unternehmens nach innen (Mitarbeiter) sowie nach außen (Kunden/ Öffentlichkeit).

Auch oder eben gerade für Start-ups ist die richtige Verhaltensweise in alle Richtungen von zentraler Bedeutung. I. d. R. haben die Kunden in den ersten Wochen/ Monaten relativ wenige Kontaktpunkte mit einer neuen Marke, wenn das noch junge Unternehmen sein Produkt auf dem Markt oder seine Dienstleistungen über den direkten

Kundenkontakt an die Zielgruppe zu bringen versucht. Eine Vertrauensbasis ist noch nicht geschaffen, positive Erlebnisse sind noch nicht in nachhaltige Gefühle transferiert. Gerade hier ist es wichtig für sich und alle Beteiligten, entsprechend der Entwicklung eines aussagekräftigen Corporate Designs, klare Vorgaben zu entwickeln und diese (falls schon ein größeres Team besteht) an alle zu kommunizieren. Jeder Mitarbeiter eines Unternehmens tritt als Markenbotschafter auf, denn jeder Kontakt zu Kunden prägt die Erfahrung mit der Marke und verankert sich nachhaltig – beginnend beim Gründer selbst: Er lebt die Marke wie kein anderer und ist Vorbild für alle Mitarbeiter. Er gibt die Art und Weise vor, wie die Marke wahrgenommen werden soll.

4.1   Bildung einer Corporate Behaviour

Gegenüber alt eingesessenen und etablierten Unternehmen, haben Start-ups die Möglichkeit unbefangen und aus Sicht des Kunden sozusagen „wertneutral" das Gefühl aufzubauen, welches sie auch gezielt hervorrufen wollen. Der Kunde blickt noch auf keine Erfahrungswerte zurück.

Wie wird ein Corporate Behaviour festgelegt? Ist ein Verhaltenskorsett bei jungen, ungezwungenen Start-ups überhaupt notwendig, die einfach nur so sein wollen, wie sie sind und warum ist es so wichtig Mitarbeiter im Sinne der Unternehmenswerte zu schulen?

Die Corporate Behavior wird in verschiedenen Ebenen gebildet:

1. instrumentales Unternehmensverhalten (u. a. Preispolitik, Führungsstil etc.)
2. Personenverhalten (intern, zu Mitarbeiter, wie extern, zu Kunden/Öffentlichkeit)
3. Medien-/Kommunikationsverhalten

(vgl. Esch 2009).

4.2   Personenverhalten

Aus Sicht des Unternehmensgründers ist es zielführend mit der Innensicht zu starten, also intern einen Verhaltenskodex (Personenverhalten) zu implementieren. Sofern es sich nicht um einen 1- oder 2-Personen-Betrieb handelt, verbringt man schon in der Anfangsphase (sprich vor Markteintritt) viel Zeit im Kollegium miteinander, die das Unternehmen prägt und die zeigt, ob die gemeinsam verabschiedeten Markenwerte auch angenommen und gelebt werden. Hier hat der Gründer die Chance, das vorzugeben und vorzuleben, wofür er stehen möchte. Wie verhält er sich in Stresssituationen? Wie offen ist er in Diskussionen? Wie kommuniziert er? Wie motiviert er?

Zitat: „Mitarbeiter tragen nur dann wirkungsvoll zum Markenerfolg bei, wenn sie die Markenwerte intellektuell verstanden haben und sich emotional der Marke gegenüber verpflichtet fühlen." (vgl. Kilian 2012).

Mit dem Grundgedanken „Jeder Mitarbeiter könnte auch ein Kunde sein" sollte der Gründer entspannt, aber gezielt an die tägliche Arbeit und an seine Führungsaufgaben herangehen. Er darf sich nicht verstellen und sollte sich so verhalten, wie er ist. Denn nur mit Authentizität wird bei den Mitarbeitern auch Glaubwürdigkeit wahrgenommen. Zielführend ist es, regelmäßige Team-Meetings zu halten, in dem auch die Markenwerte noch einmal in Erinnerung gerufen werden. In Unternehmen, die Agile geführt werden, sind morgendliche Get-togethers ein fest installiertes Medium. Hier kann der Firmengründer gut auf Verhaltensweisen oder Vorgehen eingehen, die er im Laufe der Zeit gesammelt hat.

Wichtig ist, den Mitarbeitern Raum zur Entfaltung zu geben und sie trotzdem im gewünschten Verhaltenskorridor zu halten. Ein fest vorgegebenes „Willkommen bei McDonalds. Wie kann ich Ihnen helfen?" stellt zwar sicher, dass alle Kunden weltweit das gleiche Gefühl der Kundenansprache haben und verhindert unpassende Begrüßungen, hilft der Identifikation mit dem Unternehmen aber nur bedingt. Ein zu enges Korsett ist wenig zielführend, trotzdem können generelle Sprachregelungen helfen dem Mitarbeiter Leitlinien in der Kommunikation zum Kunden zu geben.

4.3   Medien- und Kommunikationsverhalten

4.3.1 Brand Language

Für das Profil einer Marke ist die unternehmensspezifische Sprache – also die Brand Language – genauso wichtig wie das Corporate Design. Sie bildet eine weitere Ebene, die das Gesamtgefühl der Marke im Rahmen der Corporate Identity ausmacht.

Eine Brand Language – oft auch auch als Corporate Language, Markensprache oder Corporate Wording benannt – ist die festgeschriebene Sprachregelung eines Unternehmens. Sie benennt die Eckpfeiler der Kommunikation, ohne diese bis ins kleinste Detail regeln zu wollen. Sie sorgt für Wiedererkennung, selbst wenn der Absender „unsichtbar" ist wie im Radiospot oder in Telefonwarteschleifen.

Oft reichen dazu schon die Beschreibung des generellen Stils (Wie sprechen wir unseren Kunden an? Siezen oder Duzen wir? Sind wir förmlich oder locker? Mit welcher Stilistik erreichen wir unsere Kunden am besten? Was passt zu uns, was erwartet der Markt?) und die Darstellung über plakative Dos & Don'ts aus (siehe Abb. 5).

Die Formulierung einer Brand Language nimmt in der Regel nicht viel Zeit in Anspruch und lässt sich aus den zuvor definierten Markenwerten ableiten.

4.3.2 Unternehmenskommunikation allgemein (vgl. www.fuer-gruender.de o. J.)

Das Medien- und Kommunikationsverhalten regelt, in welcher Art und Weise sich ein Unternehmen in seiner Öffentlichkeitsarbeit verhält und darstellt. Dieses Verhalten entwickelt sich aus der politischen und ethischen Grundhaltung des Unternehmens, welche natürlicherweise in erster Linie vom Unternehmensgründer bestimmt und durch die Mitarbeiterschaft weitergetragen wird.

Wir sagen "wir", wenn wir ARAG meinen.

Wir verstecken uns nicht hinter einer abstrakten Institution oder unpersönlichen Formulierungen. Deshalb sprechen wir nicht von "der ARAG" oder "einem Mitarbeiter", sondern einfach von "wir, uns, unsere …".
So wirken wir direkt, persönlich und verantwortungsvoll. Und schaffen damit Nähe und Vertrauen.

So nicht:
Die ARAG setzt sich für Sie ein – finanziell und mit umfangreichen Serviceleistungen.
So hilft z. B. die ARAG Recht & Heim Aktiv immer dann, wenn Sie rechtlich Ihre Interessen vertreten müssen oder für einen Schaden haftbar gemacht werden.

Besser:
Wir setzen uns für Sie ein, finanziell und mit umfangreichen Serviceleistungen.
Mit unserem Angebot ARAG Recht & Heim Aktiv helfen wir Ihnen, Ihre Interessen rechtlich zu vertreten. Und springen ein, wenn Sie für einen Schaden haftbar gemacht werden.

Abb. 5 Auszug ARAG Brand Language. (Quelle: ARAG SE, 2015)

Wie reagiere ich auf negative Ereignisse? Wie kündige ich Produkteinführungen an? Beteilige ich mich in sozialen Projekten? In welchem Stil kommuniziere ich zur gesellschaftlichen Öffentlichkeit? Bin ich offen für Journalistenanfragen? In welchen Medien und Journalen möchte ich wahrgenommen werden? Reagiere ich als Unternehmen auf politische Ereignisse und kommuniziere diese aktiv?

Als Gründer bzw. junges Unternehmen muss man sich über kurz oder lang auch mit diesen oder ähnlichen Fragestellungen auseinandersetzen. Eine klare Haltung hilft auch hier Glaubwürdigkeit zu wahren. Zusätzlich ist es ratsam, Regeln für die Unternehmenskommunikation zu erstellen, die helfen sich selbst und dem Team Orientierung zu bieten.

Die externe, wie die interne Unternehmenskommunikation, sollen unter anderem Vertrauen, Glaubwürdigkeit und Zuverlässigkeit aufbauen. Wichtige Anspruchsgruppen, die von Beginn der Existenzgründung an angesprochen und im besten Falle von den positiven Seiten des Unternehmens überzeugt werden müssen, sind:

- Mitarbeiter
- Kunden
- Dienstleister
- Presse/Journalisten
- weitere Multiplikatoren, die das Unternehmen im engeren Kreis wahrnehmen und Mund-zu-Mund-Propaganda betreiben können.

In gleichem Maße sollten diese Zielgruppen über wichtige Entwicklungen im Unternehmen informiert werden. Hier ist es wichtig mit Fingerspitzengefühl Erfahrungswerte aufzubauen, WANN WAS an WEN kommuniziert werden muss.

Aufmerksamkeit wird nicht nur über Marketing und Public Relations geschaffen. Es gibt viele imageprägende Kommunikationselemente, aus der sich eine Marke zusammensetzt. Trotzdem sind diese beiden Instrumente sehr zentrale und prägende Elemente. Während Marketing (also eher klassische Werbemaßnahmen) in der Regel jedoch sehr kostentreibend ist, bietet die Unternehmenskommunikation durch Presseartikel oder geplante journalistische Beiträge im Radio (also Public Relations) eine kostengünstigere, aber auch zielführenden Alternative. Hier bieten auch die Online-Medien mit Fokus auf die Social-Media-Plattformen die Möglichkeit ohne größeren finanziellen Aufwand die Unternehmenskommunikation zu unterstützen.

5   Corporate Communications

Im klassischen Sinne und professionell aufgestellt bedient sich ein Unternehmen in der Planung seiner Aktivitäten dem Marketing-Mix, welcher aus 4 Bestandteilen besteht:

- Produktpolitik
- Preispolitik
- Distributionspolitik
- Kommunikationspolitik

Die Kommunikationspolitik gliedert sich in unterschiedliche kleinere Bestandteile, zu der auch Marke und Werbung sowie Verkaufsförderung, Messe/Veranstaltungen, Sponsoring und Öffentlichkeitsarbeit zählen.

Als Start-up ist es sicherlich nicht umsetzbar direkt alle Kanäle „gleichzuschalten" und sich auf alle Bestandteile zu konzentrieren, da z. B. die Planung und Durchführung einer Messe sehr kostenintensiv und zeitaufwendig ist.

5.1   Zielgruppendefinition/Kommunikationsplan

Bevor geplant wird, welche Anzeige oder Online-Banner geschaltet oder welcher Flyer erstellt wird ist es ratsam, eine Zielgruppenkommunikationsmatrix zu erstellen. Diese hilft später konzentriert und zielgerichtet die richtigen Interessierten mit den richtigen Botschaften über den richtigen Kanal anzusprechen.

Um die einzelnen Zielgruppen zu definieren, sollten entsprechende Profile des zu erwartenden Kundenkreises erstellt werden. Fragestellungen hierzu können sein:

Ist der potenzielle Kunde männlich/weiblich? Wie alt ist er? Was macht er beruflich? Welches könnten seine Hobbys sein? Wo hält er sich am liebsten auf? Was für Medien nutzt er zur Informationsgewinnung?

Innerhalb dieser Übung kristallisieren sich dann die entsprechenden Zielgruppen heraus. Je genauer die Zielgruppen definiert werden können, umso effektiver kann später auch das Kommunikationsmedium geplant und eingesetzt werden.

Im nächsten Schritt gilt es dann, sich in die einzelnen Zielgruppen hinein zu versetzen und zu überlegen, welche Kaufentscheidungen die Kunden dazu bringen, sich für das Produkt zu entscheiden? Spielen die Funktion und der Nutzen die Hauptrolle? Wie wichtig ist das Design oder das Markenimage? Entscheidet er über den Preis oder ist Qualität das ausschlaggebende Kriterium?

Gibt es noch Einfluss von Außen (Familie, Freunde oder andere „Berater")?

Weiterhin ist zu überlegen, wo sich die Zielgruppe informiert und wie (über welchen Kanal) sie am besten erreicht werden kann.

Anschließend sollte definiert werden, welches Medium anhand der zuvor getroffenen Annahmen dann für die Kommunikation zum Kunden eingesetzt wird bzw. über welches Instrument die Kunden am ehesten erreicht werden. Hilfreich ist es ebenfalls, die übergeordneten Kommunikationsziele zu integrieren, um eine Gesamtübersicht zu erhalten. Ein vereinfachtes Beispiel für einen Kommunikationsplan findet sich in Abb. 6.

5.2 Maßnahmenplanung

Die Auswahl der Werbemedien spielt eine gleichgewichtige Rolle, wie gut geplante Inhalte und passender Stil. Abgeleitet aus der übergeordneten Kommunikationsplanung ist es sinnvoll, eine entsprechende Planung für die nachfolgenden Werbemaßnahmen zu erstellen (ein Beispiel findet sich in Abb. 7). So kann langfristig und vorausschauend geplant werden und ad hoc Aktionen werden vermieden.

Welche Maßnahme soll zu welchem Zeitraum durchgeführt werden? Ist die Kommunikation gut verteilt, um sich nachhaltig im Gedächtnis der Zielgruppen zu verankern? Kommuniziere ich punktuell oder auf ein bestimmtes Ereignis hin?

Übersicht Kommunikationsplan Quantum GmbH

Zielgruppe	Kommunikationsziele	Instrumente
Stadtwerke / Entscheider	- Bekanntheit (Marke und Leistung) - Vertrauen in Leistung schaffen - Know-How-Transport - Bedarf schaffen /Neugierig machen - Erinnerungswert schaffen - Aktivierung (Kontaktaufnahme)	- Basis: Website - Pressearbeit - Print-Anzeigen - Web-Banner - Mailings - Image-/Leistungsbroschüre - (Online-)Newsletter - Präsenz auf Fachkongressen (ggf. Sponsorship) - Unternehmerstammtisch - Blog - Social-Sponsoring - Erklärfilm
Neue Märkte (z. B. Krankenhäuser, Flughäfen, Stadien)	- Bekanntheit - Aktivierung (Kontaktaufnahme) - Bedarf schaffen /Neugierig machen	- Mailings - Pressearbeit - Print-Anzeigen

Abb. 6 vereinfachter Zielgruppenkommunikationsplan der Quantum GmbH. (Quelle: Honiggelb 2016)

Übersicht Maßnahmenplan

Honiggelb
formt Marken.

Maßnahme	Januar	Februar	März	April	Mai	Juni	Juli	August	Sept.	Oktober	Nov.	Dez.
Presse-information		x Thema: Neuer Auftritt	x Thema: Portal	x	x	x	x	x	x	x	x	
Anzeige ZFK			x		x				x		x	
Web-Banner (ZFK, ew)			x		x				x		x	
Unternehmens-broschüre (Fertigstellung)		x										
Website (Fertigstellung)	x											
Mailing „Neue Märkte"					x							
Unternehmer-stammtisch			x			x			x			x
Quantum-Blog (Start Juni)						x	x	x	x	x	x	x
Quantum-Erklärfilm (Fertigstellung)		x										

Abb. 7   vereinfachter Maßnahmenplan der Quantum GmbH. (Quelle: Honiggelb GmbH, 2016)

Gut zu planen und vorbereitet zu sein, ist ein wesentlicher Erfolgsfaktor in der Durchführung der Werbemaßnahmen. Ähnlich wie in der Erarbeitung der Markenstrategie zahlt es sich langfristig aus, schon von Anfang an konzentriert an der Planung zu arbeiten und so eine markenbildende Kommunikation aufzusetzen. Somit kann das Start-up viel Zeit, Kosten und Nerven sparen. Werden die Zielgruppen über die richtigen Kanäle mit den richtigen Botschaften erreicht, kann auch mit einem kleineren Kommunikationsetat die gewünschte Wirkung erzielt werden.

5.3   Content-Marketing

Die Zielgruppen sind definiert, die Kanäle sind geplant, das Corporate Design ist festgelegt, die Kommunikationsmaßnahmen können starten. Was aber ist die beste Botschaft, die das junge Unternehmen seinen Kunden vermittelt?

In den ersten Stufen der Kommunikation geht es einem neu gegründeten Unternehmen üblicherweise darum, Bekanntheit aufzubauen und den Markennamen in der Köpfen der Zielgruppen zu verankern. Nichtsdestotrotz muss parallel der Produktnutzen kommuniziert werden, um die Kaufentscheidung für den Kunden zu beeinflussen. Rein imageprägende Kampagnen sind in der Regel sehr kostenaufwendig und vermitteln keinen direkten Produktnutzen. Start-ups konzentrieren sich daher oftmals auf Produktkampagnen, die den direkten Abverkauf ankurbeln.

Gute Kommunikation vermittelt den Kunden aber mehr als nur den reinen Vorteil und den Preis. Inhalte verankern sich bei den Kunden oftmals über gut erzählte Geschichten

(„Storytelling"), in denen die Werbebotschaft in eine Geschichte integriert wird und so die Kunden auf einer emotionalen Ebene erreicht.

Wie aber baut sich so eine Story auf?

In der Regel werden diese kurzen Geschichten immer mit den gleichen Eigenschaften aufgestellt: Es gibt Protagonisten, die ein Problem haben oder ein Ereignis erleben und die Marke/das Produkt geben hierauf die Lösung oder zeigen, wie das Problem angepackt werden kann.

Gute Geschichten schaffen es, den Kunden so anzusprechen, dass er sich mit dem Thema befasst und zuhört oder eine Kontaktaufnahme/Reaktion über einen Response-kanal erfolgt. Über eine emotionale Ansprache (die mit positiven Gefühlen, aber auch mal mit negativen Reaktionen, wie Angst oder Unsicherheit spielen) verankert sich das Produkt besser im Kopf der Rezipienten, als über eine rein faktische Auflistung von Vor-teilen. Wird die Emotion auf die gesamte Markenwelt des Unternehmens übertragen, schließt sich so der Kreis der Gesamtwahrnehmung. Eine unterhaltsam aufbereitete und informative Website z. B. kann Kunden dazu bringen diese regelmäßig zu besuchen, weil er neues erfahren will. Somit wird Kundenbindung geschaffen.

Start-ups stehen oft vor der Herausforderung mit geringem Budget die gewünschten Kommunikationsziele erreichen zu müssen. Oftmals lässt der Etat keine groß angelegten Print-Kampagnen oder Druckwerke zu. Daher ist eine gut geplante und kundenzentriert aufgebaute Website ein wichtiger und zentraler Punkt in der Eigendarstellung und somit quasi ein Muss. Schon lange sind die Online-Medien erste Anlauf- und Informations-quelle für Kunden. Wer hier seine gewünschte Markendarstellung nicht adäquat ver-mitteln kann, muss auf anderen Kanälen diese Lücke füllen, welches wiederum ein Kostenfaktor ist.

Es ist oft nicht die Masse an Kommunikation, sondern eher die gut geplante und crossmedial funktionierende Ansprache, die den Kunden zum Fan und somit zum Käufer macht. Kommunikation muss über alle Kanäle hinweg die gleichen Gefühle und Bot-schaften vermitteln, um sich nachhaltig zu verankern.

Neben den klassischen Werbeaktivitäten ist es oft hilfreich sich mit (Fach-)Artikeln und Blogbeiträgen auf branchenrelevanten Webseiten oder Portalen als Wissensträger zu platzieren. Hier steht nicht die direkte werbliche Aussage im Zentrum, sondern eher der Aufbau von Vertrauen über das Wissensvermittlung und somit Know-how-Trägerschaft. Dieses kann relativ kostengünstig umgesetzt werden und benötigt nicht zwingend der Unterstützung durch einen professionellen Kommunikations-/Werbe-Partner.

6 Fazit

Selten gab es aus der Industrie heraus so viel Interesse an Start-ups, wie in den letzten Jahren. Junge Gründer zeigen den klassischen Industrien, wie man mit Mut und neuen Wegen in der Arbeitsorganisation seinen Weg gehen kann. Dafür fördern viele große Unternehmen und Investoren diese jungen Unternehmen und helfen Ihnen so im jeweili-gen Markt Fuß zu fassen.

Wie heißt es so schön? Jedem Anfang wohnt ein Zauber inne! Genau so soll es sein und wie bei einer jungen Liebe bedarf es auch bei einer Unternehmensgründung viel Zuneigung, Pflege und Selbstbewusstsein, um eine langfristige Beziehung (sprich Verweildauer) auf eine gesunde Basis zu stellen.

Die richtige Idee, ein tolles Produkt, der Mut zum Schritt in die Selbstständigkeit – all dieses sorgt schon für Aufregung genug. Trotzdem ist es wichtig, sich gerade in dieser Zeit Gedanken zu machen, wie sich das am Markt neue Unternehmen darstellt und wie es wahrgenommen werden möchte, welchen Weg man im Innen- und Außenverhältnis einschlägt und für welche Werte man steht.

Die Beantwortung dieser Fragen spiegelt sich sowohl im Corporate Design, als auch später in der Kommunikation wider.

Nur ein aus der Identität heraus entwickeltes Erscheinungsbild kann langfristig bei den Kunden und bei den Mitarbeitern das nötige Vertrauensverhältnis aufbauen. Sich in seiner „eigenen Haut" nicht wohlzufühlen hindert die Entwicklung, jedoch mit Stolz auch visuell zu sehen, was das eigene Unternehmen darstellt erhöht die Motivation.

In der Kommunikation kommt es darauf an, die richtigen Medien zur Ansprache an die Zielgruppen zu finden und die entsprechenden Botschaften zu platzieren. Auch hier gilt: Gute Planung ist die halbe Miete, gerade, wenn man aufgrund des kleineren Budgets zu Anfang nicht aus dem Vollen schöpfen kann.

Für die Kommunikation und den Aufbau einer Marke von Start-up Unternehmen gibt es einige wenige Faustregeln, die es zu beachten gilt, um sich im Markt eine gute Ausgangsposition zu schaffen:

1. *Ohne Strategie steuert man planlos*
   Essenziell! Ohne geht es nicht! Abgleitet aus der Unternehmensstrategie leitet sich die Markenstrategie ab. Leitmedium! Der Leuchtturm auf den alles zusteuert.
2. *Baue deine Marke auf der richtigen Basis auf*
   Corporate Identity = Design, Kommunikation, Verhalten! Nur der ausgewogene Dreiklang schafft langfristig Erfolg im Aufbau einer nachhaltigen Marke.
3. *Identität wichtiger als Geschmack*
   Marke ist kein Kostüm welches man sich überstülpt, Marke kommt aus der eigenen Identität heraus und zeigt diese nach Außen.
4. *Fokussiere dich auf die wichtigsten Elemente*
   Gerade als Start-up geht nicht alles sofort und auf einmal. Konzentriere Dich auf die wesentlichen (Basis-)Bestandteile (Logo, Farbe, Schrift, Bildwelt, Gestaltungsprinzip) und bau dir damit deine Welt.
5. *Sei als Chef wie Du bist und nimm Deine Mitarbeiter auf Deinen Weg mit*
   Sein Wesen über Wochen zu verstellen funktioniert nicht. Baue Dein Unternehmen aus Dir heraus auf und spiele keine „Rolle".
6. *Konzentriere Dich in der Kommunikation zum Kunden auf das Wesentliche*
   Viel Kommunikation kostet viel Geld und viel Kraft. Plane gut und fokussiere Dich auf das, was Dein Produkt ausmacht und was der Kunde als Nutzen daraus zieht. Vermeide Streuverluste und halte Dich dort auf, wo Deine Kunden sind.

Literatur

Esch, F.-R. (2009). *Corporate Behavior: Ausführliche Definition*. Springer Fachmedien Wiesbaden GmbH (Hrsg.). http://wirtschaftslexikon.gabler.de/Archiv/82858/corporate-behavior-v5.html. Zugegriffen: 12. Sept. 2018.

Esch, F.-R. (2014). *Strategie und Technik der Markenführung* (8, vollständig überarbeitete u. erweiterte Aufl.). München: Franz Vahlen.

fuer-gruender.de. (o. J.). Marketing und Kommunikation für Unternehmer. www.fuer-gruender.de/wissen/unternehmen-gruenden/unternehmensstart/aussenauftritt/kommunikation/. Zugegriffen: 12. Sept. 2018.

Kilian, K (2012). Mitarbeiter als Markenbotschafter. http://www.markenlexikon.com/texte/asw_kilian_mitarbeiter-als-markenbotschafter_1-2_2012.pdf. Zugegriffen: 12. Sept. 2018.

Zednik, A., & Strebinger, A. (2005). *Fachbuch Markenmodelle der Praxis: Darstellung, Analyse und kritische Würdigung*. Wiesbaden: Dt. Univ.-Verlag, Gabler Edition Wissenschaft.

Frank Heemsoth (Geschäftsführender Gesellschafter der Honiggelb GmbH und der Elegant Elephant Studios GmbH) kümmert sich seit Anfang 2000 um die Entwicklung von Marken und deren Identitäten. Sein Werdegang in namhaften Agenturen und die Führung zahlreicher Kundenmandate motivierte ihn sich 2013 selbstständig zu machen. Durch den Wandel in der heutigen Arbeitswelt setzt er sich auch regelmäßig mit Start-ups auseinander und lässt ihn auch hier das Thema „Marke" als Fundament und Orientierung ins Zentrum einer jeden Entwicklung rücken.

Start-up mit Markenkraft

Durch die richtige Kommunikationsstrategie und ein passendes Corporate Design zum Erfolg

Tom Moog

Zusammenfassung

Die Marke hat für das (Start-up-)Unternehmen eine fundamentale Bedeutung und eine starke Kraft in Bezug auf Aufbau, Bestand und Ausbau. Wir sprechen hier von der „Markenkraft". Um diese aufzubauen und zu verstärken, muss man sich – wie beim Aufbau des Muskelskeletts eines Körpers – bewegen sowie bestimmte Übungen und Trainings einbauen.

Drei Bereiche helfen Ihnen beim Aufbau Ihrer Marke: Grundkenntnisse über Marketing, die richtige Kommunikationsstrategie sowie das passende visuelle Erscheinungsbild, das Corporate Design des Start-up-Unternehmens als erste und wichtigste Kommunikationsmaßnahme.

1   Was ist eine Marke?

Jeder will sich von seiner besten Seite zeigen. Das fängt bei der Einzelperson an, die sich für ein Date herausputzt. Das ist so bei „Bewerbern", die Werbung für sich machen, um einen interessanten Job zu erhalten. Und das verwirklichen auch Unternehmen, die ihr Image inhaltlich, visuell und verbal aufwerten. Alle wollen sich zu einer Marke machen: attraktiv für die Zielgruppe(n) sowie einzigartig gegenüber Mitbewerbern.

Eine Marke kann vieles sein: ein Name, eine Abbildung, es kann eine bestimmte Form sein (zwei- oder dreidimensional), ein Geruch, ein Klang oder eine Farbzusammenstellung. Oder schon weiter: ein Logo, eine Packung oder eine besondere Dienstleistung.

T. Moog (✉)
TOM MOOG – Marken-Beratung, Nauort, Deutschland
E-Mail: tm@tom-moog.de

© Springer Fachmedien Wiesbaden GmbH, ein Teil von Springer Nature 2019
C. Kochhan et al. (Hrsg.), *Marken und Start-ups*,
https://doi.org/10.1007/978-3-658-24586-3_12

Eine Marke kann auch aus verschiedenen Perspektiven definiert werden:

- Ganz persönlichkeitsorientiert, also ähnlich einer Person, die einen bestimmten Charakter hat.
- Formal als Name, Logo und Design, um sie als ein Unternehmen, Produkt oder Dienstleistung identifizierbar zu machen.
- Vorteilorientiert, um sich gegenüber Mitbewerbern zu differenzieren oder auch
- Nutzenorientiert, mit positiven, werterklärenden Aussagen für den Kunden, damit dieser sich für einen Nutzen entscheidet.

Ziel des Markenaufbaus ist es, dem potenziellen Kunden eine Hilfe für eine Entscheidung zu geben. Dies kann jede Form annehmen, egal ob sich jemand weitere Informationen über die Marke im Internet beschaffen will, ob er zum Hörer greift oder sogar einen Kauf tätigt. Somit hat eine Marke – je nach Aufgabe – ganz unterschiedliche Funktionen zu erfüllen:

- Sie kann Orientierungshilfe sein,
- eine Identifikationsfunktion erfüllen,
- hat meist eine Qualitätssicherungsfunktion,
- will Sicherheit vor Fehlentscheidungen geben (zur Risikominimierung),
- kann dadurch auch Vertrauen vermitteln und
- hat nicht zuletzt eine Prestige- und Imagefunktion.

Somit hat eine Marke eine große Bedeutung mit vielen Vorteilen gerade für Start-ups:

Je stärker eine Marke ist und je mehr sich diese Marke von anderen Mitbewerber-Marken abhebt, desto stabiler positioniert sie sich im Markt!

Dies ist eines der Kernsätze, die sich Start-ups für ihre Zukunft im Markt merken müssen.

Im Einzeln sind es etwa sechs Punkte, die den Wert einer Marke ausmachen:

1. Die Identität eines Start-ups wird sichtbar.
2. Das Start-up-Unternehmen hebt sich mit seinem Produkt oder seiner Dienstleistung deutlich vom Wettbewerb ab.
3. Der Wert des Start-up-Unternehmens steigt.
4. Die Kundenbindung steigt in der Regel.
5. Die Realisierung von Vision, Mission und Zielen wird einfacher.
6. Der preispolitische Spielraum wird für ein Start-up-Unternehmen immer größer.

Diese sechs Punkte helfen bei der Positionierung des Start-ups im Markt. Denn dadurch lassen sich neue Produkte und Ideen sehr viel schneller und auch erfolgreicher auf den Markt bringen.

2   Der Weg zur Marke

Start-ups haben es nicht leicht. Ihr ganzer Wert beruht oftmals auf einer tollen, vielleicht sogar einmaligen Idee: einer Innovation, die aufgrund einer kreativen Phase die Chance hat, zu einem (meist wirtschaftlichen) Erfolg zu werden. Dabei muss man zwischen den beiden Begriffen „Kreativität" und „Innovation" unterscheiden. Während Kreativität eine rein schöpferische, Ideen gebende Phase bezeichnet, die die Fähigkeit hat, etwas Neues (oft von Nutzen) hervorzubringen, hat die Innovation eine wirtschaftliche Aufgabe zu erfüllen: Die Innovation ist die Einführung einer neuen Idee, eines neuen Produktes oder einer neuen Dienstleistung mit hohem wirtschaftlichen Nutzen für den Markt, für die Technik oder für die Gesellschaft. Bei Innovation steht also der Nutzen stark im Vordergrund. Und gerade dies ist Sinn und Chance der Start-ups, ihre Innovation richtig und effektiv auf den Markt zu bringen.

Der Weg dorthin ist nicht einfach – vor allem dann nicht, wenn man von Marketing, Werbung und Design keine Ahnung hat. Ich will Ihnen auf den folgenden Seiten helfen, diesen Weg so zu gehen, dass Sie sich mit viel Nutzen Ihre eigene Marke aufbauen können.

Der Weg eines Start-up-Unternehmens zu einer Marke ist eigentlich ganz klar gegliedert und sinnvoll aufeinander aufgebaut.

Sie müssen sich nacheinander folgende Fragen stellen und für sich beantworten:

1. Wo stehe ich zurzeit?
2. Wo will ich hin?
3. Welche Strategie will ich dazu nutzen?
4. Wie will ich mein Projekt einführen?
5. Wie realisiere und kontrolliere ich mein Projekt?

Fangen wir gleich bei Punkt 1 an:

1. Wo stehe ich zurzeit?

   Wahrscheinlich ganz am Anfang eines Unternehmens: Als Start-up stellt Ihr Unternehmen noch keine Marke dar oder besitzt noch keine (als Produkt oder Dienstleistung). Deshalb sollten Sie selbst oder mithilfe anderer eine sogenannte SWOT-Analyse erstellen, eine Stärken- und Schwächen-Analyse, die auch die Chancen und Risiken Ihrer neuen Idee, Ihres innovativen Produktes bzw. Ihrer Dienstleistung unter die Lupe nimmt, auflistet und bewertet. Aspekte wie besondere Angebote, Qualitätsmerkmale und Produkteigenschaften sind sehr wichtig, aber auch Ihr Know-how bezüglich Planung, Produktion, Vertrieb und Service und natürlich auch der Nutzen für die Zielgruppe (siehe Abb. 1).

   Wenn Sie sich nun über Ihr Unternehmen und Ihr Angebot im Klaren sind, können Sie über Punkt 2 nachdenken:

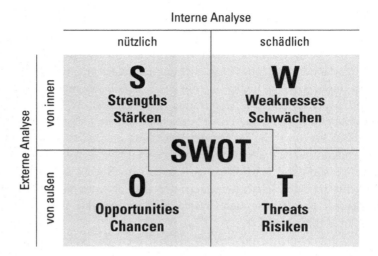

Abb. 1 SWOT-Grafik

2. Wo will ich hin?

Wir sprechen hier von der sogenannten „Soll-Positionierung". Es sind ganz wichtige Schritte, um die zukünftige Ausrichtung Ihrer Marke (als Unternehmen oder als Produkt/Dienstleistung) zu definieren. Aus Ihrer Idee oder Vision müssen Sie ganz konkrete Grundlagen zur Führung Ihrer Marke entwickeln.

Aus Ihrer vorher erhobenen SWOT-Analyse haben sich wahrscheinlich ganz konkrete, „Wert-volle" Punkte herauskristallisiert, die Ihnen jetzt bei der Zielrichtung helfen können:

– Worin liegen meine Stärken und wie kann ich diese weiter ausbauen?
– Welches sind meine Schwächen, die ich unbedingt abbauen oder noch besser, zu Stärken umfunktionieren kann?
– Wo sehe ich in Zukunft die besten Chancen für mich und mein Unternehmen?
– Wo könnten Risiken liegen, die meine Idee, mein Produkt, meine Dienstleistung hergeben?
– Welche Entwicklungen kann ich für mich nutzen – egal, ob technisch, wirtschaftlich, sozial oder gesellschaftlich?
– Wie kann ich mich stärker im Wettbewerb von anderen differenzieren?
– Habe ich ein besonderes Alleinstellungsmerkmal (USP), das sonst niemand hat?
– Gibt es vielleicht eine unbesetzte Nische im Markt, die ich leicht und lukrativ erreichen kann?
– Welche Zielgruppen sind für mich relevant?
– Welchen Preis kann ich für meine neue Idee verlangen?

Wenn Sie sich über die Richtung Ihrer Positionierung im Markt im Klaren sind, sollten Sie nun strategisch vorgehen, dieses Ziel auch zu erreichen. Vor allem fünf

Tools der Marketingstrategie spielen eine ganz entscheidende Rolle bei der Verwirklichung der Markenziele.

Der USP

Das ist die Abkürzung von „Unique Selling Proposition", zu Deutsch: das einzigartige Verkaufsversprechen. Es ist die Alleinstellung des Produktes oder einer Idee. Etwas das kein anderes Produkt oder Unternehmen hat. Und genau dies gilt es herauszuarbeiten, um es später zu kommunizieren. Sollte man keinen natürlichen, also von dem einzigartigen Produkt gegebenen USP haben, sollte man unbedingt einen künstlichen USP suchen.

Die Begründung

Es ist die gute, sachliche Argumentation, die für ein Produkt spricht. Es ist die Nennung der wichtigsten Produktmerkmale, die den USP stützen. Es ist der argumentative Trumpf in Ihrer Hand: Damit begründen, beweisen und belegen Sie! Erst dann wird Ihnen das Gesagte (also das Produkt, Ihre Idee) „abgekauft". Durch die Begründung werden Sie „glaubwürdig".

Die Positionierung

Ihre Positionierung ist grundsätzlich die Sicht von außen durch die Brille der Marktbeobachter, durch die möglichen Zielgruppen. Versuchen Sie also immer herauszufinden: Wie sieht man mich im Markt? Nun können Sie entscheiden: Bleibe ich dort im Markt, wo ich bin, oder bewege ich mich in eine gewählte Richtung, in eine mir passende Nische des Marktes hinein? Nur so können Sie entscheiden: werde ich hoch- oder niedrigpreisig, werde ich rationaler oder emotionaler? Ist mein Kundendienst gut oder schlecht oder mein Sortiment zu eng oder zu breit?
Versuchen Sie zu sehen, was andere sehen!

Die Differenzierung

Dies hat nur bedingt mit Ihrem USP zu tun. Denn es gibt mehr als die Alleinstellung eines Produktes oder der Besonderheit einer Idee. Hier geht es grundsätzlich darum, wie ich mich als Start-up und mit meinem Angebot von den möglichen Mitbewerbern unterscheide: in den Serviceleistungen, in der Beratung, in der Zustellung, in der Installation, im Zusatznutzen, in den Garantieleistungen und/oder in den Finanzierungsangeboten. Hier müssen Sie eventuell überarbeiten: besser oder schneller werden.

Die Tonality

Eigentlich gehört dieser Part zur Kommunikation, aber weil dieses Thema mehr ist als „nur" Kommunikations- und Werbemittel, ist es Teil des Marketings, der Marke allgemein. Hier geht es um Kultur, um das Gesamtauftreten des Unternehmens. Wie zeigen wir uns in der Öffentlichkeit? Verbal und visuell. Durch Print-Aktivitäten oder digital. Durch Führungsstil, Arbeitsplatzqualität und Innovationsverhalten. Durch Lob und Tadel, durch Sitten und Gebräuche und die

Hierarchiestruktur. Und letztlich durch das visuelle Erscheinungsbild und die Corporate Identity (CI).

Kommen wir nun zum Punkt 3 auf unserem Weg zur Marke:

3. Welche Strategie will ich nutzen?

Das Wichtigste gleich zu Beginn: Markenstrategie ist Chefsache! Da sich Start-ups jedoch fast ausschließlich aus einer dominanten und dynamischen Person entwickeln, kann ich davon ausgehen, dass Sie als Start-up-Unternehmer dieses Zepter nicht aus der Hand geben. Richtig! Es ist Marken-bildend.

Zur Strategie einer Markenentwicklung gehören ganz konkrete Faktoren wie Zieldefinition, Zielgruppen, Markenbotschaft und die Umsetzungsinstrumente. Da diese in genau dieser Form ihre Anwendung bei der Kommunikation und Werbung finden, handele ich sie später unter der Headline „Der Weg zur effektiven Kommunikation" ab.

4. Wie will ich mein Projekt einführen?

Der Marketing-Mix setzt sich, wie Sie sicherlich wissen, im Wesentlichen aus vier Bereichen zusammen (siehe Abb. 2):

Alle vier Marketing-Submixe haben eine wichtige, marktwirtschaftliche Rolle zu übernehmen.

Im **Produkt-Mix** werden Produktqualität, Produktnutzen und Wertschöpfung aber auch schon die Art der Verpackung bis hin zur Design-Richtung festgelegt.

Im **Preis- oder besser: Kontrahierungsmix** legt man die Preishöhe, die Kredite, Rabatte und Skonti fest.

Die **Distribution** kümmert sich um alle Absatzkanäle und die mögliche Logistik mit Lagerung, Transport und Lieferung.

Der für Sie wahrscheinlich wichtigste Bereich ist der Bereich der **Kommunikation.** Hier geht es konkret um die Vermarktung Ihrer Idee, Ihres Produktes oder Ihrer Dienstleistung(en). Die Kommunikation hat auch den größten Einfluss auf das Empfinden Ihrer Marke: sowohl sachlich, als auch (immer wesentlicher:) emotional. Hier

Abb. 2 Marketing-Mix

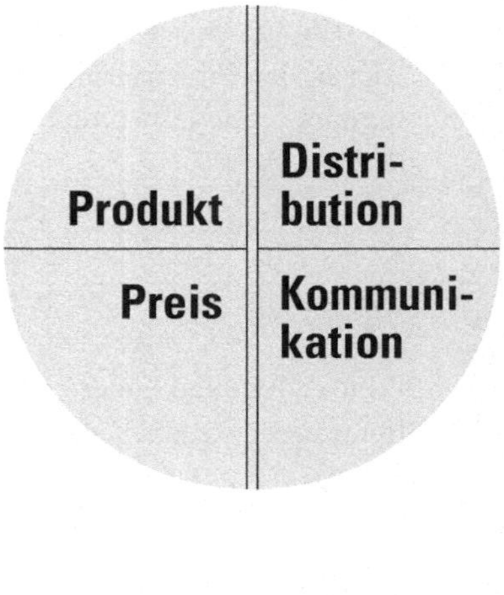

spielen die Faktoren und Medien rein, die für das Image Ihrer Marke eine wesentliche Rolle darstellen: Aussehen, Logo, Beschreibungen, soziale Medien und, und, und.

Bei allen vier Marketing-Bereichen müssen Sie genau abwägen, was Sie davon Spezialisten überlassen sollten und welchen Part Sie selbst übernehmen – vor allem um Kosten zu sparen. Aber seien Sie gewarnt: Oft ist es preiswerter, Spezialisten zu engagieren, als es selbst zu machen. Fehler können bei einem Unternehmen teuer werden! Das reicht zunächst zum Thema Einführung meines Projektes durch das passende Marketing. Doch in Sache „Kommunikation" werden Sie später noch mehr erfahren.

Nun zum letzten Punkt auf dem Weg zur Marke:

5. **Wie realisiere und kontrolliere ich mein Projekt?**
Diese Phase beinhaltet die Führung der Marke im unternehmerischen Alltag. Und gleich vorweg eine Begriffsdefinition: Wenn ich von „Kontrollieren" gesprochen habe, meine ich eigentlich „Controlling". Dieser Begriff aus dem Englischen bedeutet viel mehr als nur kontrollieren. Es geht ums Führen, ums richtige Leiten selbst – inklusive aller Überprüfungen.

Und genau dies macht die tägliche Arbeit eines Start-up-Unternehmers aus: Markenbildung als dynamischer Prozess mit ständiger Bewertung der Wertschöpfung und des Erfolgs. Basis und Erfolgsgarant für die Bildung einer Marke ist vor allem die Kommunikation der Marke – nach innen und nach außen.

Dies ist Inhalt des nachfolgenden Kapitels.

3   Der Weg zur effektiven Kommunikation

Auch hier geht nichts über eine richtige Strategie.

Es sind vier wesentliche Punkte, die eine gute Kommunikation ausmachen:

1. Die Zieldefinition (Wann will ich wo genau angekommen sein?)
2. Die Zielgruppendefinition (Wen will ich ansprechen?)
3. Die Definition der Botschaft (Was muss in die Köpfe der Zielgruppen rein?)
4. Die Definition der Instrumente (Wie will ich das erreichen?)

Die Reihenfolge ist eigentlich egal – fangen wir mit der Zieldefinition an:

1. **Wann will ich wo genau angekommen sein?**
Diese genaue strategische Zielsetzung sollten Sie gleich zu Beginn Ihres Start-ups schriftlich festlegen, natürlich auch zeitlich. Dabei gibt es qualitative Ziele (z. B. der Spezialist für …) oder quantitative Ziele (z. B. Umsatzwünsche). Merken Sie sich dabei das Wort SMART (englisch für „clever"): S steht für „Spezifisch" (Ziele müssen eindeutig definiert sein, so präzise wie möglich), M steht für „Messbar" (Ihr Ziel muss messbar sein), A steht für „Achievable = Erreichbar" (Ziele müssen erreichbar

sein), R steht für „Realistisch" (Das gesteckte Ziel muss möglich und realisierbar sein) und T steht für „Terminiert" (Ihr Ziel muss mit einem fixen Datum festgelegt werden). Stecken Sie Ihr Ziel also nicht zu hoch und machen Sie es überprüfbar! Denn ohne klare, zeitlich festgelegte Planziele gibt es keinen planbaren Weg. **Die Zielsetzung hat absoluten Vorrang vor den Maßnahmen!**

Jetzt können Sie sich Ihre Zielgruppe(n) aussuchen:

2. Wen will ich ansprechen?

Das heißt für Sie ganz konkret: die Aufstellung aller nur möglichen Zielgruppen – auch, wenn Sie später zunächst nur eine oder wenige ansprechen. Hierbei müssen Sie unterscheiden: Wollen Sie mit Ihrer Idee Endverbraucher oder eine Business-Zielgruppe ansprechen? Bei den Endverbrauchern müssen Sie sich darum kümmern, dass Ihr Produkt oder Ihre Dienstleistung ankommt. Sie haben Fragen zu klären zu sozio-demografischen Daten (wie Alter, Geschlecht, Beruf, Interessen, etc.), über Einkommenssituationen und Wohnort. Sollten Sie mit Unternehmen (= Business-Kunden) die spezielle B2B-Kommunikation aufnehmen wollen, so müssen Sie zwei Dinge wissen: erstens, Sie müssen viele Entscheider in einem Unternehmen ansprechen; zweitens, es dauert lange, bis Sie das Unternehmen „haben" – aber dann behalten Sie es in der Regel auch lange, wenn Sie keine Fehler machen.

Eine wichtige Zielgruppe auch für Sie: die Multiplikatoren. Das sind Journalisten, Politiker, (Interessens-)Verbände oder einfach nur Bekannte und Freunde, die für Sie eine Vermittlerrolle übernehmen (können).

Alle diese Zielgruppen muss man richtig ansprechen. Hier ist es wichtig:

3. Was muss in die Köpfe der Zielgruppe(n) rein?

Es geht also um die Definition der Botschaft. Und auch hier gibt es ein paar ganz wichtige Punkte zu berücksichtigen. Zunächst sollten Sie Ihre Hauptbotschaft, also das, was Ihre Idee, Ihr Projekt ausmacht, schriftlich niederschreiben: so lang wie nötig – so kurz, wie möglich! Kann sein, dass der Inhalt Teil Ihres USP ist oder einen Nutzen emotional verspricht. Aber Achtung: Unterschiedliche Zielgruppen brauchen eventuell unterschiedliche Botschaften, weil sie unterschiedliche Interessen und Begehrlichkeiten haben. Heißt konkret: Endverbraucher benötigen vielleicht eine andere Botschaft als Journalisten. Eine solche Botschaft kann z. B. ein Slogan oder ein Claim sein, der für das Start-up-Unternehmen oder seine Idee spricht. Es können aber auch besondere Headline-Aussagen in Anzeigen sein, die für Produkte und Dienstleistungen sprechen.

Dies alles an die passende Zielgruppe(n) zu kommunizieren, verlangt auch strategisch die richtige Methode. Es geht nun um die Definition der Haupt-Kommunikationsinstrumente, es geht um die Haupthebel bei der Kommunikation.

Es geht um die Frage:

4. Wie will ich das erreichen?

Jetzt muss der strategische Kräfteeinsatz festgelegt werden. Sie müssen dabei als Start-up-Unternehmer entscheiden, ob Sie bei Ihrer Kommunikation lieber PR/Öffentlichkeitsarbeit, Direct Marketing, Klassische Werbung, POS- und

VKF-Maßnahmen, Social Media, Internet und Online-Marketing, Event-Marketing, Sponsoring oder Messen und Ausstellungen präferieren (Falls Ihnen dies viel vorkommt: Es gibt noch weitere Bereiche!) Suchen Sie sich ein paar Punkte aus, die zu Ihnen und Ihrer Idee passen! Aber denken Sie daran: alles können Sie nicht und dürfen Sie auch nicht abdecken. Dafür haben Sie kein Geld und keine Zeit. **Sie müssen ganz klar reduzieren: auf 2–3 Instrumente. Und die realisieren Sie konsequent!** Auch hier gilt wie oft: Weniger ist mehr!

Und damit wären wir auch schon mit den wenigen, aber ganz wichtigen Punkten der Kommunikationsstrategie durch. Jetzt geht es nur noch um die Umsetzung, um die operationale Phase, wie die Marketing-Fachleute gerne sagen, also um den Maßnahmenkatalog, um es ganz einfach auszudrücken. Und dabei brauchen Sie neben den Haupt-Kommunikationsinstrumenten ein paar ganz grundsätzliche Dinge, die nach außen ein klares Bild oder besser „Image" Ihres Start-up-Unternehmens zeigen. Hier kommt es nicht darauf an, wie viel man an Kommunikationsmitteln hat, sondern dass das, was man hat, für sein Unternehmen richtig und passend ist. Es geht um Ihr eigenes visuelles Erscheinungsbild, um Ihr Corporate Design, welches Teil Ihrer Corporate Identity (CI) ist.

4   Der Weg zum passenden Design

Am Anfang brauchen Sie nicht viel, aber es ist das Wichtigste. Es ist genau das, was das „Gesicht" des Unternehmens ausmacht: das sogenannte „visuelle Erscheinungsbild" mit Logo, einer erklärenden Unterzeile, dem Claim, den Hausfarben und den Hausschriften. Daraus können Sie dann leicht alle Geschäftsunterlagen basteln, die Sie benötigen: Briefbogen, Visitenkarte, Signatur für E-Mails, Formulare und, und, und ….

Beginnen wir mit dem Logo, der Basis für alles:

Das Logo
Ein Logo kann man auf viele Arten gestalten:

- Man kann von seinem Namen ausgehen,
- Man kann einen Namen suchen, der etwas mit der Idee, der Tätigkeit oder mit dem Produkt zu tun hat, das man „verkaufen" und kommunizieren will oder
- Man kann einen verrückten „Kunstnamen" suchen.

Dieses Firmenzeichen ist ein echtes „Logo" (aus dem Griechischen „logos" = das Wort). Man kann dieses Logo alleine stehen lassen oder mit einem Signet ergänzen: einem abstrakten oder ikonhaften (= bildhaften) Symbol. Am besten ist es, wenn ein solches Logo „selbstredend" ist – egal, ob mit oder ohne Signet. Das hat den Vorteil, dass der Leser, der Kunde, schon beim ersten Blick auf das Logo erkennt, worum es sich bei dem Start-up handelt. Dadurch ist auch die Wiedererkennung höher.

Überprüfen Sie vorher, ob es den Firmennamen schon gibt. Dazu gibt es drei Möglichkeiten:

1. Eine Schnellrecherche beim Patentamt
2. Googeln im Internet
3. Eingabe des Namens bei „united domains" und schauen, was dort noch frei ist. Ist ein Name frei, kann man davon ausgehen, dass kein anderes Unternehmen den Namen hat.

Eine letzte Sicherheit bringt nur der Patentanwalt. Ihren Familiennamen dürfen Sie grundsätzlich immer nehmen. Und noch etwas: Unternehmensformbezeichnungen wie „GmbH" gehören nicht ins Logo.

Die Unterzeile
Sie dient zu Erklärung des Unternehmens. Hier zwei Beispiele:

- MOOG; MOOG & MORGENSTERN
  Werbeagentur
- MÜLLER
  Entsorgungsfachbetrieb

Man sieht, bei Familiennamen ist es fast unumgänglich, eine Erklärung dazuzuschreiben. Hätte man einen Firmennamen wie „Ruck-Zuck-Druck", kann man auf die Erklärung „Schnelldruckerei" verzichten und dafür einen werblichen Zusatz bringen.

Der Claim
Ein Claim ist ein Slogan, der sich wie ein abgestecktes Terrain gegen andere Aussagen anderer Firmen abgrenzt. Ein Claim bzw. Slogan ist nicht zwingend nötig, aber sehr werbe- und kommunikationswirksam. Er sollte grundsätzlich eine wichtige Botschaft oder ein wichtiges Nutzenversprechen, vielleicht auch den USP-Gedanken der Start-up-Idee oder deren Produkte enthalten.

Die Hausfarben
Meist ist ein Logo mehrfarbig. Deshalb sollte man diese Farben auch definitiv festlegen, um die Farben des Logos auch für alle weiteren Werbe- und Kommunikationsmittel einheitlich anzuwenden. Festlegen sollte man dies als CMYK und RGB-Daten, als einfache HKS- oder „designerische" PANTONE-Töne zum Druck und auch als RAL-Farben (Lackfarben), um z. B. auch Autos konsequent einheitlich zu beschriften.

Gestalterisch wirkungs- und vor allem spannungsreich sind Farbkombinationen, die im Kontrast zueinander stehen: im Kalt-Warm-Kontrast und/oder im Hell-Dunkel-Kontrast.

Das hat den Vorteil, dass mehrere Zielgruppen diese Farbkombination akzeptieren: die Frauen eher die warmen, emotionalen Töne, Männer eher die kalten, sachlichen Farbtöne. Aus Harmoniegründen – und auch zur Unterstützung einer visuellen „Aussage" – sollte dabei aber eine Farbrichtung dominieren.

Die Hausschriften

Hausschriften sind für ein Unternehmen nicht unbedingt erforderlich, aber sehr hilfreich, wenn man ein visuelles Erscheinungsbild konsequent beibehalten will: im normalen Brief- und Formularverkehr, wie auch im Internet. Bei E-Mails ist dies nicht so wichtig, hier steht die schnelle Lesbarkeit im Vordergrund.

Schriften, die man fürs Internet nutzen kann, kann man sich im Internet kostenfrei herunterladen, z. B. als Google-Fonts oder Dafont.

Der Briefbogen

Briefbögen müssen heute nicht mehr gedruckt werden, wenn man einen Farbdrucker besitzt. In unserem digitalen Zeitalter reicht es absolut, von dem gestalteten Briefbogen ein JPG zu erstellen und dies als sogenanntes „Wasserzeichen" in den Hintergrund einer Word-Datei zu legen. Beim Beschriften ist der Fond blass zu erkennen, der Ausdruck ist jedoch 100prozentig farbig klar und gestochen scharf. Gestalten Sie auch gleich das Zweitblatt mit, das Sie auch für Exposés nutzen können. Hier reicht es, nur das Logo einzusetzen – möglichst an der gleichen Stelle, wie auf dem Briefbogen als Erstblatt; das Logo kann auch etwas kleiner sein.

Was rechtlich auf dem Briefbogen alles stehen muss finden Sie im Internet.

Die Visitenkarte

Diese sollte auch gut gestaltet sein. Denn eine Visiten- oder Geschäftskarte ist meist der erste Kontakt und gleichzeitig die kleinste „Imagebroschüre" eines (Start-up-)Unternehmens. Sie sollte alles Wichtige eines Unternehmens enthalten und es dem Leser leicht machen, Ihre Kontaktdaten zu erhalten (wenn er will!). Deshalb kann eine solche Karte, auch wenn sie klein ist, ruhig mal umfangreicher ausfallen als „nur" zwei Seiten. Vor allem: Sie hat auch eine Rückseite! Diese sollten Sie für weitere Informationen oder für „Emotionen" nutzen.

Mittlerweile können Visitenkarten sehr preiswert gedruckt werden: Das Internet hilft gerne weiter.

Die Signatur

Dies ist der Absender einer E-Mail und sehr wichtig für die Kommunikation. Gerade eine solche Signatur kann werblich gut genutzt werden: Neben dem Logo und der Adresse können weitere Informationen wie Claim, Bilder, Angebote oder News eingebaut werden.

Wichtig ist, dass die Signatur nicht zu klein, aber auch nicht zu groß abgebildet wird (bitte vorher testen!).

Die Formulare

Formulare sollte man ähnlich gestalten wie den Briefbogen, um konsequent das visuelle Erscheinungsbild beizubehalten. Sie werden schnell feststellen, dass Sie mit der Zeit eine Menge Formulare benötigen: Rechnungsbogen und Quittung, Auftragsformular und Lieferschein, interne Formulare, Qualitätszertifikat oder Urkunde oder einfach nur eine Verpflichtung zur Datennutzung sowie Einhaltung von Datengeheimnissen nach der neuesten DSGVO.

5   Eine kleine Schlussbemerkung

Alle Tipps, die ich gegeben habe, kann man als Start-up-Unternehmer selbst realisieren – egal, ob sie sich auf Marketing- und allgemeine Kommunikations- und Werbemaßnahmen beziehen, oder ob es konkrete Gestaltungstipps waren, die helfen sollen, ein kleines, aber feines Corporate Design (Unternehmensbild) zu kreieren. Alle Tipps können helfen, eine Marke aufzubauen. Aber wehren Sie sich nicht aus Kostengründen dagegen, auch mal einen Fachmann zu fragen. Schon einfache Gespräche mit diesen helfen Ihnen weiter.

Ich wünsche Ihnen viel Erfolg beim Aufbau einer tollen, neuen und vor allem **unverwechselbaren** Marke!

Tom Moog führte dreißig Jahre lang eine ca. 20-köpfige Werbeagentur in Koblenz und ist jetzt Inhaber der Kommunikationsagentur TOM MOOG – Marken-Beratung. Studiert hat er dazu praktisch drei Berufe, die sinnvoll aufeinander aufbauen: Diplom Grafik Designer, Werbekaufmann sowie Fachkaufmann für Marketing. Seine beruflichen Erfahrungen hält er auch als Autor fest, mit Vorträgen in ganz Deutschland.

Printed by Printforce, the Netherlands